民國文存

51

中國學術大綱

蔡尚思 編著

知識產權出版社

這是蔡尚思先生關於中國學術的通史之作。書中論述了國學的定義及其分類、中西文化的比較，書中並附有作者對學術革命的述評。作者針對民國時代的學術研究提出了諸多自己的見解，頗能啟人心目。

本書適合對歷史、社會文化感興趣的大眾及相關研究者閱讀。

責任編輯： 羅　慧　　**責任校對：** 韓秀天　　**動態排版：** 賀　天

特約編輯： 張　宇　　**責任出版：** 盧運霞

圖書在版編目（CIP）數據

中國學術大綱/蔡尚思編著一北京：知識產權出版社，2013.12

（民國文存）

ISBN 978-7-5130-0293-6

Ⅰ.①中…　Ⅱ.①蔡…　Ⅲ.①國學一研究一中國一現代　Ⅳ.①Z126.276

中國版本圖書館 CIP 數據核字（2010）第 236865 號

中國學術大綱

Zhongguo Xueshu Dagang

蔡尚思　編著

出版發行：知識產權出版社

社　址：	北京市海澱區馬甸南村 1 號	郵　編：	100088
網　址：	http://www.ipph.cn	郵　箱：	bjb@cnipr.com
發行電話：	010-82000860 轉 8101/8102	傳　真：	010-82005070/82000893
責編電話：	010-82000860 轉 8345	責編郵箱：	luohui@cnipr.com
印　刷：	北京中獻拓方科技發展有限公司	經　銷：	新華書店及相關銷售網站
開　本：	720 mm×960mm　1/16	印　張：	25.75
版　次：	2013 年 12 月第一版	印　次：	2013 年 12 月第一次印刷
字　數：	317 千字	定　價：	76.00 元

ISBN 978-7-5130-0293-6/Z · 457（3225）

民國文存

（第一輯）

出版前言

民國時期，社會動亂不息，內憂外患交加，但中國的學術界卻大放異彩，文人學者輩出，名著佳作迭現。在炮火連天的歲月，深受中國傳統文化浸潤的知識份子，承當著西方文化的衝擊，內心洋溢著對古今中外文化的熱愛，他們窮其一生，潛心研究，著書立說。歲月的流逝、現實的苦樂、深刻的思考、智慧的光芒均流淌於他們的字裡行間，也呈現於那些細緻翔實的圖表中。在書籍紛呈的今天，再次翻開他們的作品，我們仍能清晰地體悟到當年那些知識分子發自內心的真誠，蘊藏著對國家的憂慮，對知識的熱愛，對真理的追求，對人生幸福的嚮往。這些著作，可謂是中華歷史文化長河中的珍寶。

民國圖書，有不少在新中國成立前就經過了多次再版，備受時人稱道。許多觀點在近一百年後的今天，仍可說是真知灼見。眾作者在經、史、子、集諸方面的建樹成為中國學術研究的重要里程碑。蔡元培、章太炎、陳柱、呂思勉、謝無量、錢基博等人的學術研究今天仍為學者們津津樂道；魯迅、周作人、沈從文、丁玲、梁遇春、李健吾等人的文學創作以及傅抱石、豐子愷、徐悲鴻、陳從周等人的藝術創想，無一不是首屈一指的大家名作。然而這些凝結著汗水與心血的作品，有的已經罹於戰火，有的僅存數本，成為圖書館裡備受愛護的珍本，或成為古玩市場裡待價而沽的商品，讀者很少有隨手翻閱的機會。

鑑此，為整理保存中華民族文化瑰寶，本社從民國書海裡，精心挑出了一批集學術性與可讀性於一體的作品予以整理出版，以饗讀者。這些書，包括政治、經濟、法律、教育、文學、史學、哲學、藝術、科普、傳記十類，綜之為民國文存。每一類，首選大家名作，尤其是對一些自新中國成立以后沒有再版的名家著作投入了大量的精力，進行了整理。在版式方面有所權衡，基本採用化豎為橫、保持繁體的形式，標點符號則用現行的規範予以替換，一者考慮了民國繁體文字可以呈現當時的語言文字風貌，二者顧及到今人從左至右的閱讀習慣，以方便讀者翻閱，使這些書能真正走入大眾。然而，由於所選書籍品種較多，涉及的學科頗為廣泛，限於編者的力量，不免有所脫誤遺漏及不妥當之處，望讀者予以指正。

目　錄

介紹

蔡元培

“……蔡君尚思精研國學，所著《中國學術大綱》一編，內容豐富，且**多新見解**[1]。……專此介紹。……”

（十九年）九月廿五日（節要）

[1] 原书著重點有圈、點、雙圈、頓號四種形態，頓號只在目錄中出現。本次整理只取前三種，但在形態上按當今的橫排規則作了一些調整：圈號改為字體加粗，點號不變，雙圈號改為加粗加點；頓號只出現在目錄中，忽略不計。——編者註

序例

（一）學力問題

（1）學問的精博

我們也不用談到全世界的學術，單就中國來論就很夠了；中國學術浩如淵海，近來新出的也可以不論，就是那部《四庫全書》，我想如要比較的完全研究一下，已經非數十年的工夫不能辦到了；再退一步，也不用談到所有的中國學術，單就其中的哲學一部分，甚至可不必說中國的一切哲學或全先秦的諸子哲學，試就中國哲學中的先秦諸子，先秦諸子中的儒家來說一說吧：在漢朝那位司馬談已經說道："夫儒者以六藝為法，六藝經傳以千萬數，累世不能通其學，當年不能究其禮。"《漢書·藝文志》也說："古之學者……二年而通一藝，存其大體，玩經文而已……三十而五經立也。"在去孔子僅幾百年間的漢朝人，還說出那種為難的話，如在數千年後的我們，就更要叫苦連天了！這是由廣說到狹的。請再反而由少說到多，而同樣的舉出幾個例子來：如同是文學家，而杜甫雖稱詩聖而不工散文，方曾苞古文曾號為一代正宗而不能詩；如同是哲學家，而道家言詳於天道宇宙而略於人道荀子說："莊子蔽於天而不知人。"儒家言詳於人生而略於生物；董仲舒說："能說鳥獸之類者，非聖人之所欲說也；聖人所欲說在於說仁義而理之"。這是一門也不能全長的一個例子。再進一步說，如馬、班以史學稱，至於其他就像沒有，至多也不過兼長於文學罷了。這是至多衹會兼長二門的一個例子。更進一步說：就是那位以博學稱於中國的孔子，他至多也不過以哲學為主，而兼文學、史學（？）二門罷了。文學是他的餘事，史學也有孟子的說他是："據魯史作《春秋》。"（《春秋》非真史）我們總不能說不論那一方面都是他所精到的，由廣說到狹既如彼，由少說到多也不過如此。

由此看來，博之一字，真是難言了。那麼我們就含[1]博而去求精好吧。但你於此也要知道：如單單精於一點點的，以外一無所長，那也算不了什麼精；精之外還要有相當的博，才可當做精。反而言之：就是博也要相當的精才成，均此類推，茲不詳講。請就上頭所舉出的那個研究哲學的例子再來引伸一下：比方你要研究孔子哲學，那就不得不再把孔子前後的先秦諸子都約略研究一下；但研究孔子同時他家的先秦諸子還不夠，就是自漢而後，中經唐、宋、明、清，以至今人關於研究孔子的書，也要去讀一讀；就是做到這田地，還仍舊不算得夠，他如西洋的哲學史，也要約略的看一看，而其哲學名詞，尤非大加注意不可；因為中國是有哲學而少哲學名詞的。此外如要完備一點，就是印度的佛學也要加以研究一下，以便大之在世界的文化上，將中國哲學同西洋、印度兩方面的哲學作一比較觀；而小之也可將前後於孔子不遠的道家、墨家作一比較詳細的比較論。要辦到這個地步，才配得上精的一個字。

上頭論"博"既不容易，剛才講"精"也極為難，那麼我們又要怎麼辦呢？我也不知道如何是好！因為單博單精，還辦不到，至於還

[1] 根據上下文，"含"當爲"舍"。——編者註

要精到無所不精的精，並且博到無所不博的博，精博兼長，恐怕古今中外，就是到所謂天地末日的人類止，也找不到這種的超人來吧！至於這位年輕學淺的區區小子，哪敢談到這個精博的問題呢？既然沒有精博的本領，而今為什麼又敢編起一部無所不包的《中國學術大綱》來？真是令人莫明其妙[1]！不但他人會這樣的疑問，就是我本身也具有同樣的感想。在這解答不出來的最後，只好勉強而又照實的向大家說：因為大夏大學叫我來教授“國學大綱”，到了動筆的時候，已經半年，既沒有什麼現成的課本，哪容再沒有自己的講義？講義非編不可，已經迫到如此了；而這個“國學”兩字，我又把他解釋為“中國學術”，絕對不服那般老先生“國學就是國文”的見解；就是一般認“國學”是指中國思想方面的，以及“六經皆史”的以史學包括國學的，吾也都大不敢附從。就是到現在還不改的那經、史、子、集四部極無謂的亂分，我也要把它改為字法學文學與文法、文藝學文學與美術史地學、哲理學哲學與科學的新四部。又自歐化東漸，日進無已，國中始設有專門研究國學的機關，其先由北京幾個有名的大學附設國學研究院；到了現在，研究國學的聲浪，已經慢慢地走到中部來了，如上海至南京的幾個較完備的大學中，差不多都有“國學”一系之設。但如進觀其內容，則其所謂“國學系”者，也多不過是變名不換實之“中國文學系”；其去“國學是國文”的那一個見解，僅僅五十步與百步之差而已。於是學校當局以“中國文學系”為“國學系”誤認於上，多數教員以“國文為國學”誤講於中，一般學生當然也就說“國學二字是廣到中國文學、狹至國文的代名詞”誤從於下，我一看到這一點，於是更認作一部真正的“國學大綱”或“要略”，為刻不容緩的要圖了。尚有一要因，在略知中國學術的整個面目與比較研究，但是如我既認國學為“中

[1] “莫明其妙”今寫做“莫名其妙”。——編者註

國學術”，範圍就擴大到極點了！豈是年輕學淺的區區小子，而又在這個短時間內所能成此大舉麼？這真如一般士夫就職通電中的“才輕任重”那四個字。好了！也就只好請求海內一般通儒碩學多多指教吧！

（2）心得的多寡

我想人的精力，雖有或多或少的不同，但不論你怎樣的多，究竟還是有限的；精力既然有限，那如上頭所說的精而又兼博，便不可能了。現在還是照前的例子，也不用去說什麼世界文化，只把中國學術來說一說，已經很夠了。以今人而論：如梁任公先生是研究及信奉中國孔學的，所以他的《先秦政治思想史》，對於儒學一部分，是比較有可觀的；胡適之先生是研究及傾向西洋文化的，所以他的《中國哲學史大綱》對於墨學一部分，是比較為特色的；章太炎先生是研究及贊美印度佛學的，所以在他所著書中，對於老莊是比較的有特別見解的。這是止能專精一點的一部分人。此外尚有很多學者，比方他平素是研究文學的，而今却要做起哲學書來了；或平素是研究詩的，而今却要論文起來了。或平素是研究佛學的，而今却要講起孔學來了……但這實尚說得過去。甚至有如一般專攻八股文的山邊老秀才，也要去盲批評什麼西洋文化了；一般專學理化的洋博士，也要來大講演中國學術了……這怎樣可以呢？中國學術既然浩如淵海，吾今對之雖然不算一無所長，但也不是並無一短，有獨長的地方，也有獨短的地方，自是同人一樣，而不能獨自例外的。但我自信總比一部分人好些，為什麼呢？現今一般學者，知道的要明說，不知道的也要瞎說，結果弄到連他自己也莫明其所著書的怎麼樣；至於讀其書者，那就更可不用多說了，而我今對於這部《中國學術大綱》呢，那就大大不然了：非常自由，並不勉強，如自己所長的那一部分，便無妨的詳細一點；平素不大研究的那一部分，便無妨的簡略一點；知道便說知道，不知道便說不知道，萬不敢強不知以為知，好像惠施的對黃繚那樣："不辭而應，不慮而對，說而不休，多而無已，又以為寡，益之以怪。"《莊子·天下篇》孔子說得好："君子於其所不知，蓋闕如也。"《論語》而《漢書·藝文志》也論得非常痛快，他說："後世經傳既已乖離，博學者又不思多聞闕異之義孔子曰："多聞闕疑。"而務碎義逃難，便辭巧說，破壞形體，說五字之文至於二三萬言，後進彌以馳逐，故幼童而守一藝，白首而後能言，安其所習，毀所不見，終以自蔽，此學者之大患也。"這就是我隨心得的多寡，定編著的詳略之大概情形。

（二）材料問題

（1）材料的創因

怎樣叫做材料的創因？創是指出自自己心得的，因是指來自他人著作的。現在一般學生常常你抄來，我抄去，抄到全班雷同；尚有把別人家的成文，完完全全抄出，不過再換一個自己的名，儼然真像自己作的，這是作文的大不道德。但何可專怪學生？就是在教員中，也有東抄西摘他人的成書，編為自己的講義，以去瞞騙一般學生的。但如止於講義用的，還不大要緊，甚且有人敢把抄襲的稿子拿去出版，公之於世，這真是大不要臉了！我前在北京書肆裏面，便看見上海附近有一個大學教授著的《中國哲學史》三卷，就是這麼一回事，而他連聲明一聲是由參考某幾本書來的也沒有，這真是荒謬絕倫了！至於某教授所編《墨子學案》一書，其中有一部分是抄現成的，而竟也由講義拿去出版，但他有言及其出處，實在算不了什麼大違背。可是竟有一般頭腦較簡單者，猶一意大聲去痛罵那般抄襲的人；甚至連由參考而來的著作，也不少見優容。而我對之，却以為要分別觀之。至於怎樣分別，我最近已經說過了：如說一無所根據而能大有可觀的，那自古及今就很少看見；且有時反給人家罵一聲“妄自臆說，無稽之談”。惟有關於自己的思想方面，比較的不在此限。我們試想想看吧：如司馬遷的《史記》，同班固的《漢書》，不是中國的兩部領袖史書麼？然而《史記》在漢以前的一部分，大半是選擇《國語》、《國策》、《世本》等書而成的；《漢書》在漢武以前的一部分，完全是移錄《史記》的原文的；《史記》的《屈原列傳》是採自劉安的，《漢書》的《藝文志》就是劉歆的《七略》。馬、班尚不足道，我們再去看看所謂中國維一[1]的大聖人吧：這就是人人都知道的孔子呀！他不是自己說過“述而不作”的話麼？我還要更明白的加他一句“刪而非述”的話。如《易傳》多是“述而不作”的（？），如《尚書》、《詩經》全是“刪而非述”的，就是那部《春秋》也是根據魯史而成功的據孟子說，雖然不是“述”，但也不算“作”。以孔子的博學，尚且如此，至於其他，那就更不足怪了！我今有見於此，所以主張分別去批評他。俗人不也是有句話說麼：“偷拿是賊，明借是友。”那般雜抄他書而不聲明的，就是偷拿的賊，如自言其所根據或參考處的，就是明借的友了。友與賊，那可混為一談呢？

我在上兩節裏，已經自認不能博而又精了，結果只好隨心得之多寡，定編著的詳略，這就是說心得多便多說一點，心得少便少說一點；如沒有多大心得的，就想去參考他人的成書；如又沒有成書可參考呢，那就一點也不說了。簡而言之：就是“創”的也有，“因”的也有，“創”“因”皆有的也有，“創”“因”皆無的也有。在本書中，大概如此。

（2）經過的久暫

不但在大學中對於“國學大綱”或“概論”一學程時期很短，鐘點很少；就是我本身來這大夏大學教授也不過一年，編這部《國學大

[1] “維一”今寫做“唯一”。——編者註

綱》的時間，嚴格算起來——除了因事與病輟編外——也只有半年。時間太短就無法弄出好書來，好書就多需要長時間。試以史言，則二十四史之最佳者莫如《史》、《漢》，《史記》經談、遷父子二人而後完成，《漢書》經彪、固、昭父兄妹三人而後事畢，這是時久而書美的；而二十四史中之不善者莫如《宋史》，亦人所知，其書二百餘卷，費時不到一年，這是時暫而書劣的。再以文而論吧：司馬相如作文極遲而極優美，若枚皋之作文則極速而極平常。今吾之才既不如古人之美，而本書之成又欲速於昔人所著，一念及此，怎樣好去動筆呢？還不止此，就是我所有的書籍也皆分寄四方，有的在德化本家，有的在廈門旅館，有的尚寄在南京，有的尚留在北平；至於隨身帶來的，區區一箱而已，況學校裏的圖書又不多。就是這個上海雖然大小書局林立，但也很少材料總供給的大機關。回想北平雖然不是出書的地方，但卻很多大圖書館和類集書肆，不論新舊書籍，舊至古本善本，新至今版外版，應有盡有。俗人有句話說："所出不如所聚。"真是再對沒有的。我一時既得不到什麼好參考書，就是要大舉也有所未能。好了！我這部至低限度的《中國學術大綱》一方便於讀者，一方便於編者，既兩相便，也就算了！

（三）方法問題

（1）體裁的簡明

這個關於"編著"方面的要"簡"而又"明"的問題，恰與剛才上頭所討論關於"學問"方面的要"博"而又"精"的那個問題，同是一件最為難的事體。我在這裏，也可引一個例子來談談。桓譚《新論》說："秦近君能說《堯典》，編目兩字之說，至十餘萬言；但說'曰若稽古'三萬言。"如《尚書》的只說"堯典"與"曰若稽古"，便是簡而不明；若秦近君用十餘萬言去解釋他，便是明而不簡。又如《漢書·藝文志》說："說五字之文，至於二三萬言。"簡而不明，甚至如"五字之文"；明而不簡，甚至如"至於二三萬言"。再舉一個較顯明的例子：如大家對於"國學"一途要極簡嗎？"經史子集"那四個字，便是再簡沒有的了；然大家又一定要嫌其太簡。如大家要明呢？那部《四庫全書》，通通把它研究一過，也就是再明沒有的了；然而大家又要嫌其太明。明的嫌他太明，簡的嫌他太簡，又要明，又要簡，果是一件可能的事嗎？這個編書的人，真是為難得很了！但是我想比之上頭那個精博問題，還比較的可能辦到；其實何必如秦近君等那樣的嚕嗦？胡著《中國哲學史大綱》裏也說："《易經》這一部書，古今來多少學者，做了幾屋子的書，也還講不明白。……我講《易》，以為一部《易經》只有三個基本觀念。……"這並不是後人的才力過於古人，實以古人的頭腦不如今人的清楚，而古人的方法也遠不如後人的講究。如現在的人，多不像古人那樣迷信，古代也沒有現在西洋的科學方法。所以一般古人，雖然解釋到十餘萬言，或做了幾屋子的書，但其主腦系統，我們還是看不出；並且連他的鬼影，我們究竟也捉不着。關於方法的要怎麼樣，讓我另行去討論。現在可以插說一點的，就是本書的文體，本來為簡省起見，是打算用文言的。至吳稚暉先生獨以為白話的字數，不見得就比文言多。似乎有點"強辭奪正理"吧！可惜當我上學期講授到孔子哲學的時候，便有一位同學對我說："蔡先生！你的文好像《莊子》一樣；而抄講義的人，又省去標點；我們有好多地方連句讀在那裏也找不著，真是要讀也讀不得，怎樣辦呢？"我的耳子聽到那話，便很不忍而且決心的對他說道："以後不論編什麼講義都要用起語體文來了。"這就是本書所以不用文言的唯一原因。但現在既然用白話，而字數自然就不能像文言那樣簡省了！

這是我要將字數簡省一點，而終於簡省不得的。請就此告一段落，等我講到程度問題的時候，再來為本節補充一下吧。

（2）方法的新舊

中國人著書，向來就不講究形式的方法，所以結果弄到一塌糊塗，沒有系統。就是起一個書名或題目，也起得非常飯桶，常常和篇中或全書所說的完全沒有關係，或者是相反的；甚至有的連隨便的名目都想不出來，如做一篇文（子類書中為多）或一首詩，往往把篇首的兩字拿出來做代表，真是笨伯極了。除一般記事、編年的史書外，大半都是雜亂無章的：或無頭無尾，或有頭無尾，或有尾無頭，或頭尾顛倒。……一直到了現在一般新人物，才去依傍西洋人的編書法，至少也有上下和首尾；但其中的分敘別述，還很沒有秩序和聯絡。作者對這一點，向來就很注意。不過一直到現在，還想不出什麼具體辦法來。但我自信，無論如何，總比較那般看不到的好些！我以為於西法外，如能再去學一點古書的長處，那就不難盡善盡美了！古書有什麼長處呢？古人做大部書，雖大部分不好；至於做小篇文，却大多數是好的。大部書中如《易經》（《太玄》更好），便是一部極齊整的古書；小篇文如劉歆的《七略》，也還是可以的；更如後世的八股文，以形式論，也就夠得上“好”之一字了。我們編一部大書，如能做到如古人的一篇小文：以我們大書中的各篇，比古人小篇文中的各段，使其對於“上下有序”、“聯絡一氣”二點完全一樣；其不能無一點差的，也止於彼為我之縮小，我為彼之放大而已。這就是取西書的系統，兼古文的一貫的好處了。作者在前此的編著中，如《孔子哲學之真面目》、《老墨哲學之人生觀》、《三大思想之比觀》那幾部書，其內容有無價值，可以暫且不問，而其編述之形式方法，也許很有可取的地方。

梁著《先秦政治思想史》裏說：研究法有三種：第一，問題的研究法；第二，時代的研究法；第三，宗派的研究法。按這如以歷史的體例來比喻，則問題的研究法有如史中的紀事體，時代的研究法有如史中的編年體，宗派的研究法有如史中的列傳體。吾今不是編學術史，自然用不着以人為主的列傳與以時為主的編年二體。但如書中的哲學一部，以道儒墨法，依其時之先後而排，就有點像編年；關於述各學之起源及其變遷處就是純正的編年式其就老、孔、墨、韓各人而分述，就有點像列傳。至於問題的研究法，那吾更多所借重了！例如分"中國學術"為字法、文藝、史地、哲理四部……分"字法學"為文字、文法二學……分"文法學"為實、虛二字……分"實字"為名、代名、動、靜、形容五詞……這就是下面的系統的。尚有一個上面的系統，就是以部首中後三部統篇上篇、下篇，以篇統章，以章統節，以節統段。……**把這上下兩面的系統合成一個，就好像天干與地支的相配了**。不過現在因本書範圍廣大，種類紛繁，不能現出什麼特色的地方來罷了！惟就大體或其小段而觀之，還是很有次序——**有頭有尾，聯絡一氣**。

（四）態度問題

（1）己性的好惡

（2）古書的得失

我敢獨斷的說道：不論哪一個號稱國學大家的（?），究竟多難免偏於某一方面的，如或長於中國文學，而於中國哲學則為門外漢；或長於哲學，而於史學則門外漢；或長於史學，而於小學則門外漢。……就是同為文學家，也有喜歡詩而不喜歡文的，或反而喜歡文而不喜歡詩的。就是文之中，也有喜歡六朝的駢體的，也有喜歡唐宋的散體的，於是好散體的便去攻擊駢體，好駢體的也去攻擊散體；詩亦有然：有的喜歡古詩，有的喜歡唐詩，前者謂詩至唐而極衰，後者謂詩至唐而大成。就是同一盛唐之詩，而且並稱為兩大詩家的李杜，而後之學者其性質近杜的也去貶李，其性質近李的也反而去貶杜。不但文學如此，就是哲學方面亦然：試看司馬談的《論六家要旨》，他就對道家有揚無抑，至於其餘五家，那就以為各有長短了。《漢書・藝文志》論到九流十家，他也獨推重儒家說："於道最為高"；至於他家，或者說是雖為小道，尚有可觀罷了。這也是由於司馬談精於道學而為道家信徒，劉歆、班固精於儒學而為儒家信徒的原故。……這正同交友一樣，愈多接觸愈有感情，愈有感情愈多袒護，致有"辨白黑而定一尊"之舉動，或"入主出奴"的見解。我既看到古今人自私態度。的大不對，便無時無刻不自省起來了！這就是吾力主公平而不私偏的態度，於此如欲知其詳，可再去看拙著《孔子哲學之真面目・序論》中的《述學應持何態度》一節。

（五）程度問題

（1）程度的高低

（2）期限的長短

原來大夏大學的"國學大綱"組，是普通的必修科（共同）。大夏大學最近的學生增至一千五百人，差不多在上海方面可以算得很多的了。其在各課程的必修科中，尤以"國學大綱"組的人數為最多，多至快到三百個人，於是一班不能容就把他分做甲乙兩組，甲乙兩組不能容，於是又再由甲組分出丙組來，這丙組就是我所講授的了，將近一百人。其中學生在本科方面，以程度論：自一年級至四年級都有；以科別論：文理、教育、商法，各科都全；此外還有極少數的預科三年級及高等師範專修科的學生。在全校中，應有盡有。還要知道的，就是"國學大綱"課程，期限至多一年，每週不過三時，這便是我編這部講義，就使要明也明不來的。那麼就反而從“簡”好了，但如太簡又恐怕在最高學府裏的一部分對於國學有根柢的，或雖沒有根柢而正欲得其門而入的同學，結果得不到多大利益，若想到這個地方，却又要談到“明”字的身上去了。但吾同時還想如要太“明”，便要多述，多述不但講授的時間不夠，還怕那般專修別門的，或者更討厭其太麻煩了！簡也不行，明亦不成，真是不知道要怎樣才好？我曾經過長時間的考慮，結果才想出一個比較適當的辦法來！這個辦法就是止於本書也可以，再把本書縮少只剩下來的目錄表解也可以，若更由本書引伸以至於成一部極完備極美善的《中國學術史》也是可以的。這是怎麼講的呢？我以為一般對於國學不想深造，只要得其要領者，本書讀完也差可了（？）；至那一般對於國學全無興趣，或是沒有工夫去研究的，至萬不得已時，也可以把本書縮少，只看其目錄與圖表，及其分類變遷結論等，就差不多可以明白中國學術的大概情形了；若一般對於國學有好根抵[1]的，或正有志於是者，也可得本書的指導，“引而伸之，觸類而長之”，竟成一大部“中國學術史”，自是可能的事。所以本書如對一般無心於國學者，也可以說是“明”而帶了“簡”的了；如對一般有志於國學者，也就可以說是“簡而帶了明的”了；至於那一般無心而又有志，有志而又無心者，更可以說是“簡而明，明而簡的”了（？）。這是本課本在大學生中，可以就其程度之高低而縮小放大，以及期限的長短而詳細約略的大概情形。

中華民國十九年八月，

蔡尚思識於上海大夏大學

[1] 根據上下文，當作“柢”。——編者註

改編再序

本書原稿除頭尾二部各分二篇外，其中一部計分四篇，篇中又再分為上下，如（一）字法學，即（上）文字學與（下）文法學，（二）文藝學，即（上）文學與（下）美術，（三）史地學，即（上）史學與（下）地理，（四）哲理學，即（上）哲學與（下）科學。除地理之在世界上，與科學之在此中國，二篇地位似較非主要，而材料又不易搜集，暫時可付蓋闕外；就是文字、文法、美術三篇（在本書中，無甚重要），大半也屬“人云亦云”，自己無甚意見，係暫時用以備數而已。至於哲學、文學、史學三學，如文哲（皆指其中之一大部分）二部份[1]，固為我平日所專門研究的，但由普通眼光看來，或者也會說我詳於一部分，而略於一部分；惟在我則以為：*詳者多是不得不詳的*，*略者多是尚可以略的*；其間只有哲學篇中之“外來的佛學”、“混成的理學”二章，因我自問無甚研究，特選他人所述，暫行權代，以示慎重。若史學一篇，雖未免簡略，但我也頗有見解。學者要知道：我今因作書與授課的時間都極有限，對於大做特做一部應有盡有的《中國學術大綱》，不但勢所未能，也是理所無須的。所以只好就最重要而不可不知之各部分，比較詳細敘述一點；至於次要較略的一部分，等將來再增訂好了；而那比較可緩，暫付闕如的一部份，只好等到最後來完成。所以現在這本書，盡可看做“中國學術”的“至低限度”，或《中國學術大綱》的

[1] “部份”又作“部分”，下不另註。——編者註

初稿與暫行本，到了最近的將來，或最後的時候，然後應修改的去修改，應補增的去補增，以達到我做成一部美備的“中國學術大綱”或“中國學術史大綱”之理想而後已。

八月間蔡孑民先生由青返滬，他在百忙中，曾把本書的要點，大約審看一過，民師對於其中分述八篇，卻以為地學、科學二篇，既暫付蓋闕，似可並將其在目錄中之篇名刪去；如更進一步，就是連文法學、美術二副篇，同一樣的取消，亦無大不可（但刪《法》《美》二節，半由我的提議）。因為只此文字學、文學、史學、哲學四主篇，已經說得過去了。

民師這個意見，可謂先獲我心。因我在動筆時，已想到此點，不過後來以為：多附述文法、美術二篇之大概於書中，與附見地理、科學兩篇之名目於卷首，藉以一見其範圍，實也無妨吧了。現在既經民師再三商榷，所以決然遵命刪去地理、科學二篇之名目，並取消文法、美術二篇；等將來有機會，再把那文法、美術、地理、科學四副篇，另做一書，名為“中國學術大綱副編”。

因恐學者有所未明，特將經過情形，約略附志於此。間蒙民師指正，並此鄭重鳴謝！

此外，當主要部分稿子，將交給書局時，吾即奔父喪，回去德化，正苦無心再將本書親自校閱一過；就是稿子，也有一部分待著重抄。乃於無意中，幸得書局方面請潘薰南先生代吾校看本書前一大部分文字；而大夏大學林寒松同學，也代吾抄錄本書後一小部分稿子。這雖無大利益於吾，但總算對吾有幫助，特在這裏，並致謝意！

應該說謝的一部分，我剛才已經向他們說謝了；但是尚有一部分應該道歉的，我現在也要向他們道歉一下才成。這是因為有人告訴我道：“吾知先生順意下筆，絕無顧慮，故對於所引一般友人的話，甚至間有不客氣的批評。為慎重起見，似乎可將語氣改為溫和些。”我本來很想容納某先生這個好意；只因我也另有一種用意，如不使大家知道，那我就未免太冤枉了！我所以老不客氣地去批評一般師友，第一，是要表示吾這個人很忠直，不滑頭，要說便說，無所文飾。想大家也知道這老實的不客氣，比那滑頭的很客氣好吧！而且我根本就認那一般被吾批評的師友們，實在是吾所極愛敬的。因先有了愛敬，才肯很盡忠去對他。如其不然，就如韓愈所說：“知而不以告人者，不仁也；告而不以實者，不信也。”哈哈！吾雖自知未免有點不客氣，但却獨免“不仁不信”的見譏。第二，是因為吾現在如不先盡量的去指摘他人的錯誤（？），將安望將來他人的來指摘我的錯誤呢？如果人人都很客氣地默無一言，試問，結果將弄到像什麼樣子？大家如見及這一點，便會明白我的不客氣，是為學術前途著想的。研究學術，實在應以不客氣為是（？）。所謂“為公（學術）忘私（感情）”，便是吾今之意。但吾終恐給一般俗人誤會，所以為慎重計，還是在此向他們道歉一下好。

我這本書，對於所謂“新見解”，自問總算得是有的；至於內容的“豐富”，此刻實在尚談不上。如乾脆的說：則本書如果有價值，必在乎見解；至於所謂豐富，吾本來就不大注意。這個原因是：且不必論到學力是怎麼樣的，試想本書的字數，還不到二十萬（此系單指本論而言）；而其範圍，又非如今人的只以“中國思想”為“中國學術”梁任公、呂思勉等分類詳見本書“中國哲學思想之流變”暨“念五自序”等篇中。那樣狹小（但“中國哲學”，確是“中國學術”最主要之部分）。以十餘萬言，述中國字文、史、哲等學，如要稍求完備，就怕滿紙都是人名書目，將使學者不但一無所得，且會感覺沒趣。吾因有見及此，所以本書，**多在提綱挈領，注意分類比論**，不論人物與意義，凡不足以為某部分之代表者，多從簡略；而把這個因簡略而剩出的空地，來作吾個人發表意見的場所；吾的用意，以為如此：**學者一方面既可以由本書的主要，而去自求一切的完備；其另一方面，又可由吾的見解，而去作各個人的批評**。因此，請就吾所自認為較有心得的一部分，略為提出於此，以便學者注意：

(《首部》)《第一篇國學之定義及分類》一、二、三、五，共四章。

(《中部》)(第二篇《中國文學》)

第二章《文學分類》(四、五兩章可參看)

第三章《文學變遷》

第六章《文評》

第八章《文學新論》共二節（補入）

(第三篇《中國史學》)

第三章《史學分類》

第五章《編年體》

(第八章《史學評論》) 第二節《最後的結論》，共三大段（補入）

(第四篇《中國哲學》)

第一章《思想與根本》

第四章《諸子之產生》

第五章《子學之分類》

(第六章) 第一節《道家老子多屬純正哲學》，共二大段

第二節《儒家孔子多屬人生哲學》，共五大段

附錄《孔、左、墨三種教義之比觀》

第三節《墨家墨子多屬宗教哲學》，一、三兩大段

第四節《法家韓非多屬政治哲學》，共三大段

第七章《諸大家要論》

第十一章《哲學思想之新方針》

(《後部》) 第二篇《中國文化與世界文化》

第三篇《字、文、史、哲四學之比觀》(補入)

（又後面）《重要訂正》（補入）

《學術革命》（補入）

不看吾書者，自然沒有話說；如購吾書者，至少也要把上舉各處書中先睹一下。然各篇中，因有相互關係，如在他處已詳，則在本處較略，仍須循序盡觀，方能明其究竟。

再若本書原名"國學大綱"，因恐俗學有所誤會，故明改為今名——"中國學術大綱"。

截至此刻止，國中還沒有《國學大綱》或《中國學術概論》之課本，現在因從一般同學的來請，與諸同事的探問，特早一點拿它去出版，以應諸同好國學者的急需，並求一般國學家的指教！

再此鄭重聲明，餘已詳於《序例》。

中華民國十九年十二月一日

德化蔡尚思再序於

上海江灣復旦大學教員宿舍

本書編著者之啟事一

如聞悉鄙人之隨時住址者，請直接通迅外；其餘如欲賜教，可在下列各處探詢或由轉交：

（一）廈門德化縣郵局查轉；

（二）上海西門路潤安里啟智印務公司查轉。

此外如有要事相商時，或可就國立中央研究院蔡孑民先生，與上海職業指導所潘仰堯先生探詢。

啟事二

當本書草就付印後，卽承京、平、閩、浙等地師友紛紛來函索閱，甚至連廣東內地的幾個圖書館，竟也函請贈書；至於上海的一般同事和同學們，面詢何時出版者，更不知有多少。吾因本書付印書局失約延期，以至於今，已到一年，除曾將目錄抄幾份給我極要好而又求之最切的師友先閱外，其餘多苦不能應命。甚是抱歉，特乞原諒！希見書後，多多賜教。

二十，九，於武昌中華大學

首部　緒論

第一編　國學之定義及分類

第一章　國學二字之解釋

國是一國，學是學術，**國學便是一國的學術。其在中國就叫做中國的學術。**既然叫做中國的學術，那就無所不包了；既然無所不包，也就無所偏畸了。乃今之學者，或以國學為單指中華民族之結晶思想（曹聚仁），或以國學為中國語言文字學（吳文祺），還有以史學眼光去觀察一切的（如章學誠、章太炎等），以及誤認國學為單指國文（其人甚多，不易枚舉）與中國文學的（海上[1]一般大學多以中國文學系為國學系）。……仁者見之謂之仁，智者見之謂之智，此皆僅得其一體，而尚未得其大全。在吾却終始以為：凡中國的固有文化，都不能出此國學二字之範圍外。乃見曹聚仁君所作《春雷初動中之國故學》一文裏說："今名之曰國學——即中國學術之簡稱，將與日本學術、英國學術、法國學術同為類名，吾不知其所以表獨立不相混之點何在？既無以表獨立不相混之性，則國學一名即難成立。"吾實在不懂得曹君說什麼話！比方在一家中既是同姓，就只叫名而不必加上一個某姓；在一鄉中既是同鄉，就不必加上一個某鄉；在一國中既是同國，就不必加上一個某國。惟有到別家去才要說出某姓，到別鄉去才要說出某

[1] "海上"據文意當爲"上海"。——編者註

鄉，到別國去才要說出某國。如國民政府，或革命軍的在本國裏，也沒有加上“中華民國”四個字，雖然沒有加上“中華民國”四個字，但凡中國人個個都知道他是中國的國民政府或革命軍，一定不會認他為日本、英、法的國民政府或革命軍；惟於國際才用得著“中華民國”的名詞。而今國學一個名稱，也是如此：**在本國就簡稱為“國學”，到別國去才詳說“中國學術”**。此外我還有莫明曹君亂分的地方，就是他以“國故學”一名為對，而以“國學”一名為不對。按國故一名系出自章太炎，胡適之以為很好；而陳遽庵却說：“其實余以為國故一名，實欠精當，國而曰故，必其國已成僵石；國之文化而曰故，亦必其文化亦全不留於今日；此二者皆非我曾有之事實。”（《東方文化與吾人之大任》一文）據此，是名為“國故”反不如叫做“國學”來得光明正大。退一步言之：曹君如必以“國學”一名為不對，則如“國故學”一名也不能獨對！我現在可仿他剛才所罵“國學”一名的失處的話而對他說：“今名之曰國故學，將與日本的國故學、英國的國故學、法國的國故學，同為類名，吾不知其所以表獨立不相混之點何在？既無以表獨立不相混之性，則國故學一名卽難成立。”曹君未免太有見於他人所用的“國學”，而獨無見於自己所用的“國故學”吧！於此已經可以看出曹說的完全不能成立了。

第二章　論古來分中國學術為經、史、子、集四庫的悖謬

中國學術直到了漢朝的劉歆才有《七略》——輯略、六藝略、諸子略、詩賦略、兵書略、術數略、方技略之分，班固因本其說而作《藝

文志》；自是而後，王儉作《七志》——一經典並史記、二諸子、三文翰、四軍書、五陰陽、六術藝、七圖譜；梁阮孝緒作《七錄》——一經典、二紀傳、三子兵、四文集、五技術、六佛、七道；雖其內容略有不同，要皆不甚遠於劉歆《七略》的分法。其間惟有晉荀勖出，於是始創廣義的分類法，這就是世俗所說的四部了。四部要目為一甲紀六藝，二乙為諸子、兵書、術數，三丙為史記之屬，四丁為詩賦、圖讚、汲冢書；按這汲冢書或宜列入三史記之屬，不宜盡列入四集部之中。而李充則以五經為甲，史記為乙，諸子為丙，詩賦為丁，但這實也不過把荀說的乙丙對調一下罷了。後來到唐朝便確立為經、史、子、集四庫：內容大概甲部經類十一，乙部史類十三，丙部子類十七，丁部集類三。到了宋朝又於四庫之外，增加天文、圖書二類，別為六閣，天文、圖書至是便脫離子類而獨立了。至元、明兩朝，則去宋而仍復唐之舊。後來滿清修《四庫全書》，總天下圖書為經、史、子、集四大類。自晉一直到清大概都不出荀勖四部的分法。由此看來，我們已經知道中國學術到劉歆始把它分為七略，到荀勖始由七略歸納為四部，四部之分，比較從前分為七略，大概總算得對一點。但也止於一點，吾終不以為然：如清朝的四庫太多了，現在無從說起；我們試看一看唐朝的四庫，但這四庫之中，別的也可暫緩去討論，我們現在先來把它的丙部子類十七研究一下就夠了：如它的十七類中（一）儒，（二）道，（三）法，（四）名，（五）墨，（六）縱橫，（七）雜家，（八）農家，（九）小說，（十）天文，（十一）歷算，（十二）兵書，（十三）五行，（十四）雜藝，（十五）事類（《新唐書》作類書），（十六）經脈（《新唐書》於經脈二字上加上“明堂”二字），（十七）醫術。的天文歷數等類，如以之併入於乙部史類之中，安見其不可呢？因中國向來以地理附庸於歷史再如《漢書·藝文志》的兵家，如把牠列入諸子類中，亦有何不可之處呢？但這止是小毛病，還有更悖謬的便是所說的甲部經學了：據我個人的意見，是要把這甲部經學根本取消，而將其分別歸納於文字學、史學、哲學、文學各類之中。按古代以《易》、《書》、《詩》、《禮》、《樂》、《春秋》為六經，後來因《樂經》散失或云無書，僅存《樂記》，遂把它併入《禮記》之中；《禮》、《樂》二書都是上至戰國下至漢人所作的，故其在六經中，要算最後出的了。《樂記》併入《禮記》中，便只剩所謂五經了。後人因崇拜孔子太過，又拿《論語》去配六經，這便是所謂七經了。至於唐人又再分《禮》為三而為三禮，分《春秋》為三而成三傳，三禮就是《周禮》、《儀禮》、《戴禮》，三傳就是《左氏》、《公羊》、《穀梁》，將此三禮、三傳同《易》、《書》、《詩》合在一起，而"九經"之名於是又出現了。而開成間刻石經又補入《孝經》、《論語》、《爾雅》，以四者[1]為經書，於是又有"十二經"之名。到了宋儒於《論語》、《孝經》、《爾雅》之外，又因孟子最接近孔子，遂進《孟子》以配《論語》，十三經之名，便直傳至於今了。關於十三經的話，既已說出，那麼我們就可以去說其悖謬的地方了，例如：

（一）孟子原同荀子為戰國之二大儒，各有專長，不相上下；而一般陋儒，竟以《孟子》為經，而以《荀子》為子。如今既要以《孟子》為經，則《荀子》也該列入於經；如以《荀子》為子，則《孟子》也該列入於子。又如孔子《論語》、《禮記》、《孝經》原同老、墨為先秦之三大思想家；而今既要以孔子之書為經，則如老、墨二子之書，獨可降而為子麼？如以老、墨二子之書為子，則如孔子之書，獨可升而為經麼？況猶不但後儒以孔子之書為經，若道徒亦稱老子之書為《道德經》，而墨徒亦稱墨子之書為《墨經》；如墨子書中經之《經上》、《經下》參說，上經說下，並看《莊子・天下篇》。後儒以老、墨為子，安知道、墨之徒之不以"子"目儒呢？或"經"或"子"，"經"已"子"人，**進退無據，自相矛盾，故吾要把經中的《周易》、《論語》、《孝經》、《禮記》、《孟子》，併入哲學——即子學——中。**

（二）如《尚書》與《史記》，究有何別？而今却以《尚書》為經，而

---

[1] "四者"當爲"三者"。——編者註

以《史記》為史；《春秋》與《資治通鑑》也差不多，而今却以《春秋》為經，而以《通鑑》為史，以史為經，與以子為經同一悖謬。此外如《左傳》同《國語》二部書，都是左丘明所作的，後人或稱《左傳》為內傳，而目《國語》為外傳，雖有內外之分，要其為傳則一；而今呢？《左傳》進而為經，《國語》退而為史。著者只是一人，其書卻分兩種，無理無由，莫此為甚！**這是誤認史傳為經書的一個例子。故吾也要改正它：把《尚書》、《春秋》、《左傳》等經傳，並列於史學之首。**

（三）如《毛詩》與《楚詞》、《漢賦》、《唐詩》、《宋詞》同是一樣的，而後人却要以《毛詩》為經，而以《楚詞》，《漢賦》，《唐詩》，《宋詞》為集，如楚詞、漢賦、唐詩、宋詞不應該列入於經，則如《毛詩》也當然要列入於集——文學——了；如《毛詩》不應該列入於集，則如楚詞、漢賦、唐詩、宋詞也當然要列入於經了。（楚詞中之離騷亦稱經）**以集為經，也和那以子為經、以史為經是一個樣的。故**吾也要把《毛詩》列入於文學之首。

（四）如《爾雅》一書，同《說文》等，本來沒有什麼分別，而今却以《爾雅》為經學，而以《說文》等書為小學了。以小學為經，同上來所說的以子、史、集為經也是一樣的悖謬。吾今也要把《爾雅》併入文字學中。由上述看來，**那以訛傳訛，一誤再誤的經、史、子、集四庫，實在應該改做文字學、史學（或史地學）、哲學、文學（或文藝學）的新四部，根本就不容有經學一個名詞的存在**。而從前江叔海、陳重遠二先生，常常對我表示：認北大的國學研究所，獨沒有“經學”一個地位為大不對。其實北大的國學研究所的不另與經學一個地位，那是再對沒有的；最可惜的是二位先生，終還未能看到吾上述的話。而最令人莫名其妙的，尤當首推大夏大學孫德謙同事（亦教國學大綱），他因看見我在《大夏周報》發表過《國學系一個名稱之商搉》一文，便對我說：旁的我都表示十二分的欽佩，惟有以哲學包括經學一點（？），實在未敢贊成！要知道中國無哲學，哲學惟西洋有之，而中國之經學，亦為他方之所無。中國經學最為高尚！論到中國之學術，舍此便無足多了。這是孫先生親同我說的。我又聽一般同學說：孫先生的《國學大綱》還是分做經、史、子、集四部呢。

在此請再附說一下：就是近見有一位徐敬修編的一部《國學常識》，姑不論其內容如何；單就其分部觀之，已覺很可笑：如小學原兼象形、訓詁即字、音韻即字聲三部；而彼則於《小學常識》外，另有《音韻常識》一部。音韻既可另編，則如象形、訓詁何不並分為二？此其失一。先秦諸子與六朝的佛學，上起後漢，下至唐宋宋明的理學，原皆在哲學之範圍內，而彼則分為《子學常識》、《理學常識》二部，一似乎子、理二學的性質，竟有截然不同者。理學既當另編，佛學豈得獨缺？此其失二。文學原包含有散駢古文、詩詞、賦曲、小說等類，而彼則於《文學常識》外，另有《詩學常識》、《詞學常識》、《說部常識》三部。按詩詞一類，實為純文藝的文學文學的文學；至於古文反比較不足以為代表，而竟顛倒，真是悖謬；且今既要分詩、詞、小說為三，則如賦、曲二者，亦豈得獨無其平等位置？此其失三。至其不明經學實包有小學、文學、史學、哲學四部，而竟還有一部什麼《經學常識》。吾原可莫怪：因為不單他一人，其人多得很呢！觀其分類，殊不一致，分不盡分，合不盡合，既沒有系統，怎能使閱者明瞭？

第三章　論世人認經皆史或理或文的錯誤

“六經皆史也”，這是章學誠、章太炎諸人所力持的。章太炎因此，便認孔子不是旁的，不過是一位史家罷了。照吾的意思：經中如《尚書》、《春秋》固屬史學；若哲學類的《周易》、《禮記》，文學類的《毛詩》等，竟可以說做史學，那麼此外一切關於哲學、文學的子、集等部，也何一而非史學呢？簡直一點，就說中國只有史學一門好了！**這是純粹用史學眼光來觀察一切古書的大毛病**。顧炎武說："經學即理學。"看全祖望《鮚埼亭集》第一二卷。按經中如《易》、《禮記》固屬理學；若文學類的《毛詩》，史學類的《尚書》、《春秋》等，竟可以說做理學，那麼此外一切關於文學、史學的集、史等部，也何一而非理學呢？**果真可以說中國只有理學一門麼**？這種誤看誤認，正同二章一樣。此外還有很多陋儒俗學，認所有經書做文學的，這也就是上頭所說"國學即是國文"那一般人，其為錯誤與二章及顧氏等無異，不但如上頭那般認經為史或理或文的真是笑話，就是作一篇《中國經書之分析》的陸懋德君，也不算就很明白了！他說："章學誠……顧炎武……二氏皆未詳細分析，故言之未得其當也；余用近世科學方法，將諸經分為三類：曰哲學，曰史學，曰文學，現存之五經，固皆可歸納於此三類：《周易》、《論語》、《孝經》、《孟子》在哲學以內，《禮記》多述七十子後學遺言亦附焉。《尚書》、《春秋》在史學以內，《公羊》、《穀梁》、《左氏》解釋《春秋》、《周禮》、《儀禮》記載古制亦附焉。《詩經》在文學以內，《爾雅》詳於古訓亦附焉。……自此系統既定之後，則後起之著作，皆可按數分入其內，無慮渾淆矣。"吾說旁的都可謂為先獲我心，惟其最後列那"詳於古訓"的《爾雅》一書於文學類中，無論如何總不能使人同意。按《爾雅》是中國文字學書之祖，如《爾雅》可當作文學，那如今又何必再設文字學一門呢？小學與文學雖然有關係，但却不能就算牠做文學。如因其有點關係而把它列入於文學，試問世上一切的學問，那一種獨與其他沒有一點關係呢？難道竟可以說世上只有一種的學問麼？除《爾雅》應另屬文字學，不應列入於文學類內以外；他如一大部分之《公》、《谷》，和

《易傳》之一小部分，我們也可視為中國古代文字學中之一重要份子。這就是我與人不同的看法。

第四章　與國中諸研究院所分國學種類的商榷

近來國中關於研究國學之最高學府，其所在地以北平為最多，尤以國立北京大學研究所國學門為最早；次之如部立清華國學研究院現為國立，私立燕京大學國學研究院（？），孔教大學國學研究科（？）等，也很出名。當北大研究所改為京師大學校國學研究館的時候，曾很明白地暫分國學一門為哲學、文學、史學、語言文字學、考古學、藝術六組。個人對之，以為：考古學可併入於史學之範圍內，藝術可與文學合一名為文藝學，就是單稱文學也沒有什麼大不可的地方。至於清華研究院呢？他在國學一科中，也有中國語言、歷史、文學、哲學、音樂及東方語言等之分。吾亦以為：音樂可與文學歸併，東方語言可與中國語言合一。他若孔大研究科，則仍保守四庫之遺意：分經學、史學、哲學[子]文學[集]。至於燕大研究院呢，我直到這個時候，還未知道其內容，所以無從去批評它。余只有這一個燕大研究院，連到過也沒有，其餘如北大研究所，吾親在那邊研究過，知之甚詳，可不用說；就是清華研究院裏的王靜安、梁任公兩位教授，也同我很熟；至於孔大研究科的陳重遠校長，他更常同我辯論，所以我對於該研究科也是很熟悉的。國學的勢力，此刻已經由黃河流域而南侵到長江來了，但我聽說如無錫的國學專修館，和我親見上海一般大學的國學系，牠們全是"國學"其名，而"國文"其實，同我現在的要講"國學"而不講"國文"，既然適相反對，恕我不並論及。

第五章　應改定中國學術為新四部的我見

（一）字法學卽文字學與文法學，（二）文藝學卽文學與美術，（三）史地學卽史學與地理，（四）哲理學卽哲學與科學。以文字學、文學、史學、哲學為主系，而以文法學、美術、地理、科學附之。這就是我所分的新四部，在上頭已經一步一步的說過好幾次了。關於文字學、文學、史學諸部分，暫且不說，請先拿哲學一方面來研究一下：現在有人要分中國思想為宗教學、政治學、倫理學、哲學，等等；而吾又怎麼樣呢？却要使之皆入於哲學之範圍內，如曰宗教哲學、政治哲學、人生哲學、純正哲學，等等，其誰曰不宜？以先秦諸子而論：道家大部分在純正哲學，儒家大部分在人生哲學，墨家大部分在宗教哲學，法家大部分在政治哲學。……好了！我現在再來排一個新四部的總表，去給大家看看吧：將經分別併入字、文、史、哲四部之中

一文字學	二文學	三史學	四哲學
《爾雅》《公羊》《穀梁》	《毛詩》	《尚書》《周禮》《儀禮》《春秋》《左傳》	《周易》《論語》《禮記》《孝經》《孟子》
《說文》……	楚詞、漢賦、六朝駢文、唐詩、宋詞、元曲……	《國語》《國策》《史記》《資治通鑑》紀事本末、晉唐佛學、宋明理學……	《荀子》《老子》《莊子》《墨子》《韓非》……

（一）中國字法學*

中國文字學
- （1）象形
- （2）訓詁
- （3）音韻

中國文字學代表書籍：
- （1）《說文》
- （2）《爾雅》
- （3）

中國文法學
- （1）實字與虛字
- （2）句與讀
- （3）全篇與分段

馬氏文通可為代表（？）

（二）中國文藝學

中國文學：
- （1）有韻與情感，如詩詞歌賦等。
- （2）無韻與事理如論說傳記等。

代表書籍：
- （1）《詩經》《楚詞》漢賦、宋詞、元曲……
- （2）《尚書》《左傳》《國語》《莊子》《史記》韓文……

或
- （1）文學的文學——詩詞歌賦等韻集。
- （2）史學的文學——諸史的實錄文。
- （3）哲學的文學——諸子的哲理文。
- （4）小學的文學——經註傳疏說文釋詞考據校勘等文字。

另詳於《中國文學》一部中

中國美術
- （1）詩歌音樂……
- （2）字書圖畫……
- （3）雕刻建築……

---

* 原書直排，本頁部分文字上下顛倒，而且是從下往上讀；本書橫排，相應的文字左右顛倒，從右往左讀。——編者註

附註：《尚書》、《左傳》、《國策》等書，雖屬史學，亦為文學之祖，他若《史記》、《莊子》之書，雖或為史與子，要皆文章之最大師表。

（三）中國史地學

中國史學
- （1）列傳體—— 創始於《尚書》，大成於《史記》。
- （2）編年體—— 創始於《春秋》，大成於《資治通鑑》。
- （3）紀事體—— 創始於《國語》，大成於紀事本末。

附註：中國自古將地理附於歷史中，先述史學，地理暫缺。

（四）中國哲理學

中國哲學
- （1）純正哲學。
- （2）人生哲學。
- （3）宗教哲學。
- （4）政治哲學。

大部代表：
- （1）《周易》《老子》《莊子》……
- （2）《論語》《禮記》《孝經》
  《孟子》《荀子》……
- （3）《墨子集成》……
- （4）《韓非集成》……

附註　《易傳》可以退還孔子，《尚書》《國語》中之一部分亦有宗教哲學意味；此外我獨認左丘明自創一種事實的因果教，與孔子之名教及墨子之神教皆不同。說另詳於“中國哲學”一部中。

先秦諸子，除此而外，多不足道，可為附庸；惟有名家，尚可商量：名家固為墨家分出之一派，然如遇必要時，吾亦將另與以一地位。

中國科學，暫付蓋闕。

第二編　至低限度之國學書籍及其研究之次序

第一章　至低限度之國學書籍

近日國中對於國學，一般前輩倡導於前，諸新青年隨研於後，有的在乎保存國粹，有的在乎整理國故，國學之聲浪盈耳，國學之書籍滿目，國學國學！甚盛甚盛！但如在實際上言之，雖章太炎先生也曾嘆道："二十四史，從何說起？"梁任公先生也說："《通鑑》《通考》已浩無涯涘，更語及厖大之二十四史，學者幾何不望而却走？然而二十四史終不可不讀，……書既應讀而又浩瀚難讀，則如之何？"章、梁二位先生是近日的國學老師，還不免感覺困難，何況新進的青年們麼？其視為畏途，自不待言了！二十四史僅國學中之一小部分，尚且"無從說起"，"浩瀚難讀"；至於國學的全部，那就更可想見了！一般青年既要研究，又不知道要怎樣去研究，於是便以"至低限度的國學書目"去請教諸老前輩，胡適之先生因此便擬定了一張"一個最低限度的國學書目"去給清華學校的幾位學生，那張書目裏計分（一）工具之部、（二）思想史之部、（三）文學史之部三大部分。驟觀之，好像再簡括是沒有的了；但是梁任公先生卻老不客氣地去評他說："殊不知一般青年，並不是人人都要做哲學史家、文學史家，不是做哲學史家、文學史家，這裏頭的書十有七八可以不讀；真要做哲學史家、文學史家，這些書卻又不夠了。”“我最詫異的：胡君為什麼把史部書一概屏絕？一張書目名字叫做“國學最低限度”，裏頭有什麼《三俠五義》，《九命寄冤》[1]；却沒有《史記》、《漢書》、《資治通鑑》，豈非笑話？若說《史》、《漢》、《通鑑》是要“為國學有根底的人設想”才列舉，恐無此理；若說不讀《三俠五義》、《九命寄冤》便彀不上國學最低限度，不瞞胡君說，區區小子便是沒有讀過這兩部書的人。“總而言之，《尚書》、《史記》、《漢書》、《資治通鑑》為國學最低限度不必要之書，《正誼堂全書》、《綴白裘》、《兒女英雄傳》反是必要之書，真不能不算石破天荒的怪論。（思想史之部，連《易經》也沒有，什麼原故？我也要求胡君答覆！）”我對梁先生所評的話表示十二分的同意，梁先生因不滿意於胡先生的書目單，於是便自擬一張“國學入門書要目及其讀法”來，其內容分為（甲）修養應用及思想史關係書類、（乙）政治史及其他文獻學書類、（丙）韻文書類、（丁）小學書及文法書類、（戊）隨時涉覽書類五項。觀其所選出之書目，比之胡先生，自是較為普通廣大，而且極為適當。但像他那樣的分類，我到底也有點莫名其妙！大概他的（甲）是指關於哲學方面的，（乙）是關於史學方面的，（丙）是關於文學方面的，（丁）是關於小學方面的，（戊）是隨便瀏覽的。他如照這樣簡明地說出，那吾也可以少點疑問；而他竟却分思想史與政治史為二，總不能算得是很清楚的。又其“韻文書類”中，如韓、柳、王、蘇諸家，難道也都是有韻之文麼？實在不如名為文學較為簡直了當。又如其“隨意涉覽書類”[2]一部，據我所想，也不如改為工具之部如胡先生所分的比較有利益一點。把哲學、史學、

---

❶《九命寄冤》當爲《九命奇冤》，爲清人吴沃尧所撰，胡適推薦書目中寫爲《九命寄冤》，應是誤寫。——編者註

❷“隨意涉覽”前文爲“隨時涉覽”。——編者註

文學、小學與工具之部而為五，這不但比胡先生單有哲學、文學和工具三部的好得多；就是比之梁先生的原書目，總也好一點。至其另行提出的那一張“最低限度之必要書目”，我也有一點不同意。因他還是照那經、子、史、集四部的排法；至關於小學方面的，却半本也沒有。小學果真如此的不要緊麼？試問如不先懂得小學，還會去讀那經、子、史、集四部麼？所以由我看來，至少也要再添入《爾雅》、《說文》那兩本書，才可以無大過。據梁先生說，他的主張是除先秦幾部經書、幾部子書之外，最要緊的，便是讀正史，《通鑑》，宋元明紀事本末和“九通”中之一部分，以及關係史學之筆記文集等，算是國學常識。凡屬中國讀書人都要讀的。”這是說經部子部哲學，最重要，次之就是史部史學，然後至於集部文學，論其輕重，他自是很對的，不過欠一部小學文字學，還談不上完備罷了。好了！我現在來繼胡、梁諸位先生之後，再定出一張真正老實簡單切要的最低限度的代表書目，去給大家看看，並以此應大夏大學諸同學之請。

最低限度之代表書目

（一）哲學

（1）儒家

《周易》，焦循著《雕菰樓易學三書》。

《論語》，同上著《論語通釋》可讀。

《孟子》，同上著《孟子正義》。

《荀子》，王先謙著《荀子集解》。

《禮記》，鄭註孔疏。

（2）道家

《老子》。

《莊子》，郭慶藩著《莊子集釋》尚可看。

（3）墨家

《墨子》，孫詒讓著《墨子間詁》。

（4）法家

《韓非子》，王先慎著《韓非子集解》。

（5）佛教

關於此者暫緩舉出。

（6）混成

王充《論衡》。

《朱子全書》單讀其語錄等類亦可。

《王文成公全書》同上。

《戴東原集》單讀其《孟子字義疏證》一書亦可，胡適著有《戴東原哲學》可供參看。

（7）參考

《先秦政治思想史》梁啟超著。

《中國古代哲學史大綱》胡適著。

《孔子哲學之真面目》。

《三大思想之比觀》。

上二均蔡尚思著。

《國故論衡》章炳麟著。

《宋元學案》。

《明儒學案》。

上二書均黃宗羲編。

《清代學術概論》梁啟超著。

（二）史學

（1）列傳體

《尚書》讀其真書二十八篇足矣，孫星衍著有《尚書今古文註疏》。

《史記》司馬遷及其父談撰。

《前漢書》班固及其父彪、妹昭著。

（2）編年體

《春秋》孔丘著《左》、《公》、《谷》三傳並讀（?）。

《資治通鑑》司馬光撰。

（3）紀事體

《國語》左丘明撰。

《通鑑紀事本末》袁樞編。

（4）參看

《史通》劉知幾著。

《文史通義》章學誠著。

《中國歷史研究法》梁啟超著。

（三）文學

（1）有韻與寫情

《詩經》，陳奐著《詩毛氏傳疏》。

《楚辭》，除屈原、宋玉作品外，其餘皆可不讀，朱熹著有《楚詞集注》。

《李太白詩集》，不取其文。

《杜工部詩集》，同上。

漢賦、六朝駢文、宋詞、元曲等類暫緩選出專集。

（2）無韻與記事

除《莊子》、《史記》，另詳外。

《韓昌黎文集》，不取其詩。

《柳河東文集》，同上。

《歐陽修文集》，同上。

《蘇東坡文集》。

《王臨川文集》，不取其詩。

（3）類書

《樂府詩集》，郭茂倩編。唯讀其中之無名氏古詩。

《文選》，蕭統編。須分別讀之，如蔡邕作《郭林宗碑文》之類不值一閱，如以文而論，則如姚鼐之《古文辭類纂》與曾國藩之《經史百家雜鈔》亦尚可讀。

（4）參看：

《文心雕龍》，劉勰著。

《詩品》，鍾嶸著。

（四）小學

（1）訓詁：

《爾雅》。

（2）象形：

《說文》，段玉裁著有《說文解字註》。

（3）音韻：

關於此者暫緩舉出代表書籍。

（4）文法：

《文通》馬建忠著。

（五）工具

《經籍纂詁》，阮元等。

《康熙字典》，張玉書等撰。

《四庫全書總目提要》，清乾隆間四庫館編。

《中國人名大辭典》，商務印書館。

《歷代名人年譜》，吳榮光著。

《史姓韻編》，汪輝祖著。

《歷史紀元編》，六承如著。

《世界大事年表》，商務印書館。

《中西回曆朔閏表》，陳垣著。

《讀史方輿紀要》，顧祖禹著。

《歷代地理韻編》，李兆洛著。

第二章　研究之次序

在國學中，論其輕重，大氐以哲學為最關重要，也是最難研究的；次之就是史學；而文學又其次之；至於小學似乎可以說是比較的不要緊的了。但是如以先後的次第說來，却就適得其反：例如汝要研究哲學，那就不得不先在歷史上觀察一下；如要研究史學，又一定要先通達他的文章；如要研究文學，又要把文字學先弄清楚；文字了解然後去學文章或作文章，文章通達然後去讀史或作史，史學有相當的研究了，然後才可以去研究思想。由此看來，文字學反是不論研究何學所必先經的路徑了。論輕重：以哲學為最重，以小學為最輕；論先後：以小學為最先，以哲學為最後，這是我個人的見解。

中部　分述

第一編　中國文字學大綱

第一章　文字與工具

誰也知道中國的大哲學家要首推孔子，中國的大史學家要首推司馬遷，中國的大文學家要首推韓愈（？）；但吾們還要知道的，就是他們都是精通於小學的。大家不相信麼？試看《易傳》：所謂《十翼》。《文言》裏說：“或之者，疑之也。”“夫玄黃者，天地之雜也，天玄而地黃。”……《彖辭》裏說：“需，須也。”“晉，進也。”……《象辭》裏說：“逋，竄也。”“大師相遇，言相克也。”……《繫辭》裏說：“象也者，像也。”“物相雜故曰文”……之類；以及《說卦》、《序卦》、《雜卦》三篇裏頭所有的解釋訓詁；便可知道孔子如不光懂得小學，就不能去研究哲理而成個大哲學家了。哲學家既要先懂得小學，至於研究史學的呢？我們試把《史記》的《五帝本紀》中之帝堯、虞、舜及《夏本紀》、《殷本紀》、《周本紀》，同那《書經》中的虞、夏、商、周等書對照一下，便可看出其多用今語去解釋古文了。《尚書》、《史記》也有點像現在的文言白話相對照的樣子。如《堯典》(？)作“協和萬邦”，而《帝堯本紀》便把他翻譯訓詁做“合和萬國”；……《舜典》(？)作“帝曰：疇若予工？僉曰垂哉”，而《虞舜本紀》便翻譯做“舜曰：誰能馴予工？皆曰垂可。”……《禹貢》作“敷土隨山刊本”，而《夏本紀》便訓牠為：“傅土行山表木”；……《湯誓》作“時日曷喪”，而

《殷本紀》便訓他為“是日何時喪”；……《牧誓》作“今商王受”，而《周本紀》便釋之為“今殷王紂”，……由此看來，司馬遷如不先懂得小學，便不能知道古代史事而成個大史學家了。史學家也要先懂得小學，已可想見於此了；至於研究文學的呢？那更容易明白了！韓愈不是曾說過麼：“凡為文宜略識字。”所謂識字，便是通小學了。他如漢朝的司馬相如同揚雄那兩個人，都是中國頂有名的大文豪；然而相如也作《凡將》，揚雄也有《訓纂》及關於語言學的《方言》二書，於此可見文學家也要先通小學了。由上看來，不論大哲學家、史學家、文學家，或是要研究哲學、史學、文學的人，既然對於小學都應該有相當的把握，所以我就敢說：**小學是研究學問的工具或初步**。而《漢書・藝文志》也說：“古文讀應《爾雅》故解古今語而可知也”。戴震更說：“自昔儒者，其結髮從事必先小學。”“經之至者，道也，所以明道者，詞也，所以成詞者未有能外於小學文字者也。”“訓詁明則古經明，古經明則我心自然之義理乃因之以明。”錢大昕也說：“由聲音文字以求訓詁，由訓詁以求義理。”小學文字的至關重要，現在已無可懷疑了。

第二章　小學之定義及其起源

第一節　小學之定義

怎麼叫做小學呢？班固說：“古者八歲入小學，故《周官》保氏掌養國子，教之六書，謂象形、象事、象意、象聲、轉注、假借，造字之本也。”《漢書・藝文志》凡禮、樂、射、御、書、數的六藝，都叫做小學。就是家塾黨庠的學校，也叫做小學。當時所說的小學，大概同現在的小學校，是差不多的。關於私人方面，如西周史佚也用《爾雅》去教他的兒子，而西漢要做官的，至少也要諷籀書九千字。到了漢朝那個時候，小學始獨自成立為一專門，如《藝文志》裏所列的小學計共十家，都是關於字書訓詁那一方面的。後來到了清朝修《四庫全書》，更就小學分為訓詁、字書、韻書三種，這也可以叫做三字，訓詁便是字義，字書便是字形，韻書便是字音。如以鼎比喻小學：那這三字便是鼎的三足了。蓋自魏晉以來，更就小學的範圍中，分門去研究，結果很有可觀，比方有的成字書專家，（若南唐徐鉉，徐鍇，清代王筠、桂馥之解《說文》是。）有的成訓詁大家，（若李巡、孫炎之說《爾雅》，郭璞之註《爾雅》、《方言》等。）有的成音韻名家，（若吳棫之《韻補》，陳第之《毛詩古音考》，屈宋《古音義》等。）關於訓詁字書那兩方面的，已有《爾雅》、《說文》那兩部書的集大成於前；惟有“音韻”一門，到了六朝才漸有完備的氣象；直至於今，還在進展途中，未有一定之說。

第二節　文字的起源

凡天地間的一切動物，不論禽獸蟲魚……都會發出聲音的；而這動物中的人類，當然也不能例外，而且還要厲害：眼睛會看，耳朵會聽，這固然是一切動物所同的；然而天地萬物的形狀，人眼一見，恐怕忘記，便想用手去摹擬它（如日、月、鳥魚等等象形字。）萬物的聲音，人耳一聽，恐怕忘記，便想用口去仿效它：（如今水、火、木、銅等字，讀音皆近於水流火發之聲，擊木敲銅之音。至於圖畫與文字呢？大抵畫圖在先，而後改成文字。）關於口的是語言音樂，關於目的是文字圖畫。人類先有語言聲音，這是不待說的；如、、一類象形之字，便是太古最簡單的圖畫；後來加以修改成為日、月、鳥，這便是文字了。**日、月、鳥是獨體的文，後來不夠使用，便再併成一種合體的字。而圖畫大概也是一樣的：如**、

、**一類便是獨體的圖畫，後來漸漸進步，更就日、月、鳥、樹、山川……種種形像畫在一塊了。**關於圖畫方面，俟後另去專論，現在可以不必多說。他種動物的聲音，人還會去學它，學它的如雞鳴狗吠、鳥音蟲聲……人都學得很宛然的；至於同一人類的言語，那更沒有問題了：雖有方言的不同，如“秦晉之間曰娥，宋魏之間曰嬴，吳楚衡淮之間曰娃，宋衛晉鄭之間曰艷，河濟之間曰媌，或曰姣，扶風太原之間曰妍”《方言》。戲調方面的不同，如現在所說的京調漢調、閩歌粵歌，……但不論國中的那一省人，如果有志去學他，總是學得到的。就是世界各國如中、日、俄、英、法、德……等的文字圖畫和語言音樂，現在的人也都去互相學習了。

若問何必創字？創字有什麼用處？那吾在上頭也已經略為一說了！就是恐怕忘記，如汝早上告訴我的，吾晚上就忘記了；今天告訴我的，吾明天就忘記了；還有更重大的，就是一個在東，一個在西，如沒有文字，兩人便不能互相交通了；一個在前，一個在後，如沒有文字，兩世便不能轉接知道了；**什麼文化文明……也是由於文字而來的。如果沒有文**字，**那就同禽獸差不多了！**據我想：**結繩以記事，就是記賬的數簿的起源；記賬的數簿，就是做文作史闡理……的起源。**暫此告一段落，餘俟本篇的象形，與美術中的圖畫字書等處，再去詳細的分述。

第三章　小學之分類——三字與六書

三字和六書，業已約略言之於上頭了；現在請再總較一下：怎麼叫做文字呢？獨體的便是文，合體的便是字。據許慎說：“文者物之本像也，字者言孳乳而寖多也。”六書之中孰先孰後？其與文字又有什麼關係？象形、指事便是獨體的文，形聲、會意便是合體的字，象形、指事的獨體文和形聲、會意的合體字便是製造文字之根本。至於轉注、假借二者，不過來補其所不足罷了。因為各地方的人，所說的話，其意雖同，其音則異，於是因其雙聲相轉，疊韻相迤，便再造出一字，這就是轉注；但字也不能造出太多，所以不得不加以限制，於是意相引伸，音相切合，義雖有不同，而字却是一樣，這就是假借。合數字為一義便是轉注，分一字為數義便是假借。這就是六書產生的次序，及文字的所以成立之大概情形。

六書雖各自獨立，缺一不可，但也未嘗不可歸納於三字之下：如六書中的(1)象形，就是屬於三字中的(一)字形的；如六書中的(2)指事(3)會意，就是屬於三字中的(二)字義的；如六書中的(4)諧聲[1]、(5)轉注、(6)假借，就是屬於三字中的(三)字音的。

第四章　六書——象形、指事、會意、諧聲、轉注、叚借

第一節　象形

不但六書中以象形為最先，就是其他一切也莫非從形象以起。因為人同其他生物，都是有七孔的；而七孔之中，尤以眼睛為最關重要。如嘴雖會吃東西，但總不如鼻之於味的嗅得遠；鼻雖會嗅味，但還不如耳之於聲的聽得更遠；耳朵雖會聽聲，但又不如眼睛的看得更

❶ “諧聲”又爲“形聲”。——編者註

遠了。眼睛既然看得最遠，而其為用，也就最為廣大了。試把那部最古的《易經》讀一過，便可知道“象”的最關重要，什麼也是由於這一點而產生出來的。關於文字方面，那一類無稽之談，我是不敢相信的，所以不便引來做證；惟據《易・繫辭傳》說：“古者包犧氏之王天下也，仰則觀象於天，俯則觀法於地，觀鳥獸之文，與地之宜，近取諸身，遠取諸物，於是始作八卦……作結繩……蓋取諸離。……上古結繩而治，後世聖人易之以書契，百官以治，萬民以察，蓋取諸夬。”伏羲氏的畫八卦，陽爻為⚊，陰爻為⚋，⚋代表偶字，⚊代表奇字，其☰☷☵☲☳☱☶☴之符號，叫做乾、坤、坎、離、震、兌、艮、巽八卦，以象天、地、水、火、雷、澤、山、風八字。可知伏羲如不仰觀象於天，俯觀法於地，觀鳥獸之文……就無從去畫八卦或結繩了；如沒有伏羲氏的八卦與結繩，後世聖人也就無所摹倣而去作書契了。結繩制度用至神農時代，到黃帝的史官倉頡出：“見鳥獸褫[1]迒之跡，知分理之可相別異也，初造書契，百工以乂，萬品以察，蓋取諸夬。”（《說文》序）《繫辭》又說；“象也者，像也。”怎樣叫做象呢？《韓非子・解老篇》說：“人希見生象也，而案其圖，以想其生，故諸人之所以意想者皆謂之象。”如三代以來的鐘鼎欵識，即文字圖畫之混合體，全是象形。而許慎《說文》對於象形，又下一個定義說：“畫成其物，隨體詰曲，日月是也。”其類不一，日月二字，僅其中的一二正例罷了。如王筠《說文釋例》裏說：“有迎而視之之形，有隨而視之之形，有視其側面之形，有變橫為直之形，有省多為少之形，有兼聲或兼意之形。”但若王氏之說，還未能算得已經形容周到；我現在限於篇幅，也無法來詳述，只好把象形中顯而易見的例子，舉出幾個於下：

---

❶ 據《說文》，“褫”當爲“蹏”。——編者註

 這是日字，外面是象日體的圓形，裏面是象日中無定的黑影。

 這是月字，月和日不同：常闕而少圓。其中的一點，是象月的黑影，這是上下弦時的形狀。

 這是山字，上頭象山峰，下面象山脚的洞穴。

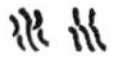 這是水字，很象水流的形狀。

 這是鳥字，鳥是長尾禽的總名。上是鳥首，左出是嘴，黑點是眼，右出第一是頸上的翁，二三是翼，第四是尾，其下是足。這個鳥字，眞是再像沒有！

 這字一望就知其為“魚”了！

 這字一望便知其是“目”了！

 這字一望便知其為“口”了！

我於此有幾個感想，就是如果全用這種純象形的文字，既可以不用教而自會懂得，那麼識字的人，就一定很多，甚至人人都可識字了。而這識字的人，同時並且兼能繪畫，**這是圖畫化的文字，或字畫合一的好處**。不過世間事情非常繁雜，實在無法一一表而出之，就使勉強辦去，恐怕結果也不免和混起來，這也許就是不能盡用純象形字的原因。但我們既已看出純象形字的好處，還是希望文字會多帶一點圖畫化好。

第二節　指事

除了象形以外，就要算這指事為最先了！鄭玄說：“神農結繩，大事大結，小事小結。”關於指事方面，鄭樵說得好：“指事類乎象形，指事事也，象形形也；指事類乎會意，指事文也，會意字也：獨體為文，合體為字。形可象者曰象形，形不可象者指其事曰指事。”許愼的定義是：“指事者視而可識，察而見意，上下是也。”現在再為他說明一下，並多舉幾個例子來：

丄 上這三個字，全是上字，指小物排在大物的上頭。

丅 𠄟 下這三個是下字，指小物居於大物之下。

反下為上，反上為下，凡小物之形高而狹者就作丨，其卑而廣者就作一，所以丄 𠄞 丅 𠄟這四個字，隨物而用，無不得宜。

中　這是中字，〇象四方，丨指中央，站在四周的中間，就是中了。

第三節　會意

會是會合，意是意義，會意便是會合數字的意義，而成一字的意義。許慎說：“比類合誼，以見指揮[1]，武信是也。”會合止、戈兩字的意義，才知道其所以為䋞；會合人言兩字的意義，才知道其所以為信；除武、信外，再舉出一二例於下：

天　這是天字，至高無上只有一個天，故從一大。

王　這是王字，從三從丨，三指天道、地道、人道。以丨貫之，言參通之者，只有一個王。

小　這是小字，從丨從八，八是分的意思，丨之體本已微乎其微，今又從而分之，其小更可想見了。

苗　這是苗字，草生於田中者。

男=力+田　力於田者，便是男子。

婦=女+帚　就是指那女子掃帚為人妻者。

竄=穴+鼠　這是鼠在穴中藏匿的意思。

焚=林+火　這是以火燒林的意思。

---

[1] 《說文序》中此“揮”爲“撝”。——編者註

第四節　諧聲

許慎說：“以事為名，取譬相成，江河是也。”江河都是水名，水是物名，這便是“以事為名”。把工字或可字去配水，就得其聲，這便是“取譬相成”。

草藻　這是上形而下聲的。

婆娑　這是下形而上聲的。

這是關於疊韻方面的。此外左形而右聲如江河，右形而左聲如鳩鴿，內形而外聲如聞問，外形而內聲如圜圃等類是。至於雙聲方面，亦得舉一二例於下：

猜從青聲　猜青雙聲。

敏從每聲　敏每雙聲。

請再就疊韻與雙聲而比說之：凡發聲相同的便是雙聲，凡收聲相同的便是疊韻，雙聲就是古人所說的和，切韻家所說的同母之字，小學家所說的一聲之轉；疊韻就是古人所說的諧，切韻家所說的同韻之字，小學家所說的音近之字。

第五節　轉注

許慎說：“轉注者，建類一首，同意相授，考老是也。”戴震因謂：“轉注猶言互訓，說文訓考為老，訓老為考，凡數字共一義者皆曰轉注，故曰同意相受。”近人劉師培說得更詳細，他說：“上古之時，一字僅有一義，一物僅有一名，後因方言不同，乃各本方言造文字，故義同而形不同者音必相近。……如《周易》乾，健也；坤，順也；坎，陷也；離，麗也。此因上古之時，僅有乾、坤、坎、離四字，兼含健、順、陷、麗之義；後世則健、順、陷、麗四字最為通行，而乾、坤、離、坎知者漸鮮。……而健、順、陷、麗之音，恰與乾、坤、坎、離之音相近，此因古今言語不同，而分為二字者也，《說文》亦然：皆以疊韻雙聲之字互相訓釋，如：天，顛也；帝，諦也；禮，履也，皆屬疊韻。旁，溥也；祈，求也；八，別也；皆屬雙聲。凡此數字，互相為訓，即轉注也。……由此可知轉注必以音同，而互相訓釋者，乃為正例。若蔆，芰也；芰，蔆也；論，議也；議，論也；字非同音，而亦為互訓，則變例矣。以上所列，皆互相訓釋之字，亦有此字可以訓彼，而彼字不可以訓此者，如'羊''士'二字：羊，祥也；士，事也；在上古時，亦不得謂之非轉注；惟羊可訓祥，祥不可訓羊；士可訓事，事不可訓士耳。按此既非互訓，卽不得謂之轉注，當列之假借中可耳。"而章太炎先生更將"建類一首"四字，加以相當的證明，他說："類為聲類，首者今所謂語基。"因歷舉字之可相互訓者：如疊韻方面的齊與霎、庸與用、標與杪、晏與晉、讋與慴懾、垚與堯；雙聲方面的屏與藩、雁與鵝、亡與無、謀與謨、媼與嫗、爨與炊；……於是又總而說："類為聲類，不謂五百四十部也；首謂聲首，不謂凡某之屬皆從某也。"

第六節　叚借

許慎說："叚借者，本無其字，依聲託事，令長是也。"這是因為上古字少，所以必出於叚借，如令本是號令，後來發號令的人，也叫做令，如縣長之為縣令是。至於長字呢？長本來是用以與短相對的，而後來卻與年少者相對而稱長，長是前輩，又與下民對而稱長，長是長官。請再舉數例於下：

永　永是水之長，今凡長者亦皆言永，這是同音而借其義的一例子。

牢　牢本是牛圈，而今用為牢固之牢，這是借音而不借義的一例子。

妻　妻　上妻字平聲，夫之對稱；下妻字去聲，義同於娶；這是協音借義的一例子。

鄉　鄉　上鄉字讀平聲，是鄉村的鄉，下鄉字讀去聲，義同於嚮；這是借協音而不借其義的一例子。

治　治是水名，而今却借為治理之治，又借為平治的治，這是因借而借的一例子。

於　於同於烏，這是語詞叚借的一例子。

亨　亨借為烹，這是省文叚借的一例子。

乘此快完之際，還要再來一說者：就是兩字一用的形近和音同的那種叚借，最容易誤人，或使人誤會。例如假氣為气，假陶為匋，就是因其形近而叚借它的；其如借率為逵，借纚為錄，就是因其音同而叚借它的。現時一般學子，無心講究文字，常常寫出別字來，吾地叫他做“白脚猪”，其意是說猪固然是猪，不過牠的脚是白的，與平常看見的猪不同罷了。比方“明”寫做“名”，“冬”寫做“東”，就是以其聲同而至於誤寫的。至如寫一個左右相並，或上下相重，或內外相包的字，如丟其一方，以及本來沒有而今把它添加一筆，就是以其形近而至於誤寫的。不但現在一般新學子，就是古人古書，吾想一定也有如此的：試看清朝的漢學家，據他們的考校，古書常常有因音同形似而寫錯的，這種寫錯的是由於錄者的不慎，並不是出於作者的不通；但是不論作者怎樣的通，有時在無意中，自已說不定也會寫錯的；而且極少數的古人，對於極少數的古字，因為不懂而誤寫的，恐怕在這幾千年中，也有其人吧。而當時的錄者，及後世的讀者，以為係出於通人，那裏會錯？或者因而疑其可以叚借，或說出通用的話來，以訛傳訛，其訛經久，便成為真，真訛莫辨，在字典中，不知多少；而那種不通之人，竟反成為造字之祖。但吾也不奇怪他，不過是說後人不要信古太過罷了。

最後，我以為：字書關於象形的最好，次算指事、會意，以至於形聲，這是因為容易認識的原故。如古文、大篆、小篆三項，雖有不同，却也止於略變詳後，惟自秦改小篆為隸書，近現在的楷書再經漢由隸書變草書（?），隨便省筆，無所根據，於是寫字雖較容易，而識字就很困難了。今人因此便說不如把中國文字改成拼音，比較容易認識；其實中國這麼廣大，不但南北說話不同，就是一省，甚至一縣如閩粵等之中，也有互聽不懂的。如果要拼音起來，那就要由一國而變成幾十幾百異國的文字了！如歐洲近之豈不更複雜、更困難麼？若中國固有文字，雖然有的不容易聽，但在一國中，不論南北那一個地方，古今那一個時代，却沒有看不懂的文字，這豈不是反較容易認識麼？於是更有些人以為拼音字較易識於合體字，吾也反而說合體字較易識於拼音字：不知拼音所容易認識的止語音，而其字義可就難懂；合體的語音雖難懂，而其字義却很容易認識。例如看見山、水、鳥、魚等邊的字，就使不是山、水、鳥、魚等的名，至少總也同山水鳥魚等有點關係，這到底是那一種容易，那一種困難呢？章太炎也有《中國文字的根源和近代學問的發達》一篇演講的詳論，可參看其餘請到下章下節再去專述。

第五章　三字——象形、訓詁、音韻

第一節　象形

關於象形這部，業已詳述於前；現在請再就字體中之可獨自成立，而又比較通行者，約略分別附述於此。

（1）古文

倉頡創的古字，見於《說文》中的如∽（電）、𨸏（阜）、丄（上）、丅（下）、弎（三）、㐅（五）……但這或是唐虞夏商時代的古文，也說不定。大概獨體的如丂（巧）、屮（艸）等字是古文，如巧（丂）、屮（艸）等字便是合體的今文了。又如右、制等字是古文，如再加上了偏旁而成為祐、製之類，便是今文了。由簡而繁，總有點理。

（2）大篆

大篆出於周太史籀，這是對小篆而言的；或就其官而名為《史篇》，或就其名而稱為《籀篇》。籀文同古文相彷彿的：如古文作㫄，籀文作雱之類；其異於古文的：大概就是字多偏旁與重疊，前者如𧇊𩩾……等字，後者如敱[illegible]……之類。大篆的遺留於今者，有《石鼓文》可參看。

（3）小篆

東周以後，各自立國，"言語異聲，文字異形"（用《說文》語）；後來秦始皇滅六國，統一天下，而丞相李斯因主張去和秦不同之字，文字至是也隨天下而統一起來了。於是李斯作《倉頡篇》，中車府令趙高作《爰歷篇》，太史令胡母敬作《博學篇》。其省大篆的煩重處，如籀文作就戰；在小篆就為就車了，其改大篆的奇怪處：如籀文作匿[illegible]；在小篆就為栖疾了。這是小篆的省改籀文處。其於古文如𡧱𩊠等字呢？他也改為宜、鞭等字。所謂小篆，大氐如斯。此外如秦繹山碑（?）也是用小篆寫的，可供參看。

這裏小篆的省改大篆及古文的煩重，同吾上頭所說今文繁而古文簡，並不衝突。前者的由簡而繁，是因為社會日益進步；後者的去煩就省，為的是社會日趨便利。

但平心而論：篆書的大小二種，大體上實無大差別，如上、下、左、右、日、月、山、水八字，大篆寫作丄、丅、[illegible]、[illegible]、⊖、[illegible]、山、川，在小篆寫作上、百、虎、司、日、月、山、川，由此看來，那有什麼大不同的地方呢？我們可以說大篆的與小篆，也和草書的與行書差不多。

（4）隸書

隸書是秦下杜人程邈所作。怎樣叫做隸書？據王僧虔說：“秦獄吏程邈善大篆。得辠繫雲陽獄，增減大篆，去其繁複，始皇善之，出為御史，名其書曰隸書。”這話應該可信，因為班固也說：“隸書起於官獄多事，苟趨簡易，施之於徒隸也。”隸書另一個名叫做佐書，衛恆說：“佐者謂其法便捷，可以佐篆所不逮，故亦曰佐書。”隸書對於古文，頗有異同，據郭忠恕說：“衛夢之字本作衛㝱，是謂隸省；前甯之字本作歬寧，是隸加；詞朗之字本作詈朖，是謂隸行；寒無之字本作寒𣞤，是謂隸變。”又如漢雒陽令王雅子闕裏的“兖州”，少室東闕題名裏的“桓陽”，孔廟碑裏的“濟明”等字，也可以想見秦隸的一斑。

（5）草書

據漢趙壹說：“秦末刑峻網密，官書煩冗，戰攻並作，軍書交馳，羽檄紛飛，故為草書。”蔡邕說同宋王愔却說：“漢元帝時，史遊作《急就章》，解散隸體，粗書，章草之始也。”二說不同，這或是起於秦末，至漢史遊而集其大成，也說不定。但若許慎只說：“漢興有草書。”《說文敘》而晉衛恆又說：“不知作者姓名”。《四體書勢》江式說同這是章草。章草雖比隸書還便利，但尚一字一字寫得清楚的，後來還有比章草更簡便的就是字字連屬的今草，亦即所謂大草。至於行書，係半草半楷，而居於草楷之間，此體極為盛行，因為大楷太謹嚴，大草太隨便，所以行書較為適中些。

（6）楷書

楷書也是隸書的變體，或名秦漢隸為古隸，而名鐘王等楷書為今隸有的叫做真書或正書。此體以晉鍾繇、王羲之諸人為最精，晉以字稱，便是由於鐘、王諸人。此體自漢盛行到現在，甚至歷代試士竟多以書法之工拙，為取捨之標準。

於此吾可引章太炎先生之一段話來先作結論，他說："那古文、大篆、小篆三項，雖有不同，衹是略略改變，秦朝又把小篆減省叫做草書，現在通行的楷書也還就是隸書，漢朝又把隸書減省叫做草書，現在也是通行。當初用隸書草書的人，不過為寫字煩難，想個方便法門，不曉得通行以後，寫字就快，識字就難了。"《中國文學的根源和近代學問的發達》一文他因此便更進一步，略作關於中國文字上的功罪論說："論到古來在文字上有大功勞的，一共是三個人：第一個是倉頡，字是他造的；伏羲畫八卦，那不過記號，所以造文字的第一個人，總要推倉頡了。第二個是史籀，其時文字異體太多，他造了大篆出來統一，這在文化普及上，是很有大功勞的；第三個就是許慎，他創這分部的例，把文字的形體和本義，都弄明白，這也是有大功勞的。至於李斯這些人，便講不上甚麼功勞了！程邈第一個創造隸書，破壞六書精當的規則，雖然他衹叫差人皁隸胡亂用用；至於正經行用是漢朝人沒有學問，不關他的事。但是他倘然不造，漢朝又從那裏用起？所以論到罪魁禍首，這程邈在文字上總要算他一個大罪人了"。《中國文字略說》一文。而王應麟也曾提及有功勞於文字者，他說："世稱倉頡制字，孫炎作音，沈約撰韻，為椎輪之始。"大氐在中國文字學上，倉頡第一，史籀、許慎次之，孫炎、沈約又其次之。

既略分述於上，請再綜而觀之：大氐秦有大篆、小篆、刻符、蟲書、摹印、署書、殳書、隸書八體；至新莽時，變為古文、奇字、篆書、鳥蟲書、繆篆、佐書六書。晉衛恆《四體書勢》分為一古文、二籀文、三佐書、四草書。《唐六典》五體書："一曰古文，廢而不用；二曰大篆，惟石經載之；三曰小篆，印璽旛碣所用；四曰八分，石經碑碣所用；五曰隸書，典籍表奏公私文疏所用。”或謂此分未當。唐張懷瓘《論十體書》：一古文，倉頡作；二大篆，太史籀作；三籀文（？），四小篆，李斯作；五八分，秦王次仲作；或說漢章帝時人六隸書，漢陳遵善隸書，爾後鐘元常、王逸少各造其極：七章草，史游作（？）；八行書，劉德作；九飛白，蔡邕作；十草書（？）。若再約而言之：則僅可分為三種，如徐鉉說：“高文大冊用篆籀，尋常簡牘用草隸。”《校定說文敘》所以有人說：一曰篆，古文、籀文、秦篆屬之；二曰隸，古隸、八分、真書、行書屬之；三曰草，古草、章草、今草屬之。但此外又有人就時代而去分為一古文、二篆書、三隸書、四楷書，這是以古文與篆書為二的，與前說以古文包括於篆書中不同。但由現在的書體看來，只有篆大、小隸、草真、行楷四種為最顯明。惟楷較近於隸通常應用楷草，特別適用篆隸。總而言之，最難講的，就要算這中國的文字學了！如以人論：如那位王次仲有的以為秦人，有的以為漢人；就是倉頡與史皇也有是一是二的異說。詳《美術》中如以字論：更分得糊裏糊塗，除剛才已經約略說過的字體外，他如六書的孰先孰後，可併可分，以及音韻的究竟可分幾部，部位在那地方等類詳後，說者紛紛，終難適從。

第二節　訓詁

如談到這訓詁方面，那就要推《爾雅》一書為最上的了！因為孔子《易傳》止於註《易》，《公》、《穀》二傳止於解釋《春秋》；至於《爾雅》，大氐不是出於一時一人，故能上下彼此，包括頗為廣大。郭璞《爾雅·序》說：“夫《爾雅》者，所以通訓詁之指歸，敘詩人之興詠，揔絕代之離詞，辨同實而殊號者也。誠九流之津涉，六藝之鈐鍵，學覽者之潭奧，摛翰者之華苑也。若乃可以博物不惑，多識於鳥獸草木之名者，莫近於《爾雅》。”這話在大體上，固然是不錯的；但吾想郭氏還不免因見《爾雅》中有釋鳥獸、草木等類的專篇，合於孔子論詩：“詩可以興，可以觀，可以群，可以怨，邇之事父，遠之事君，多識於鳥獸草木之名”《論語》。所以便說出上頭的話來。歐陽修《詩本義》以為學詩者纂集，博士解詁高承事物紀原亦以為大抵解詁詩人之旨。其實並不專重一部詩經，如《藝文志》於《尚書》項下也說：“古文讀應《爾雅》”；不但不止於詩書，並且不止於六藝或五經——揚雄《方言》以為孔子門徒解釋六藝，王充《論衡》以為五經之訓故。如《四庫全書總目》於本書便說：“今觀其文，大抵採諸書訓詁名物之同異，以廣見聞，實自為一書，不附經義。如《釋天》云：暴雨謂之涷，《釋草》云：卷施草拔心不死，此取《楚辭》之文也。《釋天》云：扶搖謂之猋，《釋蟲》云蒺藜蝍蛆，此取《莊子》之文也。《釋詁》云：嫁往也，《釋水》云：瀵，大出尾下，此取《列子》之文也。《釋地》四極云：西王母，《釋畜》云：小領盜驪，此取《穆天子傳》之文也。《釋地》云：東方有比目魚焉，不比不行，其名謂之鰈；南方有比翼鳥焉，不比不飛，其名謂之鶼鶼：此取《管子》之文也。又云：邛邛岠虚負而走，其名謂之蟨，此取《呂氏春秋》之文也。又云：北方有比肩民焉，迭食而迭望，《釋地》云：河崑崙虚，此取《山海經》之文也。《釋詁》云：天帝皇王后闢公侯，又云：洪廓宏溥介純夏憮，《釋天》云：春為青陽，至謂之醴泉，此取《尸子》之文也。《釋鳥》曰：爰居雜縣，此取《國語》之文也。如是之類，不可殫數。蓋亦《方言》、《急就》之流，特說經之家多資以證古義，故從其所重，列之經部耳。”可見《爾雅》一書，除六藝外；如《楚詞》、《莊子》、《列子》、《穆天子傳》、《管子》、《呂氏春秋》、《山海經》、《尸子》、《國語》一類古書，皆有關係。至其以《爾雅》中語，出自《列子》等書，則未盡然：因為

《列子》等書中語，也可本於《爾雅》，須分別觀之，未可一概以論。但若《爾雅》一書，既不知道出自何人何時；吾們可得而知的，惟有孔子的《易傳》，和《公羊傳》、《穀梁傳》三書。後人只知道《爾雅》的為訓詁書，而不知還有《易傳》、《公》、《谷》；吾認孔子傳《易》，《公》、《谷》傳《春秋》，後人因名註為傳，如《尚書》孔安國傳之類。就是漢唐宋清後儒註經疏傳注爲經之注，疏爲注之疏的始祖。怎樣叫做訓詁，大概就是解釋古今的異文，翻譯彼此的殊語，今就《爾雅》中舉出一二例，以便想見其大概，《釋詁篇》首說：

初、哉、首、基、肇、祖、元、胎、俶、落、權輿，始也。

林、烝、天、帝、皇、王、后、辟、公、侯，君也。

《釋訓篇》首說：

明明斤斤，察也。

條條秩秩，智也。

假使我們不先懂得這種的訓詁學，那麼對於《尚書》裏所說的："三月載生魄"《康誥》，《毛詩》裏所說的："令終有俶"，《大雅·既醉》"訪予落止"，《周頌·訪落》"胡不承權輿"，《秦風·權輿》"一有壬有林"，《小雅·賓之初筵》"文王蒸哉"，《大雅·文王有聲》"赫赫明明，舍人斤斤，"同上《常武》"左右秩秩"，《小雅·賓之初筵》……等類的古詩文，就好比吾地俗語所說的"鴨子聽雷公，到底莫名其妙！""看戲不識戲文，看到大嘴出火煙"了。

上頭所引《爾雅》中的訓詁，他雖未如後儒的說出今古，如鄭玄的註《論語》："必也正名乎"！說"正名謂正書，書字也，古者曰名，今世曰字。"和鄭眾的註《周禮》："官屬以舉邦治"，說："官屬謂六官，其屬名六十，若今博士、太史、太宰、大祝、大樂，屬太常也。"然其為以今釋古，固無可疑，況如《爾雅·釋天篇》中的"夏曰歲，商曰祀，周曰年，唐虞曰載"，不也是早就說出古今的異文麼？這是屬於"解釋古今的異文"方面。至翻譯彼此的殊語的，也有《釋獸篇》說："鼰鼠，身長須而賊，秦人謂之小驢。"後來揚雄更有《方言》一部專書之作，如說："曾，訾，何也；湘潭之原，荊之南鄙，謂何為曾，或謂之訾，若中夏言何為也。""黨曉，哲，知也：楚謂之黨，或曰曉，宋之間謂之哲。"這便是屬於"翻譯彼此的殊語方面"的。除上述解釋古今的異文，與翻譯彼此的殊語等例外；他如司馬遷《史記》中的《五帝》、《三王》諸紀，其於《尚書》中的《虞》、《夏》、《商》、《周》諸篇，更像現時的白話文言的互相對照了。

但這大約尚可另就三方面來講一講。如《易傳》"咸感也"，這是以繁字訓簡字的例《論語》"政者正也"，這是以淺字訓深字的例《孟子》"序者射也"，這是雙聲為訓的例《左傳》"枵耗也"這是疊韻為訓的例等類，是屬於音訓的；如《左傳》"止戈為武"，"反正為乏"，《韓非子》"自環為厶，""背厶為公"，《說文》引孔子說"一貫三為王"，"推十合一為士"等類，是屬於形訓的；如《公羊傳》："京者何？大也。師者何？眾也。天子之居，必以眾大之辭言之。"《爾雅》："善父母為孝，善兄弟為友。"《禮記》："齊之為言齊也，齊不齊以致齊之者也。"《莊子》："庸也者，用也，用也者通也，通也者得也"等類，是屬於義訓的。於此吾們還可再就《爾雅》以後言字義的書，把它分為二派：一是就形以求其義的，如許慎的《說文》近之；二是就音以求其義的，如劉熙的《釋名》近之。

第三節　音韻

如要知道字音，就要先知道語音，因為先有語言而後製造文字，如小孩一會開口，便先發出類似爹爹、爸爸和媽媽的聲音來。中國人最重視的最接近的就是父母，故以小兒最容易說出的爹爹或爸爸指定為父親，以媽媽為母親；就是歐西人說的Father mamma，也同爹爸和媽媽的聲音差不多。這是本乎天性的發音的。還有仿效他動物的聲音的：如鴉字讀同鴉鳴差不多，蛙字讀同蛙鳴差不多。此外尚有法象物的形狀的：如月多缺而日全實，月古訓缺，日古訓實，而讀音也相同；到了後來因實音轉為日，遂再就其形畫成一個ϴ字；缺音轉為月，遂再就其形畫成一個Ɒ字。他如天之於顛，地之於低（？），也與日月兩字是一個樣的。不過天之於顛，地之於低，是應用會意的；而和那日月之應用象形，有點不同罷了。參看劉熙《釋名》

上頭僅說聲之所由起，與其和文字的關係；至於所謂音韻方面，也當略為一說。《虞書》說："歌永言"，永訓為長，既有長的便有短的；到漢何休註《公羊傳》更明白的說出長言短言；而許慎《淮南子註》，又有閉口言籠口言之說；而劉熙《釋名》也有開唇、合唇與舌腹、舌頭之辨。據隋潘徵說：魏李登的《聲韻》，和晉呂靜的《韻集》二書，始判清濁，纔分宮羽（？）。唐封演也說：李登以五聲命字（？）。魏江式也說：《韻集》五卷，宮商角徵羽各為一篇（？）。二書久佚按中國古代的宮商角徵羽五音說，同英文中的A、E、I、O、U，和日文中的カイウエオ五個字母差不多。分別五音，有個口訣就是："欲知宮，舌在中；欲知商，口大張；欲知角，舌後縮；欲知徵，舌抵齒；欲知羽，唇上取。"大氐五音以清濁高下分之，如宮為最下最濁，商次下次濁，角在清濁高下之間，徵次高次清。羽最高最清。參看《通攷》至齊梁間，周顒著《四聲切韻》，沈約著《四聲韻譜》。顧炎武《音論》說："四聲之說，起於永明，定於梁陳之間，所謂四聲者，平上去入是也。"《梁書·沈約傳》說："高祖嘗問周捨曰：何謂四聲？曰：天子聖哲是也。"這個四聲，也有一個歌訣，就是："平聲平道莫低昂，上聲高呼猛烈強。去聲分明哀遠道，入聲短促急收藏。"明釋真空《玉鑰匙歌訣》後人更把平聲分為陽平陰平，是為五音之說，或以陽平、陰平、上聲、去聲、入聲，與商聲、角聲、宮聲、徵聲、羽聲相配。五音之外又有七音，七音可看毛先舒《韻學通指》，就是除上聲外，其平去入皆有陰陽，例如："陰平聲種該箋腰，陽平聲篷陪全潮，上聲無陰陽，陰去聲貢玠霰釣，陽去聲鳳賣電廟，陰入聲谷七妾鴨，陽入聲孰亦爇鎖。”如今粵語或具七音，但在焦循，却力闢之。平上去入，如各分為陰陽清濁，那就成為八聲了。還要知道的：就是漢末以來，用雙聲迭韻雙聲疊韻，業已另詳為切語，韻有東、冬、鐘、江等目而聲無之；到了唐末沙門始標出三十六字母，而宋人於是更將韻書之目，依字母的次第排列為圖，取同母之字分屬於各韻，同時並取同韻之字分屬於各母，因此便可分辨四聲；更就其同母同音之字，因其發音的洪細，而分為一、二、三、四四等：一等洪大，二等次大，三等較細，四等尤細，這就是所謂等韻。關於此者，可看鄭樵的《七音略》及元劉鑑的《切韻指南》。明代西儒金居閣曾說：“……聲為父，……韻為母，……音為子。”現在請就音韻學中之最重要部分，約略分為押韻、發聲、切音三方面去說明牠：

（1）押韻方面

太古時代，未有文字，一切歌謠，口耳相傳，因其自然，而和其聲，既可吟詠，又便記憶。我國古時，有韻的文，極為發達。如老子的《道德經》，孔子的《易傳》，其文皆多協韻；至如《詩》三百篇，尤為最古音韻的淵藪。自是而後，《楚辭》、漢賦，有韻之文，世多一世，不過沒有韻學專書之作罷了。一直至宋吳棫才去研究古韻。著有《韻補》，就二百六部註古通某，古轉聲通某，或轉入某等；而宋庠也作《古音辨》計分為六部。到了清代，顧炎武更分為十部，江永更分為十三部，段玉裁更分為十七部，戴震分古音為十三類，今音為十五類，孔廣森更分為十八類，王念孫更分為二十一部，張惠言分為十八類，嚴可均分為十六類，黃以周分為十九部，今人章太炎更定為二十三部，而其弟子黃侃終分為二十八部。因韻書的成立，既出於後人，所以各任意亂分，直至此刻止，還沒有確定之標準。上所述者，止於古韻；此外尚有《廣韻》、《等韻》二學。

（2）發聲方面

自漢明帝佛經以後，佛經日益東來，遂不得不將梵字譯為漢文，於是就有婆羅字母十四，《華嚴經》字母四十二，以便譯釋佛經用的。魏曹植以通梵唄聞，製有二十四契，惜皆不傳下來。唐沙門神拱作有四聲五音九弄圖，而唐末又有沙門守溫作定三十六個字母，由是才有一個聲母的標目。他的三十六個聲母，如“見溪群疑”屬於深腭，舊名深喉“曉影匣喻”屬於淺腭，舊名淺喉這都是腭音；如“端透定泥來”屬於舌頭，“知徵澈娘日”屬於舌上，這都是舌音；如“精清從心邪”屬於正齒，“照穿牀審禪”屬於粗齒，這都是齒音；如“幫滂並明”屬於重唇，“非敷奉微”屬於輕唇，這都是唇音；大都有這腭舊名為喉舌齒唇四音，這就是守溫的三十六個字母。

（3）切音方面

《禮部韻略》說：“音韻展轉相協謂之反，兩字相摩以成聲謂之切。”簡直的說：合二字為一音就是反切。古人無此合二字為一音的反切，在漢朝人的讀法，也只是以一字比一字的。如顏之推說：“鄭玄註六經，高誘解《呂覽》、《淮南》；許愼造《說文》，劉熙製《釋名》，始有譬況假借，以證音字，而古語與今殊別，其間輕重清濁，猶未可曉，加以內言外言，急言徐言，讀若之類，益使人疑，孫叔言創《爾雅音義》，是漢末人獨知反語；至於魏世，此事大行。”《家訓·音辭篇》而今人章太炎引《漢書·地理志》，應邵註說：“應邵時已有反語，則起於漢末也”。但至魏孫炎作《爾雅音義》，反切始盛行。若再推而上之，恐又不止於漢末，如顧炎武《音論》裏就說：見於《爾雅》者，如不律之為筆，蒺藜之為茨；見於《左傳》者，如奈何之為那，於菟之為虎；見於鄭玄《三禮》注者，如終葵之為椎，全菹之為芋等例。由此看來，是周秦時代，已經有含點切語的意味了。鄭樵說：慢聲為二，急聲為一，慢聲為“者焉”，急聲為“旃”；慢聲為“之也”，急聲為“只”；慢聲為“者歟”、“之乎”、“之於”，急聲為“諸”。章太炎先生說：目少為眇，手延為挺，二十為廿，三十為卅，四十為卌，則皆緩言為二，急言為一。又有一字重音，如黽勉而祗一勉字，悉蟹而祗一蟹字，這都是反切的起源。今將孫炎的反切，舉出一二例：如皈，方滿反；台，羊而反；蓟都耗反；胎，大才反。然反切也有流弊，就是用字太多；有時且要用僻字，還有限於上下二字不能連讀的困難；於是便有最近的注音字母代之而興了。注音字母共計聲母二十四，韻母十六。吳稚暉先生近在鎮江教育廳演講注音符號，原原本本，很有趣味，玆節錄其詞於下，當作本段結論：

注音符號不是今天才有的，在我們做小孩子的時候，五六十年前，外人在中國內地傳教，就有人用羅馬字母，拼各地土話。後來有王炳耀者，在香港著中國式的注音符號，推行數年，未能普及。在三十年前，福建錫勇也做了一種符號，他的兒子蔡璋就用他來做速寫之用，同時有盧戇章亦用此法推行。嗣蘇州人沈學在梁啟超《時務報》上發表一種十八筆的符號，庚子後王照又以漢字偏旁為字母，如日本之片假名一樣，用北京音來註字音，推行得很廣，後勞乃宣氏又加以修改，藉端方力量，傳播南方。民國元年，教育部開國音統一會，勞氏雖未參加議決，字母大半相從而來，無所謂創造，無所謂發明。當時會中接到外間送會字母，外人有六七個，中國人有三百餘個，歸納起來也不過是半斤與八兩。雖然是有分有合，形式各有不同，音理原則總是一樣的。當時有人主張用羅馬字母者，這是改造漢字了。要知注音符號，他的用處是幫智識低的人，識字不是要廢去漢字，另外來造一種新字，假如照外國拼音，別意那就高深了。……再拿日本字母來談，他那片假名，格外粗淺，不成個東西，他那個“ア”是取阿字一半，“イ”是取伊字一半，但陳字也從“ア”，伍字也從“イ”，陸伍絕對不能與阿伊同音，不如我們中國用現成的“ㄅ”“ㄆ”字的原體為的當：“ㄅ”是“包”字，“ㄆ”是“扑”字，無論用到什麼地方，都是讀“包扑”。所以注音符號，是中國原料……漢字有漢字獨立精神，不能因有符號而取消。……如日本之字母，既有“ア阿イ伊ウ烏エ哀オ屋”，又有ア卡キ克伊ス枯ク開エ哭。要知道有了一個カ（卡），即可由克阿成卡，克伊成（Ki），克烏成枯……何必多用四個キスクエ呢？……漢時註字有讀若之法，但規則極嚴，非同韻同聲不能讀若；但有兩字，“因”讀若“音”，再看“音”又讀若“因”，如兩字不會讀，永久不能讀出一字矣！三國時始有反切，如海字為呼改切，這“呼”字是“黑烏”拼成，“改”字是“葛哀”拼成，就是海=呼改=黑烏、葛哀。但“海”字祇要黑哀兩字，即可得海，故海=黑哀。現黑哀兩人，要做朋友，偏偏中間夾了兩個烏葛做故障阻，不是古人真笨麼？在注音字母，只要海二ㄏㄞ就完了！日本人處處歐化，獨對漢字不廢，非不欲也，勢不能也。……《申報》教育消息

第二編　中國文學大綱

第一章　文學與實用

哲學是高深的學問，史學是特別的學問，二者都是較為專門的，在普通方面似乎比較用不着（？）；至於文學，却就不然了：雖一部分也屬諸特別高深的，但在一般普通人或事，也適用其一部分：上至大文學家的著書立說，史哲在內下至一般世俗人的記粗紙賬，何時何刻不在應用牠呢？況如研究史、哲，以及其他的人，也個個都要由文學入手；至少也要文字粗通然後可去學習其他的學科。至於史哲以及其他的學科，那就非大多數人所須要研究了；就使研究也未必時時刻刻都用着的。在一切學科中，**文學最為切用**，這是我們首先要知道的。

第二章　文學之定義及其分類

第一節　文學的定義

吾想最不容易下一界說的，恐怕就要算這文學兩字！劉勰《文心雕龍·原道篇》以：凡天地萬物的情狀為文。章太炎說：文乃包舉一切著於竹帛者而言之。這都是以廣義說往的。昭明太子《文選》序謂：經史子不得專名為文，文必辭采文華者始克當之。阮元《文言說》以為：必如孔子之《文言》和歌詩箴銘諺語一類有韻之文，才算得是文。這又都是就狹義而言的。廣的說得太廣，狹的說得太狹，太過不及，皆未妥當；但是與其從這狹義的說法，那就不如從那一說廣義的好得多了。如昭明、阮元說的，不過單指純文藝或情感的文吧了；不知此外的文，還很多呢！章太炎的《文學論略》裏，據王充《論衡·超奇篇》說："……鴻儒之文，若司馬子長、劉子政所著則為歷史；陸賈、董仲舒、陽城子長作《樂經》、揚雄作太玄四子所著，則為論子經說；君山所著，則為諸子；是歷史、經說、諸子三者，彼方目以最上之文；非如後人擯此於文學之外，而沾沾焉惟以華辭為文，或以論說記序碑誌傳狀為文也。"要之，劉、章的廣義說是文學；蕭、阮的狹義說，是文學的文學。

第二節　文學的分類

文學的分類，這也算是一個難題；不但梁任彥昇的《文章緣起》、劉勰的《文心雕龍》弄不清楚；就是昭明的《文選》；他認史籍為"事異篇章"，而諸子"不能以文為貴"，故不入選，這雖然有一點見解；但總不能算得對的。章太炎的《文學論略》，已評其不能成立了 直至清姚鼐的《古文辭類纂》始較詳細的分文章為十三類，十三類就是論辨類、序跋類、奏議類、書說類、贈序類、詔令類、傳狀類、碑誌類、雜記類、箴銘類、頌讚類、辭賦類、哀祭類，但曾國藩還嫌其不載史傳，於是遂出其《經史·百家雜鈔》，計分三門十一類，略如下列：

（一）著述門

（1）論著類

著作之無韻者：經如《洪範》、《大學》、《中庸》、《樂記》、《孟子》皆是；諸子曰篇、曰訓、曰覽；古文家曰論，曰辨、曰議、曰說、曰解、曰原皆是。

（2）詞賦類

著作之有韻者：經如《詩》之賦頌，《書》之五子作歌皆是；後世曰賦、曰辭、曰騷、曰七、曰設論、曰符命、曰頌、曰讚、曰箴、曰銘、曰歌皆是。

（3）序跋類

他人之著作，序述其意者。經如《易》之《繫辭》，《禮記》之《冠義》《昏義》皆是；後世曰序、曰跋、曰引、曰題、曰讀、曰傳、曰註、曰箋、曰疏、曰說、曰解皆是。

（二）告語門

（1）詔令類

上告下者：經如《甘誓》、《湯誓》、《牧誓》等，《大誥》、《康誥》、《酒誥》等皆是；後世曰誥、曰詔、曰諭、曰令、曰教、曰敕、曰璽書、曰檄、曰策命皆是。

（2）奏議類

下告上者：經如《皋陶謨》、《無逸》、《召誥》，及《左傳》季文子、魏絳等諫君之辭皆是，後世曰書、曰疏、曰議、曰奏、曰表、曰劄子、曰封事、曰彈章、曰牋、曰對策皆是。

（3）書牘類

同輩相告者：經如《君奭》，及《左傳》鄭子家、叔向、呂相之辭皆是；後世曰書、曰啟、曰移、曰牘、曰簡、曰刀筆、曰帖皆是。

（4）哀祭類

人告於鬼神者：經如《詩》之《黃鳥》、《二子》、《乘舟》，書之《武成》、《金縢》祝辭，《左傳》荀偃、趙簡告辭皆是；後世曰祭文、曰弔文、曰哀辭、曰誄、曰告祭、曰祝文、曰願文、曰招魂皆是。

（三）記載門

（1）傳志類

所以記人者：經如《堯典》、《舜典》，史則本紀、世家、列傳皆記載之公者也；後世記人之私者曰墓表、曰墓誌銘、曰行狀、曰家傳、曰神道碑、曰事略、曰年譜皆是。

（2）敘記類

所以記事者：經如《書》之《武成》、《金縢》、《顧命》，《左傳》記大戰、記會盟及全編，皆記事之書；《通鑑》法《左傳》，亦記事之書也；後世古文如《平淮西碑》等是；然不多見。

（3）典志類

所以記典者：經如《周禮》、《儀禮》全書，《禮記》之《王制》、《月令》、《明堂》、《位》，《孟子》之《北宮錡》章皆是；《史記》之八書，《漢書》之十志，及《三通》皆典章之書也；後世古文，如《趙公救菑記》是；然不多見。

（4）雜記類

所以記雜事者：經如《禮記·投壺》、《深水》、《內則》、《少儀》,《周禮》之《考工記》皆是；後世古文家，修造宮室有記，遊覽山水有記，以及記器物、記瑣事皆是。

曾氏之說，彷彿雖似乎很精詳；但究竟還有莫名其妙的地方。今人章太炎於是更分文學為集內文，同集外文兩種，略如下表：

- 文
  - 集內文
    - 記事文——傳、狀、行述、事略書事、記碑、墓誌、碣、表
    - 論議文——論、說、辨奏、議、封事序、（題詞）跋書
  - 集外文
    - 經史子
    - 數典之文
      - 官制——如《周禮》《唐六典》、明清《會典》
      - 儀注——如《儀禮》、唐《開元禮》
      - 刑法——如《漢律》、《唐律》、《明律》、《清律》
      - 樂律——如宋《律呂正義》、清《燕樂考原》
      - 書目——如劉向《別錄》，劉歆《七略》，王儉、阮孝緒《七錄》《七志》、宋《崇文書目》、清《四庫全書》
    - 習藝之文
      - 算術——如《九章演算法圜法》
      - 工程——如《周禮·考工記》、徐光啟龍骨車、玉衡車
      - 農事——如北魏《齊民要術》、元王禎《農書》、

明徐光啟《農政全書》
醫書——如《素問》《靈樞》
《傷寒論》《千金要方》
地誌——如《禹貢》《周禮》
《職方志》《水經》，
《水道提綱》，乾隆府
廳州縣誌，《方輿志略》

（附註）上表系照吳敬修編《文學常識》而列，其實尚未盡然。

章先生這個分類，雖比曾說詳細得多；但吾還覺得他的不免亂分！看他的集內文，大概就是指著除了詩詞歌賦一般韻文之外的集部；至於那類韻文的位置呢？却還未有下文。章先生才說過："凡文字著於竹帛，皆謂之文"。難道那類韻文，就不算是文字麼？就沒有著於竹帛的麼？如那類韻文還算得做文字，還有著在竹帛的，那章先生為什麼獨不以為文數呢？——如韻文尚不得為文，則散文更不得為文了！——況若經中的《毛詩》，也是有韻之文麼？不知章先生是將集部中的韻文，歸併於《詩經》中不是？如果不錯，那吾又不免再來了一個懷疑：以為經中什麼都有，並不是單單一部《詩經》。不但經部，他如章先生的集內文裏，也有同經史子三部性質相同的。看上頭曾國藩的《經史百家雜抄》所舉的例子，便可知道了。又如章先生不認詩詞歌賦為文，那也說得過去；而其集內文中，並祭文而無之，能難道祭文也不算得是文麼？如祭文非文，那又是什麼呢？吾真百思莫解了！所問的還未一見答覆；吾的懷疑又再發起；如"集外文"屬"數典之文"下的官制如《周禮》，儀注如《儀禮》，同"習藝之文"下的工程如《周禮·攷工記》，地志如《禹貢》，這明明也是經；為什麼此外還另有經部呢？吾在前已經說經部裏有的可歸還於子部，有的可退回於史部，有的可合併於集部，有的可插入於小學，是經部根本就不能獨自成立了！那堪章先生的再加以這樣的亂分呢？如果要這樣的亂分，那麼從此就不免多事了！如：中國古來是以天文與地理對舉的；恐怕章先生的地理志不夠，還要再來了一個天文志。山醫命卜相是連帶而稱呼的；現在章先生既有醫書一類，那命卜相山恐怕也應該有其一席地吧。（《史記》也有《日者傳》）士農工商兵也是兄弟行的；現在章先生既有農事工程二項，那士、商、兵又豈得而獨缺麼？恐怕也要再添上士學（如《儒林傳》《藝文志》《經籍志》《釋老志》《道學傳》等）、商法（《貨殖傳》《平準書》《食貨志》）、兵書（《兵志》）三個位置吧。總而言之，章太炎分得太糊塗了！我們是未便聆教的！還有一位張冥飛君在《國文百日通》一書裏說："無韻之文，又分為二：其一屬於子部，其一屬於史部，經史子集四部……若以文章之事論，集部諸書可以歸入子部，經部諸書可以分屬之子史兩部，各家文集中多有史……皆私史也，而大體總屬為子部之書。……屬於子部者其別有三：其一學說之文，其一雜著之文，其一小說之文，學說之文若經中之……《爾雅》。……"查集部多屬詩詞歌賦等有韻文，而詩詞歌賦等有韻文乃文藝中之最純者——文學的文學；至於子部則適與相反，而多屬於學理思想。以集部入子部，是誤認文藝為思想，這是他的第一個不通。《爾雅》乃小學書之祖；而張君以《爾雅》入子部，是誤認文字學為哲學，這是他的第二個不通。經部可分為文哲史字四部；而今張君只分屬於子史兩部，不但沒有文字部，就是純文藝的文學也沒有，這是他的第三個不通。又若朱謙之君，他也分中國文學為兩部，不過與張說不盡同。他的《音樂的文學小史》裏說："中國文字分兩大類：(1)文，(2)史。史是記載一事，確如其事，如'二十四史'，《資治通鑑》，'碑文'，'墓誌'之類，但決不是文學，……如'經傳''諸子'，也不算得文學。……我以為'文'只是'情感的表現'……'史'只是'理智的表現'……史又稱為筆。……(一)'文'是情感的，'筆'是敘述的；……(二)'文'是音節諧和的，‘筆’是不講音節的。……總之，所謂‘文學’，都是情感和聲韻的；凡無情感和聲韻者，都只得謂之‘史’或‘筆’，不得謂之文。……”按朱說既不承認經傳子史為文了，那又何必再去分中國文為文史兩大類呢？說來說去，又矛盾，又糊塗，觀其以文學只是專指那有情感和聲韻的一小部分，實也和阮元只認有聲韻而駢偶的為文學，同是一樣的失之狹小而又狹小。最後還有一位徐敬修君在他的《文學常識》裏說：“余以為文學之分類，若就形式方面言之，則可分‘有句讀文’‘無句讀文’兩類；凡圖表簿錄而不可誦讀者，則屬之無句讀文：凡有韻無韻之文而可誦讀者，則屬之有句讀文。若就內容方面言之，則可分‘記事文’，‘敘情文’，‘論理文’三種。凡記載人物事實者皆屬之記事文，凡發抒情感而以詠歌嗟歎出之者皆屬之敘情文，凡解釋定義辯論是非者皆屬之論理文”。他的分文為記事、敘情、論理三種，吾實表示相當的贊成；但也止於相當，如認為業已定準，那是吾所萬萬不敢的。那麼吾自己有什麼再好的見解麼？這是有的：吾認徐君之說還未完備；如釋文解字，注經疏傳，考證校勘，訓詁音韻那一類小學文字，到底是要認他為敘情的呢！還是記事的呀？這都不對，而且大大的不對；那麼就認他為論理的好了！但要知道小學家不是思想家，有什麼理可論？由這裏看來，至少也要再添上釋詞或解字一類——小學的文學，方可以無大過。現在不能再說下去了，請大家去看我下面的那個表吧：

- 文學
  - （一）無句讀文
    - 圖畫
    - 表譜
    - 算草
    - 簿錄
  - （二）有句讀文
    - （1）多有韻文（A）文學的文學——情感文，如《詩經》，唐詩，楚騷，宋詞，漢賦，元曲，樂府，歌謠，贊銘，祭文，情書，愛情小說……，多文學家（集部或純文藝的）文。
    - （2）多無韻文
      - （B）史學的文學——事實文，如《尚書》，《春秋》，《語》，《策》，二十四史，九通，通鑑，紀事本末，……下至韓，柳，甌，蘇，曾，王……文集之大部分等，多史學家（實錄）文。
      - （C）哲學的文學——學理文，如先秦諸子，宋明理學及文學家集中的論說……等，多哲學家（學術思想）文。
      - （D）小學的文學——文字文，如《易傳》，《爾雅》，《公》，《谷》，《說文》，《方言》，漢人注經，唐人疏注，清朝之關於考據校勘語言音韻……的文字，《經傳釋詞》，《經籍纂詁》，《馬氏文通》，《康熙字典》……等，多小學家（文字）文。

姚、曾、章、徐等所分的多可歸納於本表之中：

<table>
<tr><td rowspan="4">感情文</td><td>姚</td><td>箴銘類、頌贊類、詞賦類</td><td>哀祭類</td><td>書記類（?）</td><td>贈序類（?）</td></tr>
<tr><td>曾</td><td>詞賦類</td><td>哀祭類</td><td>書牘類（?）</td><td>無此類</td></tr>
<tr><td>章</td><td>無此類</td><td>無此類</td><td>(集內文記事文)
書（?）</td><td>無此類</td></tr>
<tr><td>徐</td><td colspan="4">敘情文</td></tr>
<tr><td rowspan="4">事實文</td><td>姚</td><td>傳狀類</td><td>碑誌類</td><td>無此類</td><td>雜記類</td></tr>
<tr><td>曾</td><td>傳志類</td><td>敘記類</td><td>典志類</td><td>雜記類</td></tr>
<tr><td>章</td><td colspan="4">（集內文）記事文——
傳狀，行述，事略，書事，記，碑，墓，志，碣，表，（集外文）史</td></tr>
<tr><td>徐</td><td colspan="4">記事文</td></tr>
<tr><td rowspan="4">學理文</td><td>姚</td><td>論著類</td><td>詔令類（?）</td><td>奏議類（?）</td><td></td></tr>
<tr><td>曾</td><td>論著類</td><td>詔令類（?）</td><td>奏議類（?）</td><td></td></tr>
<tr><td>章</td><td>（集內文論議文）——
論，說，辨（集外文）——子</td><td>無此類</td><td>奏，議，封事
（以上？）</td><td></td></tr>
<tr><td>徐</td><td>論理文</td><td></td><td></td><td></td></tr>
<tr><td rowspan="4">文字文</td><td>姚</td><td>序跋類（?）</td><td></td><td></td><td></td></tr>
<tr><td>曾</td><td>序跋類（?）</td><td></td><td></td><td></td></tr>
<tr><td>章</td><td>序（題詞），跋（以上？）</td><td></td><td></td><td></td></tr>
<tr><td>徐</td><td>無此類</td><td></td><td></td><td></td></tr>
</table>

章先生所分的文，其集內文一部，同集外文的史子，吾現在已經把它盡數歸納於上表中了。他的集外文裏還有經，經可分別歸納於新四部中，我在前也說得非常詳細了，不但在“國學”中有四部；就是在“中國文學”中也可分為四類；吾也已經另有一表去分配了。至其集外文裏的數典之文，同習藝之文那部分，分得非常無謂，我也已經批評過了，而這兩部也可分別併入於吾所分之四類文中；只因太麻煩，故未便填入表中。

上表中之有“？”一個符號的，是表示還有疑問，或非全部分的；不過暫時為省麻煩起見，而勉強歸納於其中罷了。

觀於上表，可知曾、章同缺贈序類；此與序跋類異。而章並詞賦類、哀祭類而無之，幾乎可以說在章氏心目中，完全沒有情感文的地位了。他說："論文學者不得以感情為主"，正與朱說相反。此其一。姚似無典誌類，此其二。章缺詔令類，此其三。徐在上頭三部中，還分得很好；惟至文字一部，彼竟置之塗外，這也是獨失的地方。但若姚、曾、章三個人，都不十分看到這一類，此其四。此外如姚、曾、章等，都不把詩列入於文內；但若姚、曾還有詞賦、祭文二類，這雖然談不上是"文學"，但還可以說是"文"；至於章氏既然連辭賦、祭文——文學的文學——也沒有，那他不但不能算做"文學"，就是以之為"文"，恐怕也夠不上資格了。他們既然各有所失，吾的整個中國文學的四類分法，就不得不代之而興了。吾於此有句話說：我本來把他人的話，隨隨便便的看過，究竟是那一個好，那一個不好；那一個詳細，那一個簡略；我是不知道的。一直把他們的話，個個排在比較表中，才知道他們好壞詳略的地方，這也可以見出比較觀察的重要了。

最後，請為一注明，以便學者參看：章氏除吾上頭所據那個表外，還有一個較為詳明的文學各科表。前者是單論文的，後者是論一切的。他分文學為無句讀文與有句讀文二科；無句讀文下有圖書表譜簿錄算草等，有句讀文下再分為有韻文與無韻文二系；有韻文下有賦頌、哀誄、箴銘、占繇、古今體詩詞曲等，無韻文下更分為學說、歷史、公牘、典章、雜文、小說六門，於六門下又各舉例以明之。吾竟仍有未解的：就是他於雜文下有書札一類，而與公牘對立，這書札大氐是指私的書，與牘的性質本非絕殊。章氏只以公私而竟分之為二，吾想不論那一類，如要詳細分來，恐怕個個都有公私之可分，分來豈不很麻煩麼？又如集中的行狀，章氏既把它併入於歷史項下，而論說一類照理也應該同樣的併入於學說下與諸子並列；但他却獨使之屬於

“雜文”下。再如他的以“隨文解義及著書考古”的疏證隸於學說之下，正同剛才張冥飛的認《爾雅》為諸子同一悖謬，而其分無韻的為學說、歷史、公牘、典章、雜文、小說六項；界限未明，也屬糊塗。餘已詳前，恕不再說。

吾在上面分中國文學為哲學的文學，史學的文學，文字的文學，文學的文學四種，自然有吾的充分理由在裏面；但吾現在又想出一種的分類見解來，也尚覺得妥當。但前後只是大同小異，並沒有絕對的相反處。特表於下，以見其概。

- 中國文學
  - （一）特別文學、純正文學
    - （1）聲韻或內情兼外形的如韻文即詩詞歌曲等
    - （2）形式的如駢體及八股
    - （3）內容或感想的如小說
  - （二）通常文學、混合文學——不顧內情與外形的如文集的議論、紀敘等散體文。但這裏仍可分做（1）哲學的或論理的文學 （2）史學的或記事的文學（3）小學的或釋字的文學

總而言之，“中國文學”可用“中國學術”與“中國小學”二種眼光去分別牠：如用中國學術眼光來觀察，“廣義的文學”，則有史學的文學、哲學的文學、小學的文學、文學的文學四類；如用中國小學的眼光來觀察“狹義的文學”，則有形式文、感想文（情感理想即小說類）、聲韻文三類。

- 中國文學
  - （一）廣義的文學
    - （1）史學的文學
    - （2）哲學的文學
    - （3）小學的文學
  - （二）狹義的文學 —（4）文學的文學
    - （A）形式文學
    - （B）感想文學
    - （C）聲韻文學

第三章　文學之起源及其流變

第一節　文學之起源

人類固然是生物，但生物並不止於人類；人類所以稍異於其它生物者，就是他的知覺與情感特別發達，故古人說：人為有知之物；而今人也說人為情感動物。人既有知：飢便要食，寒便要衣，好便要玩，得到便快樂，失掉便痛哭……人既有情：男女便相思，親子便相愛，生長便歡喜，病死便傷悲……加以天地萬物，種種奇形怪狀，耳子所聽見的聲音，眼睛所看見的景象；……於是便有所感於心，既有所感於心便有所發於外，所謂“言乃心聲”，喜怒哀樂愛惡欲……便隨感而隨發了，後來創造文字文字、文學，便把他一一寫出，所謂“詩言志，歌永言”。詩歌一類，便是最早出現的情感文學了。再而後，更進一步，不論大至天地，小至垃圾，遠至物情，近至人事，都用文字記載出來，所謂左史記言，右史記事，“言為《尚書》，事為《春秋》”，中國古來以地理為歷史之附庸《尚書》、《春秋》便是文學中的事實文。既有事實可考，於是一般智識界便各發表其意見，關於這類的論文，便是吾所說的學理文了，這是文學的起源，也就是四類文學發生的次序。

第二節　文學的流變

茲為便利起見，把本節略分為文詩兩段，最後再合起來說一說。

第一段　文

最早傳到現在的只有一部《尚書》,《尚書》便是上古之書，其虞(?)、夏、殷、周初的文大抵都渾渾灝灝，佶屈聱牙，在乎記事，不在修詞，這是文學始出來應用的時期。到了春秋戰國，諸子並興，百家爭鳴，如論其文：簡駢而多聲韻的如《老子》，雄奇而又整齊的如《莊子》，孔子《易傳》多聲韻近乎《老》，其辭整齊亦頗類乎《莊》，但多屬於小學中的訓詁文字：至其《春秋》則以謹嚴稱，一字不能苟簡，是多屬於史事的。左丘明的文，頗似《易傳》，不過他在乎造句，而不在乎養氣；又不在乎論理，而在乎記事。《孟子》氣盛也頗類《莊子》，惟其文較散，《荀子》之文嚴而峻，較無氣勢。《韓非》視《荀》，相去不遠；但較雄肆流暢一點。《墨子》之文淺俗。……各有所長，無奇不有，後代文學家，遂各有所祖，然諸子其實並不在乎為文，乃在乎論理，**正為其不在為文而文自妙，所以非後人的有意為文而猶苦文不佳者可比。文章性質之完備，要算這個諸子時代——是為“哲學的文學”**最盛時代。至於專門為文，則在乎漢代，文體之備，則在乎唐朝。(劉開也說：“文之義法，至史漢而已備；文之體製，至八家而乃全。”）但戰國時，屈原、宋玉等所作的《楚詞》，已經屬於純文藝的文了；後來漢代文學大家如賈誼、司馬相如、揚雄等，便大做其辭賦來，這是“純文藝的文學”揚、賈尚未盡然，但尚有史學文的一派，就是司馬遷等。其時除為考校學的劉向，和解經談理的董仲舒等文較樸實清直外，其餘各人的文，其氣都極雄厚，而且富於文采的；惟史遷文體獨喜散行而且淺白，而賈誼、相如、揚雄較偶而且深奧罷了，如以文而論文，那個時候，已經是最盛的了，東漢文人有班固父子等，見稱於時；然其文體之偶甚於前此之人，而其文氣也不如前人之盛。**東漢又有關於經學、小學、文字之興起**，而以鄭玄、許慎為大家。其後有為魏代文學家冠的曹植和開晉代文學先風的陸機，雖其華妙清妍之詞愈過，然其雄健厚重之氣益失，駢偶四六之文，以六朝為最盛，徐、庾諸人可為代表，直至唐初王楊盧駱四家不衰，但是盛極衰來，勢所難免，於是便有韓愈、抑[1]宗元出而大倡其散文。因為駢偶四六的六朝文近於唐代，故目為時文；秦漢去唐甚遠，故以散體為古文，然韓之文氣雄豪，而柳之文詞則以雕琢稱（惟其遊記，冠絕古今），而且多所摹倣，其摹倣有如漢之揚雄。然雄之文尚以氣盛。若韓却就多像漢之兩司馬了。**這是古散文復興的時代**。到宋有歐陽修、王安石、曾鞏、三蘇等，皆爭學漢唐文，然究竟不免比較柔弱，六家之中歐較上，王亦佳，再次就算東坡與子固；至於老蘇之文，實在不見得好，而小蘇相去更遠了。其間有一位繼前司馬而起的大史學家，其文也很謹嚴厚重，但世人反不以文稱之，這就是司馬光。光雖不以文著名，但無論如何，總不在宋代六大家之下。而王安石尚作有經義遂開明清科舉應試所用之八股文。章炳麟曾以蘇軾、呂祖謙為時文之祖。到了南宋，諸儒大講理學，咸有語錄，文用白話，白話文學盛極一時。自是而後，如明清文人雖天天要上學秦漢，下學唐宋，然終連夢也未曾做到。如宋濂輩的台閣體，李夢陽等的前七子，王世貞等的後七子，方苞、姚鼐等的桐城派，本于歸有光惲敬、張惠言等的陽湖派，都不算什麼希奇；惟有一位曾國藩，論文或可冠有清一代（？）；還有一位汪中，其駢體文也差不多同

[1] “抑”當作“柳”。——編者註

陸機相恍惚[1]。但在清代，還有值得一述的，這就是為宋明理學的反響而發出，關於文字考訂校勘訓詁……等類的文章，極一時之盛，其文很樸，故世名之為樸學。今人陳援庵先生向在北平曾告訴我說：為文須如顧炎武的《日知錄》，一字可刪就刪去之，一句已明不用二句，文字之間力主謹嚴，繁文浮詞最為所忌。章炳麟先生也曾說道："論文學者不得以興會神旨為上……知文辭始於表譜簿錄，則修辭立誠其首也。"清代是個漢學復興的時代，與吾在前所說唐代是個古文秦漢復興的時代，頗無二致；不過唐代是關於純文藝的文之一小部分，而清代則關於文字經小學的文之一大部分，有所不同罷了。文學自先秦至清，如就大部分而言：**則諸子之文精於理；到了西漢，理失而盛於氣**唐亦如之**；到了六朝，氣失而工於詞**句字**；到了清人，詞失而重於質**實事求是**，主質自難顧及其詞，主詞自難顧及其氣，主氣自難顧及其理；**至於先秦諸子，雖皆精於理，然其對氣詞質亦多兼而有之。文學中的偏勝，除理氣詞質等要點外，尚有傾向情者，如詩詞歌曲等便是以情勝的；惟非本段之範圍內，只好就此停止討論。

第二段　詩

我上頭多論無韻之文方面；至於有韻的詩詞歌曲……等，又怎麼樣呢？我現在也來大約其略的先說一說吧：其不名為詩詞歌曲……的平常文，本也可以押韻。如《虞書》的"臣哉鄰哉，鄰哉臣哉"一類便是。若論專書，那就要算周朝老子的《道德經》，與孔子的《易傳》了，二書都是關於哲學的大著作，這可以不必再說下去了。現在來專講那一類詩詞歌曲……的韻文吧：大氐那部《詩經》可以代表無所不包的純粹古詩時代。在今籍中最始見者，歌有《虞書·益稷謨》的

[1] "恍惚"，今常做"仿佛"。——編者註

舜與臯[1]陶倡和之三歌，頌有今《詩經》中之《商頌》五篇，純粹古詩，以周時為最盛。古詩不但無平仄，而其辭句長短亦不一律，如“振振鷺，鷺于飛”等，就是三言的；如“誰謂雀無牙，何以穿我屋”等，就是五言的；如“我姑酌彼金罍”等，就是六言的；如“交交黃鳥止於桑”等，就是七言的；如“胡瞻爾庭有懸貆兮”，“我不敢傚我友自逸”等，就是八言的；如“泂酌彼行潦挹彼注茲”等，就是九言的。至於四言詩，則佔《詩經》中之最大部分。此外如押韻方面：每句，間句……也很不等，如《衛風・伯兮之篇》，其第一章：“伯兮朅兮，邦之桀兮，伯兮執殳，為王前驅。”便是每句押韻的。其第二章：“自伯之東，首如飛蓬，豈無膏沐，誰適為容。”只一二四句押韻。其第三章：“其雨其雨，杲杲出日，願言思伯，甘心首疾。”只二四兩句押韻。……尚有起韻如“鴥彼晨風，鬱彼北林；”中韻如“日居月諸，有壬有林”：收韻如“清人在軸，駟介陶陶，左旋右抽，由軍作好”；轉韻如上引“伯兮朅兮……”及“日居月諸……”兩首；錯韻如“我心匪石，不可轉也；我心匪席，不可卷也；威儀棣棣，不可選也。”……還要再為一說的：就是《周禮・春官》名風賦比興雅頌為六詩，其六詩除比興二者不可攷外，其餘四者皆可見於《詩經》中。風如《周南》《召南》，雅如《大雅》《小雅》，頌如《周頌》《商頌》《魯頌》等，實在說來，《詩經》中僅止於此三類：至於賦，或非當時所有；就慎有也是和詩無甚分別的。到了戰國，賦才正式出現——與詩脫離關係。劉歆《七略》次賦為四家，四家為屈原、陸賈、孫卿、雜賦。陸賈的賦已不可見，又屬後出，茲可不問。據現之《荀子》書，其中尚有《成相》及《賦篇》二篇。在韻文中之辭賦專家，應推作《楚辭》的屈原；而其弟子宋玉等，也還做得不錯。然其時，獨僅行於一方。賦之最盛時

[1] “臯”當做“皋”。——編者註

代為漢，如賈誼、司馬相如、揚雄諸人，即最著者。此風直至東漢魏晉六朝不衰。至於詩歌自三百篇後，直至楚漢之際，始有劉邦《大風》項羽《虞兮》等英雄歌之出現，又自漢武立樂府，而采歌謠樂歌亦極一時之盛，至於詩，當推後來的曹家父子，晉代詩家極多，如左思、陸機、潘岳輩，皆以詩稱。顧其中尤以左氏之風格為較高。到了陶淵明出，詩風又為一振。描寫情景瀟灑脫俗，為所特長，宋齊之間有謝朓，其寫風景的出乎自然，也同淵明差不多。到梁沈約創永明體，後世律詩的雛形遂具。至於北朝，只有一篇高超絕特的《木蘭詩》。隋代之詩反要算一位武人所作者，這便是氣勢雄厚不事修飾的楊素詩。詩由四言而五言，又由五言而七律，到了唐代為律令謹嚴的近體詩最盛時代。尤以張九齡、陳子昂、王維、李白、杜甫、元稹、白居易、李義山諸人為著。大氐李白詩極豪放如神仙，故人名為詩仙；杜詩重事實用典故，故人名為詩史，稹之詩有的不下於杜（?），其排比者頗與漢賦相彷彿，稹與居易任意描寫，多言俗情，有小雅的風味，而居易詩尤為一般普通人所喜好。李義山愛對仗無異杜甫，遂成宋代詩風。到了宋代，以詩稱者，雖然很多，但總比不上唐人。宋代在韻文中之最足稱者，乃在乎詞；詞在五代已極可觀；至於南宋，遂達極點。《玉茗堂集》說："詞至西蜀、南唐，作者日盛，往往情至文生，纏綿流露，不獨為蘇黃秦柳之開山；即宣和徽宗紹興高宗之盛，皆兆於此矣。"或說考詞的淵源，應該上溯六朝；但如就發達之跡而論，那就要斷自唐代了。然如後世奉為詞調之祖的李白《菩薩蠻》、《憶秦娥》兩闋，果屬真出，抑係偽託，還沒有定論呢！而五代之君多能作詞，尤為特色。如南唐中主李璟、後主李煜，次至後蜀後主孟昶、前蜀後主王衍，詞皆濃艷，淒惋動人《四庫全書·東坡詞提要》說："詞自晚唐五代以來，以清切婉麗為宗，至柳永而一變，如詩家之有白居易，至軾而又一變，如詩家之有韓愈，遂開南宋辛棄疾等一派。尋源溯流，不能不謂之別格；然謂之不工則不可。故至今日尚與花間一派並行，而不能偏廢。”有元一代，旁的雖不足稱，然亦另有一個特色的地方，這就是戲曲。王國維《宋元戲曲史》裏說：“元代曲家，自明以來稱關馬鄭白，然以其年代及造詣論之，寧稱關白馬鄭為妥也。關漢卿一空倚傍，自鑄偉詞，而其言曲盡人情，字字本色，故當為元人第一。白仁甫、馬東籬高華雄渾，情深文明，鄭德輝清麗芊緜，自成馨逸，均不失為第一流。其餘曲家均在四家範圍內，唯宮大用瘦硬通神，獨樹一幟。”又其引焦循《易餘籥錄》說：“一代有一代之所勝，欲自《楚騷》以下撰為一集，漢則專取其賦，魏晉六朝至隋則專錄其五言詩，唐則專錄其律詩，宋專錄其詞，元專錄其曲。餘謂律詩與詞，固莫盛於唐宋，然此二者，果為二代學中最佳之作否，尚屬疑問；若元之文學，則固未有尚於其曲者也。元曲之佳處何在？一言以蔽之曰：自然而已矣。”焦氏評論歷代文學的特色，實可為本段的結論。但此外尚有言其次第產生者，如王世貞《藝苑卮言》說：“三百篇之後而有騷賦，騷賦難入樂而後有古樂府，古樂府不入俗而後以唐絕句為樂府，絕句少婉轉而復有詞，詞不快北耳而後有北曲，北曲不諧南耳而後有南曲。”

第三段　合說

吾以為在春秋以前，如所謂六經等多是史學、哲學、小學、文學的總集或混合書籍；其一經中雖以某一部分為主要，要多含有其它之各部分：如《易》以哲學為主，同時兼有文學、小學；《書》以史學為主，同時兼有文學、哲學……之類；故**此時代，諸經書多是文哲史字諸學合一的。到了春秋戰國，自老子到韓非**作《易傳》的孔子當然在內**諸子，哲學遂脫離前期而獨立。自屈原至西漢以後，文學又繼哲學而獨自成立為一專門。自左丘**春秋亦史亦哲，名史實哲**或由司馬遷以後，史學又繼起而獨自成立。自**

東漢後，小學又繼起而脫之。要自周末或西漢後，**始文學自文學，史學自史學，哲學自哲學，小學自小學，界限分得非常清楚**。**但是分久必合，如唐宋以來的集部**，其大多數裏面不只是文學；如史哲字等學，皆備見於其中。因為最初只有記載實事之史學，繼而才有闡明真理的哲學諸子；久而久之，文字學亦成為一專門之研究。**厥後史哲小諸學皆備，各有專精，而後之學者，因多所涉獵，為所影響，於是遂有一般不史亦史的記事，**集中的行狀痕、墓誌、傳等**不哲亦哲的論理，**如韓愈文集中的《原道》，柳宗元文集中的《天說》，李翔文集中的《復性書》等類**不小亦小的解字，**如清人文集中尤多關於考證、校勘、訓詁、音韻等文字**不文亦文的托情**文集中除詩詞歌賦銘讚頌誄外；尚有小說，如韓愈《毛穎傳》、下《邳侯革華傳》，柳宗元之《梓人傳》、《種樹郭橐駝傳》、《捕蛇者說》等**……等，混成備有的文集之出現**。章學誠也說：“子史衰而文集之體盛，著作衰而辭章之學興，文集者辭章不專家而萃聚文墨以為蛇龍之沮也。後賢承而不廢者，江河導而其勢不容復遏也，經學不專家而文集有經義，史學不專家而文集有傳記，立言不專家指諸子而文集有論辨，後世之文集合經義與傳記、論辨之三體，其餘莫非辭章之屬也。而辭章實備於戰國，承其流而代變其體制焉。學者不知而溯摯虞所裒之流別，文章流別集甚且以蕭梁《文選》舉為辭章之祖也，其亦不知古今流別之義矣。”請參看“畢製府擬進湖北三書序”中按純文藝的文學，誠始於屈宋；然亦《詩經》有以啟之。由《詩經》而流為《楚詞》，固不容否認。在漢時，純文藝的文學雖極盛行，但若經小史子等尚敵得過他；直到六朝，簡直是純文藝文學的時代，厥後唐宋純文藝專家輩出，所謂文集者，遂確立而不可移了。

再約而言之：大抵小學的文學，開始於漢，盛行於清；至於唐宋無甚價值。文學的文學，開始於《詩經》《楚辭》，盛行於漢後各代不衰，其中如漢魏晉六朝唐五代宋元當各有偏長，史學的文學，雖代代都有史，要開始於孔、左，而以漢晉宋三代為較優。哲學的文學，開始於春秋，盛行於戰國；自漢至清，皆不足道，有亦寥寥無幾；惟宋明理學，無中取有，尚可數及。

謝無量就精神上之觀察而分中國文學為四期：一以周秦時代為創造文學，二以自漢而後為模擬文學，三以唐宋以還之科舉文章為國家文學，四以宋元間之詞曲小說為平民文學之萌動。《中國大文學史》按一與二兩項，所分甚是；至於三四兩項，則同時並行，國家文學行於上，平民文學行於下，可就其性質以別而不能就其時期而分；況他又說："國家文學近於模擬，平民文學近於創造"麼？是不但國家平民二者，同時並行，不能分期；就是創造模擬與國家平民四者，也無一定界限了，於此而外，如模擬時期，又非止漢代，將直至明清而猶未止，是模擬時期將與國家平民二時期混而為一。而國家時期亦下至明清，非止唐宋二代，是國家時期又與平民時期混而為一。謝說既有四個缺點故吾終認為就其時期而分，不如就其性質而別之較為妥當些。前者就是謝說創造、模擬、國家、平民四大時期；後者如吾所說小學、史學、哲學、文學的四類文學。

第四章　多屬無韻無形無情

第一節　記事——史學的文學

史學的文學，也可叫做文學中的實錄文或事實文。所謂**史的文學，就是說他的目的在**史，**而能兼以文勝**者。大**概長於文學者或未必兼長於史學**；如既能作史，那至少對於文學也有相當的把握。反之，試問如文且不通，何能執起一枝筆而去記盡萬般事呢？由此看來，則凡二十四正史、九通、一切春秋、一切通鑑、一切紀事本末、一切傳譜……

都是史學的文學；不過最配得上的。要算《左傳》《國策》"前四史"《新五代史》《資治通鑑》那幾部。因為那幾部，從來不但研究史學者要去研究其史事；就是一般研究文學者，也要去研究其文章。文學史學是很有關係的，試看章學誠著書名為《文史通義》，便可知道了。其中如《國策》是以文勝史的；就是《左傳》，韓愈也評為浮誇，浮誇大概也就是過重文彩，未必合事實。范甯更明言之："左氏艷而富，其失也誣。"至於《史記》簡直是文史二學之祖，甚至有人因愛其美文，而忘其為信史。著《漢書》的班固父子，也是那時極有名的文學家。談到《新五代史》我還記得陳援庵先生曾對我譏他道：歐陽修是個文人，文人簡直配不上撰史：比方一直說去，兩句半就完了；但在一般文人，却要東西轉好幾個彎子。我們如簡要的說一句：就是他在乎借史作文，而不在乎借文作史。這在那位長於考古而又兼帶樸學色彩的陳先生觀之，固莫怪其會說出上頭一段話來；就是以任何堂堂正正之純正的史學眼光去觀察，**實在也應該借文作史；那得反而借史作文呢**？前者是在乎作史而不在乎為文，後者是在乎為文而不在乎作史。而今那般文人所撰的史書，名為作史，實則作文，名不副實，自然是很不對的。但如按之孔子所說"言之不文，行而不遠。"以及觀於上面選出各史的受人歡迎，那就雖然作史，而文也很有關係了。不過史學確要以實錄為重；至於文彩，可省則省，不可使之落到名是實非的毛病。但上面還是單就史書中而論的；此外如後世一般文集中的墓誌、廟碑、傳狀等類，——志碑一類，韓愈為之最佳，然顧炎武已譏其諛墓。至如蔡邕《郭林宗碑文》諸篇，實不足多，不知昭明何以入選。——也屬於本節之範圍內。不過如要少為分別一下，那我們就可以說：在史中者為正史、公史、大史、全史……在中者為副史、私史、小史、偏史……至其皆為記事，那就一而已了。後面另有《中國史學》一篇，現在只好就此告一段落。

第二節　論理——哲學的文學

提及這哲學的文學，自然要算先秦諸子為第一了！除先秦諸子外，他如宋明的理學，以及純文藝的文集中之關於論理的議論，亦可附入於此類中，查先秦諸子，其目的在講哲學，而文學於無意中也非常好。換言之：**就是文哲皆勝。到了漢唐以後，便漸漸的遠離哲理而專講文章，是為無哲理的文章。其間如宋明人却又適得其反。只有其理而無其文，是謂無文學的哲學。**關於無哲理的文章，後有《文學的文學》一章去另詳；現在請就本問題而略舉出其代表人物或作品來。先秦諸子除一般偽書，如《黃帝內經》、太公《陰符》、周公《周禮》、《孔子家語》、《孔叢子》、《列子》、《關尹子》、《鬼谷子》，（即管子晏子亦系作於後人，至於偽古文尚書，讖緯諸書，更無論矣）等靠不住，不要談及外；還有一部分殘缺不全，或其言論只可見於他人書中的，如鄧析、楊朱、尸佼、申不害、宋鈃、彭蒙、田駢、陳仲、許行、鄒衍、惠施、公孫龍等；即一般真書中之言論，亦多屬託古以自重，比如："有為神農之言者許行"，"孟子道性善言必稱堯舜"，以及為大禹言之墨家，為黃帝言之道家等。韓非說得好："孔子、墨子道堯舜，而趨向不同，皆自謂真堯舜，堯舜不復生，誰與辯儒墨之誠乎？"於此已可想見其託古之真相了！我們如就文學眼光來詳細分別先秦諸子，則如周公、孔子、孟子、荀子等是倫理的文學，如老子、莊子等是玄學的文學，如墨子等是宗教兼科學的文學，如管子、李悝、商君、申不害、慎到、尹文、韓非等是法政的文學。他如孫子、吳子、司馬法是關於軍事的，如蘇秦、張儀等是關於縱橫或遊說的，如騶衍、騶奭等是關於陰陽或迷信的，如計然、范蠡、白圭等是關於商學的。如許行是關於農學的。顧其中尤以莊周[正]，公孫龍、惠施[偏]的論理名，孟、荀的言倫，墨子的倡教，韓非的講法為最精到。秦初的《呂覽》，為諸子的類書。漢初有《淮南子》，極有詞藻，多道家言。漢末有王充《論衡》，其言論頗多科學的精神。《淮南》王充而外，餘惟董仲舒之《繁露》、揚雄之《太玄》尚不失為守成或模擬之較善者。於晉有葛洪之《抱朴子》，其言頗近道家，然已雜有神仙家言了。自是以至於宋，諸理學家出，其中以周敦頤、邵雍、二程、兩張、朱熹、陸九淵等為最著；然如語錄之類，既皆隨便依理寫出，其文既不高深又不流暢，或是當時白話如此，亦未可知自無什麼文學之可言。其有理無文，已萬不及文理皆勝的先秦諸子了。此後於明有發揮陸學的王守仁，於清有打倒宋明理學的戴震等。除文理皆勝的先秦諸子外之有理無文的宋明理學而外；他如漢唐以來一般純文藝的文集中，關於論理之文，如所謂大文學家之韓愈的《原道》《原性》……柳宗元的《天說》……李翱的《復性書》……一類，以及近人所編的什麼《百子全書》：除先秦諸子皆主要正式之哲學的文學外，其餘亦尚可附入於此類中。這哲學的文學，也就是文學中的論理文或學理文。特此略述一下，請再參看後面《中國哲學》一篇。

第三節　求是——小學的文學

這文字的文學，就是指關於考證音韻訓詁校勘……或如所謂經小學，及子史考那一部分。大氐以漢、清二代為最盛時代，而唐宋則較不足多。小學如《爾雅》一書，似非出自一時一人；吾們可得而知者，惟有孔子傳此傳同於尚書孔安國傳之傳《易》，公羊、穀梁傳《春秋》；在兩漢有大小毛公、韓嬰、董仲舒、孔安國等！尚有專門考校的劉向父子，及研究語言的揚雄之流。到了東京，竟遂成為經小學最盛時代，大師如杜林、鄧興及其子眾，賈逵、許慎、何休、服虔、馬融、鄭玄、劉熙等，其中尤以許慎、鄭玄兩家為集古來之大成：慎精於《說文解字》，玄偏為經傳註釋。到了魏世有與鄭氏立異的王肅，以及王弼、孫炎、張揖、李登等。晉初有杜預、郭璞（？）、陸機（？）……厥後於梁有沈約，陳有顧野王，隋有陸法言等，皆以明韻學名。在南北朝對於經學只就漢魏晉諸儒，各隨所好而擇治之。在漢有今古學之分，而鄭玄混而合之實則較信古文；晉以後有南北學鄭玄、王肅之分之分，劉焯、劉炫混而合之（？）。唐初孔穎達[1]撰定《五經正義》，多採二劉之說，從南學而舍北學。於是經學便定於一尊了。當時明經小學者除孔穎達外，尚有顏師古、陸德明等。**查古人作經，孔子刪經，漢人註經。降至唐代，又多出於疏註**；是唐人已無甚價值；到了宋代，一般理學先生，又專門講空虛之理，而其註經亦多妄自臆說，殊少實據，以此而論，**宋人或猶不如唐人**。戴震說："志存聞道，必空所依傍。漢儒訓詁有師承，有時亦傅會；晉人傅會鑿空益多，宋人則恃胸臆以為斷，故其襲取者多謬，而不謬者反在其所棄。……宋以來儒者以己之見，硬坐為古聖賢立言之意，而語言文學實未之知；其於天下之事，也以己所謂理強斷行之，而事情源委隱曲，實未能得；是以大道失而行事乖。"**因為宋儒大多以註解經傳為手段，而以發表或灌入自己意見為目的，殊與為註經而註經的漢儒大不相同**；就是為疏註而疏註的唐人，論其虛心（？），或者也比宋儒好一點。後來惟有清代，堪與漢儒為比。有點異者，就是**漢儒發端，清儒光大**。清儒對於考證、校勘、訓詁、音韻諸學，皆有專門之研究。如初期的顧炎武、胡渭、閻若璩等，盛時的惠棟、戴震、段玉裁、王念孫、王引之等，末期的俞樾、孫詒讓、章炳麟等，尤為清代"漢學"（？）之代表人物。清學既極昌明，請再為一分述：（一）訓詁

[1] "孔穎達"當爲"孔穎達"。——編者註

學方面，（1）其在群經：《易》有惠棟、張惠言、姚配中、焦循；……《書》有江聲、孫星衍、段玉裁（？），王鳴盛（？）；……《詩》有陳奐、馬瑞辰、胡承珙；……《周官》有孫詒讓，……《儀禮》有胡承珙、胡培翬；……《大戴禮》有孔廣森、王聘珍；……《左傳》有劉文祺；……《公羊》有孔廣森（？），陳立；……《論語》有劉寶枬、戴望；《孝經》有皮錫瑞；……《爾雅》有邵晉涵、郝懿行；……《孟子》有焦循等。（2）其在眾史：《周書》有朱右曾，《逸周書》有陳逢衡、丁宗洛，《國語》有洪亮吉，《山海經》有郝懿行，《竹書紀年》有陳逄衡，關於《元史》有李文田等。（3）其在諸子：《管子》有洪頤煊，《墨子》有孫詒讓，《韓非》有王先慎，《荀子》有王先謙，《莊子》有郭慶藩，按郭像註《南華經》，而慶藩疏郭像註；亦猶漢晉人註經，而唐宋人疏註也。經子並重，蓋始於清儒等。（4）其在小學：《說文》有段玉裁、桂馥、王筠、朱駿聲；《方言》有戴震，《釋名》有江聲，《小爾雅》有宋翔鳳、胡承珙；《廣雅》有王念孫等。（5）其在通釋：有王念孫、俞樾、章炳麟、馬建忠、嚴復等。（二）音韻學方面：計有顧炎武、江永、戴震、段玉裁、姚文田、苗夔、嚴可均、陳澧、章炳麟等。（三）考證學方面，（1）其在典章制度其動機起於治三禮：有惠棟、徐乾學、秦蕙田、胡匡衷、戴震、沈彤、王鳴盛、洪頤煊、任大椿、焦循、程瑤田、黃以周。……（2）其在音律：有毛奇齡、江永、江藩、凌廷堪、陳澧、焦循……（3）其在史考——梁任公說："凡此皆以經學考證之法，移以治史，只能謂之考證學，殆不可謂之史學。"——通史：有趙翼、王鳴盛、錢大昕、洪頤煊；……專史：有惠棟、梁玉繩、錢大昕、梁章鉅、周壽昌，杭世駿；……表志有顧棟高、錢大昭、周嘉獻、洪飴孫、錢大昕、齊召南、林春溥、洪亮吉、洪齮孫、錢儀吉、侯康、倪燦、顧懷三、郝懿行。……（4）其在金石：有顧炎武、錢大昕、武億、洪頤煊、嚴可均、陳介祺、阮元、吳榮光、劉喜海、吳式芬、王懿榮、潘祖蔭、吳大澂、羅振玉等。（四）校勘學方面，（1）在經有：汪中、畢沅《大戴記》，周廷寀、趙懷玉《韓詩外傳》、盧文弨《逸周書》；（2）在史有：顧廣圻《國語》、《國策》、《華陽國志》、洪頤孫《竹書紀年》，《華陽國志》、丁謙；（3）在子：有汪中、畢沅、孫詒讓《墨子》畢沅兼《呂氏春秋》《山海經》；汪中兼《賈誼新書》、謝傭荀子、孫星衍《孫子》、《吳子》、汪繼培、任大椿、秦恩復《列子》、顧廣圻《韓非子》、梁玉繩《呂氏春秋》、嚴可均《慎子》、《商君書》、戴震、盧文弨《春秋繁露》，戴震兼《算經十書》、《水經注》、全祖望《水經注》等。於此請引梁任公的兩段話，當作本節的結論：

正統派之學風，其特色可指者略如下：

一，凡立一義，必憑證據；無證據而以臆度者，在所必擯。

二，選擇證據，以古為尚，以漢、唐證據難宋、明，不以宋、明證據難漢、唐；據漢、魏可以難唐，據漢可以難魏、晉，據先秦、西漢可以難東漢；以經證經，可以難一切傳記。

三，孤證不為定說，其無反證者姑存之，得有續證則漸信之，遇有力之反證則棄之。

四，隱匿證據，或曲解證據，皆認為不德。

五，最喜羅列事項之同類者，為比較的研究，而求得其公則。

六，凡採用舊說必明引之，剿說為大不德。

七，所見不合，則相辯詰，雖弟子駁難本師，亦所不避，受之者從不以為忤。

八，辯詰以本問題為範圍，詞旨務篤實溫厚。雖不肯枉自己意見，同時仍尊重別人意見，有盛氣凌轢，或支離牽涉，或影射譏笑者，認為不德。

九，喜專治一業為“窄而深”的研究。

十，文體貴樸實簡潔，最忌“言有枝葉”。

當時學者，以此種學風相矜尚，自命曰樸學。其學問之中堅，則經學也。經學之附庸則小學，以次及於史學、天算學、地理學、音韻學、律呂學、金石學、校勘學、目錄學，等等，一皆以此種研究精神治之。質言之，則舉凡自漢以來，書冊上之學問，皆加以一番磨琢，施以一種組織。

清學的特色，大概如此。梁先生繼又詳論其文道：

其為文也樸實說理，言無枝葉，而旨一歸於雅正，語錄文體所不喜也；而亦不以奇古為尚。顧炎武之論文曰："孔子言'其旨遠？其辭文。'又曰：'言之無文，行而不遠'。曾子曰：'出辭氣，斯遠鄙倍。'今講學先生，從語錄入者，多不善修辭，又曰：'時有今古，非文有今古，今之不能為二漢，猶二漢之不能為《尚書》、《左氏》。乃剿取《史》、《漢》中文法以為古，甚者獵其一二字句，用之於文，殊為不稱。'……舍今日恆用之字，而借古字之通用者，文人所以自蓋其俚淺也。"《日知錄》清學皆宗炎武，文亦宗之，其所奉為信條者：一曰不俗，二曰不古，三曰不枝，蓋此種文體，於學術上之說明，最為宜矣。然因此與當時所謂"古文家"者，每不相容。美文清儒所最不擅長也，諸經師中殆無一人能為詩者——集中多皆有詩然真無足觀——其能為詞者，僅一張惠言；能為駢體文者有孔廣森、汪中、凌廷堪、洪亮吉、孫星衍、董祐誠，其文仍力洗浮艷，如其學風。《清代學術概論》

還不但很少能為詩詞駢文者，就是普通散文，也有難於下筆的，如黃以周見《章太炎文錄》之流，便曾以此見笑於時人。這實在也未免太樸了！那位清學開山祖師的顧炎武論文不以"古"為尚，而恨一般文人的"舍今日恆用之字，而借古字之通用者"，但在清學結束的押陣大將之章太炎，雖也很討厭美文、情感文章，然他却是以樸學家而兼文學家的，所以結果適與顧說相反：專門以古為尚，要"舍今日恆用之字，而借古字之通用者"，是他的文字，已非"純樸學的"了。**關於上頭所說的考證、校勘、訓詁、音韻等學，我們也可名他為工具的文學。如清代的樸學文字，尤可為這小學的文學之代表。**

第五章　多屬有韻形式感想

第一節　敘情——文學的文學

關於上面《史學的文學》、《哲學的文學》、《小學的文學》三節，因另有《中國史學》、《中國哲學》、《中國文字學》三篇，故只隨便講一講。至於本節，既名為“文學的文學”，自要比較詳細的專述一下：

合聲韻文和形式文及感想文三者，便成吾所說“文學的文學”了。**因為“文學的文學”，起碼就要以有韻與情感及形式三種之文為根本要件**。有韻未必有情者，吾取之；有情未必有韻者，吾亦取之，甚至有形而未必有情與韻者，吾亦取之。至諸韻情形兼有者，自屬更佳了。如其不然，就不但韻文之中有無情的，有時連韻也沒有的也有（如詩及後代之古賦多如此）；情文之中，不但多無韻的，就是連情也沒有的也很多（在小說中）。前者就是大半在乎韻，後者就是大半在乎情，至於駢體和八股，則又多在乎形式。以故吾這部“文學的文學”，就是指那《詩經》、《楚騷》、漢賦、樂府、古詩、唐詩、宋詞、元曲；以及一般文集中的銘、讚、頌、誄、祭文，哀詞等等。就是以形式為重的六代駢儷，明清八股，和以內容為重的唐宋元明清小說也在本範圍之內。梁任公說：“苟非欲作文學專家，則無專讀小說之必要。”就此二語以觀之，已可知小說之為文學的文學了。至於駢文，在下面詳論之。

陳鐘凡同事，秉承焦循之遺志（焦說另詳於前），編成《中國韻文通論》一書，本節亦擬略依以排列；惟其間尚缺六朝之駢文一項，據阮元說：“八代不押韻之文，其中奇偶相生，頓挫抑揚，詠嘆聲情，皆有合乎音韻宮羽者，詩騷而後，莫不皆然。……”《文韻說》按駢**文與律詩為詩文中之兩種最謹嚴者**。駢文視諸律詩所差者，只少押脚韻；至於詞之奇偶相對，聲之平仄相配，其謹嚴固與律詩差不多時或過之；若以之與古詩較，則古詩多重尾韻而無其中之平仄，駢文多重其中之平仄而無尾韻；雖有彼此之不同，要已可以對抵；況猶未止於此？若駢文中的聯珠等類，又多並有尾韻；而古詩及後代韻文中，如韓愈《祭十二郎文》、蘇軾《赤壁賦》等亦多無韻。由此看來，與其列駢文於散文之中，不如列之於韻文之較為得。近人王國維亦以六代之駢語，與楚騷、漢賦、唐詩、宋詞、元曲相提並論而說：“凡一代有一代之文學，楚之騷，漢之賦，六代之駢語，唐之詩，宋之詞，元之曲，皆所謂一代之文學，而後世莫之能繼者也。”《宋元戲曲史・自序》謝無量亦以駢文與律詩同列而說：“夫駢文律詩，既準音置字，修短相伴，兩句之中，又復聲分陰陽。義取比對，可謂美之極致。”《中國大文學史》劉麟生更很明白的說：“駢文有押韻的，有不押韻的，但是不押韻的駢文，也可以說是一種韻文。因為他雖然不押韻，也須調平仄的，方纔可以發出很好的音調起來。音調本來是美文中一種要素咧。”《中國文學》但吾提出此議，將恐有人駁我，以為：如以駢文列入詩詞歌賦項中，則如《易傳》、《老子》等書，多有尾韻，難道也應列入這韻文之中麼？這說實未盡對：《易》、《老》是哲學，而駢文則多文學；即以文學而論：如《易》、《老》亦為哲學的文學，而駢文則為文學的文學純文藝的。我們不能專論其形式，也要顧及其內容。但是就使目《老》、《易》等書為哲學的韻文，現已有人目老子為哲學詩了附入於此類中，亦無有大不可處。駢體止於齊整其句；尚有齊整其段的，這便是明清盛行的八股文了。他看一般文集中的銘讚、誄頌、祭文、哀詞等類，均宜並列於這詩詞歌賦曲一類之中。而今陳書只有《詩經》、《楚辭》樂府、賦、古近詩詞曲，而未顧及那聯珠、箴、銘、讚、頌、誄、祭文、哀詞，……及駢體八股等類；似乎只可以名為“**中國韻文中之韻文**”。如知進而以騷賦詩詞歌曲等為主，而以銘讚誄祭文哀詞……及駢文、聯珠、八股等為副，那才算得是完備的“中國韻文”。總而言之，以最廣誼而論，則如所謂經——類書、總集——史、子——哲學——集——文學——四部，皆可名為文學；次之，就只以那集部為純文學；復次；更以凡有韻之文為文學的文學；最後，才以詩詞歌賦曲等為韻文的韻文。

第一段　聲韻文

（A）詩經

沈約說：“民稟天地之靈，懷五常之德，剛柔迭用，喜慍分情。夫志動於中，則歌詠外發。……然則歌詠所興，宜自生民始也”。《宋書·謝靈運傳論》鄭玄說：“詩之興也，諒不於上皇之世，大庭軒轅，逮於高辛，其時有亡，載籍亦蔑云焉。《虞書》曰：‘詩言志，歌永言，聲依永，律和聲。’然則詩之道，昉於此乎！有夏承之，篇章泯棄，靡有孑遺；邇及商王，不風不雅；周自后稷，播種百穀，黎民阻飢，茲時乃粒，自傳於此名也。”《詩譜敘》中國最初的韻文，雖古籍還或載着，然見於一般顯然的偽書，或後代傳說的盡可以不用論及；就是像那《禮記》的伊嗜氏之蜡辭《郊特牲》，《呂覽》的葛天氏之八闋《大樂篇》，《吳越春秋》的古孝子之斷食歌，《帝王本紀》的堯時擊壤之頌等，也未免相去太遠，吾人還是不敢深信他；況這一類的遺詩逸句，既不完全，連看也不很懂得；還有什麼旁的話可說呢？因此吾們就要從那部韻文之祖的《詩經》講起了！詩的性質，大氐有風、賦、比興、雅、頌六義見《周禮·春官》及鄭玄《詩大敘》孔穎達說：“風、雅、頌者，詩篇之異體；賦、比、興者，詩文之異辭；大小不同，而得並為六義者，賦、比、興是詩之所用，風、雅、頌是詩之成形，用彼之事，成此之事。是故同稱為六義，非別有篇卷也。"《毛詩正義》關於賦、比、興三者，鍾嶸說："文已盡而意有餘，興也；因物喻志，比也；直書其事，寓之寫物，賦也。"《詩品》關於風、雅、頌三者，鄭玄說："上之風化下，下以風刺上，主文而譎諫，言之者無罪，聞之者足以戒，故曰風。是以一國之事，繫一人之本，謂之風；言天下之事，形四方之風，謂之雅。雅者正也，言王政所廢興也。頌者，美盛德之形容，以其成功告於神明者也。"《大敘》至其形式，如押韻方面，則有起韻、中韻、收韻、轉韻、錯韻、空韻、間韻、無韻等類，而其中以收韻為主體。章句方面，大多每篇自二章以至八章，每章自二句以至十句；惟大小雅竟有每篇至十六章，每章至十二句者。字數方面，計有一言至九言，而其中以四言為主體。就這幾點觀之，已可知一部《詩經》，性質體裁，皆很完備，而又極端自由，後代韻文，實多取法於是，如後代的五七言詩，便是本《詩經》而加以一律的；如後代的賦，便是本《詩經》而擴為長篇的，如後代的詞長短句，便是本《詩經》而製為定式的……雖未必盡然，但總有關係。

（B）《楚詞》

《詩經》而後，首推《楚辭》。怎樣叫做《楚辭》？黃伯思說："屈宋之文，皆書楚語，作楚聲，紀楚地，名楚物，故謂之《楚辭》。"《新校楚辭序》至於《楚辭》的性質，《史記·屈原列傳》裏也曾評過："國風好色而不淫，小雅怨誹而不亂，若《離騷》者可謂兼之。"其中關於騷賦二者一也。《文選》別之，不明甚矣方面，以《離騷》為第一；關於文辭方面，以《卜居》、《漁父》等為最佳，然其《離騷》亦為兼文辭的騷賦——**後來如韓愈之詩是文詩**——其《卜居》、《漁父》等亦為詩賦的文辭——**漢司馬相如、揚雄所作之文，多為賦的文，宋歐陽修、蘇軾所作之賦多為文的賦**——**詩文混一**，到了屈原的《楚辭》，才這個樣。若前此的詩三百篇，那**就是純粹的詩**；他經及諸子，惟《荀子》有賦篇**就是純粹的文了**。此外《楚辭》的和《詩經》不同處，在時空方面：《楚辭》為新出於南方，而《詩經》則為北方之舊物；在章句方面：《楚辭》為長篇一氣，極敷陳參差，而《詩經》則有篇章句之分，皆極簡單齊整；在音韻方面：《楚辭》平聲多於仄聲，洪音多於細音，參看陳鐘凡《中國韻文通論》而《詩經》則反是。

（C）**漢魏六朝賦**

自《詩經》《楚辭》而後，就要算那漢魏六代的賦了。賦乃居於詩與文之中間。劉勰說："賦，鋪也，鋪采摛文，體物寫志也"。《文心雕龍》劉熙說："賦，敷也，敷布其義謂之賦。"《釋名》賦原為六詩之一，然以通常而論，則詩歌在吟詠。《詩》《書》而賦則止於諷誦。《漢書·藝文志》這是賦的意義。班固說："春秋之後，周道寖壞，聘問歌詠不行於列國，學《詩》之士逸在布衣，而賢人失志之賦作矣。大儒荀卿，及楚臣屈原，離讒憂國，皆作賦以諷，咸有惻隱古詩之義。其後宋玉、唐勒，漢興枚乘、司馬相如下及揚子雲，競為侈麗閎衍之詞，沒其風諭之義。"同上我們於此可以知道從那純詩，流而為屈、荀的"詩人之賦"揚雄語，賦尚與詩有點關係；自宋、唐、景所作的賦，就漸漸脫離詩了；至於漢賈、揚、馬、枚等"詞人之賦"上同一出，於是詩賦完全對立：詩就不是賦，賦就不是詩，賦竟自成為一門。《漢志》分賦為四類：一為屈原以下二十家，二為陸賈以下二十一家，三為孫卿以下二十五家，四為雜賦十二家。除陸賈之賦，現已不可考，與雜賦之為混成或總集而外；**如屈原的賦是文藝家的賦，孫卿的賦是哲理家的賦**；但這哲理的賦，傳者很少，結果惟有那文藝的賦，代有其人，而且甚盛。但如賦家之代表作品，如司馬相如的《子虛》、《上林》以下，班固的《兩都》，張衡的《兩京》，左思的《三都》等，關於敘述山川城郭草木鳥獸之處，我們只看見了一大堆的名詞，別無其它好東西，簡直是一小本隨憶輒編的動植礦物……字典，還比不上《爾雅》中的《釋山》《釋水》《釋草》《釋木》《釋蟲》《釋魚》《釋鳥》《釋獸》《釋畜》等篇。因為這種的賦，並一點解釋而無之。我們看來，真會頭痛，不能終篇。劉勰說：“自宋玉、景差夸飾始盛；相如憑風，詭濫愈甚；故《上林》之館，奔星與宛虹入軒；從禽之盛，飛廉與鷦鷯俱獲。及揚雄《甘泉》，酌其餘波，語環奇則假珍於玉樹，言峻極則顛墜於鬼神。至《東都》之比目，《西京》之海若，驗理則無可驗，窮飾則有未窮。又子雲《羽獵》，鞭宓妃以饟屈原，張衡《羽獵》困元冥於朔野，孌彼洛神，既非罔兩，惟此水師，亦非魑魅，而虛用濫形，不其疎乎！此欲夸其威，而飾其事，義睽剌也。至如氣貌山海，體勢宮殿，嵯峨揭業，熠燿焜煌之狀，光采煒煒而欲然，聲貌岌岌，其將動矣，莫不因夸以成狀，沿飾以得奇也。”這種想像誇飾，固未免太遠事實；但文與史異：在史非徵不可，而文固無妨離奇，所以由我看來，這還說得過去；惟有事實方面，似乎有所未可，就是左思他也懂得說道：“相如賦《上林》而引盧橘夏熟，揚雄賦《甘泉》而陳玉樹青葱，班固賦《西都》而漢以出比目，張衡賦《西京》以遊海若。假稱珍怪，以為潤色，若斯之類，匪啻於茲。考之果木則生非其壤，校之神物則出非其所，於詞則易為藻飾，於義則虛而無徵。”《三都賦序》**因為前者既屬於尚可渺茫，固無妨渺茫；後者既屬於出乎事實，自須合事實**。賦正式成立於荀卿、屈原，據張惠言說：自屈原而下，如宋玉、景差、賈誼、司馬相如、揚雄、班固、張衡、王延壽、張融、曹植、左思、陸機、潘岳、庾信、江淹、鮑照、謝莊諸人，皆互相取法；各有所長。看《七十一家賦鈔》陳鐘凡同事說：“至左、陸以下，漸趨整鍊；江、鮑、徐、庾，益事研華；固已不似古音，尚未至如律體也。是之謂駢賦。自唐訖宋，以賦造士，創為律賦，用便程式，新巧以製題，險難以立韻，課以四聲之切，幅以八韻之凡，起謂之破題，承謂之頷接，送迎互換其聲，進退遞新其格。又有文賦，古文之有韻者是矣。歐、蘇多有之。孫梅《四天叢話》說[1]論者謂駢賦尚辭而失於情，故讀之者無興起之妙趣，不可以言則；文賦尚理而失於辭，故讀之者無詠歌之遺音，不可以言麗。至律賦則但以音律諧協，對偶精切為工；而情與詞，皆置勿論也。余謂賦之詞義相宜，情韻不匱者，前有屈、宋，後有賈、馬、仲宣、偉長，時逢壯採；嗣宗、叔夜，每著逸趣；其牠膏腴之詞，繁密之制，雖尊之為古，吾不知其尚於駢律者果何如乎？”(《中國韻文通論》)可見律賦不如文賦（文賦應推歐蘇），文賦不如駢賦（？）（但如庾信之《哀江南賦》，幾可謂為集賦之大成），而此三者又不如所謂詞人之賦，而詞人之賦又不如所謂詩人之賦，**精神日失，形式日進**，一代不如一代，不但賦如此，就是詩亦莫不然。

（D）**樂府詩**

班固說：“誦其言謂之詩，詠其聲謂之歌。”《藝文志》沈約謂：“歌者樂之始，舞又歌之次。”《宋書·樂志》**古代詩樂合一，後代樂才漸脫離詩，而與對立**，也同那詩賦之先合後分差不多。大氐樂府詩——協律之詩——製於漢高，樂府令設於惠帝，均看吳訥《文章辨體》樂府署置於武帝。看《漢書·禮樂記》武帝以李延年為協律都尉，舉司馬相如等，造為詩賦。據胡應麟說：“樂府之體，古今凡三變，漢魏古詞一變也，唐人絕句一變也，宋元詞曲一變也，六朝聲偶，變唐之漸乎！五季詩餘，變宋之漸乎。”《詩藪》這是樂府的流變。至其種類，則郭茂倩把它分為：郊廟歌辭，燕射歌辭，鼓吹歌辭，橫吹歌辭，相和歌辭，清商曲辭，舞曲歌辭，琴曲歌辭，雜曲歌辭，近代曲辭，雜歌謠辭，新樂府辭等十二類。《樂府詩集》馮定遠更把它的性質較為簡括的說：“製詩以協於樂，一也；採詩人樂，二也；古有此曲，倚其聲為詩，三也；自製新曲，四也；擬古，五也；詠古題，六也；並杜陵之新題樂府，七也。古樂府無出此者矣。”《鈍吟新錄》至於樂府

[1] 《四天叢話》當爲《四六叢話》。——編者註

的命名，吳訥也略分為：歌、行、歌行、引、曲、吟、辭、篇、唱、調、怨、歎等十二類。《文章明辨》。但尚未止於此。至於詩與樂府之別，據一般人說：樂府可歌，古詩不能歌（？）；樂府多短長句，古詩多五七言；樂府多紀功述事，古詩多言情。……但這種分別，多出於勉強：如中國韻文，上自三百篇，下至宋元詞曲，亦多可入樂而歌唱的。可歌者並不止於樂府，此其一。《詩經》與宋元詞曲，亦多長短句，長短句並不止於樂府，此其二。一切韻文亦有紀功述事，樂府亦有言情，此其三。……要就大體而觀，固無妨暫作此言。計樂府詩：典正的如唐山夫人《安世房中樂》等，綺麗的如古辭《陌上桑》、宋子侯《董嬌嬈》等，悲慨的如《十五從軍征》等，勁健的如《出關》、《入關》、《出塞》、《入塞》等，奧澀的如漢《郊祀歌》、《饒歌》❶等，俚質的如《箜篌引》等。陳著《中國韻文通論》陳鐘凡同事據胡氏《詩藪》而說："是三言、四言、五言、六言、七言、雜言、五絕起於漢魏，五律起於齊梁，五排七律至唐發生，其說可信，若詳徵之：兩漢樂府，三言四言居多，魏晉而後，始開唐詩宋詞各體。如魏武之《東西門行》為五古，魏文之《燕歌行》為七古，曹植之《妾薄命》為六言詩，左延年《秦女休行》為雜言詩，謝尚《大道曲》為五絕，蕭子顯《烏棲曲》為七絕，范雲《巫山高》為五律，庾信《烏夜啼》為七律，梁武《江南弄》、沈約《六憶詩》為小詞；是樂府者，唐宋詩之淵源也。"《中國韻文通論》

（E）**漢魏訖隋唐古詩**

大氐篇有定句，句有定字，字有定平仄者，是為近體詩。其篇、句、字、平仄，一無所限者，為詩之古體，漢魏以來之詩，或略仿《楚辭》，或略本《詩經》，最後始新制五言、七言二種古詩。《漢魏》後人談到五言古詩，就認為始創於西漢蘇、李，或十九首與枚乘。其實經種種

❶ "《饒歌》"當為"《鐃歌》"。——編者註

的證明，不但蘇、李詩系出於後人擬作；就是十九首，也未必出於西京，西京還屬楚聲或樂府時代。或以為肇始於東京之民間，十九首非一人所作說較可信；至於正式出現，那就在乎建安初了。後人談到七言古詩，也多同樣的說是託始於《大風》、《柏梁》，業經顧炎武詳證其為後人擬作，曹丕之《燕歌行》一首，當為七言古詩所托始。五言盛於建安，下及晉宋，而敝於齊、梁、陳、隋。若七言則至開元、大歷諸家始盛。章太炎更究其流變之大概道：

三百篇者，四言也。在漢獨有韋、孟，已稍淡泊；下逮魏晉，作者抗志欲反古初，其辭安雅，而情弛無節者眾。若束晳之《補亡詩》，視韋孟猶登天。稽[1]、應、潘、陸亦以楛窳；"悠悠太上，民之厥初"；"於皇時晉，受命既固"，蓋傭下無足觀。非其材劣，固四言之勢盡矣。

漢世郊祀房中之樂有三言、七言者，其辭閎麗詄蕩，不本雅頌，而聲氣若與之呼召。其風獨五言為善。古者學詩有大司樂，瞽宗之化；在漢則主情性，往者《大風》之歌，《拔山》之曲，高祖、項王未嘗習文藝也；然其言為文儒所不能舉。蘇、李之徒，結髮為諸吏騎士，未便諷誦，詩亦為天下宗。及陸機、鮑照、江淹之倫，擬以為式，終莫能至。由是言之：情性之用長，而問學之助薄也。風與雅、頌、賦所以異者，三義皆因緣經術，旁涉典記。故相如、子雲小學之宗，以其餘緒為賦。《郊祀歌》者，頌之流也，通一經之士不能獨知其辭，皆集會五經家相與共講習之，《安世房中辭》作於《唐山夫人》，而其辭亦爾雅。獨風有異，憤懣而不得舒，其辭從之；無取一通之書，數言之訓。及其流風所扇，極乎王粲、曹植、阮籍、左思、劉琨、郭璞諸家，其氣可以抗浮雲，其誠可以比金石。終之，上念國政，下悲小己，與十五國風同流，其時未有雅也。謝瞻承其末流，《張子房詩》本之《王

[1] "稽"應當"嵇"。——編者註

風》、《哀思》、《周道無》章，浸淫於大小雅矣。世言江左遺彥，好語玄虛，孫許諸篇，傳者已寡。陶潛皇皇，欲變其奏，其風力終不逮。玄言之殺，語及田舍；田舍之隆，旁及山川雲物，則謝靈運為之主。然則風雅道變而詩又幾為賦。顏延之與謝靈運深淺有異，其歸一也。自是至於沈約、丘遲，景物復窮。自梁簡文帝初為新體，牀笫之言，揚於大庭，訖陳、隋為俗。陳子昂、張九齡、李白之倫，又稍稍以建安為本。白亦下取謝氏，然終弗能遠。至是時，五言之勢又盡。杜甫以下，辟旋以入七言。

七言在周世，《大招》為其萌芽；漢則《柏梁》，劉向亦時為之。然短促未能成體。唐世張之，以為新曲。自是五言遂無可以觀者。然七言在陳、隋，氣亦宣朗，不雜傳記名物之言。唐世浸變舊貫，其勢則不可久。哀思主文者，獨杜甫為可與；韓愈、孟郊則《急就章》之變也；元稹、白居易則日者、瞽師之誦也。自爾千言，七言之數以萬，其可諷誦者幾何？重以近體猖狂，篇句填委，凌雜史傳，不本情性。蓋詩與議奏異狀，無取數典之言，鍾嶸所以起例，雖杜甫猶有愧。訖於宋世，小說、雜傳、禪家、方技之言，莫不徵引，昔孫、許高言莊氏，雜以三世之辭，猶"風騷體盡"；況乎辭言友紀，彌以加厲者哉？《國故論衡·明詩篇》

章先生除述之外，兼有所評。而吾於此，却也有個感想：**吾以為詩以真正性情為主，而以詞章與聲律為助。詞聲是詩的形式，性情是詩的精神。古代之詩，係公共的**，或平民與文人合作的；**而後代之詩**，則**為文人所包辦**，至多也是由文人自代平民說話的。所以古詩不論那一種，多是出於其人心中的，結果極為自然；至於後世，非文人卽不能為詩，為詩者必屬於文人，文人自己才一個人，如何能去代天下人說盡許多話呢？就使可以代，也只可以代同他自己性情相近的一小部之人。要而言之，**古代雜色人之詩，是真詩；後代清一色的文人詩，是**

代詩。比方古詩香豔也有其香豔的真情，慷慨也有其慷慨的自然；……如劉邦、項羽之流，懂得什麼文學？而其《大風》、《拔山》等歌，則自然極了！他如北朝的《木蘭詩》反勝於文學極盛的南朝；武人的楊素詩反勝於隋代一般文學家；即若詩三百篇，亦多採自當時各國民間的，並非出於幾個文人之手。……至於後代出自文人之詩，好比大奸之人，偏要做起大忠之詩；兒女之性，偏要做起英雄之歌；淫鬼偏要說道學話，滑頭偏要作信直言……**結果弄到都不像，這就是"非真情""不自然"的大毛病了！如能照各人的情性，只就那一部分直寫出來**，那就奸詩也有奸詩的可觀，何必一定要做忠詩？如戴假面具的忠詩，反萬不及那出自本性的奸詩。兒女也有兒女的好處，何必一定要像英雄？如戴假面具的英雄，反萬不如那出自本性的兒女。真正的淫鬼，也強於虛偽的道學；真正的滑頭，也勝於虛偽的信直。……**古詩出乎本性真情；後代文人之詩多在詞章聲律**，這就是古代勝於近今，近今不如古代的地方。

（F）唐宋近體詩

近體詩約有兩種：一為五七律，一為五七絕。錢木庵說："律詩始於初唐，至沈宋而其格始備。律者，六律也，謂其聲之協律也，如用兵之紀律，用刑之法律，嚴不可犯也。齊梁體二句一聯，四句一絕，律詩因之，加以平仄相儷，用韻必雙，不用單韻。"《唐音審體》這是律詩。至於絕句呢？絕句猶言截句，亦名斷句。《南史》宋：晉熙、王昶奔魏，在道慷慨為斷句詩大氐濫觴於漢魏，歷六代到隋唐而大成。七絕較後於五絕。至或以絕句系出於截律詩，其說至為迂拘，未可憑信。除律、絕二體外，尚可附述者，就是所謂排律。陳懋仁說："排律因於顏延之、謝瞻諸人，唐興始為專體，王阮亭《答古夫于亭》詩問則謂'唐人省試皆用排律，本只六韻而止；至杜始為長律，中唐元、白又蔓延至百韻，非古也。其法則'首尾開闔，波瀾頓挫’八字。約略言之，七言排律，唐人作者工少，近唯見彭羨門賦至百韻。’”（《續文章緣起》）按近體詩之聲律，略本於沈約之八病說。王世貞已駁其——沈說——不當，（見《藝苑卮言》）由沈約歷徐陵、庾信，至唐沈佺期、宋之問，五七言律八句之程式遂定。至於只有四句者，即世所謂五七言絕句。至唐詩的派別，或就有唐一代分為初、盛、中、晚四期。（明高棟❶）唐代詩家，多難枚舉，舉其著者，如：初唐之王勃、楊炯、盧照鄰、駱賓王（所謂四傑）沈佺期、宋之問、陳子昂、張九齡；……盛唐之杜甫、李白、（前名詩聖，後名詩仙）王維、李頎、高適、岑參（時稱四子）……中唐之大歷十子、（盧綸、吉中孚、韓翃、錢起、司空曙、苗發、崔峒、耿湋、夏侯審、李端，須分別觀之）韓愈、韋應物、柳宗元（並稱韓柳）、儲光羲、孟郊、賈島、元稹、白居易、李賀、盧仝、劉乂、張籍、王建；……晚唐之李商隱、溫庭筠、段成式（所謂三十六體）等。近體詩以唐代為最盛；次為宋代，以蘇軾、黃庭堅、陸游等為首。

（G）**唐五代宋詞**

《說文》釋“詞”為“意內言外”。後人以調有定格，句有定言，韻有定聲之文為詞。（陳著《中國韻文通論》）其長短句過於《詩經》，（然詩隨便而詞一定。）其聲調過於唐詩（按譜填詞），韻文中之最精細、最拘守、最艱難者，究無以過於這種的詞。大氏從詩三百篇而漢魏樂府，而唐絕句，以至於詞，各有其流變之關係。詞始於唐，歷五代，盛於宋。詞體計有散詞、聯章詞、大遍、成套詞、雜劇詞等體。（任訥《詞典研究法》）據張炎說：“自隋唐以來，聲詩間為長短句；至唐人則有《尊前》《花間集》；訖於崇甯立大晟府，命周美成諸人討論古音，審定古調，淪落之後，少得存者。由是八十四調之聲稍傳，而美成諸人又復增慢曲、引、近、或移宮換羽，為三犯、四犯之曲，按同律為之，其曲遂繁。”（《詞原》）張惠言說：“自唐之詞人李白為首，其後韋應物、王建、韓翃、白居易、劉禹錫、皇甫淞、司空圖、韓偓並

❶ 《唐诗品匯》爲明高棅所编，此“高棟”疑誤，應爲“高棅”。——編者註

有述造；而溫庭筠最高，其言深美閎約。五代之際，孟氏、李氏，君臣為謔，競作新調，詞之雜流，由此起矣。至其工者，往往絕倫，亦如齊、梁五言，依託魏、晉，近古然也，宋之詞家，號為極盛，然張先、蘇軾、秦觀、周邦彥、辛棄疾、姜夔、王沂孫、張炎，淵淵乎文有其質焉。其蕩而不反，傲而不俚，枝而不物，柳永、黃庭堅、劉過、吳文英之倫，亦各引一端，以取重於當世。而前數子者，又不免有一時放浪通脫之言出於其間，後進彌以馳逐，不務原其指意，破折乖刺，攘亂而不可紀，故自宋之亡而正聲絕，元之末而規矩墜，以至於今四百餘年，作者十數，諒其所是，互有繁變，皆可謂安蔽乖方，迷不知入口者也。”《詞選序》大氏詞在唐推李白、溫庭筠等；於五代多在西蜀、南唐，尤以韋莊、馮延巳、李璟、李後主等為最優；其在北宋，推晏殊父子、歐陽修、柳永、張先、蘇軾、賀鑄、秦觀、黃庭堅、周邦彥等；南宋則以辛棄疾、姜夔、史達祖、吳文英、周密、張炎、王沂孫等為大家。大家中尤以李煜、蘇、辛、周、姜等為首。

（Ⅰ）**金元以來南北曲**

元人參合宋金兩代之歌曲，用一定之體段與曲度，以成一種獨立之文體，這便是所謂曲了。王世貞說：“曲者，詞之變，自金元入中國，所用胡樂，嘈雜淒緊，緩急之間，詞不能按，乃更為新聲以媚之。”《藝苑卮言》劉熙載說：“曲之名古矣，近世所謂曲者，乃金元之北曲，及後復溢為南曲者也。未有曲時，詞即是曲。”《藝概》大氏由宋雜劇詞，實殿金院本，而成元雜劇。至曲之大體，不外小令、套數、雜劇、傳奇傳奇之名作始於宋，後人用指明後之劇本，以示別於元之雜劇數事。曲有南北二派之別，北曲推關漢卿、王實甫、白樸、馬致遠、鄭光祖、宮天挺、喬吉甫、張可久、沈和等人；而尤以喜豪放之關卿、工鍛鍊之仁甫、尚輕俊之東籬三家為最著。見吳梅《詞餘講義》而自明以來則以關白馬鄭次序依王國維《宋元戲曲史》改並稱；如鄭氏，王國維也有評道：“鄭德輝清麗芊綿，自成馨逸。”又以關為元人第一，其餘三者均不失為第一流；此外惟宮大用，獨樹一幟，其說另詳於前。至於南曲，出於宣和之後，南渡之際，謂之溫州雜劇。祝允明《猥談》發現於金元兩代，盛行於元明之際，終至取北曲而代之；至明中葉，又流而為崑曲。《雨村曲話》說：“北曲不諧於南而始有南曲，南曲則大備於明，明時雖有南曲，只用絃索官腔；至嘉隆間，崑山有魏良輔者乃漸改舊習，始備眾樂器，而劇場大成，至今遵之，所謂南曲，即崑曲也。”南曲在元惟作《琵琶記》之高明，其餘殆不足道。此後有王九思、梁辰魚、湯顯祖，沈璟、李開先、鄭若庸、徐渭、阮大鋮等，在清有吳偉業、李玉、尤侗、李漁、洪昇、孔尚任等。

第二段　六代駢體明清八股

談到這駢文，我以為不但群經諸子：如《易傳》《老子》《莊子》等書皆駢散半或駢多於散，及一般人所共認《韓非子》的《內、外儲說》為後代聯珠之祖；揚雄、班固、陸機等皆有所作就是其餘的經、子書中，也往往可以看出很多的駢句來。厥後如《戰國策》、秦李斯及西漢《淮南子》、賈誼如《過秦論》等篇、司馬相如、揚雄等所為文，已大多數屬於排偶。而西漢末的王褒，更承司馬之流波，開東京一派，骨力衰而詞采勝。《邵評》但在東漢還覺可以；到了三國，以至六朝，竟遂達到成熟時期了。前此排偶還是長對長，短對短，句句平行，嚴中還帶了一點寬；到了六朝，甚至進而成了一種嚴中之嚴的駢偶中之四六體了。自是而後，各代遂以駢文與散文並行。**蓋從先秦到漢代的文，是駢散混而不分的；到了八代，**竟駢**文完成，而散文絕跡，是為駢勝散時代**——各代文體，從未有如六朝上起魏晉下至隋唐初那樣清一色為駢儷的。比方唐宋以散文名，然而同時仍有一派駢文盛行着，而西漢以前則為駢散合一的。**但是盛極弊出，弊出衰**

至，唐宋人於是特反而力倡散文，終之**散為正統，駢成偏安。**自是而後，駢散遂分而不混了。

我認駢交不是純文，而為詩賦化**的一種文**。他是專門研究詞章和聲律的；其中佳者，於二者外，兼能以性情勝。若在前此之文，雖也有以性情勝的，但總未有如駢文的那樣工於詞章和聲律的。駢文歷時很久，長者最多，自東漢或魏晉，到六朝，訖唐初，大概都是駢文最盛行的時代。其較顯明的人物，自晉陸機到集駢文大成的徐陵、庾信，訖唐初四傑和陸贄、李商隱，下至清汪中這幾個人都可推作駢文的代表人物；而庾信，尤以第一稱。

至於那種與駢體同為"形式文"的八股，歐陽溥存說："列朝舉子業，本不足預於文學；惟八股文肇端於宋人經義；施行至清末乃廢，數百年中，普及方夏，言歷史者不容不一及之也。八股文明人為之最工，幾如唐人之詩，元人之曲，其高者恆根據經史，胎息於古文；然為之既久，更治古文，則每為所累，不能振拔。"《中國文學史綱》明代工此體者，有王鏊、唐順之、歸有光、胡有信、金聲、黃淳耀諸人。按在"文"中，計有二種，最為拘限，一種在乎句，即所謂駢體，尤其是裏面的四六那一部分。其餘一種，則在乎段，卽這裏所說的八股。四六句、八段篇，皆以形式為重，究竟無甚價值。

第三段　唐宋元明清小說

上述駢體八股的應列入於此"文學的文學"中，大概多以形式而論；此外還有一種多就內容而論，夠得上列入於此"文學的文學"中的，這是什麼？就是小說一門了。**小說大概理想多於事實，愛情重於道德。**前**者有關於歷史，**參看《漢書·藝文志·小說家》**不過却大半是理想的歷史，而非事實的歷史；所以理想的竟屬小說，事實的竟名史學。**換言之，則小說為理想的歷史，歷史為事實的小說。（由此以觀，是一部分近哲學，故《漢志》列小說為十家之一。但小說便談消遣，哲學精思解決，究竟有別。）再換言之，歷史為大的正的小說，小說為小的偏的歷史。後者，其一部分：每與世俗的道德適成相反，所以講哲學（？）或禮教者，俗以為正經；而以小說為消遣，甚至加以痛斥。但所謂道德多是虛偽勉強乾燥……的，而所謂性情却較真實自然趣味……所以道德倡導於上，**而小說仍盛行於下**。其另一部分，則可以廣見聞，資諷喻，進而設因果，示勸戒，**其有益於社會，幾可等於諸子**。仍參看《漢書·藝文志·小說》由上述看來，小說一部——似子非子，非子而子，似史非史，非史而史——至少也有關於史學、哲學政治宗教等、文學各方面；要以文學為主，而以史、哲等學為輔。

考小說的起原，應該早在太古，後來如春秋戰國的諸子中，猶可想見其一二；不過"小說"二字，到《漢書·藝文志》才特提出來，而以漢武時方士虞初的《周說》——應劭說"其書以《周書》為本"——為專書之正式出現者。《漢書·藝文志》，尚有所謂黃帝說，務成子，天乙，伊尹說，鬻子說，想皆系後人假托者張衡賦也說："小說九百，本自虞初。"自是而後，代有作者，或說在唐以前，只有類似小說的作品；到了唐代，才略具小說的規模。胡應麟說："變異談盛行六朝，然多是傳錄舛訛，未必盡幻設語。至唐人乃作意好奇，假小說以寄筆端。"世人鄙視小說，以為不比那正經的古文，所以號為傳奇。然其影響於後世很大，如元明人便多本其事以作劇曲，唐代傳奇小說如陳鴻的《長恨歌傳》、韓偓的《迷樓記》一類是屬於別傳的；如楊巨源的《紅線傳》、薛調的《劉無雙傳》、張悅的《虬髯客傳》一類，是屬於劍俠的；如元稹的《會真記》、蔣防的《霍小玉傳》一類，是屬於艷情的；如李公佐的《南柯記》一類，是屬於神怪的。此外如韓、柳文集中，也有詼諧傳說之作。到了宋代，平話小說——亦即所謂章回小說——遂代傳奇、小說而興，明郎瑛說："小說起宋仁宗，蓋時太平盛久，國家閑暇，日欲進一奇怪之事以娛之，故小說得勝、頭迴之後，即云話說趙宋某年。”《七修類稿》耐得翁說：“說話有四家，一曰小說，謂之銀字兒，如煙粉靈怪傳奇、說公案、皆是搏拳、提刀、趕棒及發跡變態之事。說鐵騎兒，謂士馬金鼓之事。說經，謂演說佛書，說參謂參禪。說史，謂說前代興廢戰爭之事”。《古杭夢遊錄》。並參看孟元老《東京夢華錄》，吳自牧《夢粱錄》等但宋人平話，很少傳下來，現在只有殘本的《五代史平話》、《通俗小說》，與《大唐三藏法師取經記》、《大宋宣和遺事》等書。從元末到清，為小說最進化與盛行的期間。其代表作品計關於講史的有元、明（？）施耐菴（？）的《水滸傳》，明羅貫中（？）、清毛宗崗的《三國志演義》、清陳忱的《水滸後傳》等；神怪有明吳承恩的《西遊記》、無名氏的《封神傳》等；人情有無名氏的《金瓶梅》、清曹雪芹（？）的《紅樓夢》亦名《石頭記》等等；擬古有明清人（？）的《今古奇觀》，清蒲松齡的《聊齋志異》等；諷刺有清吳敬梓的《儒林外史》，劉鶚的《老殘遊記》等；炫才有清李汝珍的《鏡花緣》、文康的《兒女英雄傳》等；俠義有經俞樾修改的《三俠五義》俞樾改其名為《七俠五義》等。小說到明末葉，李卓吾之流，已於平話綴以評論；清初金聖嘆本姓張，名採；明亡後改姓金，名喟，字聖歎更創評論新體，曾說：“天下才子書有六：一《莊子》，二《離騷》，三《史記》，四杜詩，五《水滸》，六《西廂記》。”甚至認《水滸》勝《史記》。因為各著名小說評論。或稱小說中的《水滸傳》《三國志演義》《西遊記》《金瓶梅》為四大奇書。而後來的《紅樓夢》一書，不但為清代章回小說中第一，就是前此小說也少可與為比者。

這節“文學的文學”，業已講畢，而最後請一附告。吾有個希望：就是一般學者，如有志，可略仿焦循的意和陳鐘凡氏的書：這就是彼名為“中國韻文”，我加以擴大而名為“文學的文學”的，而去分作如上頭吾所說的“史學的文學”，“哲學的文學”，“小學的文學”等部專書。現在還沒有人見到這一點，吾想如果分作起來，一定是很有可觀的。至於糊裡糊塗而作起一部中國文學史者，現在多得很呢，究竟沒有多大價值。

第六章　文評——關於文的駢散雅俗深淺樸美等問題

第一節　駢散問題

清阮元因見孔子的《文言》多駢而又用韻，便說：文要以駢儷協韻為主，不然，則只可說做“直言之言”，與“論難之語”；而不是“言之有文”與孔子之所謂文了。這種論調，固極不通，但亦有可取處。吾便以為經、史、子、集就文事說，都可以叫做文；（章太炎亦頗同意）而四部中之集部，尤為文中之最純者；至於集部中的詩詞歌賦及駢儷等類，更是純中之純。（參看上節“文學的文學”）以文學眼光去觀察，文中誠以駢儷協韻之一部分為最重要。至阮氏的不通處，只在乎不承認其它為文一點吧了。駢體至於六朝太盛行了；於是唐宋人便反而有散體復興之大運動，至不以駢體為古文辭。其悖謬正和阮氏的論調相等。章太炎說得好：“古者簡帛重煩，多取記臆，故或用韻文，或用駢語，為其音節諧熟，易於口記，不煩記載也。戰國縱橫之士，抵掌搖唇，亦多疊句，是則駢偶之體，適可稱職。……蓋自梁、李、韓、柳、獨孤、皇甫、呂、李、來、張之輩，競為散體，而自美其名曰古文辭，將使駢儷諸家，不登文苑，此固持論偏頗，不為典要。今者務反其說，亦與成論甘忌辛之見，此亡是公之所笑也。”吾亦以為：**凡文應散就散，應駢就駢，多駢一點如《易傳》、《老子》、《莊子》，下至賈誼、揚雄等西漢人所作固無妨：至若六朝人之太過，那就不大好了。**（所謂：“文多拘忌傷其真美”，“撏撦太多，真氣不出”是也。）**多**

散一點如《史記》固無妨；至若後世之淺學（？），定要標榜其“不講對仗”主義，也就不大好了。為什麼呢？我們試看大至天地間的萬物，近至一身中的器官，都是有奇有偶的，並沒有一種全奇而無對，或全對而無奇的。這種天生自然的兼有奇偶，就好比是剛才所論文中駢散的應該並行了。文的絕對通篇駢或散的，在一般古文中，實在為數不多，惟史記和六代四六文較近些吧了有也令人討厭，覺得無甚意味。

第二節　樸美問題

駢體韻文，在文學中，最為特色，吾剛才已經講過了。但不要誤會，這並非吾所主張的：因為中國文學中的文方面有六朝式的四六駢文，正同詩方面有唐朝式的五七律詩一樣。六朝的駢文，唐代的律詩，在中國詩文上觀之，固當引為特色；但已未免過於拘守，致失其自然了，故吾也很不贊成他。

惟若章太炎本其小學或樸學或史學之眼光，去觀察文學，因極力主張文以樸實為最上，如他說：“以典章科之書志，學說科之疏證，施之於一切文辭，除小說外，凡敘事者尚其直敘，不尚其比況；若云‘血流漂杵’，或云‘積戈甲與熊耳山齊’，其文雖工，而為偭規改錯矣。凡議論者，尚其明示，而不尚其代名；若云‘顏淵雖篤學，附驥尾而行益顯，’或云‘足歷王庭，垂餌虎口’，其文雖工，而為雕刻曼辭矣。乃若疊韻雙聲，連字連義，用為形容者，惟於韻文為宜；無韻之文，亦非所適。”《文字論略》又說：“文字本以代言，其用則有獨至。凡無句讀文，皆文字所專屬者也，以是為主，故論文學者不得以興會神旨為上，……知文辭始於表譜簿錄，則修辭立誠其首也。”又再說道：“故論文學者，不得以感情為主。”均同上章氏的論調，固極精當，但亦未免把一切文學太樸學化了！吾以為文章方面之形容，亦猶思想方面之理想；其主張文章要樸誠（修辭立其誠），亦猶思想要重事實一樣。**思想雖貴現在的事實，但對於未來的理想，却也不可少；亦猶文章雖貴樸誠，但於情感却亦當並重**。惟有史書方面，應如太炎所言；**至於感情文（或美文）的妙處，即在乎能形容，吾恐章氏論調的流弊，將有把漢賦、六朝駢文等類，盡行廢用的一日；結果惟有簿記式的文章，可以大出風頭**。然而情感美文，果真無存在的價值麼？日本兒島獻吉郎《支那文學史綱》裏說得好："試觀郭璞《江賦》，通篇文字中……滿目滔滔，長江萬里，流三江，注五湖之象，洋溢於紙上。更觀司馬相如之《上林賦》……一篇，文字全體生動，善寫高山絕峰，峻極於天之雄勢，易使人想見鳥飛天、魚躍淵之活境，皆極文字之構造，含有圖畫性質之所致。想見上古帝王之於鼎彝銘刻，雖曰道德上之鑑戒，抑亦藉此圖畫的文字，為美術之模範也歟。"又邵祖平的《文字學概說》裏：更"以為假借非僅適用於文字，且常應用於文學，如賈誼《陳政事疏》曰：古者大臣有坐不廉而廢者，不謂不廉，曰簠簋不飾。坐污穢淫亂男女亡別者，不曰污穢，曰帷簿不修。坐罷軟不勝任者，不謂罷軟，曰下官不職。此皆中國文學假借狀況之妙用也。……進而言之，王摩詰詩中有畫，畫中有詩；韓昌黎以文為詩；杜工部以詩為文，何莫非假借之廣用乎？"即若太炎間亦不能完全否認地說："惟相如《大人賦》，漢武讀之飄飄有陵雲氣、遊天地間意，此自憑虛構造之作。"（《文學論略》）吾以為：就是《史記》的所以會比他史好處，亦多在乎形容得很像。又如柳宗元的遊記，其所以會比人家強，亦莫非長於描寫。由此可知：**文學也有美的價值，不能一意尚樸，如一意尚樸，那麼文學就去美術或藝術很遠了！**

第三節　雅俗問題

康有為說："比歲舉國文章，背經舍史，穢語鄙詞，雜沓紙上，視之則刺吾目，引之則污吾筆。……若其句不成章，語不成詞，是謂俚語，豈曰成文？……豈知進化之理？……當使升鄙言以歸於雅音，豈可去雅言而從於俚語……是謂退化。……推其所原，皆自東文來也。蓋日本文法長累過甚，彼以舊俗，既牽漢文，又加英文法，不得不然。我國數千年之文章，……萬國罕比其美，豈可自舍之。且以讀東書，學東文之故，乃並其不雅之名詞而皆師學之，於是手段、手續、取締、打消、打擊之名，在日人以為俗語者，在吾國則以為雅文，至命令皆用之矣。其它若崇拜、社會、價值、絕對、唯一、要素、經濟、人格、談判、運動、雙方之字，連章滿目，皆與吾中國訓詁不相通曉。……按前之文史，則不相通；垂後之文史，則不為《爾雅》；今之時流，豈不知日本文字皆出自中國；乃俯而師日本之俚語，何無恥也？……十年以來，真吾國文學之大厄也。"《中國顛危誤在全法歐美而盡棄國粹說》我認這不過是那不通進化之理的守舊者發發牢騷吧了！其實由我看來，半點奇怪也沒有：康氏謂文中不應該用"俗語"麼？如"若以此說往"的"說往"與今白話說"若就此看來"同與"道在矢溺"的"矢溺"，真是淺俗極了；而《墨》、《莊》書中用之。他如"纔""便"等字，當是俗語或白話；然"纔十八年耳"之語，見於韓愈《論佛骨表》；"便作佳士"之言，見於李白《上韓荊州書》。（陶淵明之文亦常用便字。）康氏謂文中不應該用異國之語言麼？如"穀於菟"，"夥頤"見於《左傳》，《史記》。因為古人以中國為天下，以各省為列國；其各省的方言，猶今世異國之俗語；如《詩經》便是各國的俗詩（《楚辭》更多用楚語），如方言便是各國的土話，他如夷語漢譯，也往往見於《史》、《漢》以下諸史。至若宋儒雜佛語印度的“虛靈不昧”、“明性復初”、“常惺惺”；與用白話的“工夫”、“東西”、“這個模樣”等類，更不用說了。**康氏為什麼單譏今世，而不去罵古人呢**？若使古人當做文著書時，也存有康氏“按前之文史則不相通”的一個觀念，則在今日還有漢宋人的文辭麼？然而漢宋人的文辭，其在今日却偏偏反可證明康氏所說：“垂後之文史則不為《爾雅》”的不確。康氏將奈之何？如今世古文家如章太炎的文中，亦常常雜佛經的名詞，與一般新文人引用譯自東西洋的新名詞無異。

第四節　深淺簡繁在內問題

章太炎雖曾罵道：“庸妄賓僚，謬施塗堊，案一事也，不云‘纖悉畢呈’；而云‘水落石出’；排一難也，不云‘禍胎可絕’，而云‘釜底抽薪’；表象既多，鄙倍斯甚。”《正名雜義》但他在那《訂文篇》中，却有句說：“後之林烝，知孟晉者，必修述文字。”以“孟晉”代求進步，還可勉強說去；至於“林烝”二字，那就比“水落石出”“釜底抽薪”更不通了胡適。其自相矛盾，可以不必再說了。若問章氏為什麼要以深字代淺字呢？他的理由是：“六書本義，廢置已夙，經籍仍用，通借為多，舍借用真，茲為復始。”同上這固很有道理，亦今切要之圖；但就進化史上觀之，却適得其反：如那部《尚書》為最古之文字，在漢代的司馬遷，如也有章氏以深代淺的做文念頭，那麼《史記》就要比《尚書》的文章更古了；可是史遷不但不如此，並且不照《尚書》的原文，而竟反拿今文淺字去代古文深字。吾們試把《尚書》同《史記》的堯、舜、夏、商、周的本紀對照一下，便可知道了。文字學中有一段可供參看所以我們可以說：**《尚書》是最古代的白話；到了漢代，因有新白話出現，於是《尚書》就成古文了，《史記》是漢代的白話，到了現在，因有更新的**

白話出現，於是《史記》就成中古文了——以淺釋深如《史記》對《尚書》，以繁釋簡如《左傳》對《春秋》。又如宋人白話，到了今日，或比文言還難懂就此看來，**是有用白話去翻譯古文的，而沒有用深字去代表淺字的**。章氏為什麼不懂進化公例，以致如此顛倒呢？聽說章氏有個來自王闓運的做古雅文章的好法子，就是先把意思寫成平常的文章，然後再把虛字盡量刪去，既沒有虛字，自然就很古雅了！好了，我們試把那《史記》、《漢書》來比較一下吧：《史記》是最常用虛字的，而《漢書》是專門要刪去虛字的。《史記》的文看來很粗俗隨便而又繁重，但却非常活潑；至於《漢書》的文雖很謹嚴簡單古雅，但却死板板的。**文中的有虛字，好比人身上的有眼眉頭髮等點綴品；去了虛字，就好像一身單有一把骨頭，或光光的一重皮包着一塊肉了，多麼難看呀！**據馬建忠考："秦漢文虛字最少者，莫若《漢書》；《漢書》諸篇記事最長者，莫若《霍光傳》；傳文約六千，所用'之'字間於兩名者共計十二。"《文通·介字》如必視虛字的有無多少而斷定其為古雅與淺俗，那就是以班固的《漢書》強於司馬遷的《史記》很多了！果真有這個道理麼？在事實上，反以多虛字的《史記》勝於少虛字的《漢書》。我可另舉一例以明之：相傳歐陽修作《晝錦堂記》成，就寫給韓琦，忽又叫人取回，謂將改削，韓氏子弟陰誌之，越日改本至，則全文無所竄易，只起筆"仕官至將相，富貴歸故鄉"二句加兩"而"字，而為"仕官而至將相，富貴而歸故鄉"。這不是增虛字的好處之又一明證麼？章氏為什麼反要專門去刪虛字呢？又如《史記·淮陰侯列傳》的"淮陰少年辱信云：若雖長大，中情怯耳"，這是多麼顯明，而且有精神氣；到了班固之手，只因要簡古的原故，而竟刪去"若"字，為"雖長大，中情怯耳"。觀其文義，就較晦了，這已詳在文法學中這就是喜歡簡古的毛病。《史記》還有很繁重的：例如《秦本紀》裏的"愈益""尚猶"，《曆書》裏的"始初""仍再"，齊與陳、杞三世家裏的"後苗裔"等類；甚至如《平準書》裏說："民則人給家足，都鄙廩庾皆滿，而府庫餘貨財；京師之錢累巨萬，貫朽而不可校；太倉之粟，陳陳相因，充溢露積於外，至腐敗不可食。"這一种和賈誼的《過秦論》裏："有席卷天下，包舉宇內，囊括四海之志，併吞八荒之心"那四句，初看其堆疊冗煩，固似乎可取而大改之；其實此等不事琢鏤的文，《史記》如此，賈文未然不但不足為病，且轉可見其氣勢之盛大；難道嚴謹簡古如《尚書》、《春秋》、《漢書》，下至諸樸學家的文集裏，也可以找出這樣的文章麼？可惜這位最後的樸學大家，中毒太深，以致如入庖廚之肆，久而不聞其臭了。但如胡適之所提出的"不用典，不用陳套語"，實在也未免太淺白（？）；卽若漢賦，六朝駢文，也似乎太浮泛。一個太過，一個不及，厥失惟均，不可不察。由此看來，還是韓愈說得好。他說："問曰文宜易宜難？必謹對曰：無難易，**惟其是而已矣**。非固開其為此，而禁其為彼也。"《答劉正夫書》李翱亦說："天下之語文章，其愛難者則曰文章宜深而不當易，其愛易者則曰文章宜通不當難；此皆偏滯，而下流未悉文章之所主也，《書》曰：'朕聖讀說殄行震朕師'，《詩》曰：'苑彼柔桑，其下侯旬'，此非易也；《書》曰：'允恭克讓，光被四表，格於上下'，詩曰：'十畝之間兮，桑者閑閑兮'，此非難也。"

第五節　文的代表

如上分述，總而評之：梁任公說得好："至於古文，本不必別學；吾輩總須讀周秦諸子、《左傳》、《國策》、《四史》、《通鑑》，及其關於思想、關於記載之著作，苟能多讀，自能屬文，何必格外標舉一種，名曰古文耶？"《國學入門書要目及其讀法》中之韻文書類附語這是說諸子諸史，雖不是專為文而作，實則其文反勝於專以文鳴之文集。據吾看來，**子、史為文學之最上品，而《莊子》《史記》之文尤為子史中之第一流**。因為蒙莊的思想達觀，而史遷的見識超俗；至如荀子等儒家，則不免乎拘守，而《漢書》等史書，亦終歸於穩健。《莊子·天下篇》說：“芴漠無形，變化無常，死與生與！天地並與！神明往與！芒乎何之？忽乎何適？萬物畢羅，莫足以歸，古之道術有在於是者，莊周聞其風而悅之，以謬悠之說，荒唐之言，無端崖之辭，時恣縱而不儻，不以觭見之也。以天下為沈濁，不可與莊語；以卮言為曼衍，以重言為真，以寓言為廣，獨與天地精神往來，而不敖倪於萬物；不譴是非，以與世俗處；其書雖瓌瑋而連犿无傷也，其辭雖參差而淑詭可觀，彼其充實不可以已，上與造物者遊，而下與外生死無終始者為友，其於本也宏大而辟，深閎而肆，其於宗也可謂稠適而上遂矣。雖然，其應於化，而觸於物也，其理不竭，其來不蛻，芒乎昧乎！未之盡者。”極其變化，不可捉摸，這就是莊子的文章和思想；如沒有其思想，也一定無從做成那種的文章。至於荀子，便不然了，其譏莊子道：“莊子蔽於天而不知人。”《史記·荀子列傳》裏也說：“荀卿嫉……鄙儒小拘如莊周等，又滑稽亂俗。”殊不知荀子輩的儒家，却反而“不知天”、“太道學”了。《莊》之豪放，《荀》之拘執，莊子思想文章都半點拘也沒有皆可於上文想見之。至於《史記》和《漢書》，亦同《莊子》和《荀子》一樣。班固的《司馬遷傳贊》說：“至於采經摭傳，分散數家之事，甚多疏略，按：如其述與儒道為三的墨子止於二十四字，實未免太略或有抵牾，亦其涉獵者廣博，貫穿經傳，馳騁古今，上下數千年間，斯以勒矣。又其是非，頗謬於聖人，論大道則先黃老而後六經，按此說不對，另詳於史學中序遊俠則退處士而進姦雄，述貨殖則崇勢利而羞賤貧，此其所蔽也。”馬班相反，後人稱為班馬，論年代與學問皆不合可見於此。又如《刺客》、《滑稽》、《日者》、《龜策》等類，在一般見識平凡的史家觀之，自然認為毫無價值；而史遷却特為之立傳。又如陳勝、項羽之流，皆為一般人所下；而史遷則進之於世家，或再進而為本紀。《漢書》並以王莽為傳這是何等的眼光！由上述看來，可知史遷是個創作的史家；至自班固以下，則止於守成而已。**很隨便放縱，好的非常好，不好的非常不好（？），是史遷；很謹嚴艱澀，無所謂大好，無所謂大不好，是班固。**這兩個人的史識如此，而其史文亦莫非如此。如拿唐朝詩文專家來比這兩個人，則史遷如詩中的李白與文中的韓愈，班固如詩中的杜甫但杜詩實高尚與文中的柳宗元，《史》、《漢》、李、杜、韓、柳，實在有點相似處。要之，**《莊子》、《史記》皆文奇而氣雄，惟在形式方面，莊較喜駢，而《史》極喜散，與性質方面，《史》在寫實**描寫**，而莊在理論**辯論**，有點不同罷了**。此外文駢而氣雄者，有李斯的《諫逐客書》，與賈誼的《過秦論》，及屈原揚雄揚有時過於雕琢之作品，與《戰國策》等；至若六朝式的駢體文，那就奄奄無生氣了。其文散而氣雄者，如韓愈之文；然比之《史記》，則較駢一點。至一般淺學所作半句偶也沒有的時文，那就無須道及了。若論剛才所說的韓文，其在形式上似可居於《莊》、《史》之中間；然《莊》長於論理，《史》長於寫實；若韓文卻無此二者為其目的，而竟不過為作文，而作文不免言之無物。但其在純文藝的文集中，韓文固不失為第一流。何孟春說："今古文章擅奇者六家：左氏之文以葩而奇，莊生之文以玄而奇，屈原之文以幽而奇，《戰國策》之文以雄而奇，太史公之文以憤而奇，班孟堅之文以整而奇。"姜南說："文章自六經《語》、《孟》之外，按六經、《語》《孟》，毫無系統，論文未必最佳惟莊周、屈原、左氏、司馬遷最著。後之學者，言理者宗周，言情者宗原，言事者宗左氏、司馬遷。周出於《易》，原出於《詩》，左氏、司馬遷出於《尚書》、《春秋》。"像這二說，由大體上觀之，還覺得不錯。他如羅大經說："莊子之文，以無為有；戰國之文，以曲作直。"楊士奇說："《南華經》還是一等戰國文字，為氣習所使，縱橫跌宕，奇氣逼人的；却非是他自立一等主意。"按二說都很是。吾以為：**文的有氣勢，好比人的有精神一樣。**故以文而論：《莊子》為諸子中第一，《史記》為諸史中第一，《韓文》為諸集中第一，這三部書，是吾少時研究古文所最喜歡讀的，故敢鄭重介紹之於此。最後請並把三書最好的篇目，略舉於下：

（1）子文——《莊子》

《逍遙遊》《駢拇》《馬蹄》《胠篋》

胡適譏後三篇為淺薄偽作：關於偽作部分，唐鉞之《楊朱考》一文中，已略言其不確；況吾系論其文章，卽真偽作，亦無關係。至於淺薄二字，吾誠不知其何所根據？《莊子》書中，佳文甚多，正因其多，故少舉出，如有時間，由《內》而《外》，由《外》而《雜》，幾盡可讀。

（2）史文——史記

《項羽本紀》《封禪書》《平準書》《伯夷列傳》《管晏列傳》去晏《遊俠列傳》《貨殖列傳》《屈原列傳》去賈誼

《史記》之文，佳者亦多，上舉數篇，乃最著者。《貨殖》、《遊俠》，《伯夷》、《屈原》，尤中之尤，尤應玩索。

（3）集文——韓文

《原道》《張中丞傳後敘》《論迎佛骨表》《應科目時與韋舍人書》《答崔立之書》《與孟簡尚書書》《答李翊書》《答劉正夫書》《送李愿歸盤谷序》《送孟東野序》《圬者王承福傳》《平淮西碑》《柳子厚墓誌銘》《進學解》《祭十二郎文》《祭鱷魚文》

其中尤以《祭十二郎》、《柳子厚墓誌》惟銘不佳，《與孟簡書》、《平淮西碑》等篇為最佳。

第七章　詩評——關於詩的白話、古、近等問題

於文方面，因曾專攻，頗敢自信，故詳言之；至詩方面，雖亦曾學，時有所作，但無把握，不甚敢評。要在諸韻文中，應以《詩經》《楚辭》為第一；至於漢賦，已比不上《楚辭》了；至於唐詩，更不及《詩經》了。賦的失處業已另詳古詩所押尾韻既極寬，而每句的字數長短又不限，其在句中更沒有什麼平仄的分別。後來到了漢朝的五言古出現，於是詩的字數，就加以限定了；但尚未有平仄。到了唐代不但七言句中的二、四、六，就是一、三、五也有平仄格式的規定了；看何氏《然燈紀聞》，王氏《姜齋詩話》其在五言，也非嚴辨不可；始於沈約《論聲律》所謂“篇中鍊句，句中鍊字”薛雪《一瓢詩話》，差一點就見譏為不通。所以一般識者，見到這裏，便否定詩至唐而極盛之說，反而說出“詩至唐而極衰”的話來了。詩中的唐五七言詩，正同文中的六朝四六駢體文一樣。胡適之說“文當廢駢，詩當廢律”他如五代到南宋的詞，也可以算做再好沒有了；但也何嘗非如唐詩那樣的填入於一定的格式中呢？其實詞比詩還拘守謹嚴得多——唐為填詩，宋為填詞。由此看來，**最古的詩僅押韻其尾，繼則進而整齊其句，最後才至於平仄其字。是詩固要押尾韻，如沒有尾韻就不能算做詩；至於句實可以長短不限，而字更可以平仄不拘。**如要做詩盡可去學詩祖的《詩經》雖有尾韻，然無其中之平仄，而其句又可以短長。是於小拘之中，而情詞均仍得自由，正因得自由，所以很自然。在這一點，就可避免後代律詩的顧情失詞、顧詞失情的困難了。至於今人所謂白話詩，其視古詩更得自由，真是再好沒有；但他連尾韻也沒有，究竟同白話文有什麼分別？所以叫他做“文”好了！何必掛出“詩”的招牌呢？章太炎也說：“詩至清末窮極矣！……於此

而不加努力，將澌然而不返矣。所謂努力者，即直追漢晉，而矯近代白話詩之頹風也。……倡白話詩者，自以為運自西洋，不知中國古代早已有之：唐代史思明，夷狄也，其子懷王史朝義，一日興高而吟曰：‘櫻桃一籃子：一半青，一半黃，一半與懷王，一半與同贄。’鄙俚之極，可笑也。世有欲為白話詩者，其當奉史朝義為鼻祖。”但這如不妄自尊大，一定要將己名居上；而把那最後兩句對調一下，則“黃”與“王”還算有韻。至於現在的白話詩，大半反比史朝義還不如。至於章氏主張追漢晉，其眼光實比一般“詩主盛唐”的學者，高尚得多。但如照我的意思：還要更進而追到《詩經》才好。最後我還有一個感想：就是古人雖做文闡理，也多押韻；如《道德經》《易傳》等便是；至於今人，就是做詩，亦不用韻，這就是剛才所說的白話詩，相差真是不可以道里計。但如《道德經》，今人已有以之為哲學詩者大氐詩有三要素：一為情景，二為文詞，三為聲韻。以尾韻為限這是做詩者，所不可不知道的。惟有做文，才毋須這最後的聲韻一項。**因為文止於誦讀，詩却要進一步而吟詠的。如並尾韻而無之，還吟詠得來麼**？同“文”誦讀便了：本章多就詩的形式方面而論；至於精神方面，吾業已在前“漢魏訖隋唐古詩”末，言其大概了。願諸學者，合而觀之。

吾在“文評”中，曾舉出幾個文的代表；至於這“詩評”裏呢？吾也可同樣的說一說：大氐如《詩經》、《楚騷》、漢賦、唐詩、宋詞、元曲等，都可為中國韻文之時代代表。業已分述於前，現在特此提及。

第八章　文學新論——文是手段與文的標準

學者要知道吾上面的文評，純系“**就古文而論古文**”；而今請再就現在的趨勢來說一說。如不知分別觀之，就怕將有疑我為前後自相矛盾的人了。

第一節　文是手段

吾認文學的內容，極其複雜，本難獨自成立，例如在一般文集中，有近乎史學的記事文，有近乎哲學的論理文，有近乎小學的釋字文。……換言之：文學自身全無目的，而是一切他學的手段。比方如為了要記某事而後作一篇文，那這文學就是史學的手段，而史學就是文學的目的了；如為了要合某理而後作一篇文，那這文學就是哲學的手段，而哲學就是文學的目的了；如為了要解某字而作一篇文，那這文學就是小學的手段，而小學就是文學的目的了……所以我們如在一般文集中，分別其性質，把那近乎史學者扒交史學，近乎哲學者扒交史學，近乎小學者扒交小學……像這文學一門，簡直就是變成一個“烏有先生”了。由此看來，**文學一門，本來實不能成立，至多也只能稱他做“手段之學”，再不謂然，也只得兼長而無所謂專任**。可**惜從來的人，完全不懂得這個道理**，於是**誤以混成為獨立，誤以手段為目的，誤以專長為專任**，結果遂弄成一種極無謂的浮文。此風始開於漢魏，而盛行於六朝，自是而後，各時代都有一大堆所謂文學專家古代多以史學或哲學等家而兼此文學家的出現。隋李諤論得很痛快：“自魏之三祖，崇尚文詞，……競騁浮華，遂成風俗，江左齊梁，其弊彌甚，貴賤賢愚，唯務吟詩。……競一韻之奇，爭一字之巧，連篇累牘，不出月露之形；積案盈箱，惟是風雲之狀；代俗以此相高，朝廷據茲擢士，祿利之路既開，愛尚之情愈篤，於是閭里童昏，貴遊總丱，未窺六甲，先製五言……遞相師祖，澆漓愈扇。……”競尚文學之風，實在開自漢魏。這論雖出古人，但也可戒今俗。

第二節　文的標準

我們既然知道文原是欲達到某一種目的的公用手段，那麼像文的標準也就可得而推論了：吾以為現在的白話文，多明而不簡，將使後人益無法去盡讀一切的書。古代的文言文，多簡而不明，結果也令人讀後仍然不得其解。二者雖各有所長，却也皆有其短。尚有一種不明而又不簡者，如一般駢文及賦等類，便是最沒有價值的。因此吾們所理想的文，便可想而知了：就是其明略如白話，其簡略如古文，這雖不易辦到，但總要多多注意。又可再分別言之：**就是文的外表，應以整齊，“有系統”為主；其內容應以精確，“合論理”為主**。因此故若關於闡理，記事一切文章，似乎可以多法圖表章程，以及公文程式中的呈文那樣先提要而後詳說，以便學者一望而了然。**這就是為文以真理實事為目的，以避免古代那種“為文章而文章”的糊塗**。（舊文每使內容從形式，新文將使形式從內容，古今趨勢，大概如此。）

這裏只得約略的先說一下；如欲知其詳，請看後部第三篇《字、文、史、哲四學之比觀》。

第三編　中國史學大綱

第一章　史學與廣大

我為什麼獨以史學為最廣大的呢？這自然也有原因在裏面：我暫不論及其他一切；試就本書此刻之範圍內而言，例如文字學，文法學，文學，美術，地理，哲學，科學等，都是各站在一方面的，誰也不能管誰，誰也不願屬誰；至於史學呢？就其廣誼：則如文字學史，文學史，美術史，哲學史等，都可歸納於史學中。再把正史中第一部的《史記》來說吧：如《孔子世家》、《老子韓非列傳》、《孟子荀卿列傳》等，就是屬於哲學的；如《屈原賈誼列傳》、《司馬相如列傳》、《儒林列傳》等，就是屬於文學的；如《兵書》、《司馬穰苴列傳》，《孫武吳起列傳》等，就是屬於軍事或兵法學的；如《扁鵲倉公列傳》等，就是屬於醫學的；如《貨殖列傳》、《平準書》等，就是屬於經濟或財政學的；如《管晏列傳》、《商君鞅列傳》等，就是屬於政治學的；如《天官書》、《曆書》等，就是屬於天文的；《漢書》有《天文志》如《河渠書》等，就是屬於地理的《漢書》有《地理志》、《溝洫志》等。如《樂書》、《律書》等，就是屬於美術或音樂的。他如《漢書》之《刑法志》是屬於法律的，《北魏書》之《釋老志》是屬於宗教的。此外如各史之《外國傳》，《蠻夷傳》，《土司傳》等，亦多有種族史，及社會學之原料。由此看來，“廣大悉備”，捨此史學，自無所屬。這是吾說。若在章學誠，則更進而說道："愚之所見，以為盈天地間，凡涉著作之林，皆是史學。"但這樣說法或又未免太過了。

第二章　史學之起源及其變遷

關於這史學的起源，其大概情形，可去參看上頭"文字的起原"一節，現在可以不必再為詳述。史學又和文學差不多，但如嚴格去觀察，却也有點分別，這個分別就是：文學大半注重感情，或出於消遣虛構；至於史學呢，那就注重事實，必先有其事實而後有其記載。我們可以說：**現在的各種文明史，就是太古時代的結繩的完成，和一般鄉下老所記的粗紙賬簿之進步**；而結繩和粗紙賬簿，就是文明史的開端。

至於中國史學的變遷，在太古時代，現在已無從得知；如流傳至今的《尚書》，可以說做最古的史了。《尚書》是上起虞書《堯舜典》，下迄《周書》《秦誓》的。但其下至《周書》《秦誓》那一部分，我們固可確信；至於虞書《堯舜典》，那就至少也不能使人無懷疑了。茲將拙著《三大思想之比觀》第九表《託始的先王》一節中之"孔學盛行與孔子改經論"，摘錄於下。

道家所崇拜之人物，多可見於《莊子》書中；然《莊子》多就理想構造事實，信否誠未可知。雖然，豈惟道家莊子？卽儒家亦何獨不然？或者猶有甚焉！若儒家所最崇拜者，莫如堯舜，此凡人所知也。《中庸》亦明言曰："仲尼祖述堯舜。"欲知堯舜之為人，可看《虞書》；然其篇首，即曰"若稽古……"有此字樣，已足令人疑問。意者：**孔子刪《尚書》，因而補入其所理想之唯一模範人物，以便改制創教，今**

人信其有根據，亦未可知也。康有為所謂“託古改制”，當不為無見。其言曰：“孔子蓋自立一宗旨，而憑之以進退古人，去取古籍。孔子改制，恆託於古，堯舜者，孔子所託也，其人有無不可知，卽有亦至尋常。經典中堯舜之盛德大業，皆孔子理想上所構成也。尚思按若禹、湯、文、武、周公諸人，亦系儒家之張大其辭耳又不惟孔子而已；周秦諸子，罔不改制，罔不託古：老子之託黃帝，墨子之託大禹，許行之託神農是也。”梁任公著《清代學術概論》而蔡孑民先生亦曰：“堯舜者，孔子所假以代表其理想，而為模範之人物者也。”《中國倫理學史》關於儒家之託古改制，可再引胡適之先生之言，以見其餘。曰：“三年之喪，也是儒家所創，並非古禮，其證有三：《墨子·非儒篇》說：‘儒者曰親親有術，……其禮曰喪父三年。……’此明說三年之喪，是儒者之禮，是一證。《論語》十七記宰我說：三年之喪，太久了，一年已夠了。孔子弟子尚有不認此制合禮，可見此非當時通行之俗，是二證。《孟子·滕文公》記孟子勸滕世子行三年之喪，滕國的父兄百官，皆不願意，說道：‘吾宗國魯先君莫之行，吾先君亦莫之行也。’魯為周公之國，尚不曾行過三年之喪，是三證。至於儒家說堯死時，三載如喪考妣，商高宗三年不言，和孟子所說：‘三年之喪，三代共之’，都是儒家託古改制的慣技，不足憑信。”《中國哲學家史大綱》吾今更敢明言，所有孔子以前之經典，一到孔子之手，於是為所欲為，刪所欲刪：如尚合己意則仍存之，其所欲言則補入之，故如傳至今日之經書，竟與孔門諸書若合符節，未嘗有相矛盾之處也。今人或言：“六經乃古史，非儒家所得私，以六經為孔子書者非也。”或則以為：“六經乃孔子所有，諸子由是分出耳。”吾意：**在孔子以前之六經，信為公書與真書；其在孔子以後，則變而為私書與偽書矣。雖謂為儒家之書，亦無有大不可之處；如仍謂為古代真書，則未免見欺於古人矣**。蓋當時諸子並興，百家爭鳴，誠皆欲託古以自重；但若首出之老子，尚不知利用之刪改經書，何也？曰：彼系厭時者，諸經乃記後世官事之書也，格格與之不入，舉而焚之則有未便，因而刪之則不勝刪，故無此種舉動，或其人格高尚，所不屑為，亦未可知也。若孔子，一見六經，則以為機會到手，本人或本宗，從此可望得傳於後世，故使六經就己意，如木之就繩墨也。果也老子往矣，其餘諸子尚求出世（？），竟遂以此博得世人之信仰，為其不比他家之無根之談，弗詢之謀也。儒家因霸佔中國思想界，而他家終莫能與之爭（？）。以此而論，孔子亦可以為最狡黠矣！然亦會其時之可為也：因當其時，既極紛亂，名家又少，無人過問，故得安然為之；況彼又得數千弟子之信仰，諸弟子又多貴顯於時者，因散處四方，極力宣傳，（《史記·貨殖列傳》雲：“夫使孔子名布揚於天下者，子貢先後之也。此所謂得勢而益彰者乎。”）於是天下之學者，遂信以為真，名雖**讀古代之書，實則無以異於讀孔子一人所作之新書**也。論合古者，遂當推孔子為首矣。迨至墨子之流出世，孔子學說已深入人心，孔子之所以獨能久傳者，或有得力於此，此即吾之“孔學盛行與孔子改經”論。（但非最大原因，學者切勿誤會。）

由上看來，如《堯舜典》合一《皋陶益稷謨》合一一類，篇首有那“曰若稽古……”等字者，**如不是儒家的託古，也是後代史官的追修**；無論如何，總不是出於虞代的。在《尚書》中最早的，我們也只能說它應在夏代；如穩健一點，認牠為周朝。再分開來說。劉逢祿謂：《虞書》修於夏史，却合吾前說。魏源認為周史所追修，卽合吾後說。如合起來說：則如梁任公道：“吾儕不敢謂黃帝堯舜絕無其人，但至多認為有史以前，半開化部落之一酋長；其盛德大業，不過後人理想中一幻影。《古本竹書紀年》，託始夏禹，當是史官舊文。吾輩遵之，可以寡過矣。夏以後，固已有近真之史蹟；然年代殊難確算，如俗說皆稱夏四百年，殷六百年；如《竹書》則云：‘夏年多殷’。《書·呂刑》稱：‘王享國百年’，舊謂指周穆王在位之歲；《竹書》則云：‘周武王至穆王凡百年。諸如此類，異說滋多，《竹書》雖若較可信憑，惜原本今亦久佚。故司馬遷於三代，但作世表，然不鑿考其年；紀年則起於《十二諸侯年表》，其第一年為西周之共和元年，下距今民國十一年，為二千七百六十三年，此表殆極可信。蓋共和後六十六年，周幽王六年十月辛卯朔有日食見於《詩經》，共和後百二十年卽魯隱公元年，《春秋》於是託始焉。故我國史可謂有二千七百六十三年極正確之年代，繼續不斷以迄今日也。’《五千年史勢鳥瞰》一文現在那部《尚書》真是難讀得很！**前有孔子的刪補，或後代史官的追修，後有晉人的偽書**；但是知道後者很多，而懂得前者尚屬少數。《尚書》在後代史中，比較近於紀傳體。在周代各國都有其國史，如《墨子》說的周燕宋齊等國之春秋《明鬼》；《孟子》說的晉之《乘》，楚之《檮杌》，魯之《春秋》等。《春秋》是編年史之祖，據古書說：左史記言，右史記事，言為《尚書》，事為《春秋》。自孔子因魯史作《春秋》，孔子實不在作史，特利用以寓褒貶罷了。俟後另詳。於是左丘明更論輯其本事，而為之傳；又纂異同為《國語》，國語不斷國，與晉楚魯等史之斷國不同；亦猶《史記》不斷代，與《漢書》以下之斷代者不同。為後代紀事本末體之先河。（章太炎以袁樞摹仿《尚書》，章學誠亦以紀事本末為《尚書》之遺，因《尚書》亦頗有關於紀事體。）由此看來，史學在春秋時代，已粗備體裁。當時又有《世本》，錄黃帝以來，至春秋時，帝王公侯卿大夫，祖世所出。春秋之後，七國並爭，秦兼諸侯，有《戰國策》。漢興，伐秦定天下，有《楚漢春秋》。按《左》、《國》多述迷信之事，而《國策》又以辯論為主。至司馬遷父子所作之《史記》出，始去二弊，而為實錄，而紀傳體遂告大成。然《尚書》、《史記》皆貫穿古今，直至班固父子妹出，而完成《漢書》，始斷代為史。而其僅分紀傳二種，亦與《史記》不同自是而後，代各有一專史。自《史記》至《明史》止，共二十四部，世稱之為正史。正史之名，昉於《隋書·經籍志》，以《史記》為始。自漢晉以來，在史學界最足述者，莫如唐宋二代：唐代如劉知幾之《史通》，是為史評專書之正式出現；繼之者有清章學誠之《文史通義》尚有鄭樵《通志》。而杜佑之《通典》為典章制度之專史，系仿《周禮》、《儀禮》等書做的。繼之者有宋鄭樵之《通志》，或以為別史元馬端臨之《文獻通考》，下至清朝的“三通”等。其在宋代，如司馬光之《資治通鑑》，為集編年體之大成。(自《春秋》後，於漢有荀悅之《漢紀》，於晉有袁宏之《後漢紀》等，以至於宋。)袁樞之《通鑑紀事本末》，為集紀事體之大成。中國之史，無從說起；計其最為重要者，就是這二十四正史中之《史記》《前漢書》《後漢書》《三國志》晉陳壽撰四史（而《南、北史》《新五代史》《明史》亦尚佳），《九通》中之《通典》《通志》《通考》讀《通考》不必再讀《通典》亦可三通，史評中之《史通》《通志》另詳《文史通義》，編年體中之《資治通鑑》，紀事體中之《通鑑紀事本末》等書。總之，梁任公說：“自有左丘、司馬遷、班固、荀悅、杜佑、司馬光、袁樞諸人，然後中國始有史；自有劉知幾、鄭樵、章學誠，然後中國始有史學矣。”(《中國歷史研究法》)

第三章　史學之定義及其分類

怎樣叫做史？據《說文》的解釋是：“史，記事者也。從又持中，中正也。”就此看來，自持以中正，而記其事實，便是史了。但史有廣狹二誼；而狹誼之中，又可分為專通二種；即專史之中，亦有共別二類之可分。廣誼之史不但人類，而且兼一切有生物與無生物。自來所說的史，大都指那狹誼者：只以人類社會為範圍；而以其牠之事理，分歸之於各種科學。其在時間方面，多在過去之事跡，至多也只能兼及現在之情形；至於未來之理想，則為哲學之所有事。而在此狹誼史之下，如教育史，宗教史、經濟史、外交史、軍事史、風俗史、美術史等凡專屬於某一部分者，都名為專門史；反之：凡泛述國家或社會各種形態者，即為普通史。然在這普通史中，如東洋史、西洋史、世界史等凡述人類社會，或國際局勢，以及其牠交相關係之事情者，可名為共史；反之：如專述某一個國家之盛衰興亡等歷程的，如德國史、美國史、日本史等，即名為別史。這是史的大概情形；至於更進一步的史學呢？簡言之：史學就是關於歷史的學問，也就是研究歷史的種種方法。析言之：史學就是一種對於過去史蹟的研究，以及所以構造未來史書的方法。章學誠說："史所具者事，而非學無以練其事。""記誦以為……非良史之事"，吾人就此寥寥數語，已可想見史和史學的關係了。

史同史學的不同，既略如上述；現在可談到他的範圍與分類了：史的範圍是很廣大的，什麼也可歸納於史之中，也已詳說在前面。現在所要說的：只是純正史學，尤其是中國的純正史學。但是中國的純正史學，也很難言：如章學誠便不承認《通鑑》和《紀事本末》為史學而只當牠為史纂史鈔道："《通鑑》為史節之最粗，而《紀事本末》又為《通鑑》之綱紀奴僕。"（但須分別觀之，其說另詳於後。如以方法而論，他極贊成紀事體。）這是以紀傳體為史中最正統的（梁任公亦謂："紀事本末體……亦僅以一事為起訖，事與事之間不生聯絡；且社會活動狀態，原不僅在區區數件大事，紀事縱極精善，猶是得肉遺血，得骨遺髓也。"）。若鼂公武却說："編年者，以事繫日月，而總之於年，蓋本左丘明。紀傳者，分記君臣行事之終始，蓋本於司馬遷。……編年，紀傳……各有所長，殆未易以優劣論。雖然，編年所載，於國治亂之事為詳；紀傳所載，於一人善惡之跡為詳；用此言之，編年似優。又其來最古，而人皆以紀傳便於披閱，獨行於世，號為正史，不亦異乎？"這是以編年體為史中最優美的。而朱熹更說："自漢以來，為史者一用太史公紀傳之法……至司馬溫公受詔纂述《資治通鑑》，然後二千三百六十二年之事，編年繫日，如指諸掌。……上繫左氏之卒章，實相授受，偉哉書乎！自漢以來，未始有也。然一事之首尾，或散出於數十百年之間，不相綴屬，讀者病之。今建安袁機仲乃以暇日作為此書（即指《通鑑紀事本末》），以便學者，其部居門目，始終離合之間，又皆曲有微意，於錯綜溫公之書，其亦《國語》之流矣。”這是以紀事本末為史中最進步的。史中三體，隨人所好，孰優孰劣？究難定評。至於劉知幾《史通》說史有六家：“曰《尚書》家，紀言也；曰《春秋》家，紀事也；曰《左傳》家，編年也；曰《國語》家，國別也；曰《史記》家，通古也；曰《漢書》家，繼代也。”這種分別，至為糊塗！吾殊不以為然。如《尚書》之中，也有紀事；（甚至有人認以為紀事體之祖）其他如《左傳》《國語》《史記》《漢書》等，亦豈絕無紀言？紀事紀言，既不能分，而竟分之，其失一。編年的《春秋》，尚得目為純粹的紀事體；則如後代之紀事本末體，又將何以名之？不更為太上紀事麼，誤以編年為紀事，不知後代尚有真正的紀事體，其失二。《春秋》、《左傳》均屬編年，不過《春秋》簡單，為《左傳》之綱目；《左傳》詳細，為《春秋》之說明而已。乃今劉氏竟獨分而為二，如《春秋》為紀事，則《左傳》亦當同為紀事；如《左傳》為編年，則《春秋》亦當同為編年。《春秋》既非紀事體，則《左傳》自亦非紀事體；如以《左傳》為編年，則《春秋》更為編年。《春秋》在先，《左傳》在後，而今不認編年體祖的《春秋》為編年，而以編年體屬諸後於《春秋》的《左傳》。不知先後，以一為二，其失三。《國語》原為紀事體，因當時國多——古之各國語亦猶後代之各省志——故分述之，其一書中述數國，究與《左傳》有何不同？如一書中述數國者，可另為“國別”一門，則如《史記》一書中的有本紀、世家、列傳等，亦何嘗不可照樣的另分為“人別”一門？既無“人別”之一位置，劉知幾獨無紀傳體則“國別”之理由，亦不充分。就使竟分“人別”“國別”，再進而有“代時別”，斷代為史，如《漢書》等也恐怕什麽都要分別了！豈不太麻煩麽？其失四。劉氏以紀傳體之祖的《史記》為通古；不知尚有後代集編年體大成的《資治通鑑》，及集紀傳體大成的《通鑑紀事本末》等書，亦皆上下數千年，均屬“通古”者。如必欲分出“通古”一門，那就無異於以紀傳、紀事、編年三體為一體了。這萬難說得過去！且通古又非始於《史記》；在前的《尚書》，自虞至周四代，獨非通古麽？何以以前的《尚書》為紀言，以後的《史記》為通古，吾終莫名其妙，其失五。如論性質，則《漢書》與《史記》同為紀傳體；至於《史記》“通古”，《漢書》“繼代”，只屬形式上的小異罷了。今忘其重要的性質，而計較其無關痛癢的形式，其失六。由上看來，**劉氏六說，竟有六失**，已難成立；不過他也有可原諒的地方：就是在唐以前，像那編年、紀事二體，還未很顯明的大成，但編年已有《春秋》、《左傳》所以劉氏竟以不在紀事的《春秋》為紀事實則編年，以不在通古的《史記》為通古實則紀傳；但如紀傳一體，已完成於《史》《漢》，而劉氏何以竟亦亂分？看到這層，那就無可原諒了。劉知幾的《史通》認史有六家，還不能成立；至於後來有清的《四庫全書》，至分史部為十五類，更屬一塌糊塗了！十五類為一正史，二編年，三紀事本末，四別史，五雜史，六詔令奏議，七傳紀，八史鈔，九載記，十時令，十一地理，十二政書，十三職官，十四目錄，十五史評。我認這種分類，以言詳細又不詳細，以言簡括又不簡括。有的不應詳細而竟偏太詳細，有的不應簡括而竟偏太簡括，如頭一類的正史裏面，範圍最廣，差不多可包括以下各類；至於詔令、奏議、傳記、載記、時令、職官等類，却僅屬於正史裏面的一小部分。又今既要在史學中分出奏議、傳記等類；則若文集中也有傳記、奏議等類，又要怎樣分別？恐非進而並認善作傳記的唐宋諸大家，與專作奏議的陸贄等文學家為史學家不可！但若奏議等果非文學，陸贄等果真史家麼？他若《通志》和《通典》、《通考》等，同是《三通》或《九通》之一；而今卻以《通志》為別史，而以《通典》、《通考》為政書。正和劉知幾的在二十四正史中，獨以《史記》為通古，而以《漢書》為繼代同一悖謬（但若《通志》實和二通不同）。這幾點都是很顯明的不對處。至於其餘，恕不詳論；學者深究，自能知之。這若使我來分類，就不致這樣糊塗！**我認純正之史或總史，止有紀傳、編年、紀事三體**，至於其餘如政書——政治制度史——地理——史評——歷史研究法等，我們並不把它去同純正之史或總史相提並論。他若傳記，載記，詔令，奏議等類，我們盡可把它分別附入於純正之史或總史中。這是很簡括的分法。如要詳分，那就有如吾在前章“史學與廣大”中所說的大概情形了。今人梁任公先生也有一個“中國史學派的別表”，它雖比《四庫全書》的分法好得多，但也不見得十二分好，現在把牠附載於下：

第一正史 ——— 甲官書，所謂二十四史是也乙別史，如華嶠《後漢書》，習鑿齒《蜀漢春秋》，《十六國春秋》《華陽國志》《元秘史》等。其實皆正史體也。

第二編年 ———《資治通鑑》等是也。

第三紀事本末 — 甲通體，如《通鑑紀事本末》《繹史》等是也。乙別體，如平定某某方略，三案始末等是也。

第四政書 ——— 甲通體，如《通典》《文獻通考》等是也。乙別體，如《唐開元禮》《大清會典》《大清通禮》等是也。丙小紀，如《漢官儀》等是也。

史學
- 第五雜史 —— 甲綜紀，如《國語》《戰國策》等是也。乙瑣記，如《世說新語》《唐代叢書》明《季稗史》等是也。丙詔令奏議，《四庫》另列一門，其實雜史耳。
- 第六傳記 —— 甲通體，如《滿漢名臣傳》《國朝先正事略》等是也。乙別體，如某帝實錄、某人年譜等是也。
- 第七地志 —— 甲通體，如各省通志，《天下郡國利病書》等是也。乙別體，如紀行等書是也。
- 第八學史 —— 如《明儒學案》《國朝漢學師承記》等是也。
- 第九史論 —— 甲理論，如《史通》《文史通義》等是也。乙事論，如歷代史論、《讀通鑑論》等是也。丙雜論，如《二十二史劄記》《十七史商榷》等是也。
- 第十附庸 —— 甲外史，如《西域圖考》《職方外紀》等是也。乙考據，如《禹貢圖考》等是也。丙注釋，如裴松之《三國志》等是也。

按梁表未免太繁雜，給人家弄不清楚。如照我的意見，似乎可把他歸納為四類如下：

史學
- （一）正史、總史
  - （1）整個歷史 — 紀傳，如《史記》等
  - （2）幹部歷史 — 編年，如《通鑑》等；紀事，如《通鑑紀事本末》等（梁說綜記附入本類。）
- （二）偏史、專史
  - 政制史（梁說政書）
  - 名人史（梁說傳記）
  - 地理史（梁說地志）
  - 學術史（梁說學史）

公文（梁說瑣記）
小記（梁說詔令奏議）} 二者似難成立為史
（三）史學 —（梁說史論）
（四）史註 —（梁說附庸）

本書脫稿，才看見曹聚仁同事十九年秋在復大之《中國史學》一書，他分史學為通史、專史、史學三種，如《史》、《漢》同為紀傳體，《前漢紀》《資治通鑑》同為編年體，《通鑑紀事本末》、《宋史紀事本末》同為紀事本末體；而在他却以《史記》、《資治通鑑》《通鑑紀事木末》屬之通史，以其餘三者屬之專史，其不以性質而分，而惟時間是問，似乎未免欠當。又他只分史學為三，而將關於史的考據及註釋一類，逐出於史學之門外，使之無所歸宿，吾雖不大反對，但也不大贊成。（？）直至最近看見呂思勉君著的《白話本國史》尚思按：這個名稱，殊覺欠通，不知者將有所誤會。即不然，如凡用語體文編著之書，個個皆標“白話”二字，亦太麻煩。《緒論》所說，才比較認為滿意，他說：

我以為歷史的書，從內容上分起來，不過（一）紀載，（二）註釋，（三）批評三種。考訂大氐屬於註釋，也有因此而下批評的。其中又以紀載為主，必須有了紀載，批評注釋兩種才有所附麗，其間有主從的關係。

歷史書所紀載的事實，從前的人，把他分做（一）治亂興亡，（二）典章制度兩大類。參看《文獻通考·序》，這兩個名詞不甚妥當，但是一時沒有適當的名詞，姑且沿用他。我以為前一類可稱為“動的史實”，後一類可稱為“靜的史實”。正史中的“紀”“傳”是記前一類事實的，“志”是記後一類事實的，二者又皆可出之以“表”，以圖減省，所以正史可稱為“紀傳表志體”。各種歷史，要算這一種的體例最為完全；所以從前把他立於學官，算做正史。編年和紀事本末是專記前一類的事實，政書是專記後一類的事實。從研究上說，編年體最便於“通覽一時代的大勢”，紀事本末體最便於“鉤稽一事的始末”，典章制度一類的事實，尤貴乎“觀其會通”。所以正史、編年、紀事本末、政書這四種書，在研究上都是最緊要的。因其都能“網羅完備”，而且都有一個“條理系統”。其餘的書，只記一部分的事實，或者是許多零碎的事實只可稱為“未經編纂的史材”。專門研究，都是很有用的；初學暫可從緩。

好了！吾現在可由吾的前表和呂君此話，互相參考，以產生一個更正確的分類表來：

- 中國史書
  - （一）史
    - （1）總史、全史，如“紀傳體”內包
      - （A）即紀、傳，為後代“政事史”所本。
      - （B）即書志，為後代“典制史”所本。
      - （C）其他（看吾前表“編史專史”項下）
    - （2）專史分史
      - （A）政事史，即“編年”“紀事”二體之書
      - （B）典制史，即所謂“政書”一類
      - （C）其他（同前注）
  - （二）史學，如劉、鄭、章、梁等所著之書近之。

如要隨便一點，那就再給“史注”一個地位，而使之與“史”和“史學”二者鼎足而三；但“史注”實不算什麽，如何比得“史”和“史學”二者？曹君已經不以“史注”為意了。

第四章　紀傳體之創始及其大成

這紀傳體，就是從來目為正史的紀傳體。以人為主，而以時與事為從。大概可以說做：創始於《尚書》，而大成於《史記》(《世本》更為《史記》之藍本)。例如《尚書》的《堯》《舜典》便是《史記》的《五帝》《三王》本紀，《尚書》的《臯陶》、《益稷謨》便是《史記》的

世家或列傳；不過《史記》分得極詳細，遠非《尚書》所及罷了。如《尚書》以天文附屬於《堯典》，以郊祀附屬於《舜典》；至於後代的正史，卻另設志或書，使各獨自成立一門。他如《尚書》的《禹貢》便是後代正史的《地理志》《溝洫志》，其《呂刑》便是後代的《刑法志》，其《洪範》便是後代的《藝文志》。現在請再把《尚書》和《史記》的同為紀傳體，證實一下：如《尚書·堯典》載：

曰：若稽古帝堯曰放勳，欽明文思安安，允恭克讓，光被四表，格於上下，克明俊德，以親九族，九族既睦，平章百姓，百姓昭明，協和萬邦，黎民於變時雍。……

單就此一小段，已可知其是以人為主的紀傳體了。茲再節錄《史記·五帝本紀》中之《帝堯本紀》一段，以見其並不兩樣：

帝堯者放勳，其仁如天，其知如神，就之如日，望之如雲，富而不驕，貴而不舒……以親九族，九族既睦，便章百姓，百姓昭明，合和萬國。……

《尚書》、《史記》同為史中的紀傳體，上頭已經略為比證過。現在尚有應該知道的：就是那部為中國史界首領的《史記》，推其所以能為中國史界之首領者，似乎應屬以下數因：（一）在體裁方面，為創作者。（二）在言論方面，獨得自由。此就史言，文學不與。關於第一點，我在上頭，不是說過《史記》本於《尚書》麼？而今為什麼又說他是個創作者？其實《史記》一方面，固為古來紀傳體之告大成功；然其在另一方面，却確為一個創作者。例如該書，不但有本紀，有世家，有列傳，有年表，有書種種體例，非常詳整，為還以前所未有；就是自《漢書》以下的那幾十部正史，也都不能跳出其範圍外。稍有不同的地方：就是《漢書》以後，皆縮為紀君傳臣二種，與斷代為史罷了。然《史記》的不斷代，或者並為後代編年、紀事二體所宗亦未可知（？）。如

《史記》"述歷黃帝以來至太初而訖"《太史公自序》，上下三千餘載；而為編年體首領的《資治通鑑》和紀事體首領的《通鑑紀事本末》，亦"起周威烈王訖於五代"宋神宗《序》，凡一千三百六十二年。這就是《史記》的體裁，所以為創作者。但尚未止於此，得再分析言之：《史記》是一部聯絡一氣、三體皆備的大史書。如本紀年表便是一個縱的系統，近於編年方面；世家、列傳便是一個橫的系統，屬於紀傳方面；此外尚有一個以事為主的系統的"書"，是為後代紀事本末體所本的，(？)這是何等的廣大！真無怪其能為中國史書之祖。至其第二點呢？按各代的史，多是官修的。惟有司馬遷的《史記》，既出於私自編撰，又因發憤而告成功，**故其言論，最為自由**；加以司馬遷又是個激烈而非拘執的人，**故其言論，最為新奇**。吾想假使《史記》是作於班固，則如《項羽本紀》一定降為世家，《陳涉世家》一定降為列傳或皆為傳，觀於《漢書》的《陳勝項羽列傳》，便可知道其大半了。如《漢書》的《王莽列傳》，如出於司馬遷，其上必至本紀，下亦必止於世家，始終不以成敗論人，呂思勉著《白話本國史》裡說：王莽是個社會革命者，其人格道德極可景仰。關於王莽，究難定詳。但《漢書》系斷代史，又無世家一格，故列王莽於傳，尚可原諒這也是料想得到的。但《史記》亦有未當之處，另說在"文法學"中此外《史記》獨為刺客、滑稽，除東方朔一人因兼長文學，另為立傳外。日者、龜策及醫者如倉公等等流立傳；而《漢書》則以為不足道，而皆刪去之。這也可以看出**司馬遷的喜新好奇，有社會眼光，而又能用平等精神去對待一切了**。至其言論自由處，如《佞幸傳》裏說："漢興，高祖至暴抗也。"又《本紀》裏說："好酒及色"。對於那位為當時一代高祖的劉邦還敢說出這種話來；至於其它，也就更可想見了。同時又偏偏列高祖唯一敵人之項羽於本紀，其不畏權貴，不少諂媚與一般陋儒大不相同。梁任公先生說："史名而冠以朝代，是明告人以我之此書為某朝代之主人而作也"《中國歷史研究法》。許嘯天因引伸而說："班固第一個拍馬屁，斷代為史，編成《漢書》，是切斷了人類生活因果的命脈，是替一代帝王宣傳空氣，是以歷史為手段，而不以歷史為方法。”“如梁、陳、齊、周、隋、唐、宋、元、明等，大開史局，由傭工編成的史書，以無責任的人，寫成無生氣的史書，無剪裁，無描寫，一聽主其事者之指揮，虛偽陳腐，千篇一律，處處以死人為本位，一似以今日活人，專為讀死人虛偽之史書而用者。”（《史記研究》一文）在這幾段話中，也可以看出志在“成一家言”而獨自私撰的《史記》，比後代一般斷代為史及官修書好得多。我們再去看班固的譏評司馬遷的話，更可明瞭《史記》的獨與眾不同，班固說：“又其是非頗謬於聖人，論大道則先黃老而後六經，序遊俠則退處士而進姦雄，述貨殖則崇勢利而羞貧賤，此其所蔽也”另詳於前。鼂氏辯得還不錯：“後世愛遷者，多以此論為不然。謂遷特感當世之所失，憤其身之所遭，寓之於書，有所激而為此言耳；非其心所謂誠然也。當武帝之世，表章儒術，而罷黜百家，宜乎大治，而窮奢極侈，海內凋敝；反不若文景尚黃老時，人主恭儉，天下饒給，此其所以先黃老而後六經也。武帝用法刻深，群臣一言忤旨，輒下吏誅，而當刑者得以貨免；遷之遭李陵之禍，家貧無財賄自贖，交游莫救，卒陷腐刑。其進姦雄者，蓋遷歎時無朱家之倫，不能脫已於禍，故曰‘士貧窘得委命，此豈非所謂賢豪者耶！’其羞貧賤者，蓋自傷特以貧故，不能自免於刑戮，故曰‘千金之子，不死於市，非空言也。’固不察其心，而驟譏之，過矣。”誠然！最會感想而興嘆的，就莫如司馬遷那個人，除上述關於《貨殖》、《遊俠》二傳外，他在《伯夷列傳》裏的懷疑昌善殃惡的天道，和《屈原列傳》裏的感嘆親奸遠忠的人主等處，都是由於己身親受，才能知道的表同情於他人。班固罵司馬遷，適足以見班固的拘守穩健，而司馬遷的慷慨激烈；況若班固之言，又未盡然麼？如司馬遷降老子於列傳，進孔子於世家；安見其“先黃老而後六經？”至於自序中，《論六家要旨》的特揚道家而抑五家，實出自其父談，而遷附錄之罷了。退一步言之，就使司馬氏父子真的“先黃老而後六經”，實也沒有什麼奇怪：因為各有各的信仰，至於真是真非，究無定評！司馬談的揚道德而抑五家，正猶班固的先六藝而後諸子，並且說道：“儒家……游文於六經之中，……宗師仲尼，……於道最為高”；“諸子之言（指儒家外之其余諸子），紛然殽亂。”（《藝文志》）儒道諸家，原是平等的；如司馬談揚道抑儒，真屬不對；難道班固自身的揚儒抑道，就算得真對嗎？還是司馬遷的平等談最好：“世之學老子者，則絀儒學，儒學亦絀老子，‘道不同，不相為謀’，豈謂是邪？”（《老子列傳》）這都是關於史學方面的；至其關於文學方面的，業已另說在上頭“文學”中。

第五章　編年體之創始及其大成

編年體以時（年、季、月、日）的先後為主，而以人與事為從。創始於《春秋》，而大於語《通鑑》。例如《春秋·魯隱公》：

三年春王二月己巳，日有食之。

三月庚戌，天王崩。

夏四月辛卯，君氏卒。

秋，武氏子來求賻。

八月庚辰，宋公和卒。

冬十有二月，齊侯鄭伯盟於石門。

癸未，葬宋殤公。

如元年、二年、三年……便是年的有次序；如春、夏、秋、冬、便是季（古謂之時）的有次序；如正月、二月、三月……便是月的有次序；如甲子、乙丑、丙寅……便是日的有次序。以日從月，以月從季，以季從年，便是年，季、月、日的有次序。我們再去看一看《通鑑》吧！其在《周紀・安王》：

元年，秦伐魏，至陽狐。

二年，魏韓趙伐楚至桑丘。鄭圍韓陽翟。韓景侯薨，子烈侯取立。趙烈侯薨，國人立其弟武侯。秦簡公薨，子惠公立。

三年王子定奔晉。虢山崩，壅河。

這不是正同《春秋》一樣麼？可見編年，《春秋》創始（？），《通鑑》大成之說，確無可疑了。

《春秋》、《通鑑》在形式上，雖俱為編年體；但其宗旨，却有所不同，也應該分別去看它。這就是孔子的作《春秋》，完全出於利用，欲寓其褒貶闵諱於其中，所謂“醉翁之意不在酒”；而司馬光之《通鑑》，則在乎紀載其事實，除紀載其事實外，別無用意。例如在事實上，明明是趙穿弒君，而《春秋》却書道：“晉趙盾弒其君夷皋。”在事實上，明明是晉文公召周天子，而《春秋》却書道：“天王狩於河陽”。前者是責備趙盾的不討賊，後者是為周天子諱。這種用個人的私見，而改事實的公史，真會害死後人，學者千萬不要信以為真。至於《通鑑》可就不然；如魏蜀吳三國，《通鑑》便就事實上觀察，而竟認魏為正統；若《春秋》氣十足的朱熹，所作的《通鑑綱目》，却硬要帝蜀。我還記得少時在私塾念《三字經》至“魏蜀吳”一句，塾師便拿起紅珠筆，以為魏蜀二字顛倒了！應該對調作“蜀魏吳”才對。除朱熹的《綱目》，專門取法《春秋》外，還有歐陽修所另撰的《新五代史》、《新唐書》，亦頗捨不得《春秋》的意旨。《春秋》和《通鑑》的不同——**前者是以意見**(理想)**犧牲事實**的，後**者是以事實犧牲意見的**——已略如上述。吾另作有《春秋學之研究》一書最後有一段文，和此處很有關係，現在把它抄錄出來，當作本節的結論：

《春秋》為書，終須一說：《春秋》所含意義，大氐不出前述褒貶諱閔四端，**褒貶諱閔四端，實《春秋》所帶之特別色彩也。唯然**，今人遂有起而非之者，以為以孔子其人，而作此極不可讀之書，怪孰甚焉！按史固貴實錄；但如實錄，則其意義無自而寓矣！故若孔子之《春秋》，雖亦為編年之史，然與一般通常之史大有不同。孔子蓋取一史之中，人物完備，所有意旨，得盡發表，故因魯史而作《春秋》。《春秋》者，**其正名主義，重名觀念之寄所也**。其主要目的，即在乎其中之另有一種寓意；至於史載方面，非所注目也。然實錄之史，惡則書惡，善則書善，是非之意，**固已自存於其中**；今猶何須孔子之加褒貶耶？曰：孔子因欲作更進一步之用意，故獨出此。例如吳楚僭而稱王，如以實錄，其失宜處，何以改正；故雖後來號稱實錄始成完史之《史》、《漢》亦不得不少覩其法焉：如其進孔子為世家，退王莽於列傳是也。要之，其它史家，僅以史為事者也；**若孔子則為作史之名，而行其主義之實**。其它史書，實錄之外，無他用意也；若《春秋》之主要目的，則不在乎實錄也。然《春秋》除一大部分外，其餘亦皆信史也：如桓"五年春正月甲戌己丑，陳侯鮑卒。"《穀傳》云："何為以二日卒之？《春秋》之義，信以傳信，疑以傳疑。"範註《明實錄》也《公傳》云："君子疑焉，故以二日卒之也。"又於昭"十有二年春，……伯於陽"云："《春秋》之信史也。"是故《春秋》與他史，當分別觀之；如混為一談，則未免失之。

《春秋》如果真的是史，那就未免不倫不類，如王安石所說的"斷爛朝報"；和梁任公所說的："流水賬簿"了。梁先生又說："蓋《春秋》而果為史者，則豈惟如王安石所譏之'斷爛朝報'？其穢乃不減魏收矣。""孔子作《春秋》，別有目的，而所記史事，不過借作手段……

若作史而宗之，則乖莫甚焉。”今人惟有章太炎極力否認“春秋非史”之說，但其理由，終不充分，適足以見其史學色彩帶得很濃厚，以致抹殺證據吧了。

此外梁任公評《資治通鑑》道：“其著書本意，專以供帝王之讀，故凡帝王應有之史的智識無不備；非彼所需，則從擯闕，此誠極好之皇帝教科書，而亦士大夫之懷才竭忠，以事其上者，所宜必讀也。”許嘯天又因此及他的痛論道：“這不但是《資治通鑑》；怕自《史記》以後，所謂二十四史的作用，也跳不出這個圈子嗎！……但是《兩漢》《三國》的史書，還是以私人資格，不受任何的迫逼，而以獨力撰成的，還不失撰述人的個性和文字的精神。最可笑的，那《梁》《陳》《齊》《周》《隋》五史，和《唐》《宋》《元》《明》四史，都是歷代帝王特開史局，僱用了許多免得討飯的謄錄生，你來抄一段，我來寫一章，前任辦不了，遺交給後任，一部書裏夾七夾八，墨圈也有，賬目也有，硬湊成功一部某代史；再把那毫不相干的某大臣某翰林的名字寫在上面，硬派他說是他編撰的。呵呵！冤哉枉也！一面是裝幌子，——僱用方面——一面是騙飯吃，——受僱方面——叫他怎麼能記出時間空間的現狀？怎麼能寫出普通性的現狀？怎麼能寫因果的關係？怎麼能把過去的歷史，返映於現在？怎麼能用新精神理解釋歷史？怎麼能保存歷史中永久不滅之物？怎麼能利用於現在？怎麼能為現代一般人活動之資鑑？……梁啟超先生說：是絕好的皇帝教科書，這還是恕詞。我說他連皇帝教科書的資格，都還夠不上：因為既稱到教科書，必要如梁君所說‘凡帝王應有之史的智識無不備’，又要使讀者知道當時的實狀。如今他專裝幌子，不說老實話：明明是大盜朱溫，偏偏說是‘太祖神武元聖孝皇帝’——見《新五代史》——叫後來做帝王的無從知其所以興，亦莫知其所以亡，也不知道做帝王的宮庭裏有多少黑幕。——我現在正撰《清宮十三朝演義》一書，查太后下嫁，如此大事，《東華錄》中絕不提及，須知中國史書中此例正多。——帝王的自身有多少罪惡，帝王的嗣統有多少變故，——如呂氏易嬴等例甚多——後之讀者，如墜入五里霧中，真相莫明，因果亦無從尋繹，那歷史的效用，也完全失去，其興也勃焉，其亡也忽焉，徒然叫後來的帝王讀了，自以為天子龍種，妄自尊大，造成幾千年來專制的劣根性。——一切貴族觀念，富翁氣燄，也未始非這一點天皇神聖暗示的縮小。——所以編史的技能，——也可以說是歷史的人格——第一要寫實，第二是要有剪裁，第三是要寫了縱斷面，還要寫橫截面。”《史記的研究》一文

按所謂帝王，實即匪賊之終點；所謂匪賊，實即帝王之本像；匪賊即小帝王，帝王即大匪賊，古人如墨子莊子等，皆曾見及此點，如墨子說：“今小為非則知而非之；大為非攻國則不知非，從而譽之謂之義，此可謂知義與不義之辯乎？”莊子說：“竊鈎者誅；竊國者為諸侯，侯之門而仁義存焉。”最可痛惜的，是一般修史的腐儒，半點也不懂得，終拿“聖祖仁宗明王聖帝”一類美名尊號，去獎勵一般匪賊，在彼受者，始而慚焉，繼而安焉；其在百姓，久而久之，亦承認之為“當然”，甚至以“真命”目之。**其上獎勵匪賊，而下欺騙人民，此種凡百攸關之責任，實修史者所應負**。然古代亦常有良史，惟至後世，始不可得！如春秋時，據《左傳》載：“穿攻靈公於桃園，宣子未出山而復，太史書曰：趙盾弒其君以示於朝，宣子曰：不然！對曰：子為正卿，亡不越境，反不討賊，非子而誰？……孔子曰：董狐，古之良史也！書法不隱。……”《宣二》按後代史家，就是對那般已死之人，和實出於其身的，猶不敢直書其事；而董狐且敢加罪於趙盾，相去真不可以道里計。還有齊太史的書：“崔杼弒其君，崔子殺之，其弟嗣書而死者二人，其弟又書，乃舍之。南史氏聞太史盡死，執簡以往，聞既書矣，乃

還。”《襄二十六》這是何等的精神！後來到了漢代，如《史記》猶有“漢興，高祖至暴抗也”之語。其時高祖雖已死，但天下還是他的子孫管的，而司馬遷竟敢出此一筆，雖比不上晉齊諸太史，却也就算得可嘉了！自是而後，修史雖多出於隔代；然一般史家的視帝王，好像連他的死鬼也比常人可怕，而仍舊恭恭敬敬的事死如事生，事亡如事存。如：《新五代史》的認大盜朱溫為“太祖神武元聖孝皇帝”一類便是。歐陽修既是個學《春秋》的大儒，而這《新五代史》又是出於私撰的，並且那梁朝朱溫也去其時很遠了，為什麼還要這樣的恭維他？不但比不上晉齊諸太史；就是比之史遷，也慚愧得要死。至如許說《東華錄》的不敢提及太后下嫁等事，雖有愧於史遷；但如比之歐陽修，或者情猶可原。總而言之：**作史不論以實錄為主也好，以寓意為主也好，如能徹底，都算很好**。以寓意為主的，如孔子的《春秋》：吳楚自稱王，獨貶而為子一類。胡適之說：“這種褒貶的評判，如果真能始終一致，本也很有價值！為什麼呢？因為這種書法，不單是要使‘亂臣賊子’，知所畏懼；並且教人知道君罪該死，弒君不為罪；父罪該死，弒父不為罪；這是何等的精神！只可惜《春秋》一書，有許多自相矛盾的書法，如魯國幾次弒君，却不敢直書，於是後人便生出許多：‘為尊者諱，為親者諱，為賢者諱’等等文過的話，便把《春秋》的書法，弄得沒有價值了！這種矛盾之處，或者不是孔子的原文，後來被‘權門’干涉，方纔改了的。我想當日孔子那樣稱讚晉國的董狐，豈有破壞自己的書法？但我這話也沒有旁的證據，只可算一種假設的猜想罷了。”《中國哲學史大綱》——尚思按：胡說後段固極近理；然吾觀於儒書，如親親，尊尊，賢賢等說，不一而足，即孔子亦嘗不贊成：“其父攘羊，其子證之”之主張；而自道其以“父為子隱，子為父隱”之正義。是親親之說，殆極可信。他如本書：“踐土之會，實召周天子，而《春秋》諱之曰‘天王狩於河陽’。”用《史記》語此又似所謂尊尊之義也。其與《公羊傳》、

《穀梁傳》、董氏《繁露》諸書所云，尚屬相符。故如所謂後人之說者，亦非無根之談也。然而尚有不可不察者在：如《春秋》對於諸當為之諱者，亦未嘗盡為之諱也：雖至尊不諱，如“天王殺其弟佞夫”是也；雖至親不諱，如“三月公會齊侯陳侯鄭伯於稷以成宋亂”是也；雖至賢不諱，如“齊小白入於齊”是也。“諱而不隱”，豈謂是歟！按魯者，其所謂父母國也，諸以為為其君諱亦猶為其父諱者，說固可通，義固可信；但於魯弑君之外，如“我師敗績”，“以成宋亂”一類之辭，亦有未嘗為之少諱者，其不一例，不悉何故？以為為權門之干涉而改耶，何以不盡改？以為為內諱耶，何以不盡諱？《繁露》有曰：“義不訕上，智不危身，故遠者以義諱，近者以智畏，……以故用則天下平，不用則安其身，《春秋》之道也。”“近者以智畏”，頗為近理；“遠者以義諱”，尚未盡然。要如三諱之說，當非盡為後人所造也；至於價值評論，則固如胡氏所說，此註節錄拙著《春秋學之研究》——這是關於以寓意為主的。至於以實錄為主的呢？**如就梁朝太祖大盜朱溫來說：我們就說他實是大盜朱溫，而自名為梁朝太祖；又如劉邦、朱元璋之流，我們也可直載其以匪賊始，而以皇帝終。照這樣的直書實錄，好壞自能畢露，又何必用那《春秋》的筆法**——褒貶的寓意呢？**後代史家只張大其好的**——漢高祖、明太祖——**一方面，偏把那壞的**——匪賊大盜——**一方面刪去。不但不提及大盜朱溫，而且說是“太祖神武元聖孝皇帝”，這豈但配不上說是褒善貶惡，賢賢賤不肖；就是實錄直書，**也覺差得很遠。**照實**——一點也不冤枉——**的說：就是隱惡而揚善，獎逆而賤良。我們只看見歷代出了許多家奴，**——史家——**替他的家主**——帝王——**出來說一大堆的欺騙後人的廢話吧了；萬萬談不上歷史。**退一步言之：**也只有歷代匪賊的家譜，實在看不出什麼旁的歷史；有之也是止於無意中涉及一點兒吧了。**言之痛心，願後代史家，千萬要留意於此。**如其不然，就**

請不必修撰好了。如還要修撰，那就是無形中的煽動匪賊的戕害世人了！苟無其史，一般作惡的人，便失了根據，終無可效法與藉口，也許匪賊可以少見，世人可以減受一點痛苦。由上述看來，可知我們對於史書，不要專問其有無多寡，還要察其好壞實偽。好的實的可以益世利人，就多勝於寡；壞的偽的，可以惑人亂世，就無愈於有。

第六章　紀事體之創始及其大成

紀事體，以事的始末為主，而以人與時為從。創始於左氏《國語》，（《尚書》也有關係）而大成於袁樞《通鑑紀事本末》。試將二書，各摘一段於此，以便對比。如《國語》中的《晉語》載道：

智宣子將以瑤為後，智果曰：不如宵也！宣子曰："宵也佷！"對曰："宵之佷在面，瑤之佷在心，心佷敗國，面佷不害。瑤之賢於人者五，其不逮者一也：美鬢長大則賢，射御足力則賢，伎藝畢給則賢，巧文辯惠則賢，彊毅果敢則賢；如是而甚不仁。以其五賢陵人，而以不仁行之，其誰能待之？若果立瑤也，智宗必滅。"弗聽，智果別族於太史為輔氏；及智氏之亡也，惟輔果在。……

《通鑑紀事本末》中的《三家分晉》一節，亦如《晉語》載道：

初智宣子將以瑤為後，智果曰：不如宵也！瑤之賢於人者五，其不逮者一也：美鬢長大則賢，射御足力則賢，伎藝畢給則賢，巧文辯慧則賢，彊毅果敢則賢，如是而甚不仁。夫以其五賢陵人，而以不仁行之，其誰能待之？若果立瑤也，智宗必滅。弗聽，智果別族於太史為輔氏。……襄子……遂殺智伯，盡滅智氏之族，唯輔果在。

此外請再舉一例：如《楚語》中有靈王為章華之臺而伍舉引為楚

之殆，靈王城陳蔡不羹而竟見弒，靈王虐不聽諫乃有乾谿之亂……與《紀事本末》中之《唐平東都》、《唐平河朔》、《唐平隴右》、《唐平河西》、《唐平河東》、《唐平江陵》、《唐平江淮》、《唐平山東》……前後遙遙相對；不過《國語》比較橫一點，而《紀事本末》此較縱一點。惟其是橫的，故同時有周、魯、齊、晉、鄭、楚、吳、越各語之分類；惟其是縱的，故其事上起東周三家分晉，下至五代世宗征淮南。然這僅止於形式上；至二書之在實際上，那就並不兩樣。其述一事，有頭有尾，一事完了，再及一事，所謂紀事本末體，大概不外如此。章學誠論這一體道："本末之為體，因事命篇，不為常格，非深知古今大體天下經論，不能網羅隱括，無遺無濫，文省於紀傳，事豁於編年，決斷去取，體圓用神……卽其成法，沉思冥索，加以神明變化，則古史之原，隱然可見。""紀事本末體"，在史學界為最晚出成立，也是最進步的。

第七章　三體之比論

現在請再將紀傳，編年，紀事三體比較一下，以便總結上文。我們如欲知道某人物，則可去查紀傳體；如欲知道某時代，則可去查編年體；如欲知道某事情，則可去查紀事體；這就是史中三體的各有所長，而不可偏廢的地方。史的代表體例，既略如上述；現在請再一論三體的代表著作：如《紀事本末》可與《史記》，《通鑑》同為代表著作，固無可疑的：不過也應該分辨一下才好！我們看見上頭各章所舉來作此證的諸例子，已可知道《史記》的摘錄《尚書》……不過稍用白話去翻譯古文罷了。參看《文學大綱》中而《漢書》又去便錄《史記》自漢武帝以前；不過把原文的虛字刪少一點吧了同上。這是《漢書》、《史記》《尚書》的遞相抄襲的。又如《通鑑》摘錄《國語》，……也不過把他的位置稍為變動一下罷了；而《紀事本末》又去便錄《通鑑》，也不過重新編排其原文罷了；這是《紀事本末》《通鑑》《國語》……的遞相抄襲的。由此看來，最雷同的就要算這史書一類；不過各人編撰的方法，有所不同罷了。**所以史之為書，在乎各不相同的方法**；至於互相供給的材料，尚屬次之。這《紀事本末》原與《漢書》同個例子；惟若《漢書》的抄《史記》原文僅止於一部分，至於《紀事本末》却完全是便抄《通鑑》原文的。若以此點而論，那《漢書》還比《紀事本末》好些，為什麼獨不得為代表作品呢？這正是由於《紀事本末》的有點創作的方法呀！但若《紀事本末》一書，文章既不是自作，材料又不必廣搜，所以袁樞雖然也算得一個史家，《紀事本末》也可為三體中之一代表著作；然終覺比不上司馬遷的《史記》和司馬光的《通鑑》，世人論到中國史學界的只稱前後兩司馬，而不並及袁樞，就是為了這個原故。但尚未止於此，梁任公更說："其著《通鑑紀事本末》也，非有見於事與事之相聯屬，而欲求其原因結果也。不過為讀《通鑑》之方便法門，著此以代鈔錄云爾。雖為創作，實則無意識之創作。故其書不過為《通鑑》之一附庸，不能使學者讀之有特別之益也。"《中國之舊史學》至於中國史學界，向來就是以紀傳體為正史，而以編年紀事為副史，其中應該也有其因由：大概最完備而不簡要的是紀傳體，最簡要而不完備的是編年紀事二體。編年在縱的一方面而不暇顧及橫的一方面，紀事在大的一部分而不暇顧及小的一部分；此所謂大與小，亦出於其主觀而兼能顧及此橫的一方面，與小的一部分者，惟有紀傳而已。**是編年、紀事所無者，紀傳多有；而紀傳所有者，編年紀事多無**。編年紀事的所以為可貴者，只在乎方法的簡明；究竟比不上紀傳敘述的完備。又此世界既以人類為中心，則以人為主的紀傳，似亦較為合適。(?)**且所謂史者，本指全社會全人**

類而言；並非單指帝王的私家史；而編年既以帝王之年而編，紀事亦惟帝王之事而紀，認帝王之事為大事，其餘皆小事可從略**所以終非紀傳的能兼顧及其他，而不專編紀王家之年與事可比。**其紀傳而不斷代的《史記》，尤得為正史中第一者，亦在乎此。但據我一時想及，此外如第一：正式成立之歷史最長，第二便於各朝代之自為修撰，二者與紀傳的成為史界正統，或者也有點關係吧！

但是一般學者要知道我剛才這一大堆話，原係思索過去的中國史學界所以紀傳第一、編年第二、紀事第三的大概情形；若以現代史學界的趨勢觀之，怕就適得其反了：紀事第一，編年第二（？），紀傳第三。因為範圍廣大，材料豐富，和組織簡單，系統分明，似乎是不兩立的。前如前者，後如後者。暫此告休，餘俟下詳。

第八章　史學評論

第一節　古今史評家

說到這史評家，自當先數及唐朝那位劉知幾，他的代表著作就是《史通》一書，他最好的評論，據我看來，大概第一是力言唐代設館修史的大弊病，第二是力主“實錄直書”，而獨敢痛評孔子《春秋》的沒有道理。梁任公先生曾說他是王充以後的第一人。在知幾之後，有宋鄭樵，代表他的著作是《通志》，尤其是裏面的《二十略》為最有名。他和劉知幾的極端贊成斷代史的意見相反，而獨極力主張通史，因想自撰一部“自天子中興，上達秦漢之前”的通史，可惜終未如願以償。至於《通志》一書，他曾自道：“其書上自羲皇，下終隋代，集天下之書為一書，雖曰繼馬遷而作，凡例殊塗，經緯異製，自有成法，不踏前修。”除他一生精力所在的《二十略》外，尚有幾個重要的主張，如明類例，辨虛妄，作圖譜等。章學誠說：“鄭樵生千載而後，慨然有見於古人著述之源，匡正史遷，貶損班固，運以別識心裁，自為經緯，成一家言。”到了清代這位章學誠出而著《文史通義》一書，於是更把《史通》《通志》的範圍擴大了。他的名言異論很多，茲不多引，引其較有關係者：他因紀傳行之千有餘年，極思有以變通之，其理想的史是：“以《尚書》之義，為遷《史》之傳，則八書三十世家，不必分類，統名曰傳，或考典章制作，或敘人事終始，或究一人之行，或合同類之事，或錄一時之言，或著一代之文，因事命篇，以緯本紀，則較之左氏翼經，可無局於年月後先之累；較之遷之分列，可無歧出互見之煩；文省而事益加明，例簡而義益加精，豈非文質之適宜，古今之中道歟？至於人名事類，各於本末之中，難以稽檢，則別編為表以經緯之。天象地形，輿服儀器，非可本末該之，且亦難以文字著者，別繪為圖，以表明之。蓋通《尚書》《春秋》之本原，而拯馬《史》、班《書》之流弊，其道莫過於此。”這是他唯一發明的計畫。學誠又評一般史評家道：“鄭樵有史識而未有史學，曾鞏具史學而不具史法，劉知幾得史法，而不得史意，此予《文史通義》所為作也。”這話也評得不錯。他又認史有“義”“事”“文”三要質，因史家難兼長，故須通力合作。他除《文史通義》一書外，尚有專論史學方法的《校讎通義》一書，尤以“校讎條理、互著、別裁”那幾個方法為最重要。述到這裏，我便要接著介紹那位近年去世的梁任公了。他以為非脫離過去的史學界，則中國史學將無從發展，不論馬、班等名史家，和劉、章等名史評家，總要超出乎其上。他關於史學的論文很多，而尤以《中國歷史研究法》一書為最有系統。有專書在，茲暫不說。他曾在“中國之舊史學”一文中，評論過去史界的缺點，略如下表：

	病源	病狀	惡果
中國舊史學之缺點	知有朝廷不知有國家	能鋪敘而不能別裁	難讀
	知有個人不知有團體	能因襲而不能創作	難別擇
	知有陳跡不知有今務		無感觸
	知有事實不知有理想		

第二節　最後的結論

古來一般名史學家的重要批評，業已約略舉出於上面。現在請再由我來接著總說一下：

第一段　體裁與內容

從來一般史學家，多著眼於史的體裁，如在時間上的通斷二史，在組織上的紀傳、編年、紀事三體，以為何者為優，何者為劣；其實還有比體裁更重要的，這就是史的內容了。我們在史學上，至少也要以體裁‘形式’與內容‘精神’並重。在體裁方面應該三體合一，在內容方面應該縱橫雙方並重。何謂三體合一？因時乃隨人隨事而顯現，不必作純粹的編年；如要過重編年，則雖無事小事，亦必備書年時月日，**結果弄成報告天時之日歷，殊非所以報告人事之史書，這種奴隸於時的歷史**，實屬不對。但吾人作史仍可略法其次序。編年體之所以無取而尚有可取者，此其一。次若人亦未必個個都整個的足以紀錄，當一照其行事，須值得記錄的然後筆之於書，所以這奴隸於人的純粹紀傳體，也是不行的。然吾人作史，對於材料之豐富，範圍之廣大，仍當極力容納之。紀傳體之所以無取而尚有可取者，此其二。終之惟有紀事本末體較為適當些；然像袁樞之《通鑑紀事本末》仍有所未合。還要將其範圍加以擴大，並再守其次序，就是在紀事中可以插述略傳，略依編年。凡事應該：大則專之，小則共之，同則合之，異則分之，久則斷之，暫則連之。紀事體之所以為可取而尚有未盡可取者，此其三。我們雖未能做到極平等的三體合一；但紀事體對於紀傳編年二者，仍當大大的借重。

何謂縱橫雙方並重？這個縱的方面，是指着政治的變更、經濟的發達、社會的演化那一類。這個橫的方面，是指着疆域的開拓，種族的遷殖，文化的傳布那一類。我們一定要兼顧這縱橫兩方面，去促成人類社會或國家民族整個歷史的早日實現。至於我國古來一般史書，大半“知有朝廷而不知有國家”，“知有個人而不知有團體”，簡直是畸形的官家史，而不能算做整個的社會史。

至於選擇及評論的標準，據我的見解，應略知下例：第一勿問其勢位之尊卑，當觀其功德之優劣：如無功無能，雖上至帝王，猶不應為立紀傳；古來之史，凡為君必有紀，至屬無聊如無勢無位，而對於技術有所發明，事業極有成績，行為足為模範等類，亦當為之紀錄。如從這個辦法，則不論士農工商各界，只要有足多者，就可與名天子或政治上的大人物並見於史中了。第二勿問其圖謀之成敗，當觀其應響之大小：如有大應響，雖歷來所被斥為叛逆邪異者，亦當重視之；如無所應響者，雖彼自視為成功正統，亦在所不取。這麼一來，如《史記》的以項羽與漢高並紀。就算很對；若《後漢書》的不為更始立傳，就未免見譏於後人。此外不論仁德與淫虐，凡非尋常者，皆當同樣紀錄之。第三勿問其來歷的久暫，當觀其價值的多寡：如有價值雖為時甚暫，亦勝於歷史極長的不足多者。如《史記》的傳孟、荀而略墨子，就是未盡合的一個例。第四勿問其形式之良惡，當觀其實際之公私：如古來所謂順逆兵匪等，在表面上觀之，固順者公而逆者私；但在實際上，亦有例外，有時轉匪良而兵惡，似此之類，應察及之。第五勿問其結果之禍福，當觀其動機之正邪：如動機正而結果禍，亦仍不失其光榮；反之就為莫大的恥辱了。吾認歷史是昭示世人以正義的，所以史家是最不應該“勢利化”；吾又認歷史是公共的，所以史家更不得為一尊（正統）空氣所包圍。史家如有了這一類的真見解，天下才有真是非之可言。但吾在這裏，尚要加以聲明的：就是吾所說的，多屬於實錄外的識見方面；如將這個標準去改造事實，那就變成主觀的理想史，而非客觀的事實史了。像孔子的《春秋》，其所以最給我們討厭的，就是他的混事實與理想為一談。（須知“是不是”是一個問題，“好不好”又是一個問題。）以理想去改造事實，結果遂弄到名為史學，實屬哲學的境地，其在哲理上固不失為“功臣”；若在歷史方面，則未免成為“妄人”了。

要而言之：吾以為紀傳體，內容豐富，而體裁不便利；紀事（袁書）、編年，體裁簡易，而內容不普遍。《資治通鑑》與《通鑑紀事本末》等書在時間上，固為通史；而在人事上，則為非通史：以其不斷代，故可謂為通史；以其偏朝廷，故可謂為非通史。我們唯一的理想史，**要使時人事三者皆通的**，就是最大的時間，略相銜接，（非如《漢書》等）為時之通；較要的人物，朝野備有，（非如《通鑑》等）為人之通；較重的事情，皆見因果，為事之通。內容方面，略如《史記》範圍的普遍；體裁方面，略如《資治通鑑》編排之有次序，和《通鑑紀事本末》問題之有頭尾。換言之：就是組織力主系統化，性質注重整個的（而且極平等的）。但現在人編的史，已經同這裏所說的，漸漸接近了。

於此請再引梁任公之言以為結論：

人類活動狀態，其性質為整個的，為成套的，為有生命的，為有機能的，為有方向的，故事實之敘錄與考證，不過以樹史之軀幹，而非能盡史之神理。善為史者之馭事實也，橫的方面，最注意於其背景與其交光，然後**甲事實與乙事實之關係明，而整個的不至變為碎件；縱的方面，最注意於其來因與其去果，然後前事實與後事實之關係明，而成套的不至變為斷幅**。是故不能僅以敘述畢乃事，必也有說明焉，有推論焉，**所敘事項雖千差萬別，而各有其湊筍之處；書雖累百萬言，**而**筋搖脈注：如一結構精悍之短札也**。夫如是，庶可以語於今日之史矣。而惜乎求諸我國舊史界，竟不可得；即歐美近代著作之林，亦不數數覯也。《中國歷史研究法》

第二段　史家三必備

吾以為作史有如畫像：像乃外貌之史，史乃內容之象；如稍不忠實，强以人之像，寫上我之名，如何說得過去呢？吾更以為：作史甚於行醫：醫生只須兩長，史家之長至非三不可。醫生有醫術去查明病症，有醫德去對待病人，這就算夠了；至於史家，除史識、史德二者外，還要加上一個史才。**史識在乎審定真偽，深明短長；史德在乎忠實以之，雖死不變；史才在乎材料豐富，文章精美**。但在此三者之中，似乎以史德為最重要：正猶醫者，雖有醫術，明知其症；苟無醫德，忍視其死，豈不有等於無？所以如無史德，就使有見微之識，通天之才，結果適足以使其惑世欺人，為惡作毒。史而不信，錄而非實，既失為史之本意，自難承認其為史。其次為史識：苟無史識，專恃史才，如非詩文集，亦成糊塗賬，即能免此二者；而其“人云亦云”，“胸無特識”，究竟亦不足多。又次為史才，史才亦很重要，如無史才，就使有怎樣高尚的史德，和超越的史識，其辭既不能達，有志終難如願。北齊魏收撰有《魏書》，劉知幾說："收諂齊氏，於魏宣多不平，既黨北朝，又厚誣江左，性憎勝己，善念舊惡，甲門盛德與之有怨者，莫不被以醜言，沒其善事，惡怨所及，毀及高曾，……由是世薄其史，號為穢史"。《史通·正史篇》按中國古來史家約有兩派：主觀派主張"寓褒貶，別善惡"孔子《春秋》。客觀派亦主張："彰善貶惡，不避强御"，或"善惡必書，斯為實錄"劉知幾《史通》。如今這位魏收，身為史家，執行筆墨政務，應思如何公正，以作後人之模範；乃其結果，不但談不上去作寓意的褒貶世人；就是直去實錄世人的善惡，也沒有資格。太瀆史職，真是該死。他如陳壽的《三國志》，對於蜀漢一部分，亦有欠公失實之嫌疑。見周平園說惟左丘明、司馬遷既有史才，又有史識，史德亦佳。杜佑、司馬光次之。其專以史識稱者，有劉、鄭、章等。若論史德，則以春秋時齊晉那幾個太史詳前為第一。至於史才，除兩司馬外，班固、歐陽修等均佳，總而言之：史才表現於文章，史識多在乎方法，史德則在於信用。

史學的三要件

史家　史書

第一　史德　信用

第二　史識　方法

第三　史才　文章

於此請再將史學與他學一比：如史學與文學，文學只須文才，無須文識，更無須文德，至多亦只要加以一點的文識，至於文德，究似無所謂：如小說、辭賦、寓言之類，往往妄說虛造，便是無文德之一明證了。再如史學與哲學亦不同，業已詳在前面：就是史學管過去時代，哲學管未來時代，但這也不過就其大部分而言之罷了。其實我們所理想的史學家，仍須借重文哲等學，甚至科學更須借重。**這就是用科學家的嚴密方法去審查一切真偽的材料，並使其成為極有系統的組**

識；持哲學家的正大態度，去分別一切善惡的性質，進而發表其極有價值的言論；（哲學亦可換言倫理學，因為倫理學原為哲學中之一，故言其大者，餘均此。）**借文學家的流利筆墨，去表現一切美滿的文章，而使之達到無不如意的境界。**（《辭源》於“科學”下云：“哲學明其所以然，科學明其所當然，史學明其所已然。”按此解有誤，應改為“哲學明其所當然，科學明其所以然。”）

理想史的三個兼長

科學	真
哲學	善
文學	美

但這裏的三個兼長，其實還是上頭所說的三要件：上頭的史識即近這裏的科學，上頭的史德即近這裏的哲學，上頭的史才，即近這裏的文學，這是屬於上半截的；其下半截呢：方法主真，信用主善，文章主美。合而言之，便如下表：

史　學	**兼　長**
史德——信用	哲學——善
史識——方法	科學——真
史才——文章	文學——美

（史德與所謂史意略同，史識與所謂史法略同，史才與所謂史學略同。）

用[1]此看來，真正的史家，要成一部極有價值的史書，幾乎比任何一切都覺得不容易。至於吾國史書，雖汗牛充棟；但如嚴格說來，也多只是史料。須要加以大整理，才能成為正式史。願一般欲為史書者，多多注意到這一點。

❶“用”當做“由”。——編者註

第三段　文哲學化的中國史書之審看法

今人的看史書，約有二派：舊派過信古書，不論什麼，皆以為然，於是遂認神話為人事，認理想為實現，更進而說古代盛於現代，古人賢於今人。於此吾不能不**嘆舊派太傻太笨，看得太隨便，老是見欺於古人而不自覺悟**。而新派哩？**因為認真其文字，遂致疑問其事實**，不但疑及其神話或未實現之部分；甚至有認人事為神話，認實現為理想者。於此吾也不能不說新派太自作聰明，**看得太認真**。新派固較好於舊派，但終還未免不對。因為前者不明古人有所用意，而我信以為真，這並非古人欺我（？），**實要自怪沒有眼睛**。後者**未明史文之隨便形容，而往往出於咬文嚼字，遂大起驚駭**，而**以一累百**，古人無罪（？），而我誣之，**這也是我的神經過敏**。換言之，就是前者對於真者真之，對於偽者有時亦真之；後者對於偽者偽之，對於真者有時亦偽之。我因有鑑及於史學的關係一切，現在特別的約略一說：**我們讀中國史書，尤其是愈古代的神話史，與後來的官修片面史，更非小心去看不可！**我們首應知道：**中國史書（一）是帶點哲學化，即宗教化禮教化的；（二）是帶些文學化，即辭賦化小說化的**。由第一點，所以他們對於好者，既說得過好；就是不好者，有時亦說很好；為的是要去勸人和服人。對於不好者，既說得太不好；就是並無不好者，有時亦說很不好；為的是要去警戒俗人。**“托古政制”，“托神治人”，王成賊敗，是己非人，……一切一切，都是為此**。由於第二點，本來文人（凡史家皆兼文人）已經是很會弄筆墨了；加以俗人心理，對於一切平常之事，如非太過一點，就覺得不痛快無趣味。史而同賦小說相彷彿，就是為了這個原因。由此二點，**所以前此的中國史書，多是理想化的，神話化的，禮教化的，小說化的，辭賦化的。我們對於這種文哲學化的中國**

史書，如彼以正面述來，我應以反面看去；例如成者自以為是而非敗者，與在本國而罵他國者等**彼以一概述來，我應以分別看去；**末帝未必盡惡，始祖未必盡善，雖禹湯文武與桀紂幽厲等，亦須分別觀之。彼以論定示我，**我以疑問對之**一切是非；彼以實現示我，**我以理想目之；**如堯舜等及儒家所言之仁師德政等。彼[1]以謹嚴示我，**我以形容目之；**即如孔子說“以吾一日長乎爾”之“一日”，與詩言“周餘黎民，靡有孑遺”之“靡有孑遺”等，苟不知其為形容，亦未免不通。至於其他，更不用說。彼以絕對述來，**我以比較對之；**上至各史，下至今之報紙，皆宣傳太過。彼告我以久遠，我以暫近目之；如黃帝以前之事，多不可信等彼以整個示我，**我以片面目之；**如古人自以中國為天下，及一般史書多是朝史而非全史等。彼告我以人事，**我以神話目之。**黃帝以前及史中言及天人之處等……**總而言之，就是以科學眼光，去審看中國史書，而認中國史書為文哲學化的。**與其當做絕對的信史實錄讀，不如當做哲學文學——**禮教是其目的，小說是其手段**——讀，較少毛病。因此，**中國的史學，如以純正的史學眼光觀之，則此種文哲學化的史學，似無很大價值；**反之，如**以文哲學眼光觀之，則此種文哲學化的史學，其價值真是再大沒有**（？）。

[1] 據上下文，“被”當做“彼”。——編者註

第四編　中國哲學大綱

第一章　思想與根本

我曾以為在字法、文藝、史地、哲理這新四部中，為一切工具的是文字學，最實用的是文學，最廣大的是史學；現在又說起“思想與根本”的話來了：（一）如把哲學去同文學比一比，則文章好比是人之皮肉，而思想則為人之筋骨：雖然皮肉和筋骨都是一刻相離不得的；但如究竟或勉強看來，那自然筋骨要此皮肉重要些。我最初是個專門研究古文的，不但集部是研究其文章，就是諸史群經，甚至諸子百家，我也都是單研究其文學的。後來北上，因有一位鄰縣的同鄉，告訴我說：**思想是根本，文章是枝葉**。我自給他點醒以後，便反而不再去研究文章，而專門研究思想了。退一步言之：就是做文章也要有思想才好，如諸子的文章，所以比後來的文集好者，也是由於文章之外，還有思想為之暗助呀。至如司馬相如、韓退之諸漢唐文人，雖然也以文章名於世，但無論如何，總比不上先秦的諸子。（二）我們再把哲學去同史學比一比：則哲學有如意志，而史學則為行為。試問如不是先有意志之存於中，那有其行為之現於外？稍換句話說：就是哲學像理想，而史學像事實。假使沒有前時的理想，那有今日的事實？而今日的理想，又為來時的事實。可見行為雖可貴，要不得不歸功於其意志。俗人只見現在的事實，殊不知其實來自從前的理想。世界的千變萬化，日新世進，都莫非由於人類的有思想而來的。**人世的指導者，誠舍“思想”莫屬**。（三）我們還可以再把文字與哲學，來比較一下：我說**思想無異心腦，而文字則為其口舌**。淺而言之，則思想是最為關鍵的主要人物，而文字不過為其傳達意旨表明態度的代表或使者罷了。由上三點以觀，**則哲學思想，確為一切學問之最根本者**。朱謙之也說：“歷來學者，對於哲學的定義，雖然各自不同；卻有個共同的地方，就是把哲學看做關係根本問題的學問的思想。”《革命哲學》胡適之也曾說過：“凡研究人生切要的問題，從根本上著想，要尋一個根本的解決，這種學問叫做哲學。”《中國哲學史大綱》

第二章　中國思想唯一代表之先秦諸子

我曾在“一般大學生的人生觀序”一文篇首略說：

中國文化在世界上，可以說是資格頂老的了；先秦思想在中國中，可以說是地位最高的了。自漢而後呢？雖其間也有魏晉的老莊復起，和六朝的佛教東來；但以大體而論，在這二千餘年中，總不能出乎儒孔的範圍外。如漢唐人的注經，宋明人的談理（？），何一不是崇拜孔子的呢？一般真真正正崇拜孔子的，那也沒有什麼奇怪；就是實際上接近於他家的，也個個掛起孔子的招牌來。所以要是太過一點地說：就是漢後沒有思想；如其有之，**在漢後所謂第一流人物，也比不上先秦最小的思想家**……

再退一步言之，佛學之在中國學術界，雖然亦佔有一個頂重要的位置；而理學也算得漢後最特色的哲學。但我們要知道佛學是西來的，並非中國產；理學是混成的，終難自獨立。宋明諸理學家，對於儒道佛各宗都有所應響，不過或多或少，或深或淺，有所不同罢了。佛理二學，尚且如此；至於前此之漢朝，後此之清朝，別的雖有可觀；而共對於哲學思想，卻不足道。由此看來，**其可代表中國思想界者，誠捨先秦諸子而莫屬**。

在先秦諸子中又可舉三家來做代表，如我在《孔子哲學之真面目》一書的序論裏說：

中國之學術，以周末為最盛；周末之思想，以三子為最精。三子者，孔子、老子、墨子也。各自成家，鼎然而立，至今思想界，鮮能出乎其外，豈不亦偉哉！此外之名家者，固不為不多；然而不失之末，則嫌其小，或本前人之說而光大之，或糅而成之，或保其舊觀，或得其一體，以故中國之思想，惟此為重且大。……

而我在《三大思想之比觀》一書中的《三家與三方》，更詳細的論道：

……抑吾對於梁先生，猶有未明者：漱溟如謂梁先生不知中國有老、孔、墨三大思想家耶？則彼固常以孔老與墨子對舉而言；若以墨子為不足道與？則彼亦比墨子於西洋思想。西洋思想者，乃彼所謂三方思想中之一大支也。如梁先生既以孔老與墨子對舉而言，則理亦應謂中國思想竟有二派，一為孔老派，一為墨子派。然梁先生未嘗云爾。即以為然，亦為不合：夫孟子不云乎："逃墨必歸於楊，楊朱系代表當時之道家言者逃楊必歸於儒。"此明言老孔墨俱為顯學，而三分當時之天下也。梁先生尚得以為中國思想只有二派，或並以墨子為不足道，而謂只有孔老一派乎？再若梁先生以孔老可合而為一家耶？則吾試問儒家之孟子，亦何必拒道家之楊子，而云"楊墨之道不息，孔子之道不著"哉？而司馬遷不更明而言之乎："世之學老子者則絀儒家，儒學亦絀老子，'道不同，不相為謀'，豈謂是耶！"《史記・老子列傳》是亦可以想見老孔二家之終難合矣！可惜梁先生尚未之見及也。按孔老於孔墨，如就大部分而論，孔子或較近於墨，而較遠於老。參看本書各表及梁任公之《先秦南北二派表》至如韓愈之以孔墨二家相提並論，則又未免太過矣！吾亦無取焉。惟若梁任公先生言曰："春秋戰國間，學派繁茁，秦漢後或概括稱為百家語，或從學說內容分析區為六家九流，其實卓然自樹壁壘者，儒、墨、道、法四家而已。其餘異軍特起，略可就其偏近之處，附庸四家。……以思想性質為序，試取譬於歐陸各國國會席次：則道家其極左黨，法家其極右黨，儒家則中央黨，而墨子則中央偏右者也。"《先秦政治思想史》但若法家之成立，既在三家之後，彼雖雜採三家之學說，惜其不能集三家之大成，終至不此不彼，亦彼亦此，故若比之三家，殆猶未足與語。而李石岑先生亦曰："論到先秦諸子哲學，本來有九流十家之稱；日本人編中國哲學史，且有十三家之目；實則嚴格而論，何嘗有如許家數？至多不過道、儒、墨三家而已。"《人生哲學》雖然，吾所謂三家者，謂在中國思想家中，惟老、孔、墨為最大耳；非敢以為舍此而外，別無他家也。而今李先生輒謂"至多不過道、儒、墨三家而已"，至多尚止於三家；則其意謂尚可以再縮減也，亦自可以想見矣。為此說者，雖未若十家九流諸說之過於荒唐，然亦未免失實矣！"不及"猶"過"之謂也。……直至日前見及朱謙之先生之改正梁漱溟先生之三方面說曰："依我意思，要分別東西文化，根本不同是很難的！如果要分析，也要分析到底：如就中國文化，當中孔家是走第二條路的，老子是走第三條路的，墨子是走第一條路的。……"若其分中國方面為老、孔、墨一說，可謂較與吾同意矣。……

第三章　子學之定義

西洋人的"哲學"，在中國人則叫做"子學"。子是怎樣說的呢？

子就是男子的美稱，凡有學問道德者皆得稱子，如老子孔子墨子之類。其有道德學問的人所著之書，也同樣的稱子，如《莊子》《荀子》《韓非子》之類。子學既然就是哲學，哲學又是怎樣說的呢？哲學一門約可分為三類：一是純正哲學亦稱形而上學，二是認識論，三是實踐哲學亦稱價值論。其在古代，不論宗教、科學、美術、心理、論理、倫理、天文、地理……什麼也歸納於哲學之範圍內。所以有人認哲學為一切學問之母，或叫他做總學問。其在現在，各科都已經先後脫離哲學而獨自成立了。關於哲學的定義，業已略說在"思想與根本"一章中，茲不再說下去了。

第四章　諸子之產生

關於諸子之所以產生，吾曾引《淮南子·要略》而論他道：

文王業之而不卒；武王繼文王之業，用太公之謀……以伐無道，而討不義……欲昭文王之令德……立三年而崩；成王在襁褓之中，未能用事……周公繼文王之業，推天子之政，以股肱周室，輔翼成王……成王既壯，能從政事，周公受封於魯，以此移風易俗。孔子修成康之道，述周公之訓，以教七十子，使服其衣冠，修其篇籍，故儒者之學生焉。

此即有近於吾所謂"有歷史之關係"者。

墨子學儒者之業，受孔子之術，以為其禮煩擾而不說高註《易》也，厚葬靡財而貧民，久久字依王校增服傷生而害事，故背周道而用夏政……故節財薄葬閑服生焉。

此即有近於吾所謂"為他人學說而產出"者。

晚世之時，六國諸侯，谿異谷別，水絕山隔，各自治其境內，守其分地，握其權柄，擅其政令，下無方伯，上無天子，力征爭權，勝者為右，恃連與國，約重致，剖信符，結遠援，以守其國家，持其社會，故縱横修短生焉。

此即有近於吾所謂“為當時社會而產出”者。

秦國之俗貪狼，強力寡義而趨利，可威以刑而不可化以善，可勸以賞而不可厲以名，被險而帶河，四塞以為固，地利形便，蓄積殷富。孝公以虎狼之勢，而吞諸侯，故商鞅之法生焉。關於此所謂地理方面，尚有近人章太炎之詳論曰：“中土農食之資，皆以營作得之，印度則以任運得之，勞力既殊，故惜生捨生之念亦異。……外及遠西人，貴自立，其承祖父遺產者，又視中土為寡，而出世之念幾絕矣。”此說錄之，亦足以補上述之所未及云。

此即有近於吾所謂“有地理之關係”者。

如上所謂歷史、地理、他人學說、當時社會，皆有關係於產出思想；不過或關係其一、或二、或三、或四……之不同耳。而其中似乎關係於當時社會者為尤大。《孔子哲學之真面目》

在古代學術文中的關於論思想之所以發生者，除上錄《淮南子·要略》外；還有《漢書·藝文志·諸子略》總論一段，也說得不錯！這是：

王道既微，諸侯力政，時君世主，好惡殊方。是以九家之術，蠭出並作，各引一端，崇其所善，以此馳說，取捨諸侯。

但也僅止於這一點，至其大部分以九流俱出於周的王官，那就未免如韓非所謂的“非愚則誣”了。今人胡適之已作有“諸子不出於王官論”一文，內容大概是說第一：劉歆以前之論周末諸子學派者，皆無此說也；第二：九流無出於王官之理也；第三：《藝文志》所分九流，乃漢儒陋說，未得諸家派別之實也；第四：章太炎先生之說，亦不能成立。而大夏同學林科棠君，猶覺胡論餘義未盡，旁證尚多，因有“諸子不出於王官續論”一文之作。《大夏季刊》第二期內容也分做四段：（1）諸子出於王官說與劉歆《七略》，（2）諸子出於王官說與《漢書·藝文志》，（3）諸子與王官，（4）諸子與其著作。他第一是認：載王官之說的《周禮》，已經不是真的了；劉歆始表章之就使是真的，而司馬談、劉安也應該看見，何以並無一言及之？第二是說：“《漢書·藝文志》亦信諸子出於王官之說，惟不言某家者流，出於某官；而言某家者流蓋出於某官，此一‘蓋’字，大有注意之價值。《易·繫辭傳》：‘蓋取諸離，……蓋取諸益。……’《論語》：‘蓋有之矣，我未之見也。’《史記·伯夷列傳》：“余登箕山，其上蓋有許由塚云。”此皆想像推度，而有所未定之詞。班氏所謂蓋出於某官者殆疑劉氏之說，故出以想像未定之詞，而云蓋出云。”這驟觀之，似乎很沒有道理；其實也算是一種的發見：如《史記·孟子荀卿列傳》末的“蓋墨翟，宋之大夫。……或曰在孔子時，或曰在其後。”這也是“蓋”為疑詞之一個大明證。而今之《辭源》，於“蓋”字下，亦另有明說：“疑詞。《禮》：有子蓋既祥，而絲屨組纓。《史記》於傳疑之事，多用蓋字，止述之以存疑也。”梁任公亦有“蓋然”與“必然”二語的分別第三是說：作諸子出於王官之說者，亦猶清末一般策論時文，動稱：“疇人子弟，分散四方，歐西聲光化電，原本中國周秦諸子。”第四略謂：“《漢書·藝文志》所列道家著作，其人有遠在老子之前者，如《伊尹》五十篇，《太公》三十七篇，《辛甲》二十九篇，《鬻子》二十二篇，《管子》八十六篇皆是。此等篇什，其亡失者，姑不論；其未亡失者，如《鬻子》，《管子》，後人已確定為偽書；然班氏知為偽托者，必註明於篇目下，如《雜黃帝》五十八篇下注：六國時賢者所作。《力牧》二十二篇下注：六國時所作即是。至《伊尹》《太公》《辛甲》《鬻子》《管子》諸篇，並未有所註明。是班氏信為本著者無疑。伊尹太公等生年死月，皆遠在所謂王官散失之前，何得謂為出自王官？其人皆未為史官，亦與謂史官無涉，又何有所謂歷記成敗存亡禍福古今之道？其說之自為矛盾如此，又無待於吾人之攻擊。”林君之說，總算有點意思，惟其最後總言之：“諸子之淵源，尤當上溯成周以前，攷周以前，朝廷分官守職，見諸載籍，明白可稽者，以唐虞為最，如是則吾人應云儒家出於契，法家出於皋陶，農家出於稷，陰陽家出於羲和，雜家出於龍矣。不云諸子出於上古之王官，而云出於成周之王官，真所謂數典忘祖者。”這一段，比之九流出於成周王官之說，或者高明得多（？）；但也難免如孟子所謂：“以五十步而笑百步”之譏了。林君知王官說所自出之《周禮》為尚屬疑問之書；而不知己說上古王官所自出之《虞書》，亦為後人如孔子等假托之作品。再如林君知罵劉歆、班固的不說“諸子出於唐虞之王官，而說出於成周之王官，為數典忘祖。”而不知自身的不說道家老子出於黃帝，農家許行出於神農，而說農家出於稷……之同一不免為數典忘祖者。但我此處如不加以聲明，恐怕後人又要譏我視林君之說，亦將難免如：以二十五步而笑五十步的了。我認老子出於黃帝，許行出於神農，墨翟出於大禹，孔孟出於堯舜……**亦屬託古改制，而非實出於古**。如孟子說：“有為神農之言者許行”，這就是孟子的知道許行的自假托於神農，而終不敢深信他了。而“孟子道性善，言必稱堯舜”那種情形，也是同樣的令後人看出孟子的自假托於堯舜，而終不敢信以為真了。所以由此看來，與其如劉、班，下至林君所說，諸子出於古代之王官——不論成周與唐虞等——不如從康有為的說諸子都是托古改制好得多。稍換句話說：**與其說由於王官的散失遂有諸子的爭鳴；不如說百家的暴興，由於當時社會的大亂**。諸同學看完本段，最好就是再去參看上頭“中國史學”第二章“史學之起源”，其中所附錄三大思想之比觀“托始的先王”那一段話。

此外如柳翼謀先生的不以康有為、胡適諸人之疑經蔑古為然，獨以為古人古書不可輕疑，而章太炎因比之“鳳鳴高岡”。柳氏有“論近人講諸子之學者之失”一文。胡適之作“諸子不出於王官論”，否認《漢書・藝文志》之說；而柳氏却以為不但劉、班有諸子出於王官之說，就是《莊子・天下篇》也段段說出：“古之道術，有在於是者。”“某某聞其風而悅之。”即《淮南子・要略》中，述儒者之學也說：“修成康之道，述周公之訓”；述墨子之學也說：“學儒者之業，受孔子之術，背周道而用夏政。”因總而論道：“胡氏論學，亦知尋求因果，《中國哲學史大綱》：‘大凡一種學說，決不是劈空從天上掉下來的；我們如果能仔細研究，定可尋出那種學說，有許多前因，許多後果。’而其講諸子之學，則只知春秋時代之時勢，為產生先秦諸子學派之原因：不知有其它之原因。若合《莊子・天下篇》、《淮南子・要略》、劉歆《七略》觀之，則諸子之學，出於古代聖哲者為正因；而激發當日之時勢者為副因。舉副因而棄正因，豈可謂仔細研究乎？”這說自是不為無見；但吾却要反而說道：**諸子出於古代聖哲者，為各家之自假托；而激發於當日之時勢者，為極顯明之事實**。但在柳氏恐不服吾這話，因他接著就說：“蓋中國歷年悠久，事變孔多，豈獨幽、厲以降，天下始亂；諸子起於周末，文周生於殷季，其為夏氏均也。論哲學而斷自春秋，豈春秋戰國之時勢，可以產生哲學思想；而殷商末造之大亂，不能產生哲學思想乎？且由殷周而推至唐虞，推至伏羲神農，均無不通。世亂非一次，故憂世者非僅一時代人，而學術思想之孳乳淵源，乃益釐然可見。”哈哈！這雖可駁那專歸因於時勢者；但若柳氏自身的信那王官說也不見得就很對吧！**請仿用柳氏論法，而去駁柳氏之說**：“蓋中國歷年悠久，代有王官（唐、虞、夏尤顯明），豈獨幽厲以降，王官始見散失？論王官之散失而斷自春秋戰國，豈春秋戰國之王官，可以生哲學思想；而自唐虞至夏殷末造之王官，不能產生哲學思想乎？且由殷周而推至太古各代，均無不通。王官之散失不止一次，故產生諸子亦非僅周末一時代。”由此看來，那位專歸因於時勢，而被駁於柳氏者，固實不對；就是那位專歸因於王官，而駁他人的柳氏，也是同樣的不對。兩造既皆不對，就讓我來打一條通路吧！孔子說：“周監於二代，郁郁乎文哉！”吾們於此，最要知道的，**就是在商殷以前，是有質無文，或“質勝文”的時代；到了周末，才成了“文質彬彬”，或“文勝質”的時代。正因為夏商以前，是有質無文或質勝文的時代，所以每逢天下大亂，只能出了一般能實行無學理的所謂聖帝明王，如堯、舜、禹、湯等；**所謂亂世多英雄**到了周代，尤其是春秋戰國，既是一個文勝質或文質彬彬的時代，所以一經大亂，除一般有實力無學理的諸侯外，**而**竟一般倡學說無實力的賢士哲人，也陪著而並興爭鳴了。**由這一點觀來，**時勢的會生出人才，自文武以前，或自孔孟以後，都是一個樣的；不過在無文化，或文化未甚發達的時代，所出的人物，多屬實行家的帝王；在既有文化，或文化極發達的時代，所出的人物，才是學理家的聖哲，有所不同吧了。**先秦諸子，空前絕後，如漢以還，即已不能出其範圍了**至於周初的那位周公，則為二者之所由分的代表人物。**關於此點，程頤對於其兄顥之死時的一段評論，可供參看。因為周末極有文化，諸子便想去托古以抬高其身價，身價高了然後才好去改制。柳氏如必欲堅持那出自某某的淵源說，則如戰國的那位許行，難道也真出自太古的神農麼？又如耶穌的自托於上帝，難道耶穌的果真出自上帝麼？孟子雖自已也學人的法子去托古以自重的說。“孟子道性善言必稱堯舜”；但他卻懂得極力去揭破人家的黑幕而說：“有為神農之言者許行”，可見許行的出於神農是假的，而其托自神農是真的。農家的許行，既已如此；至於儒、道、墨、法等流的同一個樣，是“托自某某”，而“非出於某某”，也就不難想見了。所以吾說：“**諸子出於古代聖哲者，為各家之自假托；而激發於當日之時勢者，為極顯明的事實。**”如還不相深信，吾可再證之《諸子略·總論》，其上半段說：“王道既微，諸侯力政，時君世主，好惡殊方。”**這便是前因**；其下半段緊接着說：“是以九家之術，蜂出並作，各引一端，崇其所善，以此馳說，取舍諸侯。”這裡的“各引一端”，大概也就是“各托一說”。**這便是後果。後果出於前因；苟無前因，亦無後果**。柳氏為什麼反而說出“諸子之學，出於古代聖哲者為正因，而激發於當日之時勢者為副因”的話來呢？至此，如學者再不相信，則吾最後尚有一個反證：柳氏上面拿《天下篇》的：“古之道術，有在於是者”，“某某聞其風而悅之”來證明《諸子略》的“某家者流，蓋出於某官。”他因此便對於九流之說，益深信不疑；而吾却偏要拿《天下篇》去證明《諸子略》的無根據。如《諸子略》認關、老、莊、周等為道家而說：“道家者流，蓋出於史官”；於墨家說：“墨家者流，蓋出於清廟之守”，這還說得過去。至於《天下篇》却無墨家之名，而有墨禽派、宋尹派二派；無道家之名，而有彭田慎派、關老派、莊周派六派；據梁任公說詳於次章於述各派之先，都有“古之道術有在於是者，某某聞其風而悅之”的一段話，如要盡信《天下篇》的話，那就有墨禽派、宋尹派、彭田慎派、關老派、莊周派五獨立派，皆出於古；豈得如《諸子略》的只有道家出史官，墨家出清廟之守那樣含糊麼？反之：如要全信《諸子略》的道墨二流之說，則如《天下篇》的五獨立派也非否認不可了，**這是《天下篇》與《諸子略》不兩立的地方**。如再合而言之：如墨家設有一派誠出於清廟之守；則其餘各派又將出於何廟之守呢？設道家有一派誠出於史官；則其餘各派又將出於何官呢？又如《天下篇》以尹文與近墨家的宋鈃並論，是認尹文為墨家；而《諸子略》則把他列入“出於禮官”的名家，以示別於“出於清廟之守”的墨家。《天下篇》以慎子與近道家的彭、田並論，是認慎子為道家；而《諸子略》則把它列入於“出於理官”的法家，以示異於“出於史官”的道家。這到底是那一個對，那一個不對呢？**我們益可窺出**

其隨各人的意見，而去妄自揣測了。但猶未止於此，如《天下篇》不合前二派為一墨家，不合後三派為一道家，或者已屬不對；而《諸子略》又以太公為道家，晏嬰為儒家……根本也不相合。且若《天下篇》不能確實的說：“某代某人之道術如此，而今某人傳之”；而只依託的說：“古之道術，有在於是者，某某聞其風而悅之。”《諸子略》不實指的說：“某家者流，出於某官”，而傳疑的說：“某家者流，蓋出於某官。”業已詳上這不是吾說：“是托自某某，而非出於某某”之又一明證麼？若要過於信古，則自神農皇帝而下至於夏商之聖君賢臣所作之書，見《諸子略》我們也要深信不疑才對。如信其說，則是九家之流，已早成立於黃、農、唐、虞、夏、商各代；更可證明諸子出於成周的王官說之無根據了；況若班固也往往自注出“似依託者”的字樣嗎？故如讀《天下篇》，曉得是“某某依託於傳聞之古道術”；於《諸子略》，曉得是“某家者流蓋託於某官”，尚覺說得過去。至於誤認為實出自某某，那就萬不可通了！

他如章太炎的《諸子學略說》裏關於老孔的一段議論，簡直同兒戲一樣，鬼也不敢相信他；惟有梁任公的《中國學術思想變遷史》論周末學術思想勃興之原因一節，尚覺可供參看。

第五章　子學之分類

按古籍中的論先秦學派者，應首推《漢書·藝文志》中的《諸子略》，《史記·自序》中的《論六家要旨》，荀子的《非十二子篇》，莊子的《天下篇》。《諸子略》分為十家，亦稱九流：（一）儒家，（二）道家，（三）陰陽家。（四）法家，（五）名家，（六）墨家，（七）縱橫家，（八）雜家，（九）農家，（十）小說家。《六家要旨》就是（一）陰陽家，（二）儒家，（三）墨家，（四）名家，（五）法家，（六）道德家。《非十二子篇》凡六說，十二家：（一）它囂、魏牟，（二）陳仲、史鰌，（三）墨翟、宋鈃，（四）慎到、田駢，（五）惠施、鄧析，（六）子思孟軻。《天下篇》凡六派，十一人，自身在內：（一）墨翟、禽滑釐，（二）宋鈃、尹文，（三）彭蒙、田駢、慎到，（四）關尹、老聃（五）莊周，（六）惠施。除這四篇最詳細的以外，還有孟子的以儒、墨、楊三者並舉，韓非子的以儒、墨、楊、老四者並舉，《淮南子·要略》中則先舉出太公、儒者、墨子、管子、晏子、縱橫、刑名、商鞅八者，而終及劉安自身。《史記》則以老子、韓非合傳，而以莊子申不害附述於其中；而其《孟子荀卿列傳》中，亦附述騶忌、騶衍、騶奭、淳于髡、慎到、環淵接子、田駢、公孫龍、劇子、李悝、尸子、長盧吁子、墨翟諸人。按《淮南子》與《史記》所論，雜亂無章，無須批評；至於四篇，亦已有梁任公的分別去論牠了：

四篇之論，荀子最為雜亂。荀子北派之鉅子也，故所列十二家皆北人，而南人無一焉。以老子、楊朱之學，如此其盛，乃缺而不舉，遺憾多矣。且所論者，除墨翟、惠施之外，皆非其本派中之祖師也。若乃子思、孟軻，本與荀同源，而其強辭排斥，與他子等。蓋荀卿實儒家中最狹隘者也；非徒崇本師，以拒外道；亦且尊小宗，而忘大宗。雖謂李斯坑儒之禍，發於荀卿，亦非過言也。故其所是非，殆不足採。《藝文志》亦非能知學派之真相者也！既列儒家於九流，則不應別著《六藝略》；既崇儒於六藝，何復夷其子孫以儕十家？其疵一也。縱橫家毫無哲理，小說家不過文辭，雜家既謂之雜矣，豈復有家法之可言？而以之與儒、道、名、法、墨等比類齊觀，不合論理，其疵二也。農家固一家言也，但其位置與兵、商、醫諸家相等，農而可列於九流也，則如孫吳之兵，計然白圭之商，扁鵲之醫，亦不可不為一流。今有《兵家略》《方技略》，在《諸子略》之外，於義不完，其疵三也。《諸子略》之陰陽家，與《術數略》界限不甚分明，其疵四也。故吾於班、劉之言，亦所不取。莊子所論推重儒、墨、老三家，頗能絜當時學派之大綱；然猶有漏略者。太史公談之論，則所列六家，五雀六燕，輕重適當，皆分雄於當時學界中，旗鼓相當者也。分類之精，以此為最。雖然，欲以觀各家所自起，及其精神之所存，則談之言，猶未足焉耳。《中國古代學術思想變遷史》

梁先生的評《非十二子》與《諸子略》的短處，吾尚可無異議；至其說到《天下篇》與《論六家要旨》的長處，吾實在不敢同意。其以"內聖外王之學"為即全指儒家，這惟有康派如康有為陳煥章及梁氏輩是如此說的；至於章太炎（？），便不以為然了。宋鈃、尹文既是墨派，《梁說》那就不應另說於墨翟、禽滑釐之外；彭蒙、田駢、慎到既是老派同上，似亦不必別出於關尹、老聃；莊子本身也是如此。如果要照《天下篇》的分法，把那道墨二派分做墨禽派、宋尹派、彭田慎派、關老派、莊子派五派；據此，則如前章之柳說，更難自成立。則若《諸子略》之九流說，起碼恐也非改分為數十派不能盡，不應分而分之，是《天下篇》不大精當之一。梁先生謂篇中一唱三嘆者，惟孔墨老三家，實亦不見得吧：其對於孔子之處，究竟不是很容易看得出的，至其對於墨翟雖一方面讚美："墨子真天下之好也，……才士也夫"；而另一方面却罵他："不可以為聖人之道，……其去王也遠矣！""亂之上也，治之下也"；這是認墨家為得失各佔半數的。至其述田駢、慎到、彭蒙之處，我們也已可以看出三子的論調，實同道家老莊諸人同一見解：在老子主張："絕聖棄智"，"不尚賢"；而今慎到也說"棄知……而笑天下之尚賢……而非天下之大聖……無用賢聖。"老子主張："常使民無知無欲"；而慎到也說："不師知慮……夫旡知之物，旡用知之累……至於若旡知之物而已。”以及老子的：“飂河上公註本作漂兮若無止”，與慎到的“若飄風之旋”；老子的“反者道之用”，與彭蒙之師的“常反人”；老子的“行不言之教”，與田駢的“得不教焉”；這是慎到之流，同於老子的鐵證。如必欲譏笑“慎到之道，非生人之行，而至死人之理”；則老子之道，亦何得獨免被譏笑於豪傑呢？再若三子主張：“齊萬物以為首……舍是與非……不知前後……莫之是，莫之非……”而莊子自身著書不是更以“齊物論”名其篇麼？如譏人家為“其所謂道非道，而所言之韙不與於非，彭蒙慎到不知道”；那麼莊子就無異於以自己而罵自己了。莊子原與三子同是道家之信徒；而今《莊子》的《天下篇》，對於三子卻“強辭排斥與他子等，……非徒崇本師以拒外道，亦且尊小宗而忘大宗，……其所是非，殆不足採。”用梁語不是正同那“儒家中最狹隘”的荀子之極力攻擊子思、孟軻一樣嗎？假使梁先生而今尚在，恐怕亦將再來一個如下的情景：“明末大探險家、大地理學者徐霞客，卒後其摯友某為之作墓誌，宜若最可信矣！一日，吾與吾友丁文江談及霞客，吾謂其曾到西藏，友謂否，吾舉墓銘文為證，友請檢《霞客遊記》，共讀乃知霞客雖有遊藏之志，因病不果，從麗江折歸，越年餘而逝。吾固悔吾前此讀遊記之粗心，然為彼銘墓之摯友，粗心乃更過我，則真可異也。”《中國歷史研究法》哈哈！我的讀書，本來就粗心了；不料梁先生的“粗心，乃更過我，則真可異也。”詳此以為一般讀書作書者戒。《莊子·天下篇》，惟有對於關尹、老聃二人，真的完全讚美，如說：“可謂至極！關尹、老聃乎！古之博大真人哉！”《天下篇》的以道家眼光去批評他家，而又攻擊本宗的田、彭、慎三子，顧實《莊子·天下篇講疏》自序亦云：“試讀《天下篇》……其立言之明確，雖孟軻、荀卿、司馬談、淮南王、劉向、劉歆、揚雄、班固之徒，無其公允也。”其言殊無根據這就是《莊子·天下篇》的大不精當之二。觀於上述二點，就配不上梁先生瞎吹溢美它的“實能知學界之大勢”了。但梁先生的稱許《莊子·天下篇》，還不如其讚美司馬談的《論六家要旨》；而吾卻反而更不敢承認其說：如《六家要旨》中的對於陰陽、儒、墨、名、法五家有褒有貶，我們尚可以無異議；至其談到什麼“道家……因陰陽之大順，採儒墨之善，撮名法之事……無所不宜。”那就比莊子的“是”“非”他家他人，而認關尹、老聃與自身的為皆是而無非，還太過了。除此以外，他如陰陽家實非其餘五家之比，所以其實只有五家，此吾第一步之觀察。如名家亦可附入墨家，所以結果只有四家，此吾第二步之觀察。其能獨自成立者，實惟儒、道、墨三家；至於法家則較晚成，多所應響。常乃悳謂韓非乃集中國古代哲學之大成者，其言殊無根據。實僅對於三家皆有應響而已。（詳後“韓非與三家之異同”。）吾們亦得謂古代之雜家，乃諸子之雜家；韓非為三家之雜家，宋明理學為儒、道、釋之雜家。惟韓非與理學為雜中之尚能自成一派者；非前此之雜家可比。此吾第三步之觀察。餘已於本篇第二章中。獨不知梁先生何以說出：“輕重適當……旗鼓相當……分類之精，以此為最”的話來？以大名鼎鼎的梁先生，而看《天下篇》和《六家要旨》那兩篇普通的文字，而竟還提出上頭適與事實相反的評論，這真令人百思莫解了！恐其誤人，故詳為辨證於上。

上面所說，係用極嚴或較嚴的眼光去分別的；如很隨便的看來，則如呂思勉的話，似乎尚覺說得過去，他的話是：

> 雜家不能稱家；小說家只是收輯材料，不能稱學；術數一路，包括天文學、歷學和古代的宗教學，亦不能出於陰陽家以外；方技四家，實在只算得一個醫家。醫經是醫藥，經方是藥物學，房中是專研究生殖一科的，神仙雖然荒唐，卻也以醫學為本，所以現在的《內經》屢引方士之說，後世的方士也總脫不了服食等事。與縱橫家、農家、兵家都在司馬談所論六家之外，所以我國古代的學術有：儒家偏於倫理政治方面、道家偏於哲學、陰陽家古代的宗教家言包括天文、律歷、算術等學、法家偏於政治法律方面、名家近乎倫理學、墨家也在倫理、政治方面，而敬天、明鬼比起儒道兩家來，宗教臭味略重、縱橫家專講外交、農家、兵

家、醫。可惜呂君不知儒家於“倫理政治”之外，尚極注重教育；墨家對於“宗教”，過於其“倫理（?）政治”。道家打倒一切迷信，與道教不同儒家也不信鬼，安得謂“比儒道兩家宗教臭味略重”。各點俟後另詳，此刻暫不用說。

第六章　四家與四學

我在上頭，已經說過：如嚴格去分別，則先秦的思想，只有道儒墨三大家；如稍寬一點來說：那就於三大家外，還有一個法家，也是站得住的。現在就從此後說吧：**這道、儒、墨、法四大學派，可以代表先秦的諸子；而先秦的諸子，又可以代表中國的思想界；而其中創始或整合的老、孔、墨、韓**——老、墨創始，孔、韓集成——**四個人，更可代表道、儒、墨、法四大學派**。大氐道家思想，大部分是屬於純正哲學的；儒家思想，大部分是屬於人生哲學的；或狹一點說做倫理學墨家思想，大部分是屬於宗教哲學的；法家思想大部分是屬於政治哲學的。這四家與四學，各有各的特色，誰也不肯多大讓步於誰。好了！我現在來把他詳細的分述於下面吧。

第一節　道家老子多屬純正哲學

第一段　純正哲學

（1）老子《道德經》與孔子《易傳》之比較研究

老子為道家之宗師，而《道德經》尤為老子之代表作品。(?)《道德經》只五千言，看來是很容易讀的；但在實際上，反比那儒家的十三經，還難得其究竟。《道德經》外如《易經》，也是一部不好懂的。我本來最怕的，就是這二書，因為讀那“聽之不聞其聲，視之不見其形，迎之不見其首，隨之不見其後”的宇宙論本體論，不比可以經驗證明的實用科學；就是實踐倫理方面，雖時也有一種很奧妙的道理，但終有學習教示的可能。至於那本體論，既然無從經驗，又無法學習，於是便隨各人的亂想，而去亂說了。不論在彼自身，說得怎樣的微妙；而在一般平常人，總是老不會入耳的；或者反要去罵他一聲“瘋癲”“鬼話”。我到了後來，慢慢地把那《老子》《周易》二部書，詳詳細細的讀來讀去，才知道他的玄理，原來也是很容易懂的；不過經過後來他們的信徒，要極力把他們的宗師提高起來，於是便要談到給人家不懂，才算得極其高妙。其實這轉可看出他的“博而寡要，勞而無功。”胡適之說得好：“《易經》這一部書，古今來多少學者，做了幾屋子的書，也還講不明白，我講《易經》，和前人不同：我以為從前一切河圖洛書，讖緯術數，先天太極……種種議論，都是謬說；如今要懂得《易》的真意，須先把這些謬說掃除乾淨。我講《易》以為一部《易經》，只有三個一本觀念：（一）易，（二）象，（三）辭。”《中國哲學大綱》不過《易經》還有一個基本觀念，這便是“占”了！後人不要因為他的“占”帶了迷信，而不承認他。如《繫辭》便以這個“占”與易，辭、像三者相提並論，道：“《易》有聖人之道四焉者，以言者尚其辭，以動者尚其變，以製器者尚其象，以卜筮者尚其占。”“是故君子居則觀其象，而玩其辭；動則觀其變，而玩其占。”而我更敢說：**一部《易經》，除了那乾坤、陰陽、剛柔、天地、日月、男女、寒暑、屈伸、上下……一類兩性相配的觀念以外，實在沒有旁的好東西；就使有，也比不上那兩性相配的觀念之重要。**據我看來：**咸卦可代表六十四卦，而其中的九四一爻，尤可代表六爻。**全卦如咸卦的彖辭說：“咸，感也。柔上而剛下，二氣感應以相與……男下女。……天地感而萬物化生，聖人感人心而天下和平，觀其所感，而天地萬物之情可見矣。”這是何等的重要！而孔子於《序卦》裏，更殷勤深述其義說：“有天地然後有萬物，有萬物然後有男女，有男女然後有夫婦，有夫婦然後有父子，有父子然後有君臣，有君臣然後有上下，有上下，然後禮義有所錯。”可見萬物都是由天地而來的，而各倫君臣、父子、兄弟、朋友**都是由男女而出的**。是雖區區一個咸卦，實則凡百攸關，可以代表六十四卦。至於本卦，孔穎達也說：“取喻一身。……”其中間的“九四”一爻，王弼更明白地說；“處上卦之初，應下卦之始，居體之中，在股之上，二體始相交感，以通其志，心神始感者也。……”這還不是“九四”一爻，可以代表全卦嗎？一部經幾千年弄不清楚的《易經》，一到我手，就簡到如此，明到如此了。我有《周易哲學》一篇，附於《孔子哲學之真面目》一書之後，可參看。《易經》原來既是這樣簡明的；我們現在來看看《道德經》吧：從來一般學者，認《易經》是《老子》的來源，也有用《老子》去解釋《易經》的，如《易經》說：“易有太極，是生兩儀，兩儀生四象，四象生八卦”；而《老子》也說：“一生二、二生三，三生萬物”，這都是由簡而繁的觀念，其同一也。《易經》動輒講：乾坤、陰陽、剛柔、天地、日月、男女、寒暑、屈伸、上下、高卑、貴賤、吉凶、禍福、善惡……那一類的相對名詞；而老子也常闡明：剛柔、牝牡、雌雄、損益、善惡、美醜、禍福、利害、先後、曲直、窪盈、敝新、多少、大小、有無、難易、長短、高下、前後、虛實、強弱、智愚、古今、清濁、靜動、重輕、昭昭昏昏、察察悶悶、歙張、興廢、奪與、厚薄、實華、白黑、進退、得亡、巧拙、辯訥、親疏、貴賤、明愚……那一類的相對說，其同二也。有此二證，自可以證明《易經》與《道德經》兩書是一樣的，而老子和孔子的觀念是相同的了。甚至有《易經》出於老子，而非孔子所作之說但吾無論如何，總是不以為然的！我或者會證出其相反的地方來，也說不定：其第一點，無關重要，可以不說。其第二點，那就非詳細的去說不可了：如拿剛柔來說，則《易傳》的"夫大人者，與天地合其德"，與老子的"人法地，地法天"，其皆要取法天地，這是很相同的。若進而看《易傳》的"天行健，君子以自強不息"，"大哉乾乎，剛健中正"；與《老子》的"天之道不爭而善勝，不言而善應"，"天地之間，其猶橐籥乎"；**那就一為剛强，一為虛空，適成個反比例了**。再拿男女來說，則《易傳》認"坤……後得主而有常，……坤道其順乎，承天而時行……陰雖有美含之，以從王事，弗敢成也，地道也，妻道也，臣道也，地道無成。"因此便出男貴女賤，夫為妻綱之主張；而老子却反而說："天下之交，天下之牝，牝常以靜勝牡，以靜為下"，"知其雄，守其雌"，"元牝之門，是謂天地根"，"柔弱勝剛强"；**其貴雌賤雄，雌為雄主，適與孔子相反**。他如《易傳》的："立人之道曰仁與義"；與老子的"絕仁棄義，民利百倍"，"民至老死不相往來"。《易傳》的："君子進德修業"，"學以聚之，問以辨之"；與《老子》的"為道日損，損之又損，以至於無為"，"絕學無憂"。《易傳》的"元者善之長也……利者義之和也"；與《老子》的"皆知善之為善，斯不善矣"，"絕巧棄利"。《易傳》的"善不積不足以成名"；與《老子》的"道尚無名"，"道隱無名"。《易傳》的"天尊地卑，乾坤定矣，卑高以陳，貴賤位矣"；與《老子》的"不可得而貴，不可得而賤，故為天下貴"。《易傳》的"積善之家，必有餘慶，積不善之家，必有餘殃"；與《老子》的"天地不仁，以萬物為芻狗"，"禍兮福之所倚，福兮禍之所伏"，"天之所惡，孰知其故。"但老子卻也會說過"天網恢恢，疏而不失"。"系後人補天道無親，常與善人。"自相矛盾，極不一致，想入所致。……由上頭所舉出的例子看來，**就可以知道《易傳》確是儒家思想，而與《道德經》確是互相反對的**。李石岑《人生哲學》卷上《中國哲學方面之觀察概說》，廣引古來之論易者，而強說《易傳》非儒家思想，實在未免太瞎說了。我現在可以肯定的說：**老子的思想是陰性**

的，負面的思想；而孔子的思想，則為陽性的，正面的思想。 記得姚鼐、曾國藩對於古來文章，也分做陰陽、剛柔兩大派。又如梁漱溟雖也曾道及孔子的貴剛，可惜終未說出其究竟或證據來 觀于《史記》載老子所教訓孔子的話——“吾聞之良賈深藏若虛，君子盛德容貌若愚，去子之驕氣與多欲，態色與淫志，是皆無益於子之身。”——也可以證明這二人的站在相對的兩邊了。我因剛才證明《易經》非道家思想，而聯想到一部《禮記》去，如《禮運篇》中的大同說，自呂東萊、朱晦庵、胡明仲、李邦直，至今人吳虞、陳獨秀、梁漱溟等，皆極懷疑，而認為是出於道家老子的，而吾前此也曾附和他們。但現在已稍有轉變了，以為儒家雖大部分是主張小康之說；但如今《禮運》大同說中所說的“選賢與能，講信修睦，故人不獨親其親，不獨子其子”那幾句話，明明不合於老子所說的“不尚賢，不使能”，“鄰國相望……民至老死不相往來”；而確合於儒家所提倡之愛人的仁，與其人賢政治。假使世人說大同說出於尚賢兼愛的墨家，可看《墨子》、《兼愛》、《尚同》、《尚賢》等篇 那我尚敢深信他；而今認道家有此大同說，實在未免太不顧事實了。

（2）老子的宇宙論

孔子《易傳》和老子《道德經》根本就不相同，既經吾在上面的詳為證明過；那現在就要談到本問題了；老子說：“有物混成，先天地生，寂兮寥兮，獨立而不改，周行而不殆，可以為天下母，吾不知其名，字之曰道，強為之名曰大。”二五 這是說在未有天地以前，就有一種的東西了，那種東西就是天下一切所由出的。但那種東西究竟不知道是什麼，而今只好暫字之為“道”而強名之為“大”。那麼“道”又是怎麼樣呢？他說：“道之為物，惟恍惟惚，惚兮恍兮，其中有象；恍兮惚兮，其中有物；窈兮冥兮，其中有精；其精甚真，其中有信，自古及今，其名不去，以閱眾甫，吾何以知眾甫之狀哉？。”二十一 又說：“道沖而用之，或不盈，淵兮似萬物之宗……吾不知誰之子，象帝之先。”四這也說不出其究竟來，只能這樣的去想象他。這就是“道”的大概情形了。至於那個“大”字呢？他也下個定義道：“萬物歸焉而不為主，可名為大。”[三四]這就是他的所以為“大”了。“道”與“大”既如此，又怎樣叫做“混成”呢？他說：“視之不見名曰夷，聽之不聞名曰希，搏之不得名曰微，此三者不可致詰，故混而為一。其上不皦，其下不昧，繩繩不可名，復歸於無物，是謂無狀之狀，無物之象，是謂恍惚。”[七四]那種東西，似有似無，無中之有，不得視聽搏，故說不出來，由此看來，一切的現象，都是由於那為天下之母，而早在天地以前的“本體”而來了。他於是便再明白的把那“本體”與“現象”分開來說：“道可道非常[常同尚，尚訓上]道，名可名，名非常名，無[頓]，名[動詞]天地之始，有，名天地之母，故常無[頓]，欲[動詞]以觀其妙；常有，欲以觀其徼；此兩者同出而異名，同謂之玄，玄之又玄，眾妙之門。”其頭尾是說：最重要的最微妙的，就是那本體；尤其是那**本體中之本體**。而那種本體原是不可道[說]，不可名的；若可道可名的，那就不是上道上名了。那中間是說未有現象之先為“本體”，“本體”可名為“無”，自有本體之後為“現象”，“現象”可名為“有”，以“有無”代表，“現象”、“本體”。其在他處所說的：“為道日損，損之又損，以至於無為，無為而無不為。”[四八]正同這裏說的“玄之又玄，眾妙之門”一樣在他根本認“現象”是由於“本體”而來的，如說：“天下萬物生於有，有生於無。”可見無的比有，貴重得多了！他既極力讚美那“本體中的本體”，故終主張：“執古之道，以御今之有，能知古始，是謂道紀。”“天下有始，以為天下母；既得其母，以知其子；既知其子，復守其母，沒身不殆。”這是**要扒開現象，而去取法本體的**。他更說道：“致虛極，守靜篤，萬物並作，吾以觀復。夫物芸芸，各復歸其根，歸根曰靜，是謂復命，復命曰常。”[十六]這是說本體是靜的，現象是動的，現在既已到“有”的境界了，將來自然有再歸於“無”之一日。**起先既由無而有，結果也由**

有而無，可見無的為時極久，而有的為時很暫了。試看他更常說："復歸於無極……復歸於樸"，[二八]"復歸於無物"[見前]，"各復歸其根"，"復歸於嬰兒"，[二六]"復歸其明"，[二五]"其事好還"。[三十]如不相信，他還曾說過："物壯則老，是謂不道，不道早已。"[三十五]"出生入死"，[五十]這是說：物生就快到壯，壯就快到老，老就快到死，所以有出便有入，有生便有死，他懂得這個道理，所以非常達觀而說："死而不亡者壽"，[三三]"善攝生者……以其無死也。"[五十]"夫唯無以生為者是賢於貴生。""吾所以有大患者，為吾有身；苟吾無身，吾有何患？"[十三]"天地所以能長且久者，以其不自生。"[七]這便是說：雖生而不自以為生；故無所謂生；雖死而不自以為死，故無所謂死。"死歟！生歟！天地並歟！"[用《莊子》語]**不過老子因為看重本體……而討厭現象……的原故，故如以小孩與壯老而論：他就喜歡起先的小孩，而討厭後來的壯老。再如以愚人與聖智而論：他也喜歡起先的愚人，而討厭後來的聖智。**[另詳下段]**再如以多少而論：他也喜歡起先的少，而討厭後來的多**。如說"道生一，一生二，二生三，三生萬物。"[四二]"少則得，多則惑，是以聖人抱一為天下式"。[二二]"昔之得一者：天得一以清，地得一以寧，神得一以靈，谷得一以盈，萬物得一以為天下貞，其致之也。"[三九]這個"一"的可愛處，也就是因其為數之極少，而物之始祖。如從另一見解看來，則如"一"與"少"之數，亦不失為一切之基礎，如說："合抱之木，生於毫末；九層之台，起於累土；千里之行，始於足下。"[六四]萬生於一，多起於少，也和有始於無一樣。**再如以有無而論：他也喜歡起先的無而討厭後來的有**。觀其所說：無知、無欲、無名、無為、無身、無物、無狀、無有……那一類話，就可以知**其為極端的"無"化——本體化——了**！這還不大明瞭，請再接著看下去。

第二段　自然化的人生觀

我曾在南京《京報副刊》裏發《老子的理想人世》一文，十八年四月二日現在盡可隨便的把它全篇抄來於此，充作這題“自然化的人生觀”。

我們如要知道：老子對於這個人世怎樣主張的話，那麼就應該先去看他的對於宇宙萬物方面，究竟是說什麼話：

老子的觀察天地說：

天地之間，其猶橐籥乎：虛而不屈，動而愈出。五

天之道：不爭而善勝，不言而善應，不召而自來，默然而善謀。七三

他的觀察萬物草木……說：

人之生也柔弱，其死也剛强；萬物草木之生也柔脆，其死也枯槁；故剛强者死之徒，柔弱者生之徒，……强大處下，柔弱處上。七六

牝常以靜勝牡，以靜為下。六一

他的觀察江海……說：

江海所以能為百谷王者，以其善下之，故能為百谷王。六六

天下莫柔弱於水，而攻剛强者莫之能勝。其無以易之，弱之勝强，柔之勝剛。

他的觀察風雨……說：

飄風不終朝，驟雨不終日，孰為此者？天地！天地尚不能久，而況於人乎？二三

他的觀察車器……說：

三十輻共一轂，當其無，有車之用；挻[1]埴以為器，當其無，有器之用；鑿戶牖以為室，當其無，有室之用；故有之以為利，無之以為用。十二

[1] “挻”據通行本《道德經》爲“埏”。——編者註

老子以為：在天地間，凡百事物，尚且這樣的無為、不爭、柔弱、靜寂；……其間雖有像風的飄和雨的暴……也不能持久；他若剛强者死，有餘者損；……那麼吾人的生於世上，應該怎樣取法，也就可想而知了！

老子的觀察宇宙萬物，所得結果，既如上頭所說；現在我們可以直講他所理想的人世的要點了。但是還要先去看他的對於一般世人所說的一切善惡、美醜、真偽……究竟是怎麼樣的？

老子以為：**善惡是相因的，得失是相反的，是非是相成的；……與其有善而有惡，有得而有失，有是而有非；……不如無善以無惡，無得以無失，無是以無非**……所以他說：

天下皆知美之為美，斯惡已；皆知善之為善，斯不善矣，故有無相生，難易相成，長短相較，高下相傾，音聲清濁相和，前後相隨。二

唯之與阿，相去幾何？善之與惡，相去若何？二十

故物或損之而益，或益之而損二四。

其政悶悶，其民淳淳；其政察察，其民缺缺，禍兮福之所倚，福兮禍之所伏。孰知其極？其無正邪？正復為奇，善復為妖，民之迷，其日固久。五八

他既然這樣說，所以如要去惡，就應絕善……如不尚善，自然無惡……你不相信麼？請往下看吧：

不尚賢，使民不爭；不貴難得之貨，使民不為盜；不見可欲，使民心不亂。為者敗之，執者失之，是以聖人無為故無敗，無執故無失。六四

老子因此，就更進一步，**獨自以失為得，以退為進，以無為有，以虛為盈，以約為泰；就是得亦若失，進亦若退，有亦若無，實亦若虛，泰亦若約**……例如他說：

曲則全，枉則直，窪則盈，敝則新，少則得，多則惑。……不自

見故明，不自是故彰，不自伐故有功，不自矜故長。夫唯不爭，故天下莫能與之爭。二二

明道若昧，進道若退，夷道若纇，上德若谷，大白若黑辱，廣德若不足，建德若偷，質真若渝，大方無隅，大器晚成，大音希聲，大象無形，道隱無名，夫唯道善貸且成。四一

老子於是就再拿自身和世人，所與他相反的，來比較一下，以便判斷兩方的得失：

勇於敢則殺，勇於不敢則活。七三

甚愛必大費，多藏必厚亡；知足不辱，知止不殆。四四

天下有道，却走馬以糞；天下無道，戎馬生於郊。四六

以智治國，國之賊；不以智治國，國之福。六五

上德不德，是以有德，下德不失德，是以無德。三八

現在我們真的可由題前以入題了。請先講他的"理想世"，然後再講他的"理想人"。但如老子對於世間，種種的主張，並不是一二句話所能說完的，現在為篇幅所限，無法詳述；不過是要知道凡功名、富貴仁義、禮法、美術、語言、智識、經驗……近世所說的進化文明，沒有一件不見痛斥於老子的。**因為老子確認一切罪惡都是近世所說的什麼進化文明所造出來的，所以如非極力去排斥牠，就沒有希望恢復原狀——太古的至治。因此老子心目中唯一的"理想世間"**便可以知道了！他說：

小國寡民：使有什伯之器而不用，使民重死而不遠徙，雖有舟輿無所乘之；雖有甲兵，無所陳之；使民復結繩而用之。

至治之極：民各甘其食，美其服，安其俗，樂其業，鄰國相望，雞狗之聲相聞，使民至老死而不相往來。八十

他的"理想國"，既是這樣的，請再去看他的"理想人"，以便合

起來，整個的說一說。老子說：

專氣致柔，能嬰兒乎？（十一）

常德不離，復歸於嬰兒。（二八）

我獨泊兮其未兆，如嬰兒之未咳❶。（二十）

這是說吾人要同“嬰兒”一樣的。再看下面所說的“赤子”吧：

含德之厚，比於赤子：毒蟲虺蛇不螫，猛獸攫鳥不搏，骨弱筋柔而握固，未知牝牡之合而朘作，精之至也！終日號而嗄不嗄，和之至也！……物壯則老，謂之不道，不道早已。（五五）

這是說我們要同“赤子”一樣的。（赤子與嬰兒一而非二）再看下所說的“愚人”吧：

眾人皆有餘，而我獨若遺，我愚人之心也哉！沌沌兮！俗人昭昭，我獨昏昏；俗人察察，我獨悶悶；眾人皆有以，而我獨頑且鄙。（二十）

“嬰兒”、“赤子”、“愚人”這一類的東西，不是俗人所最討厭的麼？可是一到老子的眼中，就特別的寵愛他，說他是個人生的好模範，這就是老子心目中唯一的“理想人生”。

總而言之：**老子雖然不喜歡生在這個時代，但也不像佛氏的一味厭世；在他的心目中，不過要使後世返於天生自然的原始時代罷了。又他雖然不喜歡做現象的人，但也不像佛氏的一味絕生；在他的心目中，不過要使人人“不識不知”，無憂無慮，既無所欲，亦無所求，知足知止，自然而然，一如他所說的“嬰兒”、“赤子”、“愚人”罷了。要之**，佛氏脫生而去世，**老子忘其生而遊於世**，佛氏是厭世的，不是僅僅厭時；老子是厭時的，還談不上厭世，相近而不相同。這一點是學者所應該特別注意的。

老子的態度，已經表明。然將何以實現其理想？又何以竟成其適與相反的現狀？這種問題，最堪注目，而他安得置若罔聞？是今人如

❶ 據通行本《道德經》，“咳”當爲“孩”。——編者註

蔡孑民先生說他所論的缺點；梁任公先生說他是個“反自然”諸說之所由來的。但是出自老子那個怪人，論理是應該這樣的，為什麼緣故呢？老子不像結果論者——如墨子語語都有他的所以然的理由在裏面(？)，以故或者可以少免蔡先生缺點之責(？)。至老子所說的自然，是要共同維持這個天地生成的自然界的自然，並不是以一個人情或物慾來論的，以故似亦可免梁先生“反自然”的責備。前的一說，可以不用再說了；而後的一說，還要約略的說一說：按吾人所說的“自然”，大抵可分做二項：一是指出乎原來的天的，一是指出乎後來的人物的。**前者亦可以說是天然，後者亦可以說是人情物慾。前者比方天地生成的，叫做自然；如再改造；就說他做失其自然了。後者比方人生有欲的叫做自然；如節制之；就說做反其自然了。那麼要順乎前者的自然，就要反乎後者的自然，這就是老子所說的；要得了後者的自然，就會失了前者的自然，這就是梁先生所說的。**老子所要講的，是屬於天道的，本體的……一般世人所要講的，是屬於人道的，現象的。……所以老子曾說：“天之道，損有餘而補不足；人之道則不然：損不足以奉有餘；孰能有餘以奉天下？唯有道者！是以聖為而不恃，功成而不處（又曰功成身退，天之道），其不欲見賢”。這就是老子所以要順乎天，而反乎人的。他又說道：“以輔萬物之自然而不敢為”，這又是老子所以要維持自然界的自然，而制止人情的自然的。他又說道：“人法地，地法天，天法道，道法自然。”這更是老子所以要使人而法天……的。**道家以天道為至上，故要使人體天然，而不顧人情。儒家則以人道為切實，故要講人而不談天。**荀子所說的：“道者非天之道，非地之道，人之所以道也。”“莊子蔽於天而不知人”——楊註“天謂無為自然之道”——就是這個道理——荀子是當時的儒家大師，莊子是當時的道家鉅子，莊荀二子，可當做當時二派的代表人——老子的可以承受梁先生所加“反自然”三字者在此；而其不承認胡適之、梁任公二先生所解“自然”為“自己如此”者，亦在乎此。大家要是還未十二分明白的話，那我就再來作個證明吧：如**隨人所欲，欲愈大則應付之物亦愈不足，不足則必更設法之於自然界，所謂“人工造作”，所謂“征服自然”，於是就實現，而自然界也就失所自然了。所以老子寧反今人所說的人情的自然，而存此天地生成的自然界的自然**，如**梁先生所說的自然，實在難免乎反此天地生成的自然界的自然，而只顧一人情的自然**。近世西方所說的物質文明，就是這個例子。**這是老子所以極端反對人為的物質，而被自然征服的原故**。學者試看**老子的“理想國”，要使“今”以復“古”：古者正為其不失原狀，原狀者正為其不失自然；其“理想人”，要去“智”而歸“愚”：愚者亦為其不失原狀，原狀者亦為其不失自然。“古”之漸流便成個“今”，“愚”而再染就成個“智”，是“今世”“智人”，都失其本來的真面目了**。要知道老子的思想，就要於此中求之。至此說的是否可能實現，那又屬諸另一問題了。

第二節　儒家孔子多屬人生哲學

第一段　人生哲學

本大學孫德謙同事，他的《國學大綱講義》裏說：“孔子之道，非儒家所能該；……凡儒道名墨皆是專家之學，孔子則無所不包。”按這種論調，正和道家信徒的《論六家要旨》，以道家包各家之所長，同一失於“感情作用”。又其意，是說孔子大於儒家，儒家小於孔子：好比有人以為某一個中國人可以包括中國，比中國大；中國不能包括某一個中國人，比某一個中國人小。這豈不是“是非顛倒”麼？在吾則反而說：孔子乃儒家中之一祖師，**儒家可以包括孔子；不過孔子也可**

以代表儒家。至章學誠以為：“集大成者乃周公而非孔子”。吾亦以為：須分別觀之，儒家自應以周孔二人為祖；**惟周公多在制度或實行方面，而孔子則多在學說或理想方面**。《淮南子》說：“周公繼文王之業，持天子之政，以股肱周室，輔翼成王，……成王既壯，能從政事，周公受封於魯，以此移風易俗。孔子修成康之道，述周公之訓，以教七十子，使服其衣冠，修其篇籍，故儒者之學生焉。”**可知非有周公在先，固不能出孔子於後；如無孔子之學，則周公之業亦莫由明。要之，周公系實行家，而孔子則學問家**。吾今講學理，故以孔子為儒家之代表——認孔子為集儒家學理之大成者。

關於這部，我前在北大研究所國學門，曾作有《孔子之人生哲學》一書，現在已把他擴大，改名為《孔子哲學之眞面目》了茲請將其極有關係之各要點，隨處節錄出來。試問孔子為什麼最注重這人生哲學呢？或狹一點而說倫理。至胡適之認倫理學與人生哲學為名異實同，則未免失之。我曾說道：“儒家孔子對於研究凡宇宙間一切問題，固自有次第；而其對於解決其中之人生一切問題，更有其次第。如《大學》所謂：‘物有本末，事有終始，知所先後，則近道矣。’反而言之：‘其本亂，而末治者否矣。’……蓋如世人每多喜談天講物；以孔子觀之，則以為人之為人而不知，則侈談玄理，好高鶩遠，究竟有何所裨？如欲究物，亦當先知其所以為人之道而後可。梁任公亦嘗言曰：吾儕若離卻人之立腳點，以高談宇宙原理，物質公例，則何所不可？顧儒家所確信者以為：‘人能弘道，非道弘人。’故天之道，地之道等等，悉以置諸第二位；惟以‘人之所以道’為第一位。又曰：“研究人之所以為人者為其範圍。”質言之：**則儒家舍人生哲學外無學問，舍人格主義外無人生哲學也**……明乎此根本要義，始可與討論孔子之人生各種見解。換言之：孔子對於解決人生一切問題，率從根本上著想。”“‘以凡宇宙間之一切問題論，則以其中之人生一切問題為最重要；以人生一切問題論，則亦可舉數例以明之：如欲愛人則必先以孝親為之本，如欲治國則必先以齊家為之本，如欲化人則必先以修身為之本。……'‘木之茂者必固其根本，欲流之遠者必浚其泉源’，豈謂是耶！”儒家既舍人生哲學外無學問，舍人格主義外無人生哲學。那麼其最要緊的人生哲學和人格主義，到底是怎麼樣呢？據我看來：他大概有個三五主義；詳細的說，就是所謂五常的理想人道，五倫的人倫觀念，五儀的人格標準。**前的五常，是理想的道；後的五倫五儀，是理想的人。**正因為儒家對於道理有種稱[1]的名稱——如仁、義、禮、智、信、忠、恕、中庸、勇、孝等——而其人生遂也從而有種種的等級。——如善人、士、君子、聖、賢；及君、臣、父、子、夫、婦、兄、弟、朋友等——換句話說：既有各種做人生的道理，自有各種做道德的名稱。但像這善人、士、君子、賢聖……的五儀，與君、臣、父、子、夫、婦、兄、弟、朋友……的五倫，究竟也有個分別，這個分別就是所謂五倫或人倫是屬於橫的一方面，比較普遍；而其所謂五儀或人格，那就屬於縱的一方面，比較特別了。**人倫之部，是就自然制度上而言；人格之部，則就修養品性上言之。前者好比同時兼有四方，後者好比慢慢自下進上。**要這人倫人格二者，都是來自人道的。這就是三者的大概情形，請再分述之於下：

(1) 盡善盡美的人道觀念

古來一般思想家，大概至少也有一個理想的道理，例如：管仲的以禮義廉恥為國之四維，墨翟的兼愛、交利、義正、天志等，釋迦的慈悲，耶穌的博愛，希臘人的公平節、慾、勇、智四大德，法國革命的平等、自由、博愛三口號……一類便是；而今儒家當然也不能獨自例外。甚至比別家更多，也說不定。按儒家所聯言的術語，在孔子時只有智、仁、勇三達德；到孟子時才有仁、義、禮、智的四端，至董

[1] “稱”據下文當作“種”。——編者註

仲舒時更有仁義禮智信的五常。杜亞泉的《人生哲學》，以鄒衍提倡仁義禮智信五常，不確。不但五德未必是指仁義禮智信；就是一切經史裏所說的五什麼，都無定說。董仲舒的五常，雖最完備；然儒家的主要道德，也有不在於其中者：如與仁、智並稱的勇便是；就是三德四端五常之外，還有幾個極重要的道德如忠恕亦可簡稱為恕，中庸亦簡稱中那兩個觀念，就幾乎等於為五常首袖的仁了。

仁大概就是人道仁人便是完人**，人類特有的高尚生活，人群相處應有的行為**。至於漢人的只以恩愛當仁，實在未免視之太狹；宋人的以萬物與我為一為仁，則又未免視之太廣。不但程顥、楊時、呂大臨等欲與萬物為一體，是以佛學眼光解釋仁；和儒家所主張的“親親而仁民，仁民而愛物”的差等愛不合；即若賈誼、揚雄等謂仁即兼愛，是出於墨家眼光，亦屬不對。漢宋人的解釋仁，**既失之寬的太寬，狹的太狹**，換句話說：就是**漢人拘於情，而宋人拘於理**，情如愛之類，自董仲舒、賈誼、揚雄，至鄭玄、許慎，下至唐人韓愈，都是犯了這個毛病的；至於宋人的拘於理者，如程頤、謝良佐、呂大臨、李侗、朱熹等是。要之，這個仁不但為諸德之首領，並且可包括諸德，如《禮記·儒行篇》說：“溫良者，仁之本也；敬慎者，仁之地也；寬裕者，仁之作也；孫接者，仁之能也；禮節者，仁之貌也；言談者，仁之文也；歌樂者，仁之和也；分散者，仁之施也。”而程顥也說：“義、禮、智、信皆仁也。”這是學者，所不可不知道的。

次述“忠恕”：“忠恕”與單言“恕”同。曾子所說：“夫子之道，忠恕而已矣。”《論語四》這已可見恕的為孔子之根本觀念了；又如子貢曾問：“有一言而可以終身行之者乎”？孔子亦即答道：“其恕乎”！十五這更可見**“恕”的在“處世哲學”中為最切用的了**！我曾下他一個定義是：“**既同是人，又同有心，如一我之心然，則天下人之心亦然；如天下人之心然，則一我之心亦然；是以一我之心，可通天下人之心；天**

下人之心，即同一我之心。故荀子謂：‘聖人者，以己度者也。故以人度人，以情度情，以類度類’。**人人各按其心，則天下太平矣**。此即孔子所謂吾道一以貫之。”就此看來，**恕原是無所不包的**；而梁任公卻偏以恕為專屬於消極，即推其所不欲之一方面。《先秦政治思想史》“忠恕”原只是“恕”，而謝無量却反以為稱忠已足；《中國哲學史》就是章太炎把牠分開來說，也屬不對；**恕原是重在推己及人的人生哲學**，而胡適之却偏以為重在方法論；關於這數點，我已詳證其非了！再看拙作《中山先生恢復固有道德補遺》一文。

復次，談及中庸。孔子說：“中庸之為德也，其至矣乎！”這是多麼好呀！這中庸的性質，大概就是孔子美舜說的“執其兩端，用其中於民。”《中庸》既執兩用中，自不得過與不及，故說：“道之不明也，我知之矣：知者過之，愚者不及也；道之不行也，我知之矣：賢者過之，不肖者不及也。”同上但是中庸果真如此呆板的無過與不及，就算完事嗎？不是的！中也要有權，有權之中才算得是，如孟子便說：“楊子取為我，拔一毛而利天下不為也；墨子兼愛，摩頂放踵，利天下為之；子莫執中，執中為近之，**執中無權，猶執一也**，所惡執一者，為其賊道也，舉一而廢百也。”邵雍解釋得好：“權所以平物之輕重，聖人行權，**酌其宜而行之，合其宜而已。固執中無權者，猶為偏也**。”《觀物外篇》是的！試觀孔子也曾評論夷、齊、惠、連、仲、逸諸人，而自表示道：“不降其志，不辱其身，伯夷、叔齊與。謂柳下惠、少連降志辱身矣。言中倫，行中慮，其斯而已矣，謂虞仲、夷逸隱居放言，身中清，廢中權。我則異於是：**無可無不可**。”一八孟子更解釋得很好：“伯夷，聖之清者也；伊尹，聖之任者也；柳下惠，聖之和者也；**孔子，聖之時者也**，可以仕則仕，可以止則止，可以久則久，可以速則速——**孔子之謂集大成**。”在此我可約為二點，去結束牠（1）是中與權，（2）是中權與集大成。關於第一個問題，今人梁漱溟因見孔子既極道中庸，又自以為無可無不可，於是遂一方面說："自然走那最對的路，自要得中。"其另一方面又說："有所揀擇而求中。"這實在未免太自相矛盾；不知在孔子不過以為：雖要擇乎中庸，但也要懂得權變才好！我曾替他解釋道："世人或有權變而不明中庸，或執中庸而不知權變，**前者多至於放蕩，後者每成為執一**……二者雖不同，其失則一也。**若孔子既執中——無過無不及，又有權——無可無不可**，所以為難能而可貴者此也。其為'穩健'，所謂'毋固'，'不為已甚'，於此概可想見。"再如把梁氏那兩句自相矛盾的話，來分別在上智下愚兩種人去解釋，那也說得過去，如孔子不是有一段話麼："或生而知之，或學而知之，或困而知之；及其知之一也；或安而行之，或利而行之，或勉強而行之，及其成功，一也。"《中庸》凡是生知安行的人，就可如梁氏所謂"自然走他那最對的路，自要得中"；凡是要經過"學，困而後能知"，經過利或勉強而後能行的人，也就可如梁氏所說"有所揀擇而求中"了。最可惜的，就是那位梁氏，還未想到此哩。關於第二個問題，吾亦曾論道："吾見孔子之不極端執一，亦其所以能致廣大之一大原因也。此如……楊子系極端的個人主義者，絕對不為天下；墨子系極端的天下主義者，絕對不為個人；若在孔子有類於第三者觀之：則嫌其皆未免固執，故孟子稱之曰：'仲尼不為已甚者。'已甚即太過，如今所謂極端絕對者也。如既不為已甚，則其必居於楊墨之間可知矣……此吾所以謂：**孔子自立於老子與墨子之中間者也**。然雖'執中為近之'，若一味的'執中無權'，**竟亦等於執一者，其與兩極端派，恐相差不遠矣！**所以孔子亦不以此為然：有時如老，有時如墨，**惟視其宜，無所不可**。此吾所以謂：**孔子有時左傾於老子，有時右傾於墨子者也**。……夫老墨……之道，孔子或兼而有之；孔子之道，則為老墨……之所無。**如老學中無有近墨學者，墨學**

中無有近老學者；若在孔學中，別不論老學墨學……皆有近之者焉。此孔子之所以集大成而老、墨猶未免乎一偏者也。”《三大思想之比觀·三家與三方》

五常中的仁，與五常外的恕中，業已講畢了。此外在五常中，還有禮義，在五常外還有忠孝，也是可以算得很重要的；尤其是禮和孝那兩個觀念。如孔子說：“恭而無禮則勞，慎而無禮則葸，勇而無禮則亂，直而無禮則絞。”八又說：“知及之，仁能守之，莊以之；動之不以禮，未善也。”十五他又在《孝經》裏說：“人之行莫大於孝。”“夫孝，德之本也，教之所由生也。”即此已可知禮與孝的為非常重要了！

如要知道禮的起原，則有荀子說道：“禮起於何也？曰：人生而有欲，欲而不得則不能無求，求而無度量分界則不能不爭，爭則亂，亂則窮，先王惡其亂也，故制禮義以分之，以養人之慾，給人之求，使欲必不窮乎物，物必不屈於欲，兩者相持而長，是禮之所以起也。”董仲舒亦有其所以制禮之論：“夫禮，體情而防亂者也。民之情不能制其欲，使之度禮：目視正色，耳聽正聲，口食正味，身行正道，非奪之情也，所以安其情也。”荀子因又以禮為人道之極，孟子亦以“無辭讓之心”即禮為非人。**但還不止此以“禮”為人之所以異於他物，就是文明人與野蠻人**所謂夷狄**之分別，亦在乎一個有禮，一個無禮。**如子遊說：“有直道而徑行者，夷狄之道也；禮則不然……品節斯，斯之謂禮。”《檀弓》而孔子亦謂：“夷狄之有君，不如諸夏之亡也。”《論語·孔疏》：言夷狄雖有君長，而無禮義；中國雖偶無君，若周召共和之年，而禮義不廢。由上，已可知：**禮之為一種比較法律文明一點（？）的約束利器**——梁任公說禮為合理的習慣——了。其特色的地方，也有《禮記》的論道：“君子之道，譬猶防與：夫禮之塞，亂之所從生也；猶防之塞，水之所從來也。……故婚姻之禮廢，則夫婦之道苦，而淫僻之罪多矣；鄉飲酒之禮廢，則長幼之序失，而爭鬥繁矣；聘射之禮廢，則諸侯之行惡，而盈溢之敗起矣；喪祭之禮廢，則臣子之恩薄，而倍死忘生之禮眾矣；凡人之知，能見已然，不見將然，**禮者禁於將然之前，而法者禁於已然之後**……禮云禮云，**貴絕惡於未萌，而起教於微眇**，使**民日徙善遠罪，而不自知也**。孔子曰：‘聽訟，吾猶人也，必也使無訟乎！’此之謂也。”這更可以看出他們的禮之好於法家的法（？）了！因為法律多在乎治理之於已形，而禮教卻多在乎養成之於未然。故孔子亦判其優劣道：“道之以政，齊之以刑，民免而無恥；道之以德，齊之以禮，有恥且格。”

禮既講完，現在要談到孝了。孝字講來是很容易懂的，據《說文》說：“孝，善事父母者。從老從子，子承老也。”我們要知道儒家在家國天下，是最重視家族的。因為家族是國天下一切的基礎。如《孟子》便說：“天下國家：天下之本在國，國之本在家。”《大學》也說：“家齊而後國治，國治而後天下平。”而孝之與仁忠，亦正同家之與國天下一樣。孝是仁忠諸德的根本。如有子便說：“孝悌也者，其為仁之本與！”孔子也說：“君子之事親孝，故忠可移於君。”《孝經》合起來說：**在家族方面，頭一個德行就是孝；在國或社會方面，頭一個德行就是仁或忠。**忠多用來對國君，仁多用以對社會**其由家而國天下，與由孝而仁或忠**，正是如《中庸》所謂：“譬如行遠必自邇，譬如登高必自卑。”又他們那個仁，解釋出來，就是“人”或“人道”，**既然是人，就不得離開那個人道的仁**，故說：“君子無終食之間違仁：造次必於是，顛沛必於是。”如其不然，他就說道：“君子去仁，惡乎成名？”不但旁的大名，就是“人”之一個名稱，恐怕已經配不上了。可見我們“人”的有“仁”，**就是人和其他動物有別的**。而今這個比仁狹小初步一點的孝，也何獨不然？孔子不是說過麼“天地之性，人為貴。人之行，莫大於孝。”《孝經》“今之孝者，是謂能養，至於犬馬，皆能有養；不敬何以別乎？”**這就是以人有孝敬，而示別於犬馬的**。如推而廣之，則尚有**孟子的以人有人倫與四端示別於**

非人與禽獸，荀子的以人的有仁義，示別於水火、草木、禽獸，等等。但如儒家為什麼對於父母，一定要用孝去服事他呢？這也有再為一說之必要：儒家的崇拜生殖性，亦有點像於耶教徒的崇拜十字架。在宗法社會裏，自要視孝為最重。如《孝經》道："其所因者，本也。……父母生之，續莫大焉。"如沒有父母，那就連我們人子的本身也沒有了；還有什麼旁的話可說呢？所以對於父母，定要特別的孝順才成。就使父母死了，也仍舊要以在生之禮去服事他，所謂："生，事之以禮；死，葬之以禮，祭之以禮。"孝順其生，不是已經很夠了麼？何必再去喪祭於其死後呢？荀子對此，曾解答道："禮者謹於治生死者也，生，人之始也，死，人之終也，終始俱善，人道畢矣。故君子敬始而慎終，終始如一，是君子之道，禮義之文也。夫厚其生而薄其死，是敬其有知而慢其無知也，是姦人之道而倍叛之心也。君子以倍叛之心接臧穀，猶且羞之；而況以事其所隆親乎？……凡生乎天地之間者，有血氣之屬必有知，有知之屬莫不愛其類……故有血氣之屬莫知於人，故人之於其親也至死無窮。……"那種祭禮的用意，不外曾子所謂"慎終追遠，民德歸厚矣"。在此吾亦曾為之說明道："關於吾所謂**儒家之鬼神化的父母**一節，請引胡適之先生之言為證曰：'宗教家要人行善，又怕人不肯行善，故造出一種人生行為的監督，或是上帝，或是鬼神，多可用來做人生道德的裁制力。孔子是不很信鬼神的，他的門弟子也多不深信鬼神，所以孔門不用鬼神來做人生的裁制力；但是這種道德的監督，似乎總不可少，於是想到父子天性上去，他們以為五倫之中，父子的親誼最厚，人人若能時時刻刻想著父母，時時刻刻惟恐對不住父母，便決不致做出玷辱父母的行為了。所以儒家的父母，便和別種宗教的上帝鬼神一般，也有裁制鼓勵人生行為的效能。如曾子的弟子樂正子春說……《祭義》人若能一舉足，一出言，都不敢忘父母，他的父母便是他的上帝鬼神，他的孝道便成了宗教。’《中國哲學史大綱》吾意若更明而言之，如儒家每以自身為父母之遺體，則父母又為已成鬼神的祖宗之遺體，吾人亦不難想見。何者？‘人本乎祖’，**而吾輩子孫又為父母之化身，則父母實為上承祖宗，下出子孫之中心機關**，欲不見重，豈可得哉？”《三大思想之比觀》

（2）應有盡有的人倫制度

儒家有個**倫理進化論，或倫理發展說**，這便是序卦說的：“有天地然後有萬物，有萬物然後有男女，有男女然後有夫婦，有夫婦然後有父子，有父子然後有君臣，有君臣然後有上下，有上下然後禮義有所錯。”這段話說得很有次序！而荀子也曾論到社會之起原，並說出人物之異點來，他說：“水火有氣而無生，草木有生而無知，禽獸有知而無義；人有生，有氣，有知，亦且有義，故最為天下貴也。力不若牛，走不若馬，而半馬為用，何也？曰：人能群，彼不能群也：人何以能群？曰分。分何以能行？曰義。故義以分則和，和則一，一則多力，多力則强，强則勝物。”社會的起原，及人類之所以異於他物的地方，上頭兩段，言之很詳。儒家遂提出其“五倫說”：“曰君臣也，父子也，夫婦也，昆弟也，朋友之交也，五者天下之達道也。”《中庸》於是更把這五倫去同諸德相配指定，如孟子說：“父子有親，君臣有義，夫婦有別，長幼有序，朋友有信。”《大學》也說：“為人君止於仁，為人臣止於敬，為人子止於孝，為人父止於慈，與國人交止於信。”《禮運》更有十義說，可參看如此，**那就不論出入，不論上下，各人到處，都要行道了**。如孔子說：“弟子入則孝，出則悌。”“出則事公卿，入則事父兄。”“邇之事父，遠之事君。”要之，儒家認凡人之生於世上，在一家中：對前身則為人子，對後身則為人父，對先生則為人弟，對後生則為人兄。……更進而在一國之中：一上一下，則為君臣；兩兩平等，則為朋友。……

做了那種的人，就應該行了那種的道；如果各人都能行其應盡之道，還有人的不善，家的不和，國的不治，天下的不太平嗎？他們的意思，大概就是如此。

（3）至高無上的人格標準

這節大概也和上頭“人道”一節一樣。一切的思想家，大都各有其理想的人格：如道家的嬰兒、赤子、愚人（他家視此為最下，道家視此為最上。）或天人、神人、至人，（尚有文子引中黃子“天地之間有二十五人”之說）道教的仙，（道家、道教，截然两物。）佛教的佛，墨家的鉅子，尼采的超人，馬洛克的偉人等，最不失為一種**理想的模範人格**。其在儒家呢？據《荀子·哀公篇》稱：孔子說：“人有五儀：有庸人，有士，有君子，有賢人，有大聖。……”（又可參看《大戴禮》）荀子因說：“始於為士，終於為聖人。”這是說至少也要做個“士”起碼；至於“聖人”，那就是至高無上了。如董仲舒說的：“人人皆有士君子之行”（《繁露》），便是同於前半部分的，如荀子說：“聖人者，盡倫者也”；孟子說“人皆可以為堯舜”，這堯舜便是他們所認為盡倫的聖人，這是屬於後半部分的。最後孟子說：“聖人，人之標準也。”標準也就是模範，這是儒家唯一理想的做人目的。

第二段　倫理的政治

國天下本於家，仁忠本於孝，我在上頭講孝的一觀念時，已經說得非常詳細了。儒家對於政治，極為慎重，以為必經過許多手續，然後可以談到政治。如《大學》說：“古之欲明明德於天下者先治其國，欲治其國者先齊其家，欲齊其家者，先修其身，欲修其身者，先正其心，欲正其心者，先誠其意，欲誠其意者，先致其知，致知在格物。”大概致知格物之類，是指學問方面；誠意正心修身之類，是指道德上的修養；**定要先有學問道德，然後配得上去齊家；定要能齊家，然後配得上去治國平天下。**《堯典》篇首一段，可參看孔子亦曾說過："父父子子，兄兄弟弟，夫夫婦婦，而家道正，正家而天下定矣。"《易經》關於上頭說的"父父子子；兄兄弟弟，夫夫婦婦"的"家道正"，便是最根本的倫理；而下面說的"天下定"，便是最偉大的政治。這也可見**必要先弄好了根本的倫理，然後可以想做偉大的政治了**。這是**以倫理為政治之初步的**。復次：如或問孔子說："子奚不為政？"孔子答道："《書》云孝乎：惟孝友於兄弟，施於有政，是亦為政；奚其為為政？"這是說如做孝友一類的本務，也就算得為政了。舍此以外，還有什麼政治之可言呢？**這是認倫理就是政治的**。復次：如《大學》說："為人君止於仁，為人臣止於敬，為人子止於孝，為人父止於慈，與國人交止於信。"和孟子說的："父子有親，君臣有義，長幼有序，朋友有信。"這是**以倫理與政治為有連帶關係而混為一談的**。如所謂堯、舜、禹、湯、文武、周公之流，皆是倫理政治合一之明證。復次：如孔子說："為政以德"，"能以禮讓，為國乎何有"？"明王之以孝治天下"。《孝經》"堯舜率天下以仁"。《大學》。孟子更有仁政之說這是**主張政治而倫理化的**。總而言之，**儒家的政治，要不出乎禮治，或德治，或孝治，或仁治；而仁治也就是以人而治，而不是以法治之**。所謂"有治人無治法"，可以為證。而其人治，《中庸》所謂"故君子以人治人"。詳細一點說來，就是**賢人政治**。而這種賢人都是受過倫理教育的，倫理如德禮孝仁之類是。看到這一點，像吾的叫他做"**倫理的政治**"，真的半點也不錯了。"**以政治為實現倫理的利器**"一句話，就是我對於儒家"倫理的政治"之惟一解釋。但何止於政治的必以倫理為根本？我們可以說：**儒家什麼也都倫理化了！**蔡孑民先生證明得好，我今可以把牠引來做結論，他說："儒家一切精神界科學，悉以倫理為範圍。……曰為政以德，曰孝治天下，是政治範圍於倫理也。曰國民修其孝弟忠信，可使制挺，以撻堅甲利兵，是軍事學範圍於倫理也。攻擊異教，恆以無父無君為辭，是宗教學範圍於倫理也。評定詩古文辭，恆以載道述德，眷懷君父為優點，是美學亦範圍於倫理也。”《中國倫理學史》李石岑也有一段話，同此有點關係，他說：“孔子說道：‘為政以德，譬如北辰，居其所而眾星拱之。’孔子對於自然事實的解釋，也是用他的倫理道德的觀念，這便是擴大倫理或功利的人生到自然界的明證。《中庸》說道：‘君子之道，造端乎夫婦；及其至也，察乎天地。’這更是擴大倫理的觀念到自然界的好例。張子《西銘》說：‘乾稱父，坤稱母，吾茲藐焉，乃混然中處……民吾同胞，物吾與也。’這也是一種倫理的看法。”《人生哲學》

第三段　倫理的教育

這個題目，馬上看來，也很奇怪；其實半點也不奇怪。查先秦諸子，如老子最重虛道，墨子最重實行；惟有一個儒家，最重實學。這裏的實學二字也可當作“教育”或“學問”講。如孔子的告訴子路說：“好仁不好學，其蔽也愚；好智不好學，其蔽也蕩；好信不好學，其蔽也亂；好剛不好學，其蔽也狂。”像那仁、知、信、直、勇、剛諸德，是孔子平日所最看重的；而竟也比不上那“學”的重要！這還不是孔子最重視學的明證麼？不過我們尚要再看子夏之言：“君子學以致其道。”可知就是“道”也要由“學”而入的——以學問為手段，以倫理為目的。——這點在宋明一般雜禪的儒者，可以說做完全不懂了。我們現在應該去看：孔子平日所用以為教的，究竟是些什麼東西？據《論語》說：“子所雅言：詩，書，執禮，皆雅言也。”“子以四教：文行忠信。”孔子又說：“興於詩，立於禮，成於樂。”“志於道，據於德，依於仁，遊於藝。”又據顏回稱：“夫子循循然善誘人，博我以文，約我以禮。”在這必修科中，如執禮、忠、信、道、德、仁、行那一類，都是倫理中最主要的觀念；——**以教育為手段，以倫理為目的**。——就是樂、詩、文、藝一類，似乎是純文藝與美術了，但要知道：**在儒家中，什麼也都帶了倫理或禮教的色彩**。我們可以說他的文藝為**倫理的文藝**，而其美術為**禮教的美術**。參看《中國美術之部》**因為他的詩與禮樂等，都是養成風俗的利器，陶融人格的工具**。參看蔡孑民、胡適之、梁任公等所說現在我們還要知道的，就是儒家的人格教育，如孔子說的："有教無類"，"德不孤必有鄰"，便是**深信教化與感化的最有効力**。如他曾欲居九夷，有人就對他說一聲"陋"，孔子便反答他："君子居之，何陋之有"？因他還要以善去感化人；何致反為惡土所移？但這是出之孔子自身，如對一般普通人，那就說"里仁為美；擇不處仁焉得知"？其可為此佐證者，就是他說的："君子之德風；小人之德草；草上之風必偃。""主忠信，行篤敬，雖蠻貊之邦，行矣。"按"君子居之"，同於"君子之德風"；而其"欲居九夷"，又與"雖蠻貊之邦行矣"同。

第四段　政治、教育合一

上面既把儒家之倫理的政治與其教育，分開去講明；現在請再將其政治和教育合起來說一說：儒家的政治與教育，既都是倫理化的；而其政治與教育，又有合一的趨勢。只此一點，我們已可看出儒家思想的一貫了！

我們現在所要知道的，只是儒家之**賢人的管理政治，與其人格的感化教育**，到底是不是主張合一？這雖未經孔子的明言，但我們觀于這位教育家，平日既是"循循然善誘人"的，而其對於季康子之問政也告訴他："舉善而教不能則勸"，已經知其主張政教合一——雖在政，也是用教的——了。又如修身、正已、正名、禮樂，是倫理教育所最重視的；而他在政治方面也說："政者，正也"、"其身正，不令而行"、"修已以安人……修已以安百姓"。"……為政……將先……正名……禮樂不興則刑罰不中。……”“自天子以至於庶人，壹是皆以修身為本。”《大學》這是不論在於政治與教育，都是要出於人格感化之一途的。而子路更明白的說道：“仕而優則學，學而優則仕。”“仕”近乎“政治”，“學”近乎“教育”，由此看來，是教育可以為政治，政治可以為教育。這“仕學合一”，就是“**政治教育合一**”了。又如孟子引《逸書》說：“天相下民，作之君，作之師。”君是主政治者，師是主教育者，這裏說的“君師合一”，**也就是“政治教育合一”的一個明證了**。梁任公說得好：“故儒家恆以教育與政治併為一談，蓋以為非教育則政治無從建立，既教育則政治自行所無事也。”又再從而說到孔子的身上去：“夫儒家固以政治教育合一。為職志者也，故孔子終身為教育活動，即終身為政治活動也。”《先秦政治思想史》吾更進而論道：**“孔子之賢人政治，與其人格教育，僅位置之殊，非性質之異：在下為民則為教育活動，居上當道則為政治活動。”**其“政治”與“教育”，既皆是“倫理化”的，則今如合而名之為“**倫理化的政教合一說**”，亦無不可。

第五段　非法律非鬼神的名教

由前述看來，在儒家的心目中，既有那種理想的高尚道德，及其理想的模範人生；即五常、五倫、五義等我們現在對於其行動，自要大加以注意：他們究竟是會實踐的呢？還是只能空談的呀？據我調查的結果，儒家確是會實踐，並不是空談就算了事的。如孔子說：“君子恥其言之過其行”。“君子欲納[1]於言而敏於行。”這已可見其躬行過於口說了。他又說道：“言必信，行必果”。以上出《論語》“言顧行，行顧言。”《中庸》其主張言行

[1] “納”當爲“訥”。——編者註

一致，於此大可想見。儒家既是個極注重躬行實賤[1]的，於是遂有一個大問題發生了：這就是假使這很合理的行為，而得不到極滿意的結果，又要怎麼辦呢？孔子在此，却半點顧慮也沒有，只知努力，好好的做去；萬一結果碰到倒霉，他也只好歸之於命，而以一嘆了之，或者更希望之於第二次。如其對於伯牛之疾，便嘆道："亡之命矣夫！斯人也而有斯疾也！斯人也而有斯疾也！"這就是只好歸之於命而以一嘆了之的。如說："射有似乎君子：失諸正鵠，反求諸其身。"《中庸》便是更希望之於第二次的。最要知道的：就是一般平常人，如看了顏淵之流，平日做人那樣好，而竟短命以死，總大半會感想到"為善者得殃"。柳宗元《天說》(？)"天之報施善人，其何如耶？"《史記·伯夷列傳》既有這個感想，於是便不再努力下去了，或者更反而去非為妄作。其在孔子却"進以禮，退以義，得之不得曰有命；"《孟子》並且說道："如有所慮，則無所不至矣"，甚至出於"知其不可而為之"。可見他是和別人相反，而能以**理性制勝感性的了**。如他說的："君子畏天命……小人不知天命而不畏也。""君子居易以俟命，小人行險以僥倖。"《中庸》"君子：其未得也則樂其志，既已得之又樂其治，是以有終身之樂，無一日之憂；小人者：其未得也則憂不得，既已得之又恐失之，是以有終身之憂，無一日之樂也。"《荀子》這就是君子與小人分別的地方，也就是孔子的所以與眾不同的。所以**孔子在消極方面：知命，不敢非為妄作；**孟子說"桎梏而死者非正命也"**其在積極方面：努力，修身行法；**孟子說："修身以俟之，所以立命也"。又曰"君子行法以俟命而已矣。"這可以叫他做"**力命並行論**"。記得我在前講孔子的"中庸與權變"裏曾說："有權之中，中且有權，難能可貴，蓋在此點。"而今這個力命並行論，也可略做而解為："命中帶力，力中帶命，**有命之力**，**有力之命**，最好的地方，就在這兒呢。"**至於墨家，那就主張極端的意志自由論，**見《非命篇》

[1] "賤"當爲"踐"。——編者註

而道家更相與反對，而主張極端的定命論。看《偽列子·力命篇》但若儒家的力命並行論，說得太高明，恐怕只有君子上流如孔孟等會去做的；至於一般小人下流，既然如上頭說的，那又安望其辦得到呢？此外孔子更明白的說："小人不恥不仁，不畏不義，不見利不勸，不威不懲。"《易傳》那般"不恥不仁，不畏不義"的人，只有先誘之以利而後勸得來，必先示之以威而後懲得到，因此法家或政府便去設賞以勸善，行罰以懲惡了。不過儒家根本就反對："道之以政，齊之以刑"的政策，故終另有一種"道之以德，齊之以禮"的主張。我們要知道："政""刑"是出之政府或法律的；而這"德禮"呢？却就屬於名教了：這就是儒家的名教或禮教與用法律的法家或政治的政府，同一目的而異其手段的。至於墨家呢？他專門就是講利的；其主張以政府的權力去行賞罰，也和法家差不很多。其在儒家，也極不以利為然！於是便想出一個與利同方法而異其性質的名了。由上看來，名利並稱，而儒家重名，既異於墨家的重利；禮法並稱，而儒家用禮，又異於法家的用法。墨法二家，毋須再說；而儒家的禮與名却是很有關係的：如行非禮，便無名，甚至得了一個臭名；如能行禮，便有名，甚至得一個芳名。好了！我的"孔子哲學之真面目根本觀念之名"一節，論得非常詳細，現在請把他節錄多少出來，使同這裏聯絡起來吧：

……**凡有心人，對於解決世間，雖用種種手段或方法之不同，而其唯一目的則無二：如今法治家欲以刑政維持世風，宗教家欲以信仰收拾人心，而孔子之於人世，既不採取強迫法如法治家之當世所得賞罰，又不採用騙誘法如宗教家之他界所得苦樂；**而獨……自有其可樂者在：……《新語》所謂"名教中，自有樂地"，范仲淹所謂"儒者自有名教可樂。"**按儒家之號為名教，或正為其重名，**亦未可知也。……如在富有"**名聲不朽"觀念之名教家**觀之，則其肉體雖已歸土，而其名聲仍留於世，肉體有限，名聲無窮，**用名聲繼續肉體，是人之永生**

也；此亦猶富有**“靈魂不滅”觀念之宗教家言：**肉體雖去此世，而靈魂則入他界，死於此者即生於彼，肉體之在此世有限，而靈魂之在他界無窮，是之謂永生。（永生者，未當有死也）如孔子之《春秋》，《左傳》曰：“《春秋》之稱，……懲惡而勸善。”“善人勸焉，淫人懼焉，是以君子貴之。”孔穎達曰：“因魯史之有得失，據周經以正褒貶，一字所嘉，有同華衮之贈；一言所黜，無異蕭斧之誅；所謂不怒而人威，不賞而人勸，實永世而作則，歷百王而不朽者也。”……然則孔子之倡現實世的名教，**而不設他界來世的宗教**，**或以名教代宗教**，其所用意，可謂深矣！……

孔子之言曰：

“君子去仁，惡乎成名”？

“君子疾沒世而名不稱焉！”

夫人之生於世，或有身而無名，是雖有生亦等於死；其較上者，則生而名存，死而名滅，是雖有一時之生，亦無經世之名。孔子獨有見及於此，所以畢生皇皇棲棲、孳孳矻矻，並非無意識之動作也。……

……其在墨子則務利之觀念較深。若在老子則不但無此兩種觀念，而且極力攻擊之，如其言曰：“絕聖棄智……絕仁棄義……絕巧棄利。……”“名與身孰親？身與貨孰多？”……**此惟老子重身而不重名利耳**。**若孔子之重榮名，與墨子之重公利，則皆不重身矣！**不觀二子之言乎：孔曰“殺身成仁”，（“君子去仁，惡乎成名”）墨曰“殺己以利天下”。此中國三大思想家對於人生觀念之所大不同者也。

附錄　孔丘、左丘、墨翟三種教義之比觀

孔子之《春秋》，是創立留芳遺臭的名教者。

左氏之《國語》，是創立前因後果的事教者。

墨子之《天志》《明鬼》，是整合福善禍惡的神教者。

左丘明其人：非文學家、史學家；而思想家、宗教家（？）也。《國語》、《左傳》其書，非信史，而善書也。換言之：宗教思想，其主要也；至於文史，尚屬餘事。可惜從來之人，一未之見及；直至近日來，始經吾之發現焉。

孔子之《春秋》，大旨在乎褒善而貶惡，《公羊》、《穀梁》其正傳也；若左氏之《國語》、《左傳》，則自有其意所在，可與《春秋》並立焉。俗人以之為《春秋傳》，附之《春秋》未免失其本旨矣。以吾觀之，孔子之《春秋》，與左氏之《國語》，其最後之目的同，其所用之方法或手段異。孔子之作《春秋》也，因見世人善少而惡多，故用褒善而貶惡，在使善勸而惡戒，以至盡善而無惡；左氏之作《國語》也，因見世人為惡而不為善，故托述人事……之因果，以為善因必得善果，惡因必得惡果，原原本本，在使世人趨吉而避凶，善勸而惡戒，以至盡善而無惡；簡而言之，**孔子之《春秋》，係用虛名的褒貶；左氏之《國語》，全在事實的因果**。司馬遷曰："余聞董生曰：周道衰廢……孔子知言之不用，道之不行也，是非二百四十二年之中，以為天下儀表。……子曰：我欲載之空言，不如見之於行事之深切著明也。夫《春秋》明是非……善善惡惡，賢賢賤不肖……萬物之散聚，皆在《春秋》之中。……"吾以為孔子因魯史作《春秋》，用虛名的褒貶，見之於行事，誠深切著明；然左氏因史事作善書，證實事的因果，更深切著明矣。世之學者，如必欲將孔子之《春秋》，與左氏之《國語》混為一談，亦須知乎：孔子之《春秋》，係用虛名之褒貶，**左氏猶恐其未甚深切著明也；故更進一步為之一助，而證明以實事的因果以使天下之人咸聞知焉。既欲用為勸懲，自必證明以因果；既欲證明以因果，自不得不時或出於假托焉；或雖與本事相去甚遠，無甚關係者，亦必合**

起而言之，以見其為因果也。故如《國語》所述之事、之人、之世……幾乎無一不原原本本，因果備見；而《左傳》一書，雖晚出，未必為左氏所作，要與《國語》極相偪近，無甚相反，可以同視；即系漢人偽作，亦云至巧矣！視諸偽《古文尚書》之於伏生所傳之《今文尚書》，其為偪真，猶有過之。至漢代所盛行之陰陽五行，災異預讖世人謂為讖緯，其實讖與緯二而非一……一切怪言奇語，吾乃今而後知其來自《左》、《國》，非漢人所始作也；第再發揮而光大之耳。此乃中國人的現實思想"勢所必至，理有固然"之結果；**謂之中國人的"現實世教"可也。雖未足當為宗教，要與宗教同一用意也；惟其程度之深淺有所不同耳**。孰謂中國為無教之國，此即其具有**特別色彩之教也**。何謂特別色彩之教？**為其與外國之佛**、耶、回……諸大宗教不同也。俟有機會，當再作一篇"東西宗教"，以比較之焉。

吾本以墨子為中國唯一之大宗教家，而不承認儒家之有教的色彩也。吾今則謂：不必專計其形式之有無，程式之高下；**要其用意所在，是亦可以謂之教也已**。再不謂然，則以之為**代宗教**亦可。按中國古代之思想，約有三大部分：倫理，宗教，政治是也。然混而為一，不得明分；分之則失其本真矣。如古代之君主，名為天子，天子與耶穌之自以為上帝兒子，究有何不同之處？蓋其所謂天子者，一面為政治上之行政長官，一面則為宗教上之教主或天神使者，**既將政教合一；而其所行之政所傳之教，則又以倫理為要點**，或以中國**為一倫理國家**，誠不為無見。如**《尚書》一書，即可代表中國古代之倫理宗教政治合一者也。至周末，天子國君無道，諸子百家並興，三者始漸互相脫離而各自成立。國君天子只有實行政治方面。若孔子實集中國古代倫理方面之大成，若墨子實集中國古代宗教方面之大成。以倫理家、宗教家之思想，貢獻於行政上之天子國君**。前者以倫理為主，而必兼言政治，以實現之；後者以宗教為主，亦必兼言政治以實現之；不論其要點何在，要皆不能離政治而不談也。更比喻之：前者以倫理為心，以政治為足；後者以宗教為心，以政治為足；足而無有心之指導，則不知其將何之？心而無有足之實行，則等於虛想而已。以故**儒家之心目中，在乎建設一倫理政府，可以名為倫理政治，墨家之心目中，在乎建設一宗教政府，可以名為宗教政治。儒家、墨家，皆傳正統而為守舊者也；若其前後之道家**老子**法家**韓非**則不然：道家雖欲復古，然其所欲復之古，乃太古時代、而非如儒、墨之傳正統，而為守舊者。法家雖專談政治，然其所欲談之政治，乃法後王**《荀子》啓之**或自變法，而不遵古先聖帝明王之政治也**。此處關於論道、法二家之言，乃因比較儒墨二家而聯想及之耳。吾頃以孔子為集中國古代倫理方面之大成，墨子為集中國古代宗教方面之大成，其說誠然；然亦可以含有宗教之用意而比觀之：孔子之《春秋》，其主眼固在倫理方面也，然其褒善貶惡，亦有似乎政長之賞善而罰惡，與神主之福善而禍惡如天堂永樂，地獄永苦等焉。欲見中國古代宗教之大概情形者，前如《書》、《詩》，然《書》、《詩》多言天而少言鬼，兼而有之者莫如左氏之《國語》，《左傳》同及至墨子，遂本而分述之，大倡於天下，如《天志》、《明鬼》諸篇是也。及至漢時，又有董仲舒其人之再起焉，大約亦本於《左》、《墨》云。梁任公謂其本於墨；而今之吾，則謂已遠在左氏。章太炎謂儒家經董仲舒而成教；而今之吾，亦以為：左氏已有其意焉。惟學者，**切勿用史家文家之眼光觀察左氏其人，《國語》其書；亦猶不可以史學家目作《春秋》之孔子也，為其本意不在作史為文，而欲利用史文以畢見其事實之較深切著明耳**。章氏以孔子為史家，殊不可信。學者以左氏為史家，猶為未當；至若孔子，其為不合，更易明矣。**若左氏者，實前繼孔子《春秋》，後開墨子《天志》、《明鬼》，而能獨自創立一種之教義者也**，以之為集中國古代宗教之大成，亦未始不合也。墨子後矣，而儒家之董子相去更遠矣。若或者猶謂左氏系因其事實而紀出之客觀，絕無己意於其間主見：則吾試問：安有不論何事，皆首尾相應耶？若或者猶謂今人安知古時之空氣，則吾試問：何以獨多於《左》、《國》，而他書則甚少見耶？……

孔、墨二子，人所共知，可不復論；至於左丘，間若韋昭，頗知其意：

昔孔子發憤於舊史，垂法於素王；**左丘明因聖言以攄意，托王義以流藻**……其明識高遠，雅思未盡，故復採錄前世穆王以來，下訖魯悼，智伯之誅，邦國成敗，嘉言善語……**天時人事逆順之數**，以為《國語》……所以包羅天地，**探測禍福，發起幽微，章表善惡者，昭然甚明。實與經藝並陳，非特諸子之倫也**。

覯於所謂"**以攄意**"，"**托王義**"，"**天時人事逆順之數**"，"**探測禍福，發起幽微，章表善惡**"，**已可知其視《春秋》更深入一層矣！《國語》是經（？），是子，而非真史，——其意義是子書，其形式是史書，以子哲學為目的，以史為手段，——吾極以為然**。

（我早就想擬作"左丘創教辨"一書，惜至今猶未實現。今特將隨感便記的幾句話，先行附錄於上）。

第三節　墨家墨子多屬宗教哲學

第一段　宗教哲學

有人認儒家為宗教；康有為、陳煥章等但如實在看來，則若儒家只可以說做"似宗教而非宗教"，梁漱溟同至多也只能說到漢董仲舒之手才像成了宗教。章太炎同不但這般認倡禮教的儒家為宗教的；就是那清清白白的道家，也曾被人家誤會做宗教。我們要知道**在前的道家自道家**，如老莊等**而在後的道**

教自道教。創於東漢張道陵，至晉稱天師道，其所奉之太上老君，全出於藉口。就是這後來的道教，也很難列於世界宗教之林。由那般認儒、道二家皆為宗教者看來，那這中國就不失為一個多教之國了；但還有一般人却反對上述諸說，而認中國為無教之國。不過我們平心而論，這如與“太過”的上舉諸說比較起來，又似乎未免失之“不及”了。如那位墨子雖不能算作世界第一流的宗教家，但如把他列於宗教之林，至少總也可以不大慚愧。至其在中國方面，可算得是頂瓜瓜[1]的，自不消說了。但總不要誤會，我還應鄭重一聲，這也是屬於“無中取有”的。

我認這位**宗教家的墨子，什麼都宗教化**，也和上頭已經說過那位玄學家的老子什麼都自然化，以及那位倫理學家的孔子，一切都倫理化一樣。大家不信我的話麼？如在墨學中除宗教外，既以政治與人生哲學為最重要；而其政治哲學，不是也宗教化麼？而其人生哲學，不也是同樣的宗教化麼？這兩部，讓我在後面去分述吧！

大概在某一種教義未發生以前，一定先有一種大原因；如没有原因，那教義就無從發生了。其預計在某一種教義經提倡之後，也一定將得一種好結果；如沒有結果，那教義也就無提倡之必要了。故不論什麼學説的發生或提倡，都有其前因與後果。這在一般普通人或事，已皆如此；若那位專門曾說出其“所以然”的話的墨子，實仍多無理由更不用說了。儒家係倫理學與動機論者，若墨子則科學與結果論者。大家看吧！墨子說：

逮至三代聖王既沒，天下失義，諸侯力正，《節葬下篇》作“征”。是以存夫為人君臣上下者之不惠忠也，父子兄弟之不慈孝，弟長貞良也，正他處亦有作“政”者。長之不強於聽治，賤人之不強於從事也，民之為淫暴寇亂“亂”乃畢氏據下文增入者。盜賊，以兵刃、毒藥、水火退無罪人乎道路率徑，孫云：退當為“迓”字之誤，“迓”與禦通。又謂“率徑”當讀為術徑，亦道之一種名稱。奪人車馬衣裘以自利者並作，由此始，是以天下亂。此其

[1] “頂瓜瓜”今爲“頂呱呱”。——編者註

故何以然也？則皆以疑惑鬼神之有與無之別，不明乎鬼神之能賞賢而罰暴也。《明鬼》

天下之所以亂者，其說將何哉？則是天下士君子皆明於小而不明於大；……皆明於天子之正天下也，而不明於天之正天子也；……天子有善，天能賞之；天子有過，天能罰之。……《天志下》

這便是墨子明鬼法天的最大原因了。他接著又說：

今若使天下之人，偕若王云："若"字涉上文而衍，"偕"與"皆"通。信鬼神之能賞賢而罰暴也，則夫天下豈亂哉。

嘗若鬼神之能賞賢如罪暴也，孫云："嘗若"當作"當若"。畢雲："如"與"而"音義同。蓋本施之國家，施之萬民，實所以治國家利萬民之道也。此原有"若以為不然"五字，今據王校刪。是以吏治官府之不絜廉，男女之為無別者，鬼神見之；民之為淫暴寇盜賊，以兵刃毒藥水火退無罪人乎道路，奪人車馬衣裘以自利者，有鬼神見之；是以吏治官府不敢不絜廉，見善不敢不賞，見暴不敢不罪，民之為淫暴寇亂盜賊，以兵刃、毒藥、水火，退無罪人乎道路，奪車馬衣裘以自利者，由此止，此原有二十一字，今據戴校刪。是以天下治。《明鬼》

今天下之士君子，欲為義者，則不可不順天之意矣！曰：順天之意者兼也……兼之為道也義正。……義正者何若？曰：大不攻小也，強不侮弱也，眾不賊寡也，詐不欺愚也，貴不傲賤也，富不驕貧也，壯不奪老也，是以天下之庶國，莫以水火毒藥兵刃以相害也。

且今天下之士君子，中實將欲為仁義求為上士，上欲中聖王之道，下欲中國家百姓之利者，當天之志而不可不察也！天之志者，義之經也。《天志下》

這便是墨子設立天鬼教之預計中的好結果了。

據我看來，墨子對於這個宇宙，好像是把他分做上、中、下三界的樣子：在上的一界是天住的，在中的一界是鬼住的，在下的一界是人住的。上天總統中鬼、下人，中鬼居於上天、下人之中間，故人類所信奉的第一個就是天，第二個就是鬼，而每一個人對於這上天、中鬼、下人三方面，同時都要顧得很周到才成！如墨子說：“其事上尊天，中事鬼神，下愛人。”“此必上利於天，中利於鬼，下利於人，三利無所不利。”（《天志》）

墨教所奉之神，第一個是天，第二個是鬼，已經略如剛才所說。但他還不止把天、鬼、人分做上、中、下三層；就是他所奉之神，也有三種：大概也同於古代天神、地祇、人鬼之說。如《天志篇》說：“祭祀上帝，山川，鬼神。”“詬侮上帝，山川，鬼神。”其《明鬼篇》更明白的說道：“古（“古”下本有“之”字，但據孫校刪）今之為鬼神非他也，有天鬼，亦有山水鬼神者，亦有人死而為鬼者。”不過古人雖說“天、地、人三”，但在這三者之中，却比較看輕地而常說“天人”。如今墨子也是這樣，雖說上天，中山川之神，下死人之鬼，若歸納起來，**却只有天、鬼二物，與上天鬼下萬民二界**。前者如其書中於天有《天志》（《尚同》、《法儀》等同，）於鬼有《明鬼》那二專篇；後者如《明鬼篇》說：“上詬天侮鬼，下殃傲天下之萬民。”

墨子在先秦諸子中，固然比較懂得科學，尤其是名學；但其對於這天鬼二者的證明，雖也博征廣引，要說出其“所以然”來；惜其結果，究無以令人確信無疑！（梁任公說：“墨子《天志篇》云：然則天亦惡；天欲義而惡不義。……然則何以知天欲義而惡不義？曰天下有義則生，無義則死。……然則天欲其生而惡其死。……此我所以知天欲義而惡不義也。云云，語中疊用數‘然則’字，望之極似循環論法；然究其極際，則天何以欲其生而惡其死之理，據墨子不能言也，是其前論之基礎胥不立矣。”）但這也難怪，就是現在的宗教家，還豈不是同墨子一樣嗎？而且科學愈昌明而宗教愈失其證據呢！**不過墨教實在也有不及別的宗教之處，就是在乎沒有同佛、耶、回等教的他界來世**。據我想：**墨子既是實利主義者，不論什麼都重現實，其提倡那不可見聞的天鬼，已屬萬不得已了，那能再進而去說那更屬子虛的他界來世呢**？但如不倡宗教，那也算罷；而今既要提倡，就非再有來世他界之說不可！宗教的可以騙誘人的地方，最重要的就是在乎這他界來世。而今墨教獨沒有此說，所以後人就不甚注意他的宗教了！如墨子的證明“鬼”之為確有，也不過舉點神權時代的古書說說而已；其證明天的治天下，也不過由於國君的治國……而推想之罷了；這何能使後人的深信他呢？但這在別的大宗教，其無證據也與墨子同樣。最可惜的，墨教就是對於天鬼的賞罰，也不外於此現實世。如說：

曰：無所避逃之。夫天不可為林谷幽間間本作門，今據王校改。其意則應從孫說為間隙之間無人，明必見之。《天志上》

今天下之國，粒食之民，殺一不辜者，必有一不祥。曰誰殺不辜？曰人也。孰予之不辜？孫云：依上文應作不祥曰天也。若天之中實不愛此民也。何故而人有殺不辜，而天予之不祥哉？且天之愛百姓厚矣！天之愛百姓別矣！王云別讀為徧既可得而知也。何以知天之愛百姓也？吾以賢者之必賞善罰暴也。何以知賢者之必賞善罰暴也？吾以昔者三代之聖王知之。故昔也三代之聖王堯、舜、禹、湯、文、武之兼愛？愛下或有之字，今據吳鈔本刪天下也，從而利之，移其百姓之意焉。率以敬上帝山川鬼神，天以為從其所愛而愛之，從其所利而利之。於是加其賞焉，使之處上位，立為天子以法也，名之曰聖人。以此知其賞善之證。是故昔也三代之暴王桀、紂、幽、厲之兼惡天下也，從而軍大賊之，移其百姓之意焉。率以詬侮上帝、山川、鬼神，天以為不從其所愛而惡之，不從其所利而賊之，於是加其罰焉。使之父子離散，國家滅亡，抎失社會，憂以及其身，是以天下之庶民屬而毀之，業萬世子孫繼嗣毀之賁王云：“賁”當為“者”隸書不之廢也，名之曰失王。此知其罰暴之證。《天志下》

故鬼神之明，不可為幽間廣澤山林深谷，鬼神之明必知之；鬼神之罰不可為富貴眾強，勇力強武，堅甲利兵，鬼神之罰必勝之。若以為不然，昔者夏王桀貴為天子，富有天下，上詬天侮鬼，下殃傲王云：傲當為殺之誤天下之萬民……天乃使湯至明罰焉。……且不惟此為然，昔者殷王紂貴為天子，富有天下，上詬侮天侮鬼，下殃傲天下之萬民……天乃使武王至明罰焉。（《明鬼》）

到底天鬼的賞人到怎麼樣？罰人罰到怎麼樣？其實證之當世，有時且覺適得其反：如老子便說："天地不仁，以萬物為芻狗；聖人不仁，以百姓為芻狗。"而鄧析也說："天於人無厚也，君於民無厚也。……何以言之？天不能屏悖厲之氣，全矢折之人，使為善之民必壽，此於民無厚也。凡民有穿窬為盜者，有詐偽相迷者，此皆生於不足，起於貧窮，而君必欲執法誅之，此於民無厚。……"看到這老、鄧二子所說，便可令人不信墨子的話："天之有天下也，辟之無以異乎國君諸侯之有四境之內也：今國君諸侯之有四境之內也，夫豈欲其臣國萬民之相為不利哉？……夫天之有天下也，將何以異此。""譬之若楚越之君：今是王云：猶言今夫。楚王食於楚之四境之內，故愛楚之人；越王食於越，故愛越之人；今天兼天下而食焉，我以此知其兼愛天下之人也。"《天志》此外還有可為老、鄧等說證明者，就是司馬遷所說："或曰天道無親，常與善人。若伯夷、叔齊可謂善人者非耶？積仁絜行如此而餓死；且七十子之徒，仲尼獨薦顏淵為好學，然回也屢空，糟糠不厭，而卒早夭，天之報施善人，其何如哉？盜跖日殺不辜，肝人之肉，暴戾恣睢，聚黨數千人，橫行天下，竟以壽終，是遵何德哉？此其尤大彰明較著者也！若至近世操行不軌，專犯忌諱，而終身逸樂，富厚累世不絕；或擇地而蹈之，時然後出言，行不由徑，非公正不發憤，而遇禍災者，不可勝數也。余甚惑焉！儻所謂天道，是邪？非邪？"《史記·伯夷列傳》此真莫怪如韓愈嘆道："今夫人有疾痛倦辱飢寒甚者，因仰而呼天曰：殘民者昌，佑民者殃。又仰而呼天曰：何為使至此極戾也？"柳宗元《天說》未悉墨子對此將用何辭以對？這便是範圍於現實世的墨教之大缺點了。若在佛、耶、回諸教，却尚有推諉之餘地，如說今世為惡得樂，來世必墜地獄；今世為善受屈，來世必升天堂；這也可見釋、耶、穆、諸教主比墨子狡猾；而墨子比釋、耶、穆諸教主笨拙。**但這也是中國思想盡屬“入世的”，與眾不同之處**。所以如**把墨教去同那倡他**。界或未來世的佛、耶、回諸**教一比，那這墨教就不失為現實世或入世的宗教了**。至陳重遠先生說孔教也有出世，與李證剛先生的說佛教全屬入世，恐怕都未免差得太遠吧！

（我於去年在本大學的《大夏》季刊第二期裏，發表一篇《董仲舒之儒家宗教》，可供參看，文長茲不附錄。）

第二段　宗教的政治哲學——政治、宗教合一

古代政教合一，以政治為宗教之顯現，以宗教為政治之本源。所謂天子就是以政長而兼教主者，其神之名最普通、最廣大的莫如天或上帝。如《書經》說：“非台小子敢行稱亂，有夏多罪，天命殛之。……夏氏有罪，余畏上帝，不敢不正。……爾尚輔予一人，致天之罰。”《湯誓》“予惟小子，不敢替上帝命，天休於寧王，興我小邦周。……今天其相民，矧亦惟卜用。嗚呼！天明畏，弼我丕丕基。”《大誥》……及《詩經》說：“天命玄鳥，降而生商，宅殷土芒芒。古帝命武湯，正域彼四方。”《玄鳥》“文王在上，於昭於天，周雖舊邦，其命維新。有周不顯，帝命不時，文王陟降，在帝左右。”《文王》……《書》、《詩》二經，關於政教合一之說，到處可見；惟到了周末，日益開化，天下大亂，一般詩人對於天的觀念，已大多數表示懷疑，如說：“昊天不惠”《節南山》，“天之方虐”《板》；……後來子產也說“天道遠”《左傳》，而老子更說“天地不仁”。當此宗教破產之時，忽出一位墨子，毅然提倡復古，如《天志》、《法儀》、《尚同》諸篇所說的，均同商、周以前的觀念一樣。墨

子曾說：

且夫義者政亦作正也，無從下之政上，必從上之政下，是故庶人竭力從事，未得次畢云：恣字省文己而為政，有士政之；士竭力從事，未得次己而為政，有將軍大夫政之；將軍大夫竭力從事，未得次己而為政，有三公諸侯政之；三公諸侯竭力聽治，未得次己而為政，有天子政之；天子未得次己而為政，有天政之。……《天志》上，下篇亦可參看

……天子者，固天下之仁人也。……夫既尚(《同上》)同乎天子，而未尚同乎天者，則天災將猶未止也。《尚同》中上下篇同。

這簡直是"**天治**"或"**神政**"——名為神權或天主專制，實則君權或君主專制——明而言之，則為**宗教的政治**，或**宗教政治的合一說**。如要知道：天的對人究竟怎麼樣，與人的對天應該怎麼樣等等問題，那除上段已經說及的以外，就要再讓下段去專述了。

第三段　宗教的人生哲學

誰也知道墨子有個很出名的兼愛交利主義，他說：

若使天下兼相愛，愛人若愛其身，猶有不孝者乎？視父兄與君若其身，惡施不孝？猶有不慈者乎？視弟子與臣若其身，惡施不慈？故不孝不慈亡有，猶有盜賊乎？故視人之室若其室，誰竊？視人身若其身，誰賊？故盜賊無有，猶有大夫之相亂家，諸侯之相攻國者乎？視人家若其家，誰亂？視人國若其國，誰攻？故大夫之相亂家、諸侯之相攻國亡有。若使天下兼相愛，國與國不相攻，家與家不相亂，盜賊無有，君臣父子皆能孝慈，若此，則天下治。《兼愛》上

我們要知道的，誰不提倡那個"愛"字？不過有的是自愛而不愛人，有的是差愛而不同愛。前者如提倡"民至老死而不相往來"《老子》，"拔一毛而利天下不為"孟子謂楊朱的道家近之；後者如提倡"親親而仁民，仁

民而愛物”的儒家近之。**若墨子的愛，却要以兼為其惟一的條件**；如自愛而不愛人，差愛而不同愛等，他簡直認為根本不對。**其一視人我的兼愛交利說**，已同道儒諸家不合；他甚至還要出於**損己益人的愛他利他主義**，如說：

任士損己而益所為也。（《經上》）

殺己以存天下，是殺己以利天下。（《大取》）

以上就是**墨子兼愛交利，或愛他利他的人生哲學**。但墨子雖自信其兼愛交利或愛他利他之說，是很不錯的；然猶顧慮到“士不以為行”《兼愛》中的難點，於是便想去借政治的勢力以實現其人生觀。如說：

苟有上說之者，勸之以賞譽，威之以刑罰，我以為人之於就兼相愛、交相利也，譬之猶火之就上，水之就下也，不可防止於天下。（《兼愛》下）

這種論調，我可名之為**人生哲學的政治**。但這雖可以使天下之士君子用以為行。然他仍恐人微言輕，不能發生多大效力，且無以制裁那政治上的國君天子，所以最後更想去藉天的威力，以為其後盾，要做到這一步，才有希望其主義風行於天下。如說：

天必欲人之相愛相利而不欲人之相惡相賊也……愛人利人者天必福之；惡人賊人者天必禍之。《法儀》

這是託言他所主張的兼愛交利說係取法於天而奉行的，吾可名他為**宗教的人生哲學**。他於此有個證明是：

天“天”下本有“子”字，今據戴校刪。之有天下也，譬之無以異乎國君諸侯之有四境之內也：今國君諸侯之有四境之內也，夫豈欲其臣國萬民之相為不利哉？……夫天之有天下也，將無以異此。詳前

他又說道：

然有所不為天之所欲，而為天之所不欲，則夫天亦且不為人之所欲，而為人之所不欲矣。《天志》中

這是**天人相與的兼愛交利說**。此外他還有一個“三利說”，是：

若事上利天，中利鬼，下利人，三利而無所不利，是謂天德。故凡從事此者聖智也，仁義也，忠惠也，慈孝也，是故聚斂天下之善名而加之。是其故何也？則順天之意也。《天志》上

他於是又總言其提出《天志》的用意：

子墨子之有天之意也，上將以度天下之王公大人為刑政也，下將以量天下之萬民為文學出言談也。觀其行，順天意謂之善意；孫疑當作“惠”行；反天之意，謂之不善意行。觀其言談，順天之意謂之善言談；反天之意，謂之不善言談。觀其刑政，順天之意謂之善刑政；反天之意，謂之不善刑政。故置此以為法，立此以為儀，將以量度天下之王公大人卿大夫之仁與不仁，譬之猶分黑白也。《天志》

這就是墨子提倡天志、法儀、尚同的用意，及其唯一的標準了。這裏不但有如上段所說的“**墨子宗教的政治**”，及本段所說的“**宗教的人生哲學**”；**就是墨子的語言，我們也可以名他為**“**宗教的語言**”；**其文學，亦為**“**宗教的文學**”。**在墨子的心目中，什麽都宗教化**，於此已經大可想見了。

第四節　法家韓非多屬政治哲學

道家思想，既最重自然，什麽都自然化，連政府也不要，在老子只攻擊政府，以為可有可無，無愈於有，有等於無。如說：“民之飢，以其上食稅之多；……民之難治，以其上之有為。……”“法令滋章，盜賊多有。”“師之所處，荊棘生焉。”就是沒有比有好的意思。他又說道：“太上下不知有之”，這就是有等於無的意思。後來到了許行，便明白的主張：“無所事聖王，欲使君臣並耕”。但還不如更後來之鮑敬言所說：“古者無君，勝於今世”。自無政治之可言；如要勉强說來，至多也只可目為無治無為而治主義。至於儒家的思想，既以論理[1]為中心，其政治當然也倫理化。墨家思想的中心既在乎宗

[1] 據下文，“論理”應爲“倫理”。——編者註

教，其政治結果也帶了宗教色彩，我們可以叫他做宗教化的政治或政教合一主義。關於這幾點，均已另詳在上面了。由上述看來，像那道儒墨三大思想家，雖也有關於政治的種種主張，但無論如何，總談不上“純粹的政治”；無中取有，比較配得上的，就要算這法家了；而韓非又是集法家之大成者，所以特來一述這位代表法家的韓非思想。

第一段　韓非與道、儒、墨三家之異同

法家雖然比不上那道、儒、墨三大家，却也有其可自成立的地方。現在一般研究法家思想之人，多數說他是採取三家而成的；此外或以法家最接近道家，亦有以法家出於儒家者，即以之為似墨家者亦有之。但據我看來：其實他也有很多地方是反對三家的，正因為其有反對三家的地方，所以還可與三家並立，而為中國思想界的四大金剛之一。如其不然，只有其應響於三家處，那還有什麼足多呢？不相信嗎，讓我分述在下面吧。

（一）韓非與道家之異同

在道德方面：老子主張絕仁棄義廢禮，而韓非亦反對仁、義、禮等。智識方面：老子主張絕聖棄智愚民；而韓非亦力主愚民政策，反對賢人政治。手段方面：老子認禍即福之所伏，福即禍之所倚，欲歙必固張，欲張必固歙；而韓非亦以為慈母愛子即害子，嚴君害民即愛民。……像這一類，就是**道法同之一部分**。然老子主張無組織，廢政府；而韓非則重組織、欲建立强權政府。老子主張自然法，而反對人造法；而韓非則主張人造法，而反對自然法。（?）老子主張善惡不分莊子最詳，或較傾向弱之一方面；而韓非則主張賞罰必辨，或較傾向强之一方面……像這一類，**就是道法相異之一部分**。

（二）韓非與儒家之異同

儒家主張君臣上下一切階級，揚上抑下，伸君屈民；而韓非對此，更趨極端。……這是**儒法相同的一方面**。然儒家尚聖賢、講仁義、貴文學、重禮樂；而韓非則一一反對之。儒家君父並重，或親重於君；親教而韓非却從君而去親，重國而輕家。儒家貴古而賤今；而韓非則去古而就今。荀子法後王，為韓非所本。但不遵古，商君等已詳言之。這是**儒法相異之一方面**。

（三）韓非與墨家之異同

墨俠一而非二有是非而無親疏；而韓非亦主公法而非私行。法律之下人人平等墨子主尚同於天，而韓非亦欲歸一於法。尹文子明言之墨子貴實利，有用卽是，無利卽非而法家亦貴功用。墨子嚴賞罰，而韓非之賞罰更嚴。墨子不主張自由，而韓非之主張，更自由不得。……像這一類，就是**墨法相同之一方面**。然墨子為和平派，而韓非則為權力派。墨子最重神權，天鬼為主而韓非則反對鬼神而重君權。以人君為主墨子貴古尚賢，而韓非則反古賤賢。……這一類，就是**墨法相異之一方面**。

法家與道、儒、墨三學的異同，既略如上述，現在請再來一說三者的溝通人物：如溝通道、法兩家的人物為慎到等，參看《慎子》及《莊子・天下篇》溝通墨法兩家的人物為尹文等，參看《尹文子》《莊子・天下篇》若荀卿則為儒家之結束人物，漢唐以來的儒者，已非先秦的正儒家了。而為集法家大成的韓非之老師。荀卿有兩位高足，卽韓非與李斯，皆屬法家之特色人物。如其以人性為惡，主張嚴拘以禮，竟遂變成韓非的極力主張用法任刑了；如其法後王之說，也是出自法家的商鞅的不遵古。由此看來，是這位荀卿，也不失為儒法兩家的交接人物。

我本想把道法、儒法、墨法三者異同，詳為舉例引證；嗣因其多佔篇幅，故竟改如上述，只舉其較顯明之點，而概括一說吧了。吾最近還有一個關於四家的見解，正可乘此機會把他發表出來。我以為先秦諸子思想，可歸納為兩邊或四路：大氏**儒墨為正面的思想：儒主正面的異**或別**，墨主正面的同**或平**；道法為反面的思想：道主反面的散，法主反面的集。**或專儒與墨，及道與法的互相接近處，是為一方面之觀察。**道家的反面的散，略近於墨家的正面的同；惟前者為虛無派，而後者為實際派。儒家的正面的異，略近於法家的反面的集；惟前者屬和平派，而後者屬勢力**或強權**派**。道與墨及儒與法的互相接近處，是為又一方面之觀察。**儒家略同於道家之虛無，法家略同於墨家之實際**，儒與道，及墨與法的互相接近處，是為另一方面之觀察。回家的互相接近處，於此已可以想見其大概了。

第二段　法治化的人生哲學

李石岑講中國的人生哲學，於先秦諸子獨置法家於塗外；其實法家，尤其是韓非的人生哲學，全與道、儒、墨諸家不同，也算得是一種特色，未悉李氏為什麼半點也未見及呢？吾今特地把它揭示出來。

韓非雖根本反對儒、墨諸家的一切道德，然也自有其一種特別的道德觀念，如說：

夫立名號，所以為尊也；今有賤名輕實者，世謂之高傲。設爵位，所以為賤貴基也；而簡上不求見者，世謂之賢。威利所以行令也；而無利輕威者，世謂之重。法令所以為治也；而不從法令，為私善者，世謂之忠。官爵所以勸民也；而好名義，不進仕者，世謂之烈士。刑罰所以擅威也；而輕法，不避刑戮死亡之罪者，世謂之勇夫。……今下而聽其上，上之所急也；而惇慤純信，用心怯言，則謂之窶。守法固，聽令審，則謂之愚。敬上畏罪，則謂之怯。言時節，行中適，則謂之不肖。無二心私學，聽吏從教者，則謂之陋。難致謂之正，難予謂之廉，難禁謂之齊，有令不聽從謂之勇，無利於上謂之愿，寬惠行德謂之仁，重厚自尊謂之長者，私學成群謂之師徒，閒靜安居謂之有思，損仁逐利謂之疾，險躁佻反覆謂之智，先為人而後自為，類名號言，汎[1]愛天下謂之聖；言大本稱，而不可用，行而乖於世者，謂之大人；賤爵祿、不撓上者，謂之傑。……《詭使》

這已可見韓非的觀念，處處同世俗相反，是要**獨自建立一種以君國為中心的道德觀念**也就是擁護君主的法律。他還更明白的說道：

為故人行私謂之不棄，以公財分施謂之仁人，輕祿重身謂之君子，枉法曲親謂之有行，棄官寵交謂之有俠，離世遁上謂之高傲，交爭逆命謂之剛材，行惠取眾謂之得民。不棄，吏有姦也；仁人者，公財損也；君子者，民難使也；有行者，法制毀也；有俠，官職曠也；高傲者，民不事也；剛材者，令不行也；得民者，君上孤也；此八者，匹夫之私譽，人主之大敗也；**反此八者，匹夫之私毀，人主之公利也**。《八說》

這就是韓非的八反說。此外尚有《六反》等篇，都到處反對一般古來相傳的世俗道德；和那說"反者道之用"，"正言若反"的道家老子，很有點相同的地方，**所以韓非和老子都算是道德的革命家**。但在這裏萬勿誤會，也要分別觀之才成。老、韓對那正統派的孔舊派墨新派自不失為革命家；不過韓非與老子也有所不同，不同的地方就是**老子係破壞**或消極**的革命家，韓非則為建設**或極積**的革命家**。如許由、卞隨、務光那般高士隱者，或見取於老、莊，而在韓非則目之為"不令之民"《說疑》"無益之臣"《奸劫》就是老子棄官西遊，莊子固辭相位，也恐難免見譏於韓非。韓非的道德，既以人造法為主——法治化的；而老子却以政府法令等，為造亂之源。如說"民之饑以其上食稅之多""法令滋章盜賊多有"是在韓非所認為是者，在道家觀之即以為非了。又**道家的反對世俗道德，是怕失去天真，而有所藉口於一般亂世的壞人；若在韓非的反對世俗道德，則為其同他的功用**

[1] "汎"據通行本《韓非子》爲"汎"。——編者註

主義不合，而且有妨碍於其法治主義。試舉例以明之，如莊子說：

世俗之所謂至知者，有不為大盜積者乎？所謂至聖者，有不為大盜守者乎？何以知其然耶？……跖之徒，問於跖曰：盜亦有道乎？跖曰：何適而無有道邪？夫妄意室中之藏，聖也；入先，勇也；出後，義也；知可否，知也；分均，仁也；五者不備，而能成大盜者，天下未之有也。由是觀之……跖不得聖人之道不行。……雖重聖人而治天下，則是重利盜跖也。……為之仁義以矯之，則並與仁義而竊之。何以知其然耶？彼……竊國者為諸侯，諸侯之門而仁義存焉，則是非竊仁義聖知邪？……此重利盜跖而使不可禁者，是乃聖人之過也。《胠篋》

且夫待鉤繩規矩而正者，是削其性者也；待繩約膠漆而固者，是侵其德者也；屈折禮樂，呴俞仁義，以慰天下之心者，此失其常然也，天下有常然，常然者：曲者不以鉤，直者不以繩，圓者不以規，方者不以矩，附離不以膠漆，約束不以纆索，故天下誘然皆生，而不知其所以生；同焉皆得，而不知其所以得；故古今不二可虧也。則仁義又奚連連如膠漆纆索而遊乎道德之間為哉？使天下惑也！《駢拇》

這就是道家反對世俗道德的唯一原因。至於韓非呢？他說：

明主之國，令者言最貴者也，法者事最適者也，言無二貴，法不兩適，故言行而不軌於法令者，必禁。……夫言行者，以功用為之的彀者也；……今聽言觀行，不以功用為之的彀，言雖至察，行雖至堅，則妄發之說也。……是以儒服帶劍者眾，而耕戰之士寡，堅白無厚之詞章，而憲令之法息。《問辯》

這就是世俗道德同韓非不兩立的地方。再若老、莊二子，雖同為道家，亦未盡相同。吾嘗論道：“**如今設言世人貴大而賤小，則老子反以貴小而賤大**；若以第三者之莊子觀之，則謂貴大而賤小之說，是世人之自迷也，惟老子獨悟之。如因而出其貴小而賤大之說，是又老子之自迷也，世人亦將反而笑之，此惟莊子獨悟之。以為如果一派既貴大而賤小，一派又貴小而賤大，則兩方所謂貴賤大小終屬無一足憑也。**故若莊子可謂較能化者，因而倡其齊大小之說焉**。但此當知莊子距齊大小，與其說為平視世人，與老子二說；不如說為近老子而遠世人。”至於韓非，則大不然：凡屬於奉上者都是對的，否則皆屬不對——**合理不合理，一視利上不利上而定**。吾以為：道家的虛無道德，非常徹底，(非指好壞)總算無所私偏；**若韓非的道德，則完全是片面的不平等的强權的道德**。如其專說在下面的民臣之對於上面的君主，應該怎樣好好的去奉事他；至於君主的對臣民，却不但半句話也不說，甚至認君主的任意刻薄臣民為當然行為。這種的道德，簡直是**君主道德**，或**奴隸道德；就是目為“非人道的”，也不算太過**。但他却有一點理由在裏面，如說：

明主之治國也，使民以法禁，而不以廉止；母之愛子也倍父，父令之行於子者十母；吏之於民無愛，令之行於民也萬父母；父母積愛而令窮，吏用威嚴而民聽從。《六反》

慈母之於弱子也，愛不可為前，然而弱子有僻行，使之隨師；有惡病，使之事醫；不隨師則陷於刑，不事醫則疑於死。慈母雖愛，無益於振刑救死，則存子者非愛也，母不能以愛存家；君安能以愛為國?《八說》

這如以儒墨等所倡的仁愛，為慈母的道德；則如韓非之說，就不失為嚴父的道德了。如進而以儒墨等說為家親(父母)的道德；則如韓非之說，將不失為國君的道德了。又如韓非之非仁義，和墨子的非樂節用等論調，固皆為應時救急的一種主張；然同中也有異。如說：

今有構木鑽燧於夏后氏之世者，必為鯀禹笑矣；有決瀆於殷周之世者，必為湯武笑矣；然則今有美堯、舜、湯、武之道於當今之世者，必為新聖笑矣。是以聖人不期修古，不法常可，論世之事，因為之備。宋人有耕者，田中有株，兔走觸株，折頸而死，因釋其耒而守株，冀復得兔。……今欲以先王之政，治當世之民，皆守株之類也……

夫古今異俗，新故異備，如欲以寬緩之政，治急世之民，猶無轡策而御駻馬，此不知之患也。今儒墨皆稱先生，兼愛天下……以君臣為如父子則必治。……

夫垂泣不欲刑者，仁也；然而不可不刑者，法也。先王勝其法，不聽其泣，則仁之不可以為治，亦明矣。《五蠹》

像儒墨輩，比之**趨時明勢的韓非**，自未免太不識時勢。如人家正以能行暴政為時髦，而孟子却反而說以等於廢物的仁政；人家正以相攻相惡為時髦，而墨子偏反而說以等於廢物的非攻。……惟韓非獨有見及於此，見了人家正在諂媚君主，而韓非因而力倡君主專制；見了人家正在互相戰攻，而韓非因而力倡强權武力。……**故如儒墨等說，是合理而不合時的；韓非之說，則為合時而不合理的。這種不問合理、只問合時的見解，恐怕也不能就算得很對吧！**

第三段　澈底的法治與極端的君權

道家有"無政府"的傾向，自用不着尚賢使能；儒墨為有政府派，自應主張尚賢任能。像這兩派，都沒有什麼奇怪。後來另有一派，其主張不尚賢、不使能同於道家，而同時並與儒墨皆為有政府派，這就是現在正要講的法家了。他是主張以法代人而治的，其在當時，亦不失為一位**政治思想的革命者**。

法家為什麼要反古，獨自以法治去代人治呢？他的理由是："若使遭賢則治，遭愚則亂，則治亂續於賢愚，……"《尹文子》人有賢愚，而法則儘可去壞而立一善的。賢人不世出，而善法則可以常存。如韓非便說：

且夫堯、舜、桀、紂千世而一出，……中者上不及堯舜，而下亦不為桀紂，抱法……則治，背法……則亂。今……背法而待堯舜，堯舜至乃治，是千世亂而一治也；抱法……而待桀紂，桀紂至乃亂，是千世治而一亂也。《難勢》

釋法而心治，堯不能正一國；去規矩而妄意度，奚仲不能成一輪。……使中主守法術，拙匠守規矩尺寸，則萬不失矣。《用人》

這便是法治强於人治的地方。就使退一步一言之：他們也認為"法雖不善，猶愈於無法。"《慎子》佚文 韓非因再說其務法而不務德的原因：

夫聖人之治國，不恃人之為吾善也；而用其不得為非也。恃人主為吾善也，境內不什數；用人不得為非，一國可使齊。為治者用眾而舍寡，故不務德而務法。夫必恃自直之木，百世無矢；恃自圜之木，千世無輪矣。……然而世皆乘車射禽者，檃栝之道用也。雖有……自直之箭，自圜之木，良工弗貴也。何則？乘者非一人，射者非一發也。不恃賞罰而恃自善之民，明主弗貴也。何則？國法不可失，而所治非一人也。故有術之君，不隨適然之善，而行必然之道。《顯學》

這和他的老師荀子的《勸學》、《性惡》等篇的講性論禮，完全無不同。因為他是認人性多是惡的，至多也是善惡都有的。**人性既有善有惡，所以迫不得已而要出於用法，去鋤暴安良**。如說：

服虎而不以柙，禁姦而不以法，塞偽而不以符，此賁育之所患，堯舜之所難也。故設柙，非所以備鼠也，所以使怯弱能服虎也。立法非所以避曾、史也；所以使庸主能止盜跖也。為符非所以豫尾生也；所以使眾人不相謾也。《守道》

這是說法是專對一般壞人而用的。壞人受法的制裁，原不算什麼可憐；**沉若立法的動機，又是在乎愛民，民最後可大受其賜嗎**？如他說道：

今家人之治產也，相忍以飢寒，相强以勞苦，雖犯軍旅之難，饑饉之患，溫衣美食者，必是家也；相憐以衣食，相惠以佚樂，天饑歲荒，嫁妻賣子者，必是家也。故法之為道，前苦而後樂；仁之為道，偷樂而後窮。聖人權其輕重，出其大利，故用法之相忍，而棄仁之相憐也。《六反》

這是說仁之一類："雖曰愛之，其實害之；"用柳語而法之一類，在先雖苦，其後則樂；不是愛反得害，而苦轉成甘嗎？這種手段，有點像老子所說的"禍兮福之所倚，福兮禍之所伏。""少則得；多則惑。""正言若反"，"反者道之用。"

法家的法治主義，已略如上述。乃梁任公說："當時所謂法家者流中，尚有兩派，與法治主義極易相混，而實大不同者：一曰術治主義，二曰勢治主義。"《先秦政治思想史》（按大概是人主所密用的心術，法則為公佈於天下的定法。）不知**韓非却是一個主張法治兼術治——法術並用——的人**，如說：

今申不害言術，而公孫鞅為法、術者、因任而授官，循名而責實，操殺生之柄，課群臣之能者也，此人主之所執也。法者、憲令著於官府，刑罰必於民心，賞存乎慎法，而罰加乎姦令者也，此臣之所師也。君無術則弊於上，臣無法則亂於下，此不可一無，皆帝王之具也。《定法》

治國之有法術賞罰，猶若陸行之有犀車良馬也，水行之有輕舟便檝也，乘之者遂得其成。《姦劫》

這明明是說法術二者，缺一不可的，雖梁氏據那《有度篇》"奉公法，廢私術"的一句話；但是"私術"與"術"，未必即為一物，私術與他處所言的私曲、私行、私譽、私善、私利等義差不多，都是指臣下而非指君上的。《有度篇》原文是："古者世治之民，奉公法，廢私術，專意一行，具以待任。”——王先慎注“治世之人，所具意行，不用之於私，惟以待君之任耳。”——他明明是專指臣民，並未言及君主。在韓非之意，是**認臣民要絕對行公奉上的；至於君主，則愈私愈妙**。補詳於後正同於孔子所說：天下有道，則士庶人不議。自天子出天下無道，自諸侯出，自大夫出；以及董仲舒所明言的伸君屈民，伸上屈下。不看韓非在全書中，到處都詳論君主的應該怎樣鬼鬼怪怪的去對付他的臣下嗎？詳後梁氏安得反而妄斷“術蓋為法家所最惡”？同前引吾今敢說法家（其實只是申不害、韓非）的須臾不可離者，就無過於這個君主獨自行使的術了。千萬要記得：這是以君主為限的；如臣下用之，才可如梁說：“術蓋為法家所最惡。”

此外梁氏還有一個更大的誤會，他說：“慎子蓋兼主勢治之人也。其言曰‘堯為匹夫，不能治三人；而桀為天子，能亂天下。吾以此知勢位之足恃，而賢智之不足慕也。’《韓非子·難勢篇》引韓非子駁之。……自“夫勢者，非能必使賢者用已”起，至“若吾之言，謂人之所得設也”止淺見者流，見法治者之以干涉為職志也，謂所憑藉者政府權威耳，則以與勢治混為一談。韓非此論，辨析最為謹嚴。蓋勢治者正專制行為，而法治則專制之反面也。……是法與勢之異也”。同前引恰恰不知慎子之言，正是韓非表示同意，而引來為自已助證的。至於所舉“韓非駁之”一段之言，乃出自反對法家之人。我們試看《難勢篇》中最重要之處：

且夫堯、舜、桀、紂，千世而一出，不本無不字，茲以意增是比肩隨踵而生也。世之治者，不絕於中，吾所以為言勢者中也。中者上不及堯舜，而下亦不為桀紂，抱法處勢則治，背法去勢則亂。今廢勢背法而待堯舜，堯舜至乃治，是千世亂而一治也。抱法處勢而待桀、紂，桀紂至乃亂，是千世治而一亂也。且夫治千而亂一，與治一而亂千也，是猶乘驥駬而分馳也，相去亦遠矣。

這裏面常常以抱法與處勢，或背法與廢勢兩者相提並論，足見**韓非明明是個主張法治兼勢治者**。梁氏既要說韓非為反對勢治者，為什麼不並認韓非為極力反對法治之人？如要承認韓非為主張法治者，則其極言勢治，為何不並加以承認？韓非論勢之至關重要，尚不止於此處，更有很明白的話：

且民者固服於勢，寡能懷於義。仲尼，天下聖人也，……海內說其仁，美其義，而為服役者，七十人。蓋貴仁者寡，能義者難也，……魯哀公，下主也，南面君國，境內之民莫敢不臣，民者固服於勢，勢誠易以服人。故仲尼反為臣，而哀公顧為君。……故以義，則仲尼不服於哀公；乘勢，則哀公臣仲尼。今學者之說人主也，不乘必勝之勢，而務行仁義則可以王，是求人主之必及仲尼，而以世之凡民皆如列徒，此必不得之數也。《王蠹》

桀為天子，能制天下，非聖也，勢重也；堯為匹夫，不能正三家，非不肖也，位卑也。《功名》

這和《難勢篇》所引慎子之言，連半點的異處也沒有。由此看來，梁氏如要否認韓非之主張勢治，那就非先說一部《韓非子》為偽書不可。

至梁氏的硬要認"所憑藉者政府威權……勢治者正專制行為"，與韓非之說不兩立，那真是自誤誤人、自欺欺人了。吾今敢無疑的說：在先秦諸子中，甚至舉中國學界之**極力提倡君權而無微不至者，明明就要算這法家的韓非為頭一個人**。試看他說：

故人主自用其刑德，則群臣畏其威，而歸其利矣。……故明主之畜臣，臣不得越官而有功，不得陳言而不當，越官則死，不當則罪。《二柄》

人主安能與其臣共權以為治……人主又安能與其臣共勢以成功乎？《外儲說右下》君執柄以處勢，故令行禁止。柄者殺生之制也，勢者勝眾之資也。……不懷愛而聽，不留說而計。……故明主之行制也天，其用人也鬼，天則不非，鬼則不困，勢行教嚴，逆而不違，毀譽一行而不議。

事成則君收其功，規敗則臣任其罪。

故大臣有行則尊君，百姓有功則利上，此之謂有道之國也。《八經》

這是賣力去教君主專制其臣下的。他尚有話說：

人主之患在於信人，信人則制於人……為人主而大信其子，則姦臣得乘於子以成其私……為人主而大信其妻，則姦臣得乘於妻以成其私。……夫以妻之近，與子之親，而猶不可信；則其餘無可信者矣。《備內》

這是賣力去教君主專制其妻子的。外至臣下，親至妻子，皆無一可信任者，還不是獨夫專制到極點嗎？不知梁氏為什麼半點也不見及？梁氏尚且如此，其牠則又何說？

最後，請將上述，總而言之：**韓非是個極力主張法治而兼術治勢治的人**。關於其法治主義，吾可暫緩去評論他。其術治主義，簡直是專門教君主去極力壓迫臣民，以鞏固其地位，自一世二世至萬萬世，給他獨家包辦的唯一手段。秦始皇是個抱有一世二世至萬萬世的野心君主，而韓非更極力主張，所以始皇讀其書而大悅。董仲舒說："秦行韓非之說。"其勢治主義，更有如今的政客軍閥，專想奪取政權；至於學問人格，一無所顧及，以為只要得到權勢，就是一般有學問人格的人，也是敢怒而不敢言的；如無權勢，就使是很有學問人格，最後也會給人家瞧不起，不管你有什麼好見解，也沒有希望其實現。他如**韓非專門講究治下的政策**，是在下者受莫大的不平待遇，雖至於死，無所告訴；而**其終未有一言及乎制上的議案**，是國君益得橫行，毫無忌憚，如使虎而又添上翼者。要而言之，只問其勢得不得或高不高，不問其人好不好；如得勢雖不好也好，如不得勢雖好也不好。如手段好就可以包辦到萬世，如手段不好就馬上倒下來。韓非**這種怪主義，真是不講理的！**我述到這裏，實不能不罵他是個很該死的人，論他的罪惡，比同他同時的縱橫家如蘇秦、張儀輩，恐怕還要大概。

第七章　諸子結論

關於此章，請先節錄拙著《三大思想之比觀》書中的一段文，以見其大概。

……梁任公先生“儒學統一時代”言曰：“泰西之政治，常隨學術思想為轉移；中國之學術思想，常隨政治為轉移，此不可謂非學界之一缺點也。是故政界各國並立，則學界亦各派並立；政界共主一統，則學派亦宗師一統。當戰國之末，雖有標新領異，如錦如荼之學派，不數十年摧滅以盡，巋然獨存者，惟一儒術，而學術思想進步之跡，亦自茲凝滯矣。”《中國古代學術思想變遷史》中國學術之所以不能如歐洲之進化者，大氐如梁先生之論。梁先生又詳論“其原因”曰：“當時百家莫不自思以易天下，何為不一於他，而獨一於孔？是亦有故：周末大家，足與孔並者，無逾老墨；然墨子主平等，大不利於專制；老子主放任，亦不利於干涉，與霸者所持之術，固已異矣。惟孔學則嚴等差，貴秩序，而措而施之者，歸結於君權，雖有大同之義，太平之制，而密勿微言，聞者蓋寡。思按，所謂大同之義、太平之制尚有疑问其所以干七十二君，授三千弟子者，大率上天下澤之大義，扶陽抑陰之庸言，於帝王馭民最為適合，故霸者竊取而利用之，以宰制天下。漢高在馬上取儒冠以資溲溺；及至定大業，則適魯而以太牢祀矣。蓋前此則孔學可以為之阻力，後此則孔學可以為之奧援也。”同上按儒家之所以獨得傳於後世，此確為其主因；而老墨二家之所以後絕者，亦多由於違背此理。觀於後儒如叔孫通輩之行為，確合孔子之意旨；雖謂為一本諸孔子亦不為過，例如……（中略）《史記》所述叔孫通與《論語》所述孔子……叔孫通見譏於魯諸生及其弟子曰諛，而孔子亦見譏於子路及諸隱者曰佞；孔子亦曰“事君盡禮，人以為諂也”。在叔孫之門，以為通於時變，“聖人知當世務”，在孔門亦以為“聖之時”，“權”，“無可無不可”；叔孫通所事者且十主，而孔子亦干七十二君；隨通之儒生，及其弟子數十人皆貴顯，而孔子之三千弟子，亦多交友諸侯。司馬遷曰：“叔孫通希世度務，制禮進退，與時變化，卒為漢家儒宗。”不獨漢家儒宗之叔孫通然也；即為中國曆代儒宗之孔子，亦多類此。**此儒家後來之所以多流為官僚政客者也**。此為不善學孔子者，然亦孔子有以致之。**若老學則多流為隱者**，隱者厭時者也**墨學則多流為任俠**。所謂隱者，司馬遷已謂：“老子隱君子也”，而孔子亦目當時跡近道家之丈人為“隱者”，即凡所謂放達者，頹廢者，山林隱逸之士，遊惰無能之人，……皆多來自老學也。而魏晉盛行老莊學說，如上述一類之人亦最多。（？）老學後既多流為隱逸者，**是其厭時方面得傳，而其哲理方面則較少有所聞矣**。雖然，如老子之後，在戰國時有《莊子》，漢有《淮南子》，魏晉間有偽《列子》（？），《抱朴子》……之數書者，皆極有功於老學者也。既勝於墨學之後無聞；即視儒家之歷時久，後學多，傳書眾，而計其真得孔子之旨者，竟仍未見其甚多，亦不大愧色矣。至所謂任俠者，可看《史記·遊俠列傳》，古書多以儒、墨或孔、墨並稱，墨後流而為俠，於是遂有以儒俠對舉者矣。……（中略）據……《遊俠列傳》本文，及吾所附註之墨家言，比而觀之：可知墨俠對於衣食住行，皆極隨便粗薄，其同一也；只知為人而不知有身，墨俠所同二也；只有是非而無所謂親疏，墨俠所同三也。墨子之教，莫要於“任”，其定義云：“任：士損己而益所為也。”“任：為身之所惡，以成人之所急。”而遊俠亦號稱“任俠”，按“公孫弘義曰：解布衣為任俠。”可見“任”字之為名詞，而非動詞也。如為動詞，則“任”字之上，何必加一“為”字？既加“為”字，則“任”字之為名詞，如墨經所云也明矣。俠同於墨四也。……有此數證，則墨之後，流而為俠也，確無可疑矣。……自墨子後其嫡傳有禽滑釐、孟勝、田襄子腹三人皆墨者鉅子，見《呂氏春秋·上德》《去私》諸篇。諸鉅子；有關係於其名學方面者，亦有惠施、公孫龍諸名家；他若宋鈃、尹文之流，亦皆與墨有關係者。惟至於秦，統一天下，墨與不利，其學遂隱；然在漢初，尚有盛極一時之任俠，是墨之“行”或“得其實”之一方面猶傳焉；可惜已無墨“學”或“存其名”者矣。若在此後，則不獨無傳墨之“學”者；乃並傳墨之“實”者，亦不可得矣。梁氏論墨所以不能如儒之傳於後，觀於公孫弘之族郭解，解父之見誅於文帝時，豈不信然哉？……然墨之所以不傳於後者，抑尚有其它因焉。莊子所謂：“以自苦為極，天下不堪；墨子雖獨能任，奈天下何？”是也。……至章太炎先生之《儒俠篇》云：“漆雕氏之儒，……其學廢而閭里遊俠興。”其《道本篇》又註云“道家亦有任俠，如汲黯是也。”吾意：與其以任俠為出於儒道，或自為一流——如太炎《儒俠篇》云“俠者無書，不得附九流；然天下有亟事，非俠士無足屬”——也，毋寧謂為出於墨子之較為得矣；如不即曰出於墨子，亦宜謂為與墨最相接近。事實俱在，賢者試更觀之。

先奉[1]諸子百家，除儒道墨三者而外，尚有法家的韓非等，其對於梁氏所論孔子“嚴等差，……歸結於君權，……上天下澤之大義，扶陽抑陰之庸言，於帝王馭民最為適合”，實有過之而無不及，其學為什麼偏獨不盛傳於後世呢？於此吾們要知道：儒家內幕雖難看，而門面卻裝得很好；**掛起“愛人”的招牌，而做那“馭民”的勾當**；也像商店：名雖減價，實則賺錢，政府名雖為公，實則營私……一樣。**若法家則不但實際不好看，而其名義也太難聽**，就是太爽直而不虛偽了！（但這卻是法家強於儒家的地方。）所以人主不便明從其說。止於暗取而已如司馬遷為諸子立傳，便獨對韓非一人評道：“韓子引繩墨……其極慘礉少恩。”

吾至此，尚可再就中國的國民性，去觀察四家的結果：或諸子**如道家**

❶ “奉”據文意當作“秦 ”。——編者註

太虛無，墨家太實利，法家太嚴治，都未免太過；惟有那儒家，雖也讚美無為，然尚未若老子；雖也很重現實，然尚未若墨子；雖也主張嚴厲，然尚未若韓非；可謂比較適中一點。而"中國"二字，古人本就地理而以自稱；吾現在可戲解它做"以中立國，故名中國"。那個集先哲之大成，為後學之正宗的儒家學說，力主中庸既很合於中國的國民性，——"中主義"與"中國人"——所以獨能久傳；至於其餘三家，都未免違背此理，——太激烈——所以不久即絕，即傳下來也不很盛。

四家異同，前已詳述；尤以第六章第四節，第一段"韓非與道儒墨三家之異同"為最簡要。而其久暫，頃亦說過；尚有優劣，須再略評；以使學者，明其真相：

大概道家思想的特色，莫如打破神權輕視君主，攻擊禮教，討厭權利；至其劣點，則在乎有理想目的而無有實行辦法，知逆的退後而不知順的進前，只知個人而不知世界，只知消極而不知積極。道家就是為了沒有想出一個可以實現他的最高理想的相當辦法來，所以究竟不免成了一個大空談家。——理想原極重要，尤其是徹底的革命者，其勢更非出於深遠的理想不可。但吾人應該注意之點，就是道家之理想，乃向後轉的，而非向前進的；是逆時代的，而非順人性的。如其要使老學童，去今就古的"逆的理想"，吾人只見其只能空談，而難於實行而已。再如道家雖亦傾向無政府主義；然和近人所主張者，實大不同。因其名雖皆為無政府；而其實則有"向後的"與"向前的"之分別。

儒家思想之特色，在乎用教育方法去改善人類，用和平手段去解決世間；而其劣點，則在乎伸君而屈民，親己而疏人，重男而輕女，太有階級，太重形式。終致君主利用以制民，官僚利用以進身，甚至視人己而不顧是非，雖夫婦而亦分上下。於是凡彼所認為上者，有時雖實非而亦名為是；凡彼所認為下者，有時雖實是而亦名為非。所謂"禮教”、“名教”、“自欺欺人”而已。儒家就是為了太重視階級，所以往往在實際上，無形中遂不免禍世了。

墨家思想之特色，莫如平等觀念，平民行為，自負救世責任，富於犧牲精神；此外尚有一個特點，就是獨懂得注重科學。至其劣點，則在乎力倡宗教，輕視藝術（？），但若輕視藝術，乃道法等家所同；惟此迷信思想，實為墨家所獨有。又其一面注重科學（《墨經》雖未必出自墨子；但墨子本身的論證，已多注重科學方法），一面力倡宗教，亦未免太自相矛盾。

法家思想之特色，在乎主張平等的法治；而其劣點，則在其同時兼倡之君主獨有的“勢治”、“術治”（韓非），勢治近乎“實行強權”，術治近乎“任用私智”。結果名為平等的法治，實則君主一人之術治、勢治。吾人只見其想法幫助君主，去極力壓制下民而已。吾想法家的法，如改由民眾產生，而使君主執行，或者也可以圓滿些。

除道、儒、墨、法四大家外；尚有兩個次大家，比較可以自立的，這就是所謂名家和陰陽家了。名家的好處，就是在乎獨懂得論理學；然其末流趨於極端，往往未免“強辭奪正理”，其所謂“正理”，實即是“強辭”，這就是他的不好處了。陰陽家的不好處，是亂想胡說，多所附會，極其荒唐；然其有時能從大處著想，幸而在其無意中，猜中了一個很有科學思想的“大九州”之說，這就是他的好處了。然這不但是無意識的發明，而且是萬一中的猜中，所以結果談不上多大價值。常乃悳極力推許陰陽家；至說他是個研究家；其實“研究”二字，他如何談得上？陰陽家注意本體論，有點像道家，他有宇宙循環、終而復始之說但他卻太迷信了名家的注意論理，或者也就是本於墨家的，但他却太詭辯了。

最後我尚要再說一句話：就是世間不論何事，大概多有兩方面，例如“事實”與“理想”：往往合理想者不近事實，近事實者不合理想，如論理想，則以道墨為上，而以儒法為下；如論事實，則以道墨為遠，而以儒法為近。吾們於此，更可想見：天下之事，**多是相對的，長於此者短於彼，利於彼者弊於此**。

第八章　外來之佛學

中國思想界，在佛學未傳入前，不論孔孟或是老莊，甚至其他一切，要皆是國產土貨。直至佛學來後，中國學界才像得到一位外賓。自佛學入中國，也漸漸地"中國化"起來，其間且有因舊創新者，如天台，及華嚴、禪宗等，較為近之。就是為了中國人對於佛學，獨能有所光大，並且有所發明；而與原來**純粹印度產的佛學**，已經大不相同，所以"**中國化的佛學**"，在中國思想界，尚為極有價值者，但如非印度佛學東來，以開其端，則亦無望中國之有新佛學，所以吾仍名之為"外來"。

因吾自問素來對於佛學，沒有多大研究，為慎重起見，特暫採用梁任公先生遺著《中國古代學術思想變遷史》(此名蓋從群眾圖書公司出版之單行本，其原名為《中國古代思潮》，在本書中言及該書之處，均從新名，特此附告。)一書中的二節原文，但尚可惜梁先生在此文中，對於佛學各宗之教旨，仍未暇再為述及。特在此處聲明，以示不敢掠美。

第一節　諸宗略紀

今請將六朝、隋、唐間有力之諸宗派，列為一表，示其系統。

宗名	開祖	印度遠祖	初起時	中盛時	後衰時
成實宗	鳩摩羅什	訶黎跋摩	晉安帝時	六朝間	中唐以後
三論宗	嘉祥大師	龍樹提婆	同上	同上	同上
涅槃宗	曇無讖	世親	同上	宋齊	陳以後 歸入天台
律宗	南山律師	曇無德	梁武帝時	唐太宗時	元以後
地論宗	光統律師	世親	同上	梁陳間	唐以後歸華嚴
淨土宗	善導大師	馬鳴、龍樹、世親	同上	唐宋明時	明末以後
禪宗	達摩大師	馬鳴、龍樹、 提婆、世親	同上	同上	同上
俱舍宗	真諦三藏	世親	陳文帝時	同上	晚唐以後
攝論宗	同上	無著、世親	同上	宋齊	唐以後歸法相
天台宗	智者大師	未詳	陳隋間	隋唐間	晚唐以後
華嚴宗	杜順大師	馬鳴、堅慧、龍樹	陳	唐則天後	同上
法相宗	慈恩大師	無著、世親	唐太宗時	中唐	同上
真言宗	不空三藏	龍樹、龍智	唐玄宗時	同上	同上

以上十三宗，除涅槃、地論、攝論三家，歸併地宗外，自餘十宗，皆經過極光大之時代，互起角立，支配數百年間之思想界者也。今按其所屬教乘，再示一表。

- 教理
  - 小乘教
    - 俱舍宗
    - 成實宗
  - 權大乘教
    - 律　宗
    - 法相宗
  - 大乘教
    - 三論宗
    - 華嚴宗
    - 天台宗
    - 真言宗
    - 淨土宗
    - 禪　宗

諸宗之教旨，若縷述之，雖數千萬言猶不能殫，且亦非余之淺學所能及也，是以不論。論其歷史。本論原以中國為主，不能他及。但各宗起原多與印度有關係，故不得不追論及之。

（一）俱舍宗

佛滅後九百年，世親菩薩，依《四阿含經》，《增一阿含經》五十一卷，《中阿含經》六十卷，《長阿含經》二十二卷，《雜阿含經》五十卷，皆小乘經也。造《俱舍論》三十卷，實為本宗之嚆矢。時印度自佛家乃至外道，莫不競學，大顯勢力於西域。及陳文帝天嘉四年，印度高僧波羅末那，即真諦三藏。携梵本以詣震旦，以五年之功譯成之，名曰“阿毘達摩俱舍論”，即所謂“舊俱舍”者是也。陳智愷、唐淨慧皆爲作疏。及唐貞觀間，玄奘法師親赴天竺，從僧伽耶舍論師，學《俱舍》之奧論，歸國後重譯原本，釐為三十卷。其弟子神泰、普光、法寶、尊親為疏記，遂以流通。但此宗本為法相之初步，故亦名法相宗之附屬宗云。

（二）成實宗

本宗之祖師，即《成實論》之訶犂跋摩其人也，生於佛滅後九百年，嘗從有宗本師受“迦旃延”之論，時印度佛派有有宗、空宗兩大派。覺有所未慊，乃通覽大小乘，自創其論，然其宗義不盛於印度。至姚秦弘始十三年，鳩摩羅什始譯之以行於支那，其弟子曇影為之筆述，僧叡為之注釋，於是此義遂光。自晉末至唐初二百年間，浸淫一世。齊梁之間，江南尤盛云。但此論本與三論並譯，其傳法者，率皆兩習，故亦名三論宗之附屬宗云。

（三）律宗

自佛入滅後，迦葉尊者與五百羅漢結集大藏，分為經歷論之三藏。律之在教中，蔚為大國矣。其入中國也，始於曹魏嘉平二年，曇摩訶羅始傳所謂十八受者，劉宋元嘉十一年，始行尼受。謂比丘尼所受戒律迨姚秦弘始六年，鳩摩羅什始譯《十誦律》，其後僧衹律等，相續出世，律教漸入震旦矣。其卓然完成一宗者，則自南山律師道宣始。南山生隋開皇間，受戒於智者律師之門，後隱於終南，研精戒律，及奘師西遊歸國，開譯壇於長安，南山親為其書記，譯律數百卷，證明戒律，為員頓一乘之旨，非小乘所得專有，其有功於佛教，實非淺尠，其時與之並起者，復有兩派：一曰相部宗，法礪律師所創；二曰東塔宗，懷素律師所創；並南山宗統，稱律家三宗云。然彼兩宗不光大，獨南山律至元代，猶保持宗勢不衰。

（四）法相宗

法相、天台、華嚴三宗，亦稱教下三家，皆大乘妙諦，而當時佛學中最光大者也。此宗一名唯識宗，以大意明唯識；故又名慈恩宗，以開祖為慈恩。故本宗印度傳法，最為分明。佛說大乘經中，華嚴深密楞伽經等，闡揚萬法唯識之義，實為斯學所本。佛滅後九百年，彌勒慈尊應無著菩薩之請，說五部大倫所論“瑜伽師地論”“分則瑜伽論”“大莊嚴論”“辨中邊論”“金剛波若論”是也。無著承彌勒之旨，復造“顯揚論”“對法論”等。同時有世親菩薩無著之弟。造“五蘊論”“百法明門論”“唯識三十誦論大等大弘斯旨，復次佛滅後十一世紀，有難陀護法尊十大論師，皆註世親三十頌，各有心得。而護法之弟子戒賢論師，所謂傳法大將，冠絕一時，深究瑜伽、唯識、聲明、因明等之蘊奧，在五印度中號稱辯才第一，傳鉢奘師以惠震旦。自茲以往，西域此學微矣。唐貞觀三年，玄奘三藏求法西行，坊間小說《西遊記》，卽演奘師事蹟也。隻身遍歷五印，得禮戒賢，盡受五大論卽彌勒所造、十支論卽無著以下所造，博通因明、聲明諸學；印度當時有所謂五明者，佛教徒外道並學之，其因明卽名學，日本所謂論理學也。歸國以後，弘暢斯旨，實為法相宗入中國之嚆矢。玄奘高足窺基，號慈恩法師，悉受微言，妙達玄旨，於是述疏證義，確立宗規，本宗大成，實由於是。再傳為淄州惠治，著“唯識了義燈”。三傳，為樸楊、智周，著《唯識演秘》。經此數師，宗義遂日以光大。

（五）三論宗

三論者：（一）中論，（二）十二門論，（三）百論也。前二為龍樹菩薩造，後一為提婆菩薩造，故本宗祖龍樹、提婆。(或加大智度論，亦名四論宗)鳩摩羅什，實提婆三傳弟子也，傳法東來，專弘此宗，四論譒譯，皆出其手。什師門下，生(道生)、肇(僧肇)、融(道融)、叡(僧叡)、影(曇影)、觀(慧觀)、恆(道恆)、濟(曇濟)之八傑，皆受大義。曇濟授道朗，道朗授道詮，道詮授法明，法明授嘉祥，至嘉祥大師(名吉藏)而此宗全盛。其後玄奘復從印度清辯、智光兩大師，更受微言。復有地婆伽羅者，東來，口授宗義於慈恩，慈恩遠承什譯，近禀奘傳，旁參伽說，著《十二門宗致義記》，而此宗遂以大成。

（六）華嚴宗

我佛世尊，從菩提樹下起，即為深位菩薩，文殊普賢尊，說華嚴三十八品，十萬偈，實佛乘中甚深微妙，一乘最極之法門也。當時聲聞緣覺，根器未熟者，聽之如聾如啞。佛滅五百年，馬鳴菩薩作一《大乘起信論》，演真如緣起法門，即本此經。次七百年，龍樹菩薩出現，造《大不思議論》以解釋之。次九百年，天親菩薩造《華嚴十地論》。此三師者，稱本宗印度之列祖。其在支那，東晉義熙十四年，跋陀羅始譯《華嚴》六十卷。其後諸師講說流布，製疏撰章者雖不尠，然未能確然成一宗派。陳隋間，杜順禪師，始提義綱，標立宗名，著"華嚴法界觀門"，"五教止觀十玄章"等，大暢妙旨，是為開宗初祖。二祖智儼，作"搜玄記"，"孔目章"等。三祖法藏，稱賢首國師，作"五教章"以明本宗之教相，作"探玄記"二十卷以解華嚴；其餘著述，尚二十餘部；圓宗宗風，至此大成。故賢首亦稱華嚴太祖。賢首沒後，有慧苑者，私逞臆見刊落師說，宗統將墜，四祖澄觀慨之，作"華嚴大疏鈔"，破斥異轍，恢復正宗，諸祖心傳，賴以不墜。所謂清涼國師是也。五祖宗密，稱圭峰禪師，紹述清涼，盛弘華嚴，兼通諸宗，斯道益以光大。此五傑者，所謂華嚴五祖也。

（七）天台宗

亦名法華宗，以依《法華經》立宗故。此宗不上承印度，創始之者，實由我支那，則智者大師其人也。師名智顗，陳、隋間人，以居天台山，故此宗得名。時有南嶽慧恩禪師，德高一世，自證三昧，智者往謁之，則曰昔者靈山同聽《法華》，宿緣所追，今復來矣。乃使修法華三昧。越十四日，智者大徹大悟，遂直接佛傳，創立此宗。荊溪尊者智者第六代法孫也“止觀義例”云家教門所用義旨，以法華為宗骨，以智論按指《大智度論》為指南，以大經按指《涅槃經》也為扶疏，以大品按指《大品般若經》也為觀法，引諸經以增信，引諸論以助成，觀心為經，諸法為緯，織成部帙，不與他同云云。本宗創立之真相，實括於是。次有章安大師，承天台後，廣傳宗風。天台惟散說，章安始結集，以成一宗典籍，以作一家綱目。次有智威、慧威、玄郎、妙樂，并稱龍象。中唐以後，荊溪尊者湛然最顯焉。

（八）真言宗

佛教有顯密二教之別，此宗所謂密教也。密教者何？不恃言語以立教者也。據佛家言：佛有三身，一釋迦佛，二大日如來佛，三彌陀佛，實一佛之德，所流出之三體也。按略如耶教三位一體之說大日者，釋迦之法身；釋迦者，大日之化身也。故後世學者綜別諸宗，亦分為釋迦教、大日教、彌陀教三類。今所舉十宗，惟真言宗屬大日教，淨土宗屬彌陀教，今婦孺通念南無阿彌陀佛，即宗彌陀教也餘八宗皆屬釋迦教。相傳金剛薩埵，親受法門於大日如來。如來滅後七百年，薩埵以授龍猛菩薩；龍猛授龍智；龍智授善無畏；善無畏始來唐，繙《大日經》，以授金剛智；金剛智實支那傳法初祖也。其後不空和尚東來，承金剛智之後，復從事繙譯，為玄宗、肅宗、代宗三代國師，真言宗之確立，實自不空始。雖然，此宗不盛於我國，後經空海即創造日本字母之人傳諸日本，日本今特盛焉。西藏、蒙古、暹羅亦行之。

（九）淨土宗

此宗所依者三經，《無量壽經》、《觀無量壽經》、《阿彌陀經》。一論，《往生淨土論》，天親菩薩造以念佛藉他力而求解脫，所謂彌陀教也。印度先師，推天親菩薩。天親入滅後五百年，菩提流支始傳淨土法門於震旦。先是後漢時，安息國沙門安清高，始譯《無量壽經》二卷；及晉慧遠法師結白蓮社於廬山，念佛修行，已為此宗之嚆矢；然法門未備。菩提流支之入中國，實北魏永平元年也。流支以授曇鸞，著《往生淨土論註》，大宏斯旨。其後隋大業間有道綽，唐貞觀間有善導，皆錚錚大師也。禪宗、天台、法相、華嚴等諸宗，雖極盛於當時，然其教理甚深微妙，非鈍根淺學人所能領解，故信奉者僅在士大夫；獨淨土宗，以他力教義，感化愚夫愚婦，凡難解之教理，概置不論，故其勢力廣被，披靡全國。善導禪師在世之時，屠肆殆無過問者云。其力量可見一斑矣。今世俗所謂佛教者，大率猶汲此宗之末流也。

（十）禪宗

法相、天台、華嚴，稱教下三家，禪宗，稱教外別傳。此四宗者，皆大乘上法，各有獨到，而中國佛學界之人才，亦悉在於是矣。禪宗以不著語言，不立文字，直指本心，見性成佛為教義，一變佛教之窠臼，後此宋明間，儒佛混合，皆自此始，此歷史相傳，靈山會上，釋尊拈花，迦葉微笑，正法眼藏，於茲授受。其後迦葉尊者，以衣缽授阿難，中間經歷馬鳴、龍樹、天親等二十七代，密密相傳，不著一字，直至達摩禪師；自迦葉迄達摩，是為印度二十八祖。達摩承二十七祖之命，東漢[1]震旦，當梁武帝普通七年，始至廣東，後入嵩山，面壁十年，始得傳法之人，傳已遂入滅。故達摩亦稱震旦禪宗初祖。二祖慧可，三祖僧璨，四祖道信，皆依印度祖師之例，不說法，不著書，惟求得傳缽之人，即至圓寂。至五祖弘忍，號黃梅大師，始開山授徒，門下千五百人，玉泉神秀為首座，竟不能傳法。而六祖大鑑慧能，以不識一字之賃舂人，受衣缽焉。後神秀復師六祖，悟大法，於是禪宗有南北二派：南慧能、北神秀也，六祖以後，缽止不傳，而教外密傳遂極光大，爾後遂衍為雲門、法眼、曹洞、溈仰、臨濟之五宗。宋明以來，益滔滔披靡天下。今列禪門五宗表如下：

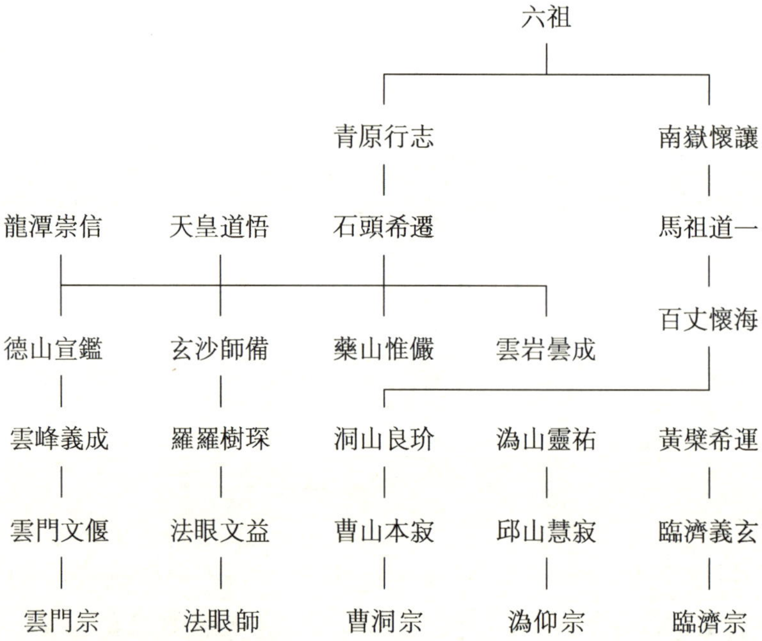

以上諸宗傳授之大師也。至各派之長短得失，固非淺學所能言，亦非本論所應及，故從闕如。若吾國佛學之特色，及諸學說之尤精要者，請於次節試論之。

[1] “漢”據文意當作“渡”。——編者註

第二節　中國佛學之特色及其偉人

美哉！我中國不受外學則已，苟受矣，則必能發揮光大，而自現一種特色。吾於算學見之，吾於佛學見之。中國之佛學，乃中國之佛學，非純然印度之佛學也。不觀日本乎？日本受佛學於我，而其學至今無一毫能出我範圍者；雖有真宗日蓮宗，為彼所自創，然真宗不過淨土之支流，日蓮不過天台之餘裔，非真能有甚深微妙，得不傳之學於遺經者也；眞宗許在家修行，許食肉帶妻，是其特色。但此亦印度所謂優婆塞，中國所謂居士之類耳；若以此為佛教也，何如禪宗直指本心，並佛徒之名亦不必有之為高乎？未嘗能自譯一經，未嘗能自造一論，未嘗能自創一派，以視中國，瞠乎後矣。此寧非我泱泱大國民，可以自豪於世界者乎？吾每念及此，吾竊信數十年以後之中國，必有合泰西各國學術思想於一爐而冶之，以造成我國特別之新文明，以照耀天壤之一日。吾頂禮以祝，吾跂踵以俟。“高山仰止，景行行止”，吾請謳歌隋唐間諸古德之大業，為我青年勸焉。中國之佛學，其特色有四：

（一）自唐以後，印度無佛學，其傳皆在中國，基督生於猶太，而猶太二千年來無景教，景教乃盛於歐西諸國。釋尊生於印度，而印度千餘年來無佛教，佛教乃盛於亞東諸國，豈不悲哉！豈不異哉！佛滅度也，數百年間，五印所傳，但有小乘；小乘之中，復生分裂，上座大眾，各鳴異見，別為二十部。至五世紀，凡世紀皆以佛滅後計，下仿此。外道繁興，大法不絕如縷，至六世紀末而有馬鳴，七世紀而有龍樹、提婆，九世紀而有無著、世親，十一世紀而有清辨護法，十二三世紀而有戒賢、智光，其可稱真佛教者，不過此五百年間耳。

自玄奘西遊，徧禮戒、智諸論師受法而歸，於是千餘年之心傳，盡歸於中國，自此已往，印度教徒，徒事論戰，怠於布教，而婆羅門諸外道，復有有力者起，日相攻掊，佛徒不支，乃思調和，浸假採用婆羅門教，規念密咒，行加持開教，元氣銷滅以盡；至十五世紀而此母國已無復一佛跡，此後再蹂躪於回教，三侵蝕於景教，而佛學遂長已矣！轉視中國，則自唐以來，數百年間，大師踵起，新宗屢建，禪宗既行，舉國碩學皆參圓理，其餘波復披靡以開日本。佛教之不滅，皆中國諸賢之功也。中間雖衰息者二三百年，而至今又駸駸有復興之勢。近世南海、瀏陽皆提倡佛學，吾意將來必有結果他日合先秦、希臘、印度，及近世歐美之四種文明而統一之光大之者，其必在我中國人矣。此其特色一也。

（二）諸國所傳佛學者，皆小乘，惟中國獨傳大乘。佛教之行，西訖波斯，北盡鮮卑即西伯利亞，南至暹羅，東極日本，凡亞洲中大小百數十國，無不徧被，吾深疑耶教為剽竊印度婆羅門及佛教而成者，其稱天主，或即韋陀論所謂梵天大自在天；其言永生，即佛教所謂涅槃；自餘天堂地獄之論，禮拜祈禱之式，無一不與小乘法相類。古代希臘埃及猶太印度既有交通，如希臘大哲德黎，史家亦謂其嘗至印度，然則印度宗教家言流入猶太，亦非奇事；但未得確據，不敢斷言耳。雖然，彼其所傳皆小乘耳。日本佛學以中國為母，不在此論蓋當馬鳴初興時，而印度本教諸人，固已紛紛集矢，謂大乘非佛說，大乘之行於印，實幾希耳。故其派衍於外國者，無不貪樂偏義，謗毀圓乘，即如今日西藏、蒙古，號稱佛法最盛之地，問其於華嚴法華之旨，有一領受者乎？無有也。獨我中國，雖魏晉以前，像法萌芽，未達精蘊；迨羅什以後，流風一播，全國影從，三家齊興，別傳崛起；隋唐之交，小乘影迹，幾全絕矣。竊嘗論之：宗教者亦循進化之公例以行者也；其在野蠻時代，人群智識卑下，不得不歆之以福樂，慴之以禍災，故雖權法得行焉；及文明稍進，人漸識自立之本性，斷依賴之劣根，故由恐怖主義而變為解脫主義，由利己主義而變為愛他主義，此實法之所以能施也。中國人之獨受大乘，實中國國民文明程度高於彼等數級之明證也。此其特色二也。

（三）中國之諸宗派，多由中國自創，非襲印度之唾餘者。試以第三節所列十宗論之，俱舍宗惟世親造一論，印度學者競習之耳，未嘗確然立一宗名也；其宗派之成，實自中國。成實宗則自訶梨跋摩以後，竺國故書雅記無一道，而其流獨盛於中國。三論宗在印，其傳雖稍廣，然亦不如中國。至於華嚴，其本經之在印度，已沉沒於若明若昧之域；據言佛滅後七百年，龍樹菩薩始以神力攝取華嚴經於海龍宮，是為本經疏通之始。此等神秘之說，雖不足深信，然華嚴不顯於印度，已可想見矣。而宗門更何有焉？在彼惟有“大不思議”、“十地”兩論，推闡斯義，餘無所聞，故依華嚴以立教，實自杜順、賢首、清涼、圭峰之徒始也，雖謂華嚴宗為中國首創焉可也。又如禪宗，雖云西土有三十八但祖，密之又密，舍前祖與後祖相印接之一剎那頃，無能知其淵源，其真偽固不易辨；即云真矣，而印度千餘年間，舍此二十八人外，更無一禪宗，可斷言也。不啻惟是，後祖受缽，前祖隨即入滅，然則千餘年間，不許同時有兩人解禪宗正法者，又斷然也；若是，則雖謂印度無禪宗焉可也。然則佛教有六祖而始有禪宗，其猶耶教有路德而始有布羅的士丹也。若夫天台三昧，止觀法門，特創於智者大師一人，前無所考，旁無所受，此又其彰明較著者矣。由此言之，十宗之中，惟律宗、法相宗、真言宗、淨土宗，嘗盛於印度，而其餘則皆中國所產物也。試更為一表示之：

一	俱舍宗……	印度有而不盛……	中國極盛
二	成實宗……	印度創之而未行……	中國極盛
三	律宗……	印度極盛……	中國次盛
四	法相宗……	印度極盛……	中國亦極盛
五	三論宗……	印度有而不盛……	中國極盛
六	華嚴宗……	印度無……	中國特創極盛
七	天台宗……	印度無……	中國特創極盛
八	真言宗……	印度極盛……	中國甚微
九	淨土宗……	印度極盛……	中國次盛
十	禪宗……	印度無……	中國特創極盛

夫我國之最有功德有勢力於佛學界者，莫如教下三家之天台、法相、華嚴，與教外別傳之禪宗，自餘則皆支羸附庸而已。而此四派者，惟其一曾盛於天竺，其三創自支那。我支那人在佛教史上之位置，其視

印度古德何如哉？竊嘗考之：印度惟小乘時代有派别，（佛滅後小乘分為二十部。初分為大眾部、上座部，佛滅一世紀時所分也；次分為一說部，說出世部，二世紀初葉所分也；次為多聞部，次為說假部，皆二世紀中葉所分也；次為制多山部、西山住部、北山住部，二世紀末葉所分也；此八派，皆從大眾部分出。次為說一切有部，三世紀初葉所分也；次為犢子部，復由犢子部分為法上部、賢胄部、正量部、密林山部，次為化地部，復由化地部分為法藏部，皆三世紀中葉所分也；次為飲光部，三世紀末葉所分也；次為經量部；四世紀葉所分也；此十派皆由上座部分出也。四世紀以後，小乘衰熄，大乘未興，佛教幾絕）而大乘時代無派别。大乘之興，凡為三期：第一期則馬鳴也（六世紀），第二期則龍樹提婆也（七世紀）；第三期則無著、世親也（九世紀）；皆本師相傳，毫無異論，略似漢初伏生、申生、后蒼等之經學。及其末流，護法、清辨，諍空有於依他之上；戒賢、智光，論相性於唇舌之間；壁壘稍新，門户始立，而法輪已轉而東矣。蓋大乘教義，萌芽於印度，而大成於支那；故求大法者，當不於彼而於我。此非吾之誇言也，殆亦古德之所同許也。此其特色三也。

（四）中國之佛學，以宗教而兼有哲學之長。中國人迷信宗教之心，素稱薄弱。《論語》曰：未能事人，焉能事鬼？未知生，焉知死？子墨子謂程子曰：儒以天為不明，以鬼為不神。（見《墨子·公孟》篇）蓋孔學之大義，浸入人心久矣。佛耶兩宗，並以外教入中國，而佛氏大盛，耶氏不能大盛者何也？耶教惟以迷信為主，其哲理淺薄，不足以饜中國士君子之心也；佛說本有宗教與哲學之兩方面，其證道之究竟也在覺悟，（覺悟者，正迷信之反對也。）其入道之法門也在智慧，（耶教以為人之智力極有限，不能與全知全能之造化主比。）其修道之得力也在自力，（耶教日事祈禱，所謂借他力也。）佛教者，實不能與尋常宗教同視者也。中國人惟不蔽於迷信也，故所受者，多在其哲學之方面，而不在其宗教之方面，而佛教之哲學，又最足與中國原有之哲學相輔佐者也。中國之哲學，多屬於人事上，國家上，而於天地萬物原理之學，究窮之者蓋少焉。英儒斯賓塞，嘗分哲學為可思議、不可思議之二科。若中國先秦之哲學，則毗於其可思議者，而之於其不可思議者也。自佛學入震旦，與之相備，然後中國哲學乃放一異彩，宋明後學問復興，實食隋唐間諸古德之賜也。此其特色四也。

第九章　混成之理

怎樣叫做混成？言其所以成立的質料，是非常複雜的。即宋明諸理學家，講學的招牌雖還是掛那儒家的；但其內容，除儒家外，却暗受着道佛二家的大應響。我們知道：**儒家自孔子後，像戰國時孟、荀二子之學，雖已漸漸各趨一途，但尚不出儒家之範圍外**，惟有荀學較接近法家而已。**後來到了漢朝諸儒，又與陰陽家、道家相雜**，然其所受之應響，尚屬國產之諸子；不過其學也沒有什麼特色就是了。直至宋朝諸理學家出，**於是中國學術界才復大振起來，然其所受應響，已經不止一個道家，同時且同西來的佛學發生大關係，其間尤以宋陸九淵、明王守仁一派所帶禪學色彩，最為濃厚。大概程朱一派——尤以周、邵二人為甚——除儒學外，所帶的色彩，道家較多於佛學（?），陸王一派，則反而佛學多於道家。**

這章也同上章一樣：非我所自作者。（在全書中只此二章）因我此刻來不及、重編這一章的講義，故暫選錄李石岑君著《人生哲學》卷上朱熹、王守仁二節的原文。他這二節，就大體上看來，雖尚覺已得其要領；但其未盡合處，却也不少。試舉一例，以見其餘：如他在王守仁一節後面，說梁漱溟氏所講的“雙的路”，其實是陽明，而不是孔子。吾却敢說：梁氏雖往往用陽明眼光去觀察孔子，以致他名為講孔子，實則講陽明；同那一般宋明理學家，皆如所謂“指鹿為馬”、“掛羊頭賣狗肉”者。——周、邵名為繼儒，實則傳道（家）；陸、王名為宗孔，實則雜禪；梁氏名為倡孔，實則闡王。但照實的說，其間卻也有一個很不錯的，這就是剛才說的孔子走“雙的路”一說了。何以見得呢？我認儒家自孔子後，一般大儒，多僅得其一體，因而各執一端。如在戰國時，孟子專倡仁義？荀子專倡禮樂；若在孔子則以仁義與禮樂並重。在宋明時，如程小程朱傾向道問學；陸王傾向尊德性；若在孔子，則主“尊德性而道問學”。又如宋明理學專重理性，清戴震專重情感；若在孔子，則亦以理性與情感並視。可見，儒家**惟有一個孔子真的力主調和折衷，即在中國各家思想中，亦惟有孔子獨以主張“中庸”稱，至於孟荀，朱陸，宋明與清，已經是“分道揚鑣”，“各趨極端”了。這種極端，雖未若家外的楊墨那樣太過，但總可以說是儒家中的兩極端派**。若孟、荀、朱、戴等，現在不必再提；如那位王陽明，就使有一二處，有點像主張走“雙的路”；但不論如何，**終屬不免內重外輕，內多外少**。不相信麼？吾們一想及王陸與朱程的所以互相敵視，便可不言而自明了。吾認與其說陸、王近孔子；還不如說程、朱近孔子的來得比較對些。關於這種誤解之處，甚望學者能處處留意。

第一節　朱熹

朱晦庵的哲學，可以說是集周張二程之大成。他的哲學所以帶有理氣二元的色彩，也就因為他學問的方面太廣闊。他做學問的方法，是本著大慧宗杲的教旨，先慧而後定。《宋史》敘朱晦庵為學，謂“大抵窮理以致其知，反躬以踐其實，而以居敬為主”。《朱熹傳》所謂窮理與居敬，便是慧與定的功夫。朱晦庵借《大學》“格物致知”一段，發揮先慧後定的道理。他說：

所謂致知在格物者，言欲致吾之知，在即物而窮其理也。蓋人心之靈，莫不有知，而天下之物，莫不有理。惟於理有未窮，故其知有不盡也。是以大學始教，必使學者即凡天下之物，莫不因其已知之理而益窮之，以求至乎其極，至於用力之久，而一旦豁然貫通焉，則眾物之表裏精粗無不到，而吾心之全體大用無不明矣。此謂物格，此謂知之至也。《大學補傳》

自來講“格物致知”的，不知有多少家，可是沒有不借“格物致知”四字來維護自家的系統。朱晦庵是做先慧後定的功夫的，所以把格物解作“窮理”，是主張“致知在格物”。王陽明是做先定後慧的功夫的，所以把格物解作“事事物物皆得其理。”髣髴是主張“格物在致知”。王陽明答顧東橋書說，“鄙人所謂致知格物者，致吾心之良知於事事物物也。……致吾心良知之天理於事事物物，則事事物物皆得其理矣。”朱晦庵把“格物”的格字解作“至”字，便是說：“窮至事物之理，欲其極處無不到”，是由此得往彼處的意思。王陽明把“格物”的格字解作“正”字，如《孟子》“格君心之非”之格，便是說“意誠則心自正”，是由彼處來此處的意思。我以為兩家的說法，都可以成立，但不過表示兩家系統的不同，卻都不是《大學》上“格物”的本意，本來《大學》一書，和孔子的關係很淺，也不是曾子自己所作。其理由當別為文論之。崔述《洙泗考信錄·餘錄上》也有論及，但不詳。或者是曾子的私淑者本曾子之意為之。因為曾子主修身，主忠恕。崔述說：今《大學》所言，皆忠恕之事。……忠恕二言《大學》之道盡矣。見《洙泗考信錄·餘錄》而《大學》謂“自天子以至於庶人，壹是皆以修身為本”，也有幾分像曾子的口氣。關於“格物”的話，本來不容易講明。如果拿曾子的思想解釋格物，或者要算王陽明的弟子王心齋的解釋比較妥當些。他說：“格如格式之格，即後絜矩之謂。吾身是個矩，天下國家是個方；絜矩則知方之不正，由矩之不正也。是以只去正矩，卻不在方上求，矩正則方正矣，方正則成格矣。故曰物格。吾身對上下前後左右是物，絜矩是格也。其“本亂而末治者否矣。”一句，便見絜矩格字之義。”又說“修身，立本也；立本，安身也。後文引《詩》釋止至善曰：緡蠻黃鳥，止於丘隅。知所以安身也。孔子嘆曰：於止知其所止，可以人而不如鳥乎？要在知安身也。《易》曰：君子安其身而後動。又曰：利用安身。又曰：身安而天下國家可保。孟子曰：守孰為大？守身為大，失其身而能事其親者，吾未之聞。同一旨也。”《王心齋全集》卷一把格物解作安身保身，雖似奇特，但和曾子啟手啟足用意卻不相背。所以我認這種解釋或者比較妥當些。現在還是回到朱晦庵的格物。朱晦庵的格物，完全是本着程伊川“今日格一件，明日又格一件”的精神，和近代科學上歸納的研究法很相似。他這種說法，影響於中國學術界很不小。後來由明而清，有許多看重知識看重考證的學派，可以說大半是受了這種格物說的暗示。朱晦庵一面主張格物，換句話說，一面主張窮理；一面又主張居敬。這也是程伊川“涵養須用敬，進學則在致知”的精神。朱晦庵夏把這個道理推闡出來，說道：

學者工夫，唯在居敬窮理二事。此二事互相發：能窮理則居敬工夫日益進，能居敬則窮理工夫日益密。譬如人之兩足，左足行則右足止，右足行則左足止。《朱子語類》

窮理是就“知”說，居敬是就“行”說，所以他關於知行也是同樣的看法。他說：

知行常相須。如目無足不行，足無目不見。論先後，知為先；論輕重，行為重。《朱子語類》卷二

又說：

聖賢說知便說行，《大學》說如切如磋，道學也；便說如琢如磨，自修也。《中庸》說學問思辨，便說篤行。顏子說博我以文，謂致知格物；約我以禮，謂克己復禮。

不過朱晦庵終究是把“知”看得最重要的，所以他說：

萬事皆在窮理後，經不正，理不明，看如何地持守，也只是空。同上

又他答項平父的信說道：

子思以來教人之法，惟以尊德性道問學兩事，為用力之要。今子靜所說，專是尊德性事；而某平日所論，卻是學問上多了。

可見朱晦庵的工夫，是先知而後行。先窮理而後居敬。和大慧宗杲先慧後定的工夫，正是同樣的次第。大凡天資稍純的人，工夫總要牢實些。世間的大科學家，都是用的笨工夫。笨自有笨的好處。有許多人本可望前途有大成就，但結果往往失望，這就原於不笨。因為要笨才肯幹人家所不能幹，和不願幹的事業。朱晦庵一生的成就，完全是笨的結果，也可說是笨的報酬。他答江元適的信說道："熹天資魯鈍，自幼記問言語不能及人。"又答何叔京的信說道："熹少而魯鈍，百事不及人"。他惟其常作"百不及人"之想，所以肯專心一意做"困學"的工夫。他撰有《困學詩》。又嘗以困學名其燕坐之室。但到得後來，豈知他所謂百不及人之處，正是他大過人之處。他臨死的時候，精舍諸生來問病，他勉強起坐，說道："誤諸君遠來，然道理亦止是如此。但相倡率下堅苦工夫，牢固著足，方有進步處。"《朱子年譜》卷四所謂堅苦牢固，便是笨人的口吻，這便是朱學成就的大原因。朱晦庵一生的發明很少。《大學》、《語》、《孟》、《中庸》所以並重，也是由程伊川開其先路。居敬窮理的工夫，也是本著程伊川的節目。不過他一生的最大不可及處，便是一番整理古書的功夫。這也就是他"堅苦牢固"的恩賜。他常說："聖賢道統之傳，散在方冊。聖經之旨不明，而道統之傳始晦。"《宋史·朱熹傳》他把孔子以前的方冊，設法溝通；把孔子以後的方冊，又設法訓釋，以完成一個道統。一面又要不失掉自己的思想，並且進一步把自己的思想安排到古書上去。這便是朱子所以成為朱子的神髓。他既抱定了這樣的宏願，所以不得不拿住"堅固牢固"的精神。他這種精神的最大表現，便是讀書，他說：

為學之道，莫先於窮理；窮理之要，必在於讀書。欲窮天下之理，而不即經訓史冊以求之，則是正牆面而立爾。此窮理所以必在乎讀書也。……此數語者，皆愚臣。平生為學艱難辛苦已試之效。竊意聖賢復生，所以教人，不過如此。《甲寅行宮便殿奏劄》

這是朱晦庵的自白。朱晦庵一生本沒有多大的發明，可是“讀書”一事，不能說不是他一種最大的發明。黃梨洲說：“自周元公主靜。立人極開宗；明道以靜字稍偏不若專主於敬，然亦唯恐以把持為敬，有傷於靜，故時時提起；伊川則以敬字未盡，益之以窮理之說；而曰：涵養須用敬，進學則在致知。”《宋元學案》卷十六這段話很能抉出各家的面目。不過朱晦庵更覺得窮理猶是空泛之談，所以又益之以讀書之說。可見宋儒治學的系統，是由靜而敬，由敬而窮理，由窮理而讀書。到了讀書這條路，於是學問始趨於平實。所以他說：“近日學者病在好高。《論語》未問學而時習，便說一貫；《孟子》未言梁惠王問利，便說盡心；《易》未看六十四卦，便讀《繫辭》。此皆躐等之病。”又說：“聖賢議論，本是平易，今推之使高，鑿之使深。”可見他最看重平實的功夫。一般人講朱子之學，都只講到窮理，卻沒卻了他一段讀書的精神。朱子在中國哲學史上的地位，好像康德在西洋哲學史上的地位一般。朱子是中國哲學之集大成者（尚思按此說未是），康德便是西洋哲學之集大成者。康德哲學的特點是本務觀念，朱子哲學的特點是讀書功夫。現在試將兩人的類似點，約表如下：

	哲學說	心理學	倫理說		特異點
			理想論	方法論	
康德	趨向“現象物如二元論”	純粹理性（理智）實踐理性（情意）	無上命法	排“感性”之人格尊重說	道德律（本務觀念）

續　表

	哲學說	心理學	倫理說		特異點
			理想論	方法論	
朱熹	趨向“理氣二元論”	道心（理智）人心（情意）	天即理，性即理	統制“人心”之禁欲說	窮理說（讀書功夫）

朱晦庵所以能看到讀書一步，固然有幾分是大慧宗杲的看話頭參公案的功夫，但也就是他笨的效果。我們從這裏面又可以看到他的人生觀。可以說他是一種“笨的人生觀”，和陸象山的“聰明的人生觀”正相反對。他惟其太笨，所以註六經；陸象山惟其太聰明，所以說“六經註我”。朱陸所以異同，這是一個大關鍵。有許多人因為朱子主敬，遂撰為朱陸早異晚同之說，殊不知笨人的主敬和聰明人的主敬完全不同。趙東山的《對江右六君子策》，程篁墩的《道一編》，王陽明的《朱子晚年定論》，把朱陸強而同之，完全是一種私見。宜乎羅整庵有《困知記》之作，而陳清瀾有《學蔀通辯》之編。嚴格論之，朱陸的造就，同是禪家的影響，不過用力的先後各有不同，朱做先慧後定的功夫，陸便做先定後慧的功夫。朱受看話禪的影響，陸便受默照禪的影響。朱是援釋入儒的工作，陸是援儒入釋的工作。這便是我所見的朱陸的異同。

第二節　王陽明

王陽明是接着陸象山的系統，做“默照”的功夫的，卻是比陸象山的境界要高。他雖然根本致力於禪家、道家，卻是所受到宋儒的影響也不小。尤其是所受到程伊川的影響最大。程伊川說：“知之深則行之必至。無有知之而不能行者，知而不能行，只是知得淺。飢而不食烏喙，人不踏水火，只是知；人為不善，只是不知，”《遺書》卷十五 又說：“聞見之知，非德性之知。物交則知之，非內也。今之所謂博物多能者是也。德性之知，不假見聞。”《遺書》卷二十五，伊川主德性知，見聞知，有謂本之佛教之根本智後得智，及性得佛性，修得佛性者，尤其是講見聞知的方法，分靜坐，用敬，致知三段。似與佛教戒定慧三學相當。可知伊川受佛法影響甚深。王陽明的知行合一說，何嘗不是從程伊川得來。王陽明專提倡德性之知，所以不看重聞見。關於知行合一的說法，雖人各不同，而以王陽明所說的為最警策。他說：

如好好色。如惡惡臭。見好色屬知，好好色屬行。只見那好色時已自好了，不是見了後又立個心去好。聞惡臭屬知，惡惡臭屬行。只聞那惡臭時已自惡了，不是聞了後別立個心去惡。如鼻塞人雖見惡臭在前，鼻中不曾聞得，便亦不甚惡，亦只是不曾知臭。就如稱某人知孝，某人知弟，必是其人已曾行孝行弟，方可稱他知孝知弟，不成只是曉得說些孝弟的話，便可稱為知孝弟。又如知痛，必已自痛了，方知痛；知寒必已自寒了；知饑必已自饑了。《傳習錄》上

又說：

知是行的主意，行是知的功夫。知是行之始，行是知之成。《傳習錄》上

又答顧東橋的書說道：

知之真切篤實處即是行；行之明覺精察處即是知。知行工夫，本不可離。

王陽明的知行合一說和詹姆士的主意說有許多互相發明之處。日人北嶺吉譯《詹姆士的實用主義(Piagmatism)》為知行合一論。詹姆士以為真理都是起於主觀的情意，並不根於客觀的思考。無論數學物理化學等等真理的背後，都有一種情意存在。宇宙的真理，就是我們人類情意上承認宇宙可以如此解釋的，所以一切具有理性的哲學科學，都有非理性的情意包含在內。這種見解，和王陽明所說的“知是行的主意，行是知的功夫”，不正遙相映照嗎？從來心理學界每喜持知、情、意三分法之說，實則自我看來，心

理的區分，只是多事。如必欲分析，只可分成能動受動二方面。能動是情意，受動是知，換句話說，能動是行，受動是知。由能動與受動合成心的全體，由知與行合成生活的全體。

至於情與意，更完全不能分析，因為同屬行的範圍。如必欲分別立言，或者可說某種心的要素所含的情的成分多，或意的成分多，而決不能看作彼此沒有關係。即知與情意，亦莫不如此，不過關係較淺而已。關於這上面的話，暫不具說。總之，王陽明的知行合一說，不能說在中國心理學界不要發生一種極大的變化；和詹姆士在歐洲心理學界一般。詹姆士所以能看到知行合一的一步，是出發於醫學與生理學；王陽明所以能看到知行合一的一步，是出發於禪學。王陽明的禪學恐怕在一切宋儒之上。我們由他晚年所講的"天泉證道"便可知道的。他生平立教，不出四句宗旨，便是：

無善無惡是心之體，有善有惡是意之動，知善知惡是良知，為善去惡是格物。《傳習錄》下

錢德洪和王汝中爭論這四句宗旨的內容：王汝中以為這四句恐怕不是究竟話頭，因為"心體既是無善無惡，意亦是無善無惡，知亦是無善無惡，物亦是無善無惡，若說意有善有惡，畢竟心亦未是無善無惡"。錢德洪便以為不然。他說："心體原來無善無惡，今習染既久，覺心體上見有善惡在；為善去惡正是復那本體功夫，若見得本體如此，只說無功夫可用，恐只是見耳"。兩人論辯不休，因取決於王陽明。王陽明說："正要你們來講破此意。二君之見正好相資為用，不可各執一邊。我這裏接人原有此二種。利根之人，直從本源上悟入。人心本體原是明瑩無滯的，原是個未發之中。利根之人，一悟本體，即是功夫，人己內外，一齊俱透了。其次不免有習心在，本體受蔽，故且教在意念上實落為善去惡。功夫熟後，渣滓去得盡時，本體亦明盡了。汝

中之見，是我這裏接利根人的；德洪之見，是我這裏為其次立法的，二君相取為用，則中人上下皆可引入於道。若各執一邊，眼前便有失人，便於道體各有未盡。”俱見《傳習錄》下我們由王陽明這段議論，知道他的禪學比宋儒高明，因為他能夠分別立言。謂利根之人直從本源上悟入，其次由意念上用功夫，把心意二者分得很明白，但又能夠看到心意畢竟是不可分的，這是宋儒所不易看到的境界。王陽明的無善無惡，其實乃不可分別善惡，並非不分別善惡，如張武承所謂“不思善，不思惡”。張武承說：“夫無善無惡，不過如所謂不思善不思惡。”見所著《王學質疑》。又王陽明的無善無惡，指未發之中言，實如佛法所云種子。謂善惡法之種子，全是無覆無記性，不可分別善惡，而一發動則有善惡。陸稼書謂“陽明言性無善無惡，蓋亦指知覺為性”。見《陸稼書集》《學術辨中》不知陽明並非以知覺為性，乃由知覺中見性。知覺當是明照之意，有明照則空理自存而無所執；空理即性，陽明所見，固未易非難。陸稼書的見解，多本之於羅整庵。羅整庵說：“虛靈知覺，心之妙也；精微純一，性之真也。釋氏之學，大抵有見於心，無見於性。”見“困知錄”羅整庵以心為用，以性為體。但又以未發為體，已發為用，故說精微純一。羅整庵與王陽明同時，反對王陽明最力，王陽明又最畏之。由王陽明《答羅整庵書》可以見之。陸稼書便竊取羅整庵知覺非性說以難王陽明。不知整庵之說，亦自有不是處。整庵不辨佛家體用之義，而以種子為性，不知現行即由種子起，心即是性。佛家之體。即用而顯，除昭昭不昧者外，無所見其體。故與此所談者異。似乎但說到用而未及體。故曰：見心不見性。然佛家本旨全不如是。虛靈知覺是現行，精微純一是種子。全是用邊。佛家用功，乃在使精微純一之種子生現行，不是但求所謂種子，種子已經有了，又安用求？佛家不求性，但即心而见性，有心之妙，則性百具但不證理體，必無此用，整庵實未解此義，故不能攻倒陽明。不過陽明亦誤以佛家之用為體，而不自知。陽明認種子為性。其失正與整庵等，陽明所見之意、心、性與佛家義不相涉。今以表說明如次：

王陽明	意	——現行——	心	——現行——	性（種子）
佛家	心所	——事用——	心	——事用——	性（理體）

陽明說性，乃至一切儒家說性，皆就有漏邊說，佛家則就無漏邊說。陽明的良知是現行。陽明學重良知，是其最聰明處，因為他想尋得合理行為的源頭。然有漏方面，本無此源頭。有漏境界，執着煩惱未除，一念為善，一念又為惡；即十念百念為善仍能一念又為惡。良知便是想找到終不能為惡的根據。但此種根據，在有漏方面，又那能尋出呢？致良知，比較的可以做到善人長者，又那能做到聖人一步呢？這就由於不知有"無漏"法的緣故。可知陽明的功夫，於中國的禪學或者有契合與發明的地方，而於真佛學則全外行。宋明以來，純真佛學已久不講求，陽明縱敏悟，又豈能無師自覺？總之，儒家說性，純就有漏一邊說，不明無漏；佛家分別二者說。此一重根本不同。佛家教下以明空理逐漸引生無漏為究竟，禪家直下明空，欲有漏一變而為無漏。此又一種根本不同。教有根據，禪憑思想，或當或否。故依禪不如依教。而宋明儒依據依稀彷佛之禪，不明有無漏之別，橫生計較，所以愈說愈遠。至於陽明以後諸家，更分不清內外異同乃至說者意旨何在，亦不加計較，亂以心性為言，其內容復何足道？這便是宋明儒者所談的心性所以非釋非孔，亦釋亦孔之顛末。所以宋明儒者表面上都是儒家，實際上並不是純粹的儒家。不過嚴格而論，宋儒朱晦庵一派的思想，究比明儒王陽明一派的思想，與儒家為接近。朱晦庵所講的"性即理"，尚守着儒家的面目，王陽明所講的"心即理"，簡直不是儒家的面目了。性即理與心即理的區別，請以次圖明之。

朱晦庵…性即理	—	心外求理（求理於天地萬物）	—	心合於性	性為大宇宙，心為小宇宙，務使心合於性	盡心知性—重聞見—先知後行
王陽明…心即理	—	心內求理（求理於吾心）	—	心即是性	心性用一宇宙，心之體性也。心本與性合，不必求合	明心見性—不重聞見—知行合一

宋儒言性即理，明儒言心即理。何嘗是孔子的思想，然而他們總要假托為孔子的思想；何嘗不取釋家的思想，然而他們總要故意撇開釋家的思想。陸稼書說："陽明以禪之實而托於儒，其流害固不可勝言矣。然其所以為禪者如之何？曰：明乎心性之辨則用禪矣，知禪則知陽明矣。"見《學術辨中》，又陳清瀾《學部通辨·續編》說：或曰，陽明講學，每謂知行合一，行而後知，深譏朱子先知後行之說，如何。曰：陽明莫非禪也。聖賢無此教也。聖賢經書，如曰："知之非艱，行之維艱。"曰："知至至之。"曰：知及仁守，博文約禮，知天事天之類。未易更僕數。而中庸哀公問政章，言知行尤詳，何嘗有知行合一，行而後知之說也。惟禪宗之教，然後存養在先，頓悟在後，求心在先，見性在後，磨煉精神在先，鏡中萬象在後。故曰行至水窮山盡處，那時方見本來真。此陽明知行合一，行而後知之說之所從出也。大抵陽明翻騰作弄，横說豎說，誑嚇眾生，無一字不源於佛。又豈惟陽明，即晦庵亦何莫不然？空谷、景隆說："宋儒深入禪學，以禪學性理，著書立言，欲歸功於自已，所以反行排佛，設此暗機，令人莫識也。如此以佛法明擠暗用者，無甚於晦庵也。"見所著《尚直編》序。可見晦庵、陽明都犯有同樣的毛病。宋明儒者何以要明擠暗用呢？因為都想表示能自出心思，發見孔孟的微言大義；然孔孟的微言大義，只有此數，故不得不借禪以實之。譬如孟子言良知，只是從感情上立論，所謂"孩提之童，無不知愛其親，及其長也，無不知敬其兄"。但到了王陽明的手裏，就變為"知善知惡"，更進至"無善無惡"。雖然比孟子講得細些，卻完全不是孟子的"良知"了。又譬如孔子言"一貫"，只是從忠恕上立論，但到了朱晦庵手裏，就變為"一理渾然，泛

應曲當”。雖然也比孔子講得細些，卻又完全不是孔子的“一貫”了。可見晦庵、陽明一般人，都無非想借禪擴大自己的領域。宋明儒者又何以要張膽明目的排佛呢？因為中國人向來有一種排異端的習氣，而自韓退之以後，排異端的習氣更深，尤其是排佛老。所以到了宋明儒，也都一例排佛老。而其所以排佛老之故，便是因為佛老不重“人倫日用”，而孔孟卻是專講人倫日用的；佛老不重外的功夫，而孔孟卻是偏重外的功夫的。尤其是佛法，不重世俗知見，孔孟卻特重世俗知見，故孔孟的觀點與佛法的觀點完全不同。總之，宋明儒者表面上表彰孔孟，實際上只是表彰佛法，其排佛謗佛，都無非是一種掩耳盜鈴之計。宋明儒者對於老莊，也是出於一種同樣的伎倆。程伊川說：“正敬一生，不曾看莊列佛書。”這完全是自欺欺人之語。程伊川不是莊列佛書的影響，又何能取得宋明儒者的領袖的地位。吾認程伊川的思想在宋明儒者中為特出，晦庵、陽明諸人的造就，莫不受到伊川的影響。伊川尚且諱言莊列佛書，其它更有何說？伊川之兄明道，曾“出入於老釋幾十年”，但他排老釋的習氣也很深。所以說：“楊墨之害，甚於申韓；佛老之害，甚於楊墨”。其實他的功夫，又何嘗不是佛老的影響？不過他所受於老莊的影響，恐怕比他所受於佛法者更深。他講仁是講得最有聲色的。在宋儒中要推他為第一人。他說：“仁者以天地萬物為一體”。又說：“學者須先識仁，仁者渾然與物同體，義禮智信皆仁也。”《識仁篇》所謂“渾然與物同體”，不是老莊“人物一體”的思想嗎？其後朱晦庵講仁，王陽明講仁，都是本着這個旨趣。晦庵說：“天地以生物為心者也，而人物之生又各得夫天地之心以為心者也。故語心之德，雖其總攝貫通無所不備，然一言以蔽之，則曰仁而已矣”。又說“仁義禮智，而仁無不包”。《仁說》這不是本着明道的旨趣，而從老莊的思想去講仁嗎？陽明的思想更為顯然。陽明說：“是故見孺子之入井，而必有怵惕惻隱之心焉，是其仁之與孺子而為一體也。孺子猶同類者也，見鳥獸之哀鳴觳觫，而必有不忍之心焉，是其仁之與鳥獸而為一體也。此二段當是從楊慈湖得來。慈湖說："見牛觳觫，誰無不忍之心。見孺子匍匐將入井，誰無往救之心。是謂仁義之心，是謂良心。"（理學宗傳）陽明良知之說，已在此處得到一個啟發。鳥獸猶有知覺者也，見草木之摧折，而必有憫惜之心焉，是其仁之與草木而為一體也。草木猶有生氣者也，見瓦石之毀壞而必有顧惜之心焉，是其仁之與瓦石而為一體也。"這不又是本着明道的旨趣，而從老莊的思想去講仁嗎？東郭子問莊子道惡乎在？莊子說：道在螻蟻，在梯稗，在瓦甓。陽明對於仁的看法，和莊子對於道的看法又有甚麼區別呢？這樣看來，宋明儒者暗用佛法而明擠佛法，暗用老莊而明擠老莊，這都是不忠於所學之證。這種流弊，至陽明遂達於頂點。

上面說了許多不大相干的話，現在歸到本題。王陽明講良知，講致良知，講親民，講格物，凡發表在《大學問》上面的，雖不免支離混沌種種弊病，卻也自有一段精神。王陽明一生的造就，不出三種影響：一、禪道的影響；二、陸象山、楊慈湖的影響；三、程朱的影響。就中以禪家的影響為最大，次之便是楊慈湖的影響，而皆發表於《大學問》。禪家的影響，上面已有說明，現在請略述楊慈湖的影響。楊慈湖的《已易》與《絕四記》，雖不見得有甚麼驚人的見解，卻是比陸象山要進一步。楊慈湖的"不起意"，與其所以發明本心之處，比陸象山要精密多了。楊慈湖說：

何謂意？微起焉皆謂之意，微止焉皆謂之意，意之為狀，不可勝窮。……然則心與意奚辨？是二者未始不一，蔽者自不一。一則為心，二則為意；直則為心，支則為意，通則為心，阻則為意。直心直用，不識不知。……孟子明心，孔子毋意，意毋則此心明矣。心不必言，亦不可言，……言亦起意，聖人尚不欲言，恐學者又起無意之意也。離意求心，未脫乎意，直心直意，匪合匪離。周公仰而思之，夜以繼日，非意也；孔子臨事而懼，好謀而成，非意也。……鑑未嘗有美惡，而亦未嘗無美惡；鑑未嘗有洪纖，而亦未嘗無洪纖。吾心未嘗有是非利害，而亦未嘗無是非利害。人心之妙，曲折萬變，如四時之錯行，如日月之代明。何可勝窮，何可形容？《絕四記》

這段文章，所以發明本心，可謂至矣盡矣。雖然他借着孔孟發揮一些禪理，可是中國講內的學問之所以發達，實在是他造成的局面。在他眼中看來，無往非內，無往非本心，只怕功夫不純熟，便不免動於意了。所以他說："孔子莞爾而笑，喜也，非動乎意也；曰：野哉由也，怒也，非動乎意也；哭顏淵至於慟，哀也，非動乎意也。"從不起意說明本心，從非外說明內，這是他學說上的特別色彩。他在《己易》上有一段也發揮得很透澈。他說：

自生民以來，未有能識吾之全者。惟覩夫蒼蒼而清明而在上，始能言者名之曰天；又睹夫隤然而博厚而在下，又名之曰地。清明者，吾之清明；博厚者，吾之博厚；而人不自知也。人不自知，而相與指名，曰：彼天也。彼地也。如不自知其為我之手足，而曰：彼手，彼足也。如不自知其為己之耳目鼻口，而曰：彼耳目也，彼鼻口也。……不以天地萬物萬化萬理為己，而惟執耳目鼻口四肢為己；是剖吾之全體而裂取分寸之膚也，是梏於血氣而自私也，自小也，非吾之軀止於六尺七尺而已也。……姑即七尺而細究之；目能視，所以能視者何物？耳能聽，所以能聽者何物？口能噬，所以能噬者何物？鼻能嗅，所以能嗅者何物？手能運用伸屈，所以能運用伸屈者何物？足能步趨，所以能步趨者何物？血氣能周流，所以能周流者何物？心能思慮，所以能思慮者何物？目可見也，其視不可見；耳可見也，其聽不可見；口可見，噬者不可見；鼻可見，嗅者不可見；手足可見，其運動步趨者不可見；血氣可見，其使之周流者不可見；心之臟可見，其能思慮者不可見。其可見者，有大有小，有彼有此，有縱有橫，有高有下，不可得而一。其不可見者，不大不小，不彼不此，不縱不橫，不高不下，不可得而二。視與聽若不一，其不可見則一，視聽與噬嗅若不一，其不可見則一；運用步趨周流思慮若不一，其不可見則一。是不可見者在視非視，在聽非聽，在噬非噬，在嗅非嗅，在運用伸屈非運用伸屈，在步趨非步趨，在周流非周流，在思慮非思慮，視如此，聽如此，噬如此，嗅如此，運用如此，步趨如此，周流如此，思慮如此，不思亦如此，晝如此，夜如此，寤如此，寐如此，生如此，死如此，天如此，地如此，日月如此，四時如此，鬼神如此，行如此，止如此，古如此，今如此，前如此，後如此，彼如此，此如此，萬如此，一如此，聖人如此，眾人如此，自有而不自察也，終身由之而不知其道也。

這段話發揮得何等透徹！本來沒有甚麼驚人的見解，但在發明本心，發明內的工夫的重要，可以說是前無古人。王陽明的良知說，與其說是出發於陸象山，毋寧說是出發於楊慈湖。王陽明好說未發之中，中節之和，完全是出於楊慈湖的本心說，不起意說的誘導。陽明的正心誠意說，更與慈湖暗相吻合，陽明說：

然心之本體則性也，性無不善，則心之本體本無不正也，何從而用其正之之功乎？蓋心之本體本無不正，自其意念發動而後有不正。故欲正其心者，必就其意念之所發而正之。凡其發一念而善也，好之真如好好色；發一念而惡也，惡之真如惡惡臭，則意無不誠而心自正矣。……致知云者，非若後儒所謂充廣其知識之謂也，致吾心之“良知”焉耳。良知者，孟子所謂“是非之心，人皆有之”者也。是非之心，不待慮而知，不待學而能，是故謂之良知。是乃天命之性，吾心之本體，自然靈昭明覺者也。凡意念之發。吾心之良知，無有不自知者：其善歟？惟吾心之良知自知之；其不善歟？亦惟吾心之良知自知

之，是皆無所與於他人者也。《大學問》

楊慈湖駁《大學》的“正心”，說道：“心本不邪，焉用正？”王陽明就拿住這點發表一篇《大學問》，我們由這段文章很可以看出他所受到楊慈湖的啟發不少。楊慈湖從不起意說到本心，王陽明便從意念之發動說到良知。都是由“心意”二字開闢世間一切妙理。楊慈湖的用力處是“不起意”，王陽明的用力處是“致良知”。所以我說王陽明所受到楊慈湖的影響也很大。王陽明的私淑者胡正甫，我恐怕也是受到楊慈湖的影響。胡正甫專致力於內，不認有外；吾心者所以造天地萬物也。與王陽明“人心之理即天地萬物之理”的說法又有不同。其實此種說法，楊慈湖已開其端緒。楊慈湖說：“清明者，吾之清明；博厚者，吾之博厚。”這與胡正甫對於宇宙的看法又有甚麼不同呢？所以楊慈湖我認為是講“內的功夫”的最關重要的一人。不過講的最細，一面講內，而又處處不遺外的，便不能不推王陽明。王陽明除掉心之外，總要顧到一個理。我們由他講致知格物便可以看到他的：

鄙人所謂致知格物者，致吾心之良知於事事物物也。吾心之良知，即所謂天理也。致吾心良知之天理於事事物物，則事事物物皆得其理矣。致吾心之良知者，致知也；事事物物皆得其理者，格物也。是合心與理而為一者也。《答顧東橋書》

雖然他講的不大合於論理，卻是他能牢守著“一氣相通”之旨，所謂“我與天地萬物一氣流通”，“吾心之理即天地萬物之理”。他一面講內，一面又不遺外，所以他的學說能夠在朱陸之後，盛行一時。我們現在講到他的人生哲學，便須知道他有此段特別的精神。這便是梁漱冥先生所謂“雙的路”。梁君是最服膺陽明的。他由陽明的思想去講孔子，可以說是“陽明復活”，並不是“孔子復活”。他說：“孔子……不直接任一個直覺。而為一往一返的兩個直覺；此一返為回省時附於理智的直覺。……他不走單的路，而走雙的路。單就怕偏了，雙則得一調和平衡"。《東西文化及其哲學》頁一四四梁君總要說到孔子是走"雙的路"，其實是陽明走"雙的路"。梁君偏說走"雙的路"的，是孔子的人生哲學，其實走"雙的路"的是陽明的人生哲學。陽明所談的是"禪"，卻要想方設法去撇開"禪"，所以加上一個"理"，所以說"心即理"。這便是陽明走"雙的路"的原因。總之，王陽明講內，卻處處不遺外；朱晦庵講外，卻處處不忘內，都有一番苦心，都是想借禪道二家擴大自己的領域。所以要研究宋明哲學，便不能不於禪道二家先有一番研究。現在將禪道以及孔孟而下各儒家的心，性理氣之談，括為一表如下。

各家		心	性	理	氣
道家	老莊	《老子》曰："心善淵。"又曰："虛其心"，"渾其心"，"我愚人之心也哉？"又曰："聖人無常心，以百姓心為心"，莊子《人間世》篇曰："虛者心齋也。"又《庚桑楚》篇曰："靈臺者有持而不知其所持而不可持者也。"老莊言心，一任虛渾，毫不執持。後世宋明儒言心，多襲取其義	《老子》曰："歸根曰靜，是曰復命。"《莊子·繕性》篇曰："危然處其所而反其性。"又曰："離道以善，險德以行，然後去性而從於心。"又曰："文滅質，博溺心，然後民始惑亂，無以返其性情而復其初。"可見老莊認性為原始狀態，不涉人為，故主返本復初	老子之"抱一""無欲"，莊子之"真君"，"真宰"，一到宋明儒之手，皆易以"理"字，再變為聖學，淆惑聽聞，莫此為甚。其實道家言理，一任自然。《莊子·養生主》篇曰："依乎天理"，又《刻意》篇曰："循天之理。"成玄英謂依天理乃"依天然之腠理。"這話甚是	老子曰："專氣致柔，能嬰兒乎？"又曰："心使氣曰強。"《莊子·人間世》篇曰："一若志，無聽之以耳，而聽之以心，而聽之以氣，聽止於耳，心此於符。氣也者虛而待物者也。"老莊意謂心有知覺，猶起攀緣；氣無情慮，虛柔任物。故重氣不重心

續　表

各家		心	性	理	氣
儒家	孔孟	孔子曰："飽食終日，無所用心。"又曰："操則存，舍則亡，出入無時，莫知其鄉，惟心之謂歟？"孟子曰："心之官則思，思則得之，不思則不得也。"可見孔孟言心，主思主用，與宋明儒默坐澄觀者不同	孔子言性相近，孟子言性善，皆就人性說，並非就天理說，與宋明儒者言性根本不同。宋明儒好言生之謂性，性者萬物之源，完全是人物一體的思想，而孔孟却是人貴物賤的思想。孔子言性相近，謂人與人相近。孟子曰："凡同類者舉相似也，何獨至於人而疑之？聖人與我同類者。"言同類之相似，則異類之不相似，明矣。故謂人性與犬牛之性不同。可見孔孟言性本旨	孟子曰："心之所同然者，謂理也，義也。聖人先得我心之所同然耳。"此是孟子藉理義發揮性善之旨。可知未至於同然，存乎其人之意見，非理也，非義也。宋儒以理為如有物，得於天而具於心，因以意見當之。於是貴以理責賤，長以理責幼，而理不勝其弊矣。（本戴東原語意）又宋儒舍欲言理亦與孔孟據欲說理者異	孟子曰："其為氣也，至大至剛，以直養而無害，則塞於天地之間，其為氣也，配義與道，無是餒也。是集義所生者，非義襲而取之也，行有不慊於心則餒矣。"此是孟子一段修養的功夫。與老莊言氣，宋儒言氣，均有不同

續 表

各家		心	性	理	氣
釋家	禪	禪家以涅槃妙心相授受，所謂本來清淨心，即心性清淨，假說為心也。此心性眾生本具，無待乎傳授，可以相授者惟證此心性之妙慧而已。禪家根據總在於此。即直下發現以能證之智慧而已。故禪家所謂心，有二重意義：慧心，以心名心，一也；心性，以性名心，二也。二者可分別言，亦可不分別言。明心見性之說出於此。但後世解者最不能辨別清楚	法有法心，心有心性，禪家明性，則指心性言也。心性本淨，煩惱所染，去煩惱而心性返其本來，此禪家之依據。如此則心性云者，亦但與煩惱不相應而已，又只無漏而已。無漏心性為性，無漏心為心，本可分別言之，但禪家每又混同言之，故謂無漏心謂性也。此又為後來解釋最難辨別之一點	本是道理之稱，而在中國佛學者則用之與性相混。每曰理事。事即相，理則性矣。又心性通稱為性，法性通稱為理。要之，此即法爾無執之法性，稱為理也。華嚴家於理事應用甚繁，詳其意指，皆謂真為理，即法性、法空等。禪家用此字，意同	

續　表

各家		心	性	理	氣
新儒家	周濂溪	周濂溪曰："十室之邑，人人提耳而教且不及，況天下之廣，兆民之眾哉。"曰："純其心而已矣……純心要矣。"又曰："聖賢非性生，必養心而至之。"可見周濂溪已嚴心性之別	周濂溪曰："誠者聖人之本，大哉乾元，萬物資始，誠之源也。乾道變化，各正性命，誠斯立焉。純粹至善者也。故曰：一陰一陽之謂道，繼之者善也，成之者性也。元亨誠之通，利貞誠之復。大哉易也，性命之源乎。"又曰："性者剛柔善惡，中而已矣。"周濂溪以誠言性，以中言性，完全是正中偏的思想	周濂溪曰："太極動而生陽，靜而生陰。"朱晦庵釋之曰："太極生陰陽。理生氣也，陰陽既生，則太極在其中，理復在氣之內也。""是周濂溪以太極言理矣。"周濂溪云："厥彰厥微，匪靈弗瑩。"朱晦庵註曰："此言理也，陽明陰晦，非人心太極之至靈，孰能明之。"可見周濂溪以太極言理之本旨矣	周濂溪曰："二氣五行，化生萬物，五殊二實，二本則一，是萬為一；一實萬分，萬一各正，小大有定。"朱晦庵謂周濂溪"大抵推一理二氣五行之分合，以紀綱道體之精微"。可見周濂溪已開宋儒談理氣之端
	張橫渠	張橫渠曰："由太虛有天之名，繇氣化有道之名，合虛與氣有性之名，合性知覺有心之名。"可見他的心性說，都和氣有關係	張橫渠曰："人之剛柔緩急，有才有不才，氣之偏也，天本參和不偏，養其氣反之本而不偏，則盡性而天矣。"又曰："形而後有氣質之性，善反之，則天地之性存焉。"張橫渠總要人由氣反到性，反到太虛完全是偏中正的思相	張橫渠曰："天地之氣，雖聚散攻取百塗，然其為理也，順而不妄。"張橫渠之所謂理，不過"順而不妄"之氣而已。顯見他是氣一元論的思想。但既說氣，何以要回到理，此即其偏中正的主張之顯示	張橫渠曰："太虛不能無氣，氣不能不聚為萬物，萬物不能不散而為太虛。"又曰："一物兩體，氣也。一故神，兩故化，此天地之所以參也。"可見他是氣一元論的思想，同時又可見他是偏中正的思想

續 表

各家		心	性	理	氣
新儒家	程明道	程明道謂："心即性，性即心。"又謂："性即氣，氣即性。"可見他的心性說都和氣有關係	程明道謂："論性不論氣不備，論氣不論性不明，二之則不是。"是純以氣言性，比張橫渠的說法更進一層	程明道謂："吾學雖有所受，天理二字却是自家體貼出來。"但他以為凡"天下善惡皆天理，謂之惡者非本惡，但或過不及便如此"。他對於理的看法，比他人另是一番境界，這就因為他是偏中至的思想	程明道曰："人與物，但氣有正偏耳。獨陰不成，獨陽不生，得陰陽之偏者，為鳥獸草木夷狄，受正氣者人也。"可見他也主張氣一元論，但與張橫渠有別，因為他是偏中至的思想
	程伊川	程伊川曰："心也，性也，天也，一理也。自理而言謂之天，自稟受而言謂之性，自存諸人而言謂之心。"又曰："在天為命，在物為理，在人為性，主於身為心，其實一也。"可見他的心性說，都和理有關係	程伊川謂："性即理也，天下之理，原其所自，未有不善。喜怒哀樂未發，何嘗不善，發而中節，則無往不善。"可見他完全是正中來的思想	程伊川主張理一元論，謂"凡物上有一理，須是窮致其理。"又謂"人只有一個天理，卻不能存得，更做甚人也。"又謂"天敘天秩，天有是理，聖人循而行之，所謂道也。聖人本天，釋氏本心。"可見他特別看重理與對於理的解釋	程伊川重性不重氣，謂"氣有善不善，性則無不善也。人之所以不知善者，氣昏而塞之耳。孟子所以養氣者，養之至斯清明純全，而昏塞之患去矣。"可見氣非養不必盡善，而性則無不善也。完全是理一元論者的口吻

續　表

各家		心	性	理	氣
新儒家	朱晦庵	朱晦庵論心性，完全本着程伊川的意旨，不過比較的警切。朱晦庵曰：“心者人之神明，所以具眾理而應萬事者也；性則心所具之理，而天又理之所從以出者也。”又曰：“舍心則無以見性，舍性又無以見心，性是心所有之理，心是理所會之地。”他把心性和理的關係，發揮得異常透闢	參看上段。朱晦庵曰：“性只是理。”又曰：“性猶太極也，心猶陰陽也。太極只主陰陽之中，非能離陰陽也。然至論太極，則太極自太極，陰陽自陰陽，性與心亦然。所謂一而二，二而一者也。氣之流行，性為之主，性之流行，心為之主。”朱晦庵謂太極只是一個理字，則此以太極喻性，是性即理矣。朱晦庵處處從性說理，完全是正中來的系統	朱晦庵曰：“人之所以生，理與氣而已。天理固浩浩不窮，然非是氣，則雖有是理，而無所湊泊，故必二氣交感，凝結生聚，然後是理有所附著。”又曰：“凡物有心而其中必虛。人心亦然。止這些虛處便包藏許多道理，推廣得來，蓋天蓋地，莫不由此。此所以為人心之好歟？理在人心，是謂之性。心是神明之舍，為一身之主宰，性便是許多得之天而具於心者。”朱晦庵以理為如有物得之天而具於心，遂為後世戴震攻擊宋學之根據	朱晦庵曰：“知覺是心之靈如此，抑氣為之耶。”曰：“不專是氣，是先有知覺之理。理未知覺，氣聚成形，理與氣合，便能知覺。”朱晦庵總注重先有知覺之理，與道家重氣不重心者，另是一種境界

續 表

各家		心	性	理	氣
新儒家	陸象山	陸象山曰："心，一心也，理，一理也，至當歸一，精義無二，此心此理，實不容有二。"陸象山力反程朱之性即理說，而倡心即理，是他的識解獨到處。陸象山不承認朱子道心人心之說，謂"心一也。人安有二心"		參看上段。陸象山曰："塞宇宙一理耳，學者之所以學，欲明此理，此理之大，豈有限量。"陸象山雖反對朱學，另立一個系統，而存理去欲之思想，固猶存在，不過去欲之方法有不同耳。後至戴震遂並斥朱陸二氏之說	
	王陽明	王陽明曰："心者身之主也，而心之虛靈明覺，即所謂本然之良知也。"又曰："良知者心之本體，即前所謂恆照者也。"又曰："吾心之良知，即所謂天理也。"王陽明以良知言心，專從心之本體推闡一切，完全是一種兼中到的工夫	王陽明雖闡明心學，但總要顧到一個理。不過他不主張外心以求理。所以說："外吾心而求物理，無物理矣。遺物理而求吾心，吾心又何物耶。"王陽明一面講內，一面又不遺外，這是他學說上一種特別的地方。至於存理去欲之思想，尚一仍宋學之舊。所以說，靜時念念去人欲，存天理，動時念念去人欲，存天理。故並為後世戴震所譏		

舊儒家與新儒家的最大不同點，便是舊儒家不雜有禪道的思想，而新儒家則滿參禪道的氣味。至論到人生哲學，似乎新儒家所包孕的人生思想，比舊儒家更豐富。宋明哲學所以有研究的價值，並不在於它們的本體論的思想，而在於各人所發現的一套生活法。譬如周濂溪發現一套正中偏的生活法，張橫渠發現一套偏中正的生活法，程明道發現一套偏中至的生活法，程伊川發現一套正中來的生活法，這在中國人生哲學史上，要不能說不有一種相當的威權。至朱晦庵、王陽明在中國人生哲學史上的地位，恐怕在孔孟以下，比任何人要高。這就因為他們兩人所發現的生活法更能接受許多的信仰者了。

第十章　中國哲學思想之流變

中國的哲學思想，約有三個代表：一為國產的先秦哲學，為中國思想界之唯一代表；二為外來的印度佛學，為中國之螟蛉子；三為宋明之混成理學，程、朱、陸、王等最重要**於二者皆有所影響。**名為儒家，實則雜取佛老之說自此以外，有兩個人，雖無關於混成的理學，然亦非純粹的先秦諸子，與印度佛學可比：如很有科學見識的漢王充，和獨倡感情哲學的清戴震——前者較傾向道家而反對儒墨，但並不是道家言；後者反對宋明而宗孔孟，但亦不是真孔孟之學。——從漢到清，無中取有，自不失為成一家言。

梁任公先生的《中國學術思想變遷史》裏說："吾則畫開我數千年學術思想界為七時代：一胚胎時代，春秋以前是也；二全盛時代，春秋末及戰國是也；三儒家統一時代，兩漢是也；四老子時代，魏晉是也；五佛老時代，南北朝唐是也；六儒佛混合時代，宋元明是也；七衰落時代，近二百五十年是也；八復興時代，今日是也。"按梁說係就中國歷代的一切學術思想而言，故如兩漢的儒學，和魏晉的老學，竟亦列入；雖胚胎和衰落二時代，亦並舉出。吾今在此，却就最重要的哲學思想而論，故如上面所說。

蔡孑民先生的《中國倫理學史》，他是分做三大時期的：第一先秦創始時代，第二漢唐繼承時代，第三宋明理學時代。他只就中國之倫理方面着想，自然還算很對；如其不然，就失去三大代表之一的佛學了；至於漢唐，實不足道。做史須並言及吧了。

李石岑先生的《人生哲學》卷上，分中國哲學方面為道家、儒家、墨家、漢唐諸哲——王充，清談家，李翱，石頭希遷的禪學——宋明諸哲——朱熹，王守仁——清代哲學——戴震——等，他所舉出的各學派，與各時代的代表人物，都算得不錯；惟缺了先秦四大學派之一的法家，尤其是韓非那個人，吾殊不以為然，就是那代表唐代的李翱，吾也以為是無中取有的。難道法家或韓非，還此不上李翱嗎？這恐怕人人也知道其不對吧！

於此吾有個小小的聲明：就是吾今並非偏袒周秦的諸子，而看不起外來的佛學，與混成的理學，不過就事實上去觀察：**諸子確為中國思想之唯一代表；佛學雖高尚，然既為外來；理學雖昌盛，然既號混成；則其居於次要地位，也就可以想見了**。這就是吾現在特詳於國產的諸子，而較略於外來的佛學，與混成的理學以及其他的大原因。但尚不止本篇；**即若本篇的在全書中，其所以比別篇**——字、文、史三者——**獨詳者，為的也是這“中國哲學”，尤其是“先秦四宗”在“中國學術”上是最有關係的**。未知學者早已鑒及此點否？如梁任公所擬作的《中國學術史》其內容是：（一）先秦學術，（二）兩漢六朝經學及魏晉玄學，（三）隋唐佛學，（四）宋明理學，（五）清學。清代學術概論第二自序又呂思勉的分“中國學術”為（一）創造極盛的“先秦時期”，（二）拘守經學的“兩漢時期”,（三）研究古代哲學的“魏晉時期”,尚思按：魏晉人所研究的古代哲學只是一小部分（四）印度佛學的“南北朝隋唐時期”,（五）反對佛學而帶佛教色彩的“宋元明時期”,（六）漢學的“晚明有清時期”,《白話本國史》第四篇第五章《學術思想的變遷》看這兩人論的是“中國學術”；而其內容却只是“中國的哲學思想”。就此一點,已經可知“哲學思想”的可以代表“一切學術”了。至於小學、文學、史學只是枝葉，居於次要地位。

第十一章　哲學思想之新方針

吾對於哲學思想的意見，已略可見於上面“思想與根本”，及“諸子結論”中的批評儒、道、墨、法諸家的思想了。現在請再總說今後哲學思想的真標準：哲學本來是包括一切的；後來各部分才相繼脫離哲學而獨立。而現在的趨勢與理論，更以“人生哲學”為中心，“人生哲學”幾乎可以代表整個的哲學,至少也是哲學中的最重要部分。**今後關於時間方面，應去出世而重入世，應去向後而重向前。……關於空間方面，應去國家而重世界，應去他界而重現實；……關於人類觀念或事業方面，應去神權而重人道，應去強權而重公理，應去種族而重同類，應去個人而重社會，應去階級而重平等，應去束縛而重自由，應去消極而重犧牲，應去守舊而重創新**（或革命），**應去勢利而重人格；……關於各種學科方面，應去宗教而重科學，應去軍政而重教育，應去法律而重道德，應去禮教而重藝術。**……總而言之，**即是過去時代，雖有人類之名，究無人類之實；今後務使人類脫離獸類之野蠻，而逐漸實現人類之文明**。在精神方面為“人道”，在物質方面為“人生”，**應盡之義務是**“**人格**”，**應享之權利是**“**人權**”，**一切建**

設務使合乎"人道"。如教育即人格的教育，科學即人道的科學。這個理想，是否可能實現，全看今後一般哲學家之能否勝任指導人世之責而已。

後部　結論

第一編　四學大家之分比及其總比

我本想把中國古來一切學術家，照《漢書·古今人表》的樣子，而分列之於此：嗣因其人太多，如要詳詳細細的排列起來，起碼就非幾十張紙所能完盡；並且仍恐不免有所遺漏，以致有“要詳而不能詳”的毛病。又因為太麻煩的原故，結果其優劣也就容易互混起來，是更難免“無定評”的見識。所以現在只好略舉幾個代表四學的人物來評定一下。《漢表》原分九等，吾今既要簡單，也就只列一二三三等：一等可算完備，二等容有未盡，三等多不舉出；故自二三等以下的，儘可聽學者的心得或眼光去自安排而附入之。再如《漢表》，他是泛指一切的：有的以學問論，有的以行為論，有的以地位論，……結果弄到不此不彼，糊裏糊塗，全無標準。吾今不計其地位與行為，只就學術而論；就是在學術的範圍內，也反對班固的專用一個儒家眼光，去觀察其餘的一切。

	一	二	三	四
字形	《說文》（許慎）、《史籀》（未必人名）	李斯……	程邈、王次仲、張芝……	……

續 表

字義	一	二	三	四
	《爾雅》、戴、段、二王	毛、鄭、賈、馬、揚雄、劉熙、張揖、顧野王、陸德明（？）、阮元……	孔穎達、朱熹……	……
字聲	一	二	三	四
	《廣韻》（本陸法言《切韻》）	孫炎、李登、沈約、守溫……	鄭樵（等韻）、吳棫（古韻）、顧、江、戴、段……（古韻）……	……
考證	一	二	三	四
	顧炎武、戴、段、二王……	鄭玄、鄭樵、王應麟、閻、胡、惠、趙翼、崔述……	……	……
校勘	戴、汪、盧、孫、畢……	劉向……	……	……

上為各類文字學分比

	第一流	第二流	第三流	第四流
中國文字學大家比	《爾雅》（義）、《說文》（形）、《廣韻》（聲）、戴、段、二王……（義、聲、考校）	史籀（形）、鄭玄（義）、守溫（聲）顧、閻、胡、惠……（考證）……	汪、盧、華、孫……（校勘）……	……

上為文字學大家比

	一	二	三	四
文字學時代比	清（聲、義、考、校）	周秦（形）、漢唐（義）、六朝（聲）……	魏、晉、宋……	……

上為文字學時代比

散文	一	二	三	四
	《易傳》、孟子、荀子、莊子、韓非、《國語》(及《左傳》)、《國策》、司馬遷、韓愈	《淮南子》、賈誼、揚雄、班固、晁錯、劉向、曹植、陶潛、柳宗元、司馬光、歐陽修、王安石、蘇軾……	蘇洵、曾鞏、歸有光、姚鼐、曾國藩……	……
駢文	一	二	三	四
	庾信（?）(?)	陸機、徐陵、王勃、楊炯、陸贄、李商隱、汪中……	……	……
賦	一	二	三	四
	屈原、司馬相如、庾信	宋玉、賈誼、揚雄、班固、陸機、左思……	曹植、張衡、潘岳……	……
詩	一	二	三	四
	《詩經》、曹植、陶潛、李白、杜甫	阮籍、謝朓、王維、白居易、蘇軾、黃庭堅、陸游……	謝靈運、鮑照、孟浩然、元稹、李商隱、杜牧、元好問……	……
詞	一	二	三	四
	李煜（?）(?)、辛棄疾(?)(?)	馮延巳、蘇軾、姜夔、周邦彥……	柳永、秦觀……	……
曲	一	二	三	四
	關漢卿（?）	馬致遠、白樸、鄭光祖……	宮大用、王實甫、高則誠……	……
小說	一	二	三	四
	《水滸傳》《紅樓夢》	《三國演義》《西遊記》《金瓶梅》……	……	……

上為各類文學分比

	第一流	第二流	第三流	第四流
中國文學大家比	《詩經》(詩)、《易傳》(散)、《莊子》(散)、《左國》(散)、屈原(賦)、司馬遷(散)、韓愈(散)	孟,荀(散)、韓非(散)、《國策》(散)、《淮南子》(文)、賈誼(散)、司馬相如(賦散)、揚雄(賦散)、班固(散)、曹植(詩)、陶潛(詩散)、劉勰(文評)、鍾嶸(詩評)、庾信(賦評)、李白(詩)、杜甫(詩)、柳宗元(散)、司馬光(散)歐陽修(散)、王安石(散)、蘇軾(散詞,詩)、李,辛(詞)、關漢卿(曲)……	宋玉(賦)晁錯(散)劉向(散)張衡(賦)左思(賦)阮籍(詩)陸機(駢)謝朓(詩)徐陵(駢)王,楊(駢)王維(詩)白居易(詩)黃,陸(詩)周,姜,秦,柳(詞)白,馬,鄭(曲)《水滸》(說)、《紅樓夢》(說)、金聖嘆(說評)……	……

上為文學大家比

文學時代比	一	二	三	四
	戰國(散賦)、漢晉(賦詩文)、六朝(賦詩駢)、唐(詩散)、宋(詩詞散)	元(曲)、明清(小說)……	宋明(古白話)、明清(八股文)……	……
紀傳	一	二	三	四
	司馬遷、班固	陳壽、范曄……	歐陽修、李延壽《明史》……	……
編年	一	二	三	四
	《左傳》、司馬光	荀悅、畢沅、王懋竑(年譜)……	……	……

續　表

紀事本末	一	二	三	四
	袁樞	陳邦瞻、魏源……	……	……
其他	一	二	三	四
	杜佑（政書）、章學誠（歷評兼方志）（？）……	劉知幾（史評）、鄭樵（史評）、馬端臨（政書）……	裴松之（史註）、顏師古（史註）、黃宗羲（學史）、趙翼（史考）……	王夫之（史論）……

上為各體史學分比

中國史學大家比	第一流	第二流	第三流	第四流
	左丘（年，事）、司馬遷（紀傳）、班固（紀傳）、司馬光（編年）	陳，範（紀傳）、荀悅（編年）、杜佑（政書）、袁樞（紀事）、劉，鄭，章（史評）、梁啟超（史評）……	李延壽（紀傳）、歐陽修（紀傳）、明史（紀傳）、馬端臨（政書）、黃宗羲（學史）……	……

上為史學大家比

史學時代比	一	二	三	四
	漢晉宋……	周末唐……	……	……

上為史學時代比

諸子	一	二	三	四
	老子（道）、孔子（儒）、墨子（墨）、韓非（法）（？）	孟，荀（儒）、楊，莊（道）、管，商（法）、公，惠（名）……	……	……
佛學	一	二	三	四
	玄奘（法相）（？）	知顗（天台）、慧能（禪宗）道安……	曇鸞（淨化）、杜順（華嚴）｜……	……
理	一	二	三	四

續 表

學	朱熹、王守仁	周敦頤、二程、邵雍、二張、陸九淵……	……	……
其餘	一	二	三	四
	王充、戴震、康有為	淮南子、董仲舒、抱朴子、顏、李……	……	……

上為各派哲學分比

	第一流	第二流	第三流	第四流
中國哲學大家比	老子（道）、孔子（儒）、墨子（墨）、韓非（法）	管，商（法）、公，惠（名）、楊，莊（道）、孟，荀（儒）、知（佛）、玄奘（佛）、慧能（佛）、朱熹（理）、王守仁（理）……	申子（法）、慎子（道法）、屍子，尹文（名法）、淮南子（道）、王充（混）、抱朴子（道）、道安（佛）、曇鸞（佛）、杜順（佛）、周，邵，程，張（理）、陸九淵（理）、戴震（混）、康有為（混）……	……

上為哲學大家比

	一	二	三	四
哲學時代比	先秦｜（諸子）	隋唐（佛學）、宋明（理學）（實即雜學）……	魏晉（老學）、六朝（佛學）、漢清（雜學）……	……

上為哲學時代比

	一	二	三	四
文字史哲四學大家比	《詩經》(文)、老子(一哲，二文)、孔子（易禮在內)(哲，文)、左丘(史，文)、墨子（哲）、莊子(文，哲)、韓非(一哲，二文)、屈原（文）、司馬遷(史，文)	簡，商(哲)、公，惠(哲)、楊朱（哲)、孟，荀(哲，文)、宋玉(文)、爾雅(字)、戰國策（一文二史)、史籀（字）、相如，賈，揚(文)、班固（史，文)、許慎(字)、曹，陶(文)、知(哲)、玄奘(哲)、慧能（哲)、李，杜(文)、韓愈(文)、司馬光(史，文)、朱熹(哲)、王守仁（哲)、劉，鄭，章，梁(史)……	《淮南子》(哲，文)、劉向，王充(哲)、鄭玄(字)、抱朴子(哲)、陳，範(史)、陸機(文)、劉，鐘(文)、徐，庾(文)、守溫(字)、杜佑(史)、王維（文)、白居易（文)、柳宗元（文）、歐陽修(文，史)、蘇軾（文)、二程(哲)、陸九淵(哲)、袁樞(史)、李，辛，姜，周……(文)、《廣韻》(出陸)(字)、關，白，馬，鄭……(文)、《水滸傳》(文)、《紅樓夢》(文)、金聖嘆（文)、顧炎武(字)、戴震(哲，字)、王，段……(字)、康有為(哲)……	……

上為文字史哲四學大家比

	一	二	三	四
四學時代盛衰比	周末哲學（子)、晉史學六朝文學(駢，詩，賦)、唐（詩，散）、宋(詞，散，詩)、文學宋明哲學（理)、清文字學(義，聲，考，校)	周末文學(散)、漢魏文學(散賦)、東漢文字學(形義)、六朝文字學(聲)、隋唐哲學(佛)、唐（傳)、宋（傳，年，事)、史學……	秦文字學（形)、漢史學(傳)、五代文學(詞)、元文學(曲)、明清文學（說，散）……	……
	一	**二**	**三**	**四**
四學時代多少比	周(哲，文，字，史)、唐(文，哲，史，字)、宋(文，哲，史，字)	漢（文，字，史)、晉(史，文，字)……	魏(文，字)、六朝(文，字)、清(字，文)……	秦(字)、隋(哲)、五代（文)、元（文)、明(文)……

續　表

	一	二	三	四
四學時代價值比	周末哲學（子）及文學（散，詩，賦）、漢史學（傳）及文學（一散，二賦）清文字學（義，丨聲，考，校）	周秦文字學（形）、漢文字學（義）、隋唐哲學（佛）、晉史學（傳）、宋史學（一年，二傳與事）、宋明哲學（理）……	魏晉六朝文學（一詩與駢，二賦）及文字學（聲）、唐（詩，散）、宋（一詞二散，三詩）、文學及文字學（義）、元文學（曲）……	唐史學（傳）、五代文學（詞）、明清文學（說散）……

上為字文史哲四學時代比

上為四學之總比表

附註：吾評定甲乙的標準：大概以創始者為最可貴，如哲學中之先秦諸子近之；然一般能集大成者，其可貴亦幾等於創始者，如朱熹、王守仁等，本無足多，只因其能集一時之大成，故給他更進一等韓非同此。因為如以難易論，則開創難而守成易；如孟子的講仁義，荀子的論禮樂；比首倡仁義禮樂的孔子容易。發揮徹底的莊子，容易於隨便發明的老子等。如以優劣論，則創始劣而集成優：近見常乃悳的《中國思想小史》裏論道家說："到莊周以後，拿他的闊達放任的精神，獨立創成一部學說，道家才有了較高尚的理論根據。到老子《道德經》出世以後，道家才有了首尾一貫的系統思想。這部書確是道家成立的最大功臣。"這話吾未盡同意：吾認《老》《莊》二書，以文字而論，《老》簡要而《莊》詳博，以思想而論，則《老》在各相對方面，必偏其一方面，以致常欠理由。若莊則雙方面兼注意及之，如《齊物論》等，真是再好沒有。關於《道德經》是否在《莊子》之後，吾雖未敢斷言，而莊子之言論圓滿於老子，則固不能否認。又如集法家大成的韓非，亦優於以前的法家巨子；他如五代宋詞之於唐，清代小學之於漢等，都屬這個例子。但於創始集成二種專長之外，還有兼為創始集成者，此為最上：如孔子便是這例之一。孔子對於周公以前的人，為集大成者；如對於孟荀以後的人，則為創始者。惟有像韓非輩，才是純粹的集大成者；像老墨二子，才是純粹的創始者。關於墨學，惟有節葬、短喪、節用、兼愛等；至於天鬼教之一部分，則不在此內。

於此尚可以略加說明者：就是論哲學，應推春秋戰國諸子隋唐佛學宋明理學其中以周秦為首；論史學：應推周、漢、晉、唐、宋，其中以漢、宋為首；論文學：應推戰國漢魏八代唐宋，其中以戰國六朝、漢、唐為首；論小學，應推漢、清，其中以清為首；這是分別的橫比方面。如再就合一的縱比方面去觀察：則以周、秦哲學為最關重要，幾乎可以代表中國的文化；次之才算漢、宋的史學，以至戰國、六代的文學；最後如清代的文字學，也算是一種夠特色的學術；但上面還是以時代而論的。請再就個人來說一說：中國哲學界，首推道、儒、墨三家，其中以老後來的莊子一部分比老子還精到。孔為最偉大；史界稱前後兩司馬遷光，文學界則較不易舉出；無已如屈原、司馬相如、揚雄、李、杜、韓愈等在純文藝中尚不愧為第一流。文字學則算那位作《說文解字》的許慎，這是專就主要部分而論的。現在請並舉其所兼長：如兩丘孔丘，左丘是大哲文史學家，孔以哲為主，左以史為上；至左氏思想，亦既另略述。兩司馬是大文史以史為主學家，莊、孟是大文哲以哲為主學家；至於老、墨、屈原、韓愈、許慎等，則少兼長，仍如上文。

第二編　中國文化與世界文化

在近國人中，如吳稚暉先生等，是專門咒詛中國學術的；如梁任公先生等，是專門恭維中國學術的；以吾看來，中國學術自有其價值在，就使可討厭，也不如吳先生所說的那樣太甚；所以現在還是從梁先生之說：梁說雖也有時失之偏袒，要其在大體上，總算說得過去的。

世界文明的祖國，約有五個；惟中國獨一直傳到現在。如梁氏說：

立於五洲中之最大洲，而為其洲中之最大國者誰乎？我中華也。人口居全地球三分之一者誰乎？我中華也。四千餘年之歷史，未嘗一中斷者誰乎？我中華也。我中華有四百兆人公用之語言文字，世界莫能及；我中華有三十世紀前傳來之古書，世界莫能及；西人稱世界文明之祖國有五：曰中華，曰印度，曰安息，曰埃及，曰墨西哥，然彼四地者，其國亡，其文明與之俱亡，今試一遊其墟，但有摩訶末遺裔鐵騎蹂躪之跡，與高加索强族金粉歌舞之場耳；而我中華者，屹然獨立，繼繼繩繩，增長光大，以迄今日。（《中國古代學術思想史》）

如再就古今中外的文化而論，則在古應推中國，在今應推歐洲。如梁氏接着說道：

故合世界史通觀之：上世史時代之學術思想，我中華第一也；（泰西雖有希臘梭格拉底，亞里士多德諸賢，然安能及我先秦諸子？）中世史時代之學術思想，我中華第一也；（中世史時代，我國之學術思想，雖稍衰，然歐洲更甚。歐洲所得者，惟其督教，及羅馬法耳；自餘則暗無天日。歐洲以外，更不必論。）惟近世史時代，則相形之下，吾汗顏矣。……我中華當戰國之時，南北兩文明初相接觸，而古代之學術思想達於全盛；及隋唐間，與印度文明相接觸，而中世之學術思想放大光明；今則全球若比鄰矣。埃及、安息、印度、墨西哥四祖國，其文明皆已滅，故雖與歐人交而不能生新現象。蓋大地今日只有兩文明：一泰西文明，歐美是也；二泰東文明，中華是也；二十世紀，則兩文明結婚之時代也。同上

再若世界文化，大約可分為中國、印度、西洋三大支；而這三大支的文化，曾並盛於一時。梁氏對此亦嘗略為比較說：

嗚呼！世運之說，豈不信哉？當春秋戰國之交，豈特中國民智為全盛時代而已？蓋徵諸全球，莫不爾焉。自孔子、老子，以迄韓非、李斯，凡三百餘年，九流百家，皆起於是，幻空往劫，後絕來塵，尚矣！試徵諸印度萬教之獅子厥惟佛，佛之生在孔子前四百十七年，在耶穌前九百六十八年，凡住世者七十九歲。佛滅度後六百年，而馬鳴論斯興，七百年而龍樹菩薩現。馬鳴、龍樹，殆與孟子、荀卿同時也。八百餘年而無著、世親、陳那、護法諸大德起，大乘宏旨，顯揚殆罄，時值秦漢之交也。而波膩尼之聲論哲學，為婆羅門教中興鉅子，亦起於馬鳴前百餘年，此印度之全盛時期也。更徵諸希臘，七賢之中，德黎稱首，生魯僖二十四年；亞諾芝曼德，倡無極說者也，生魯文十七年；畢達哥拉天算鼻祖，以律呂言天道者也，生魯宣間；芝諾芬尼，創名學者也，生魯文七年；巴彌匿智倡有宗者也，生魯昭六年；額拉吉來圖，首言物性，而天演學之遠祖也，生魯定十三年；安邦薩哥拉，討論原質之學者也，生魯定十年；德謨頡利圖，倡阿屯論即莫破質點之說也者也，生周定王九年；梭格拉底，言性理道德，西方之尼也，生周元王八年；柏拉圖論理政術之淵源也，生周考王十四年；亞里士多德古代學派之集大成也，生周安王十八年。此外則安得臣，什匿派之大宗，倡克己絕欲之教者也，生周元間；芝諾，斯多噶派之初祖，而泰西倫理風俗所由

出也，生周顯三年；伊壁鳩魯幸福主義之祖師也，生周顯二十七年；至阿克西拉，倡懷疑學派，實為希臘思想一結束。阿氏生周赧初年，卒始皇六年，是時正值中國焚坑之禍將起，而希臘支派，亦自茲稍涸矣。由是觀之，此前後一千年間，實為地球有生以來，空前絕後之盛運。茲三土者，地理之相去如此其遼遠，人種之差別如此其淆異；而其菁英之磅礴發洩，如銅山崩而洛鐘應，伶倫吹而鳳凰鳴。嗚呼！其偶然耶？其有主之者耶？姑勿具論。要之，此諸哲者，同時以其精神相接搆，相補助，相戰駁於一世界遙遙萬里之間，既壯既劇，既熱既切，我輩生其後，受其教而食其賜者，烏可以不歌舞之？烏可以不媒介之？

以地理論：則中國、印度同為東洋學派；而希臘為西洋學派。以人種論：則印度、希臘同為阿利揚族學派，而中國為黃族學派。以性質論：則中國、希臘同為世間學派；而印度為出世間學派。希臘之斯多噶派，伊壁鳩魯派，懷疑派，亦講求解脫主義，然猶世間法之解脫也。中國之老莊，亦然。故三者互有其相同之點。同上

梁氏又再略舉各方面的特點說：

人類全體文化，從初發育之日起，截至西曆十五六世紀以前，我國所產者視全世界之任何部分，皆無遜色。雖然，我國文化發展之途徑，與世界任何部分皆殊其趨。故如希伯來人、印度人之超現世的熱烈宗教觀念，我無有也；如希臘人、日耳曼人之瞑想的形而上學，我雖有之而不昌；如近代歐洲之純客觀的科學，我益微微不足道。然則中國在全人類文化史中，尚能佔一位置耶？曰：能！中國學術以研究人類現世生活之理法為中心，古今思想家皆集中精力於此方面之各種問題。以今語道之：即人生哲學，及政治哲學所包含之諸問題也。蓋無論何時代何宗派之著述，未嘗不歸結於此點。坐是之故，吾國人對於此方面諸問題之解答，往往有獨到之處，為世界任何部分所莫能

逮，吾國人參列世界文化博覽會之出品恃此。《先秦政治思想史》

在此最後，我尚可再把這世界三大支文化的範圍加以縮小，而略舉出其一二代表人物或時代來。現在請就其大部分之性質，而略表之於下：

- 世界文化
  - 物質文明 — 西方
  - 精神文明 — 東方
    - 向前與外，主物與科學——西洋
      - 前外——英美派（西洋代表）
      - 中間——希臘派
      - 後內——希伯來派
    - 站在中間，主人與道德——中國
      - 前外——墨家
      - 中間——儒家（中國代表）
      - 後內——道家
    - 向後與內，主心與宗教——印度
      - 前外——順世外道
      - 中間——婆羅門
      - 後內——佛家（印度代表）

上表非僅可以直看；同時並可以橫看：如各學派在世界的文化上，若照次序提出，則或可如下列：（一）英美，（二）希臘，（三）希伯來，（四）墨，（五）儒，（六）道，（七）順世外道，（八）婆羅門，（九）佛。他如西洋、中國、印度等層，均此類推。但倒列之亦可。吾們在此，尚當稍為注意者：就是**中國的墨家較接近西洋，中國的道家較接近印度，**但道家非宗教不出世**而儒家則在老墨之中間。又如儒家思想既是"中庸派中的中庸派"，所以差不多可以代表中國文化；其餘如佛家思想是"後內派中的後內派"，可以代表印度文化；英美思想是"前外派中的前外派"，可以代表西洋文化。**在前應推希臘但這話亦得略變而說：**佛教是心與宗教的首領，**耶回等教萬不及一。**儒家是人與道德的首領，**儒家實最注重道德，惟惜其少真道德耳**英美是物與科學的首領。**最後出，最進步最後要略加聲明的，是上表乃比較的，而非絕對的，閱者千萬不要固執，以致生出誤會來。

從大體上觀之：世界文化之特性，**西洋較重科學**，道德次之，宗教又其次之；（？）**中國較重道德，宗教與科學似有似無；印度較重宗教**，道德次之，科學又其次之。關於這個問題，稍候我當再詳論之。現在請稍換另一名辭去比較牠：**如西洋較重物的問題**，人的問題次之，心的問題又其次之。**中國較重人的問題，心與物兩問題，雖曾討論，而無精彩。印度較重心的問題**，人的問題次之，物的問題又其次之。（此處的"問題"二字，可當作"方面"解）。**而心人物三者，似乎皆不可少。因為心包於人，人包於物**。倒言之：即**物本於人，人本於心，各有所長，而不相讓。今後世界文化，應調和此三者**。

總而言之：前此世界文化，似乎各有短長，吾人不能以一方面的眼光去觀察其他：**如以西洋之科學或物的眼光去觀察印度之宗教或心的文化，則上西洋而下印度，自不待言。反之，如以印度之宗教或心的眼光去觀察西洋之科學或物的文化**，其終**以印度為上而以西洋為下，也是可想得到的。此外，如再以以人與道德為中心的中國人**，去**觀察以心與宗教為中心的印度人，和以物與科學為中心的西洋人，也一定會自以為適中，而譏二者皆未免太過**。要之：**在西洋方面，不論什麼，幾乎盡是科學化或物化的。如其道德，也是科學化的道德，與中國人的道德，名雖同而實則異了**（孔子認智識也是道德中之一，蘇格拉底認道德也是智識中之一。）**在印度方面，不論什麼，幾乎盡是宗教化或心化的。如其道德，也是宗教化的道德，與中國人的道德，也是名同而實異的**（中國以道德為目的，印度以道德為手段。）**至於中國方面，更不論什麼，幾乎盡是道德化或人化的**。（即若文學、美術、史學等，也多是禮教化的。）既各有所偏，即各有所長，所以論科學或物方面——亦可名為外學——不論那一方面，都比不上西洋；論宗教或心方面——亦可名為內學——不論那一方面，都比不上印度，論道德或人方面——亦可名為**中學**——不論那一方面，都比不上中國。而物與科學，人與道德，心與宗教，又皆互相關係：**科學是研究物的結果，也是研究物的利器；宗教是注重心的結果，也是注重心的利器**（於此須稍加聲明者：就是吾極欽佩印度人的注重心；但其宗教，却不見重於今世。）；**道德是養成人的結果，也是養成人的利器**。這是我站在三方文化的範圍外，而觀察三方文化所得的結論。

若再就東（中、印）西兩方面言之：則吾以為**西洋文化是下層的，東方文化是上層的，西洋文化是東方文化之基礎**，東**方文化應建築在"西洋文化"上**。同時又認**西洋文化如手足，東方文化如心腦**（手足是有形的，心腦是無形的。），**應以東方文化指導西洋文化，西洋文化實行"東方文化"化。蓋非西洋文化無以救急或生，故應以西洋文化為先；非東方文化無以持久或成，故應以東方文化為重**。

請乘這個機會，再略補充一點，李石岑君說："在現代無論提倡道德宗教科學，都要把藝術觀念作骨子；否則，便成一種呆板的道德，迷信的宗教，殺人的科學。"《人生哲學》（卷上）真的自今以前的世界，不但中國的道德，是呆板的道德；就是一切的道德，也多是呆板的道德。不但西洋的科學，是殺人的科學；就是一切的科學，也多是殺人的科學。不但印度的宗教，是迷信的宗教；就是一切的宗教，也多是迷信的宗教。李君大概是主張以藝術為主，而以道德、宗教、科學為副的。換言之：就是主張道德、宗教、科學一切，皆藝術化的。如再乾脆的說：就是認藝術為萬能的。而我在此，却有點不同：固萬難附和過去的宗教萬能說；但如李君的藝術萬能說（？），吾實在也未便附和。因**為吾認人類的生活是多方面合成的，殊不能如宗教或藝術……那"唯一""萬能"的說法**；況且宗教固在應早取消之列；而藝術亦未見得就是最有價值的。**故吾對於一切：有的主張改正，如“道德”是；有的主張取消，如“宗教”是；有的主張保留，如“科學”是；有的主張補充，如“藝術”是。但這三位，終須合成一體；如有一缺，則皆未見其可。**不過尚得分別言之：就是**以新道德為目的，以科學為手段，以藝術代宗教**，其位置或在道德與科學之間（？），亦可謂為介紹道德與科學之互相接近者（？）。**論其輕重，則道德為重；論其先後，則科學為先。因為人類如有道德而無科學**，則試問：**“衣食尚恐不贍；奚暇治禮義哉？”此已可知：“衣食足而後知榮辱。”**反之，**如有科學而無道德，則亦必弄到名雖為“萬物之靈”，而實則“視禽獸為有加”矣!**（知識在知，道德在行；科學在生，哲學在成。）所以**科學是道德的利器，道德是科學的導師，人類必依科學而生存**，同時**更賴道德以安定。道德如和科學合作**，則**其道德為真道德；科學如和道德合作**，則**其科學為善科學；比之前此的偽道德與惡科學**，真是**不可以道里計了**。請再取三者而比觀之：**科學之對象是物質，而其特性是真；道德之對象是精神，而其特性是善；若藝術呢，則似乎以精神而兼物質者**（？），**其特性則為美。精神物質兩大生活，真美善三大特性**，吾從此希望其**內容充實**，而恭祝其**圓滿實現**。

現在可再稍為鄭重的，就是我不論對於前此的一切，如加以條件的聲明，則不論什麼，都可以承受；否則，將恐無一而可。如道德實在是很重要的；但吾所認為重要的，是**新道德**。如科學更是重要；然吾這裏所說的重要，乃是**人道的科學**。甚至如宗教，吾也可略照此例而說：如不要宗教，就可不用說；如還要宗教，也要那人道的感情的光明的宗教；**至那迷信的形式的欺騙的，簡直是行不得了**。但是現在已經是教育時代，而非仍如前此的宗教時代，所以儘可“**以教育代宗教**”，或如剛才所說的“以藝術代宗教”。餘已在中國哲學篇中的“思想之新趨勢”略言之，現在可以不用重說了。

除了前述李君的極力主張藝術外，還有極力主張中國孔子康有為、梁啟超、漱溟、朱謙之等可為提倡孔學的各派代表。與印度佛學的；如太虛、劉仁航等至極力提倡西洋科學者，更為普遍了。如丁文江、吳稚暉等吾於此可以總說一句話：**今人所極力提倡的多不對，對的也多是他們自己的意思**；不過掛那科學佛學孔學的招牌罷了。顧其中最說不過去的，就是如研究孔學者，極力提倡戀愛自由，男女平等，明言自由平等是孔子所極力提倡的。次之則為研究佛學者，以為佛是提倡大同社會的，根本反對消極出世。至於研究科學者，只是一味提倡而已；其另一派，則反而極力痛斥之。吾以為第一派是誣人：在孔子所極力反對者，而一般人竟反謂其極力提倡，這不是“誣人”麼？第二派是片面觀：佛學原有兩派，而一般人獨取其一而去其一，這不是“片面”麼？第三派是盲從：科學照理要分別觀之，而一般人却只管接受過來，這不是“盲從”麼？吾對於這一般人，簡直不能下以批評，因為**這“提倡者”與那“被提倡者”名雖一樣而實則相反**，吾們如批評這提倡者，則人將以為不中那被提倡者；反之，如批評那被提倡者，則人亦將以為不中這提倡者。“聲東擊西”，“東剿西竄”，“掛羊頭賣狗肉”，我們對之真苦沒有辦法！於此吾很希望以後的人，不要再犯這個怪習慣，吾前曾略言之，請再把他提出：

昔者老徒如莊周、司馬談等，評論諸子，獨謂老子有得無失，其餘則得失半。孔徒如孟軻、董仲舒、韓愈、朱熹、康有為等，排斥異家，惟孔是宗，大有凡孔皆是，其餘皆非之概；甚至同派之中，亦相攻擊，如荀卿之非子思、孟軻之類是也。即最近之人，亦多犯此病焉：其始也仍如董、康……輩，各以私意為孔子之意，更進一步則以孔子學說繩墨百家之學說。結果不獨所見之百學家說，非實百家之學說也；即其所講之孔子學說，亦非孔子之學說矣。**非其對眾之學說，而為自家**

之學說也。以講他人為名，實則發表自家意見而已。此種變相的託古術，計其工處，雖“為神農言”之許行，“言必稱堯舜”之孟軻，亦嘆不及。“後優於前”，固如是乎？吾向亦為信仰孔學，排斥異家之人，現已覺悟，殊自痛悔！故謂三家，各有長短，個人對之，無所好惡。以述學爲限，其他評論不在此例。……吾今甚恐流落而為“不仁”，是以“知無不言”；欲避免“不信”之見譏，是以“具以實告”。世之“代人辯護”者，是人之“走狗”也；而諸“吹毛求疵”者，其亦“好搗亂”甚矣！走狗，搗亂，世人之公敵也！未悉若輩何樂而為之？鄙意如此，學者以為何如？《三大思想之比觀》

終之：我對於研究學術的態度，最不滿意的約有兩派：一是自孔子以後，那般孔學信徒，專門以自己之意見，强入為古人之意見，**不顧確據，只管“加無”**，這般人的態度，我可名他為“**強奸式或騙誣的態度**”。今人如康有為、梁漱溟、朱謙之諸先生皆是。二是經古文家的信奉古人一切言談，往往替古說覓證據，或竟以臆說曲解之，**只知極力去擁護古說，不敢跳出其範圍外**，這般人的態度，我可名他為“**奴隸式或瞽聾的態度**”。雖章太炎先生也常常難免**不論他是以己為人**——硬叫古人承認今我——的**強奸態度，與以己從人的奴隸態度，要其非常不對，則完全無不同**。吾對於前派，請其今後應以自己與古人對立，實行脫離關係，**凡屬於自己意見部分，應該收回，儘可堂堂正正的名為自己意見，千萬不可混人我為一談；而以己說為古說，尤為不德**。對於後派，請其今後應該大胆一點，以謀獨自成立，**千萬不要再以古人之是非，為今我之是非。凡遇古說未盡合及大不對之處，儘可發出疑問，甚至出而糾正之**。**前者失之太有成見**，自是自得，欲使古人來從今我；**後者失之太無主意**，自暴自棄，欲使今我去從古人。失之毫釐，謬以千里，甚願學者，深用自戒。

第三編　字文史哲四學之比觀

關於本篇，請以估定價值為主眼，而略分作數方面去說明牠：

四學之本象世間不論什麼事情，大概都有互相關係，甚至弄成一片，不得勉強分開。有如人的個體，原不可分，分之亦止於知道：其有上中下三部，上部有耳目口鼻等，中部有手胸腹五臟等，下部有大小便足等；總不能因為知其有這麼東西，就認真的把牠分割下來，如果要把牠分割下來，那就不成一個東西了。不過有如醫者，有時為了欲明瞭其整個真象起見，遂不得不分門去研究：有的研究外部，有的研究內部，甚至耳目口鼻亦皆分科。但如研究那一部分者，有時仍須略知道這一部分，所以各科合作，結果還是整個。而今學術，亦莫不然：為各人能力有限，欲使專精一門計，固不能不勉強由整個而分門；但我們在可能與互關的範圍內，實也有由分而合，以見其全部大概之必要。因為非有所分，則無以見其微異；非有所合，則無以見其本同；這便是吾今做這一部“中國學術大綱”的用意，其詳請於下面各節分述之：

四學之次序關於此點，已詳首部；現在請再略為說明，以便一觀其究竟。大概造文字在乎為文章，為文章在乎記事情，記事情在乎明道理。如縮近言之：**則造文字為文章，無非在乎記事情明道理而已**。由此可知**字文等學，是史哲等學之手段；史哲等學，是字文等學之目的**。乃在從來學者，全未了解此點：例如有的專心學習字書，字美書精，不過在自己可以成個字書大家；對他人可就沒有多大用處。不知字識書對，可以達到其他目的就算夠了。有的一生只知為文作詩，文佳為文人，詩美成詩家，詩家、文人自己發發牢騷而已；究竟有何利益於世間？（？）不知文寫得出，可以達到其他目的，也就夠了。這兩種人，都未免**誤以“手段之學”為“目的之學”**。不知於此“手段之學”而外，尚另有“目的之學”呢。此外有的以歷史為手段，以去同一般帝王拍馬屁為目的，如古來一般史書，皆難免犯了此弊病；有的以傳教倡說為名，實則在乎侵併人國，如回耶教徒，便是如此；這都是**誤以“目的之學”為“手段之學”**。由是以觀，前者應勿重視而世人却偏要重視，後者應重視而世人却偏不重視。鑄成這個大錯，到今日已臻極點了！（就中國而言：自漢以來，反而盛於文集而衰於史哲，尤其是哲學，最不可提及；但若史學，也是照例，一代要有一史，原係為官而修。）我們對於此點，非把他糾正一下不可。

四學之範圍若論四學之範圍，大概文字可包括文史哲等學，因為凡有文字者，都在其範圍之內（？）。次論文學，文學也可以包括史哲等學，因為史學有史文，哲學有哲文，一般認國學就是國文的老先生（？），大概就是有見及此點的。次論史學，史學章學誠也說：凡涉著作，都是史學。此說似尚可通，凡人下筆至少總有點事情，如一般文集雖號稱文學；但既出於各人，也就可以算做各人的史學。不過這種個人的史學，在形式上同那共同的史書正史，有點不同吧了。次論哲學，但這哲學由我看來，如要照那文史二學的看法，則其範圍之廣大，恐怕也不相上下吧！我說：人是活物，尤其是最靈的活物，談到這“最靈”二字，已可知人的本身，即是哲學了；加以這最靈的活物，在其心中總是無時無刻不是想個不休的；如非在想着，其胸中至少也沒有停止活動，像這個想或活動，更是哲學的作用。如再把他所想得的，見之於事，筆之於書，那更是哲學的表現了。由此看來，我們似乎可以說心中的想念，是無形的內的哲學；行事與作書，是有形的外的哲學。看到這一點，那文字、文學、歷史等，簡直也莫非皆起自哲學了。所謂“哲學為一切學問之母”一語（又呂思勉說：“無論什麼事情，總有個哲學上的根據。”《白話本國史》三），就此已可證明其不錯。要之：**如只看其形式，則字、文二學的範圍，自比史、哲二學廣大；若進而去觀察其究竟，則哲史二學的範圍，實反廣大於字文二學**。關於此點，暫不再論。吾今可從另一方面去觀察；但其結果所得到的，也就是前面說過的手段與目的二大途：試問人類是為要記事而後去造字呢？還是先製造文字而後有事情的發生呢？吾想不論何人，都會懂得最合理的是前一個發問，如果前一個發問是真的不錯，那麼就要進而承認吾的“文字學是手段”一個見解了。至於文學呢？吾在前已說過，可把他分做兩部分：一部分是記錄事實，一部分是表示意思。吾在這裡仍適用前問的例子，發出一個疑問來：文學由意見和事情而產出的呢？還是意見和事情由文學而發生的呢？吾想大家對此，一定仍如前答，如果這答又屬不錯，那麼大家又非再來承認吾“文學是手段”的一個見解不可了。文學表現的背景，既是記錄事情，和發表意見。前者屬於事實，事實屬於史學；後者屬於理想，理想屬於哲學。由此看來，**文學簡直是個複雜分子，而且多是依賴他學而存在的，究竟不能確然獨自成立為一專門，其中情形，正同中國人所謂“經學”一樣**，關於“經學”的話，業已說在首部。在這一點以觀，就可以知道：字文二學的比不上史哲二學了。而哲學與史學二者，又各有不同：大概哲學多在未來的理想，史學多在過去的事實。換句話說：哲理是未來的歷史，歷史是過去的哲理。我們在這最後，可得一個詳確的結論：“**文字學是初步手段，文學是進步手段；史學是初步目的，哲學是進步目的**。”就此告一段落，餘俟後面另詳。

四學的性質談到這性質一項，請隨吾此刻所憶及，而作個約略的比方表：

喻別	文字學	文學	史學	哲學
人		如使者	如忠臣	如導師
			如調查官	如參謀長
		如遊民	如正人	
			如演劇	如編劇
		如美術家	如科學家	
	供給原料者	整理成物者	如收藏家	如評判員
			有經驗者	敢冒險者
器物體			如照相機	如望遠鏡
			如白紙	如黑筆
體			如手足	如心腦
			如尸體	如靈腦
	如皮膚	同上	如筋骨	同上
地場			如地	如天
		如娛樂場		如監察院
			如展覽會	如製造廠
		如花園	如雜貨店	
時間			在過去	在未來
			如已死	如方生
其他			主事實	主理想
			如統計	如預算
		多浪漫	極謹嚴	
		窮奢極侈	守素抱樸	好高騖遠
		美	真	善
			客觀的	主觀的
			被動的	主動的
	較易	同上	較難	同上
		由己出發		為公着想
	初步手段	進步手段	初步目的	進步目的
	形式之一	形式之二	實質之一	實質之二

除上表的約略比方外，現在尚有一個較為包括的總比：

（一）**文字學是初步的工具的學問**。

（二）**經書和文集，是普通的混合的學問**。

（1）**經學是有限的；又必以全部如《十三經》或《五經》為主，如以書為單位，則可分屬於各學**：如《易經》、《禮記》歸哲學，《尚書》、《春秋》歸史學，《詩經》歸文學，《爾雅》歸文字學等類。

（2）**文學是無限的**；又**必以全集為主。如以篇為單位，則可分屬於各學**：如集中之論理文歸哲學，記事寫實各篇歸史學，韻文歸文學，釋字講音各篇歸文字學等類。

（3）據上，可知：**古代經書即合各書為一大部而有限定的後代文集，後代文集即合各篇為一專集而無限制的古代經書，羣經即專集的放大，專集即群經的縮小，至其皆為一種混合的普通的，則完全無不同**。

（三）**哲學和史學是專門的單純的學問**（但史學亦較屬普遍的）。

（1）**史學為過去一切最主要的學問**。

（2）**哲學為將來一切最主要的學問**。

（3）**哲理即理想的歷史，歷史即實現的哲理**。

如更進一步而觀察之：則文字學與文學，雖皆屬手段的學問；但也有"特別"與"普遍"之分別：就是**文字學為手段學中之特別學問**，而**文學則為手段學中之普遍學問**。而史學與哲學之分別，也如此例：就是**史學為目的學中之普遍學問**，而**哲學則為目的學中之特別學問**。但還可以再去分別觀之：即文字學雖與哲學皆屬特別學問；但**哲學是最後的學問**，**文字學是最先的學問**。文學與史學雖皆屬普遍學問；但史學是有限的學問，文學是無限的學問。再交互觀之：**則哲學也近文學的無限，而文字學也近史學的有限，史學也近哲學的最後，文學也近文字學的最先**。異中有同，同中有異，所謂四學，大抵如此。

此外尚可以隨便附說的，就是大概**史學以謹嚴為主，若文學則儘**

可浪漫。史學最要顧事實，若哲學則儘可理想。如其不然：為史而浪漫，簡直是誤以文學為史學；為文而謹嚴，或者也是誤以史學為文學（?）；為哲而不敢理想，也似乎是誤以史學為哲學；為史而不顧事實，或者也是誤以哲學為史學。但是文學終比不上史哲，我們知道世界所以會一天進化一天，與人類的一天文明一天者，大多數是史哲二學互助的功勞。史哲二學誠不失為人世之二大導師：**史學注意後方，清理舊賬；哲學專顧前進，發現新境**；哲學如無史學，就無從知過去社會的病態，既不知病態，就不知對於將來，應下何藥了。史學如無哲學，就難發現將來的美境，既無有美境，就難再得什麼過去的材料了。**一個由後幫忙，一個在前指導**，功不可沒，缺一不可。

四學之價值在此“四學的價值”一項，本來已無須再說了；不過因要結束，無妨再來擇要談談：在表面上觀之，雖什麼凡以文字記載之者，皆為文字文學；其實哲學史學於其目的外，同時仍兼有其文字文學。**所以史哲比之字文，究勝一籌**。如孔、老、孟、荀、莊、韓等為大哲學家目的，而同時並為大文學家手段；左丘、司馬遷、班固、司馬光等為大史學家，而同時並為大文學家。至於所謂純文學，就不能有此了。故文學近乎兼職而少專任；即一般專任者，如文集等，其內容性質，亦極複雜參看上面；所可取者，止於浮文，終屬無用。大有“金玉其外，敗絮其中”之概。它又很像未得到正業的遊民，至多也不過像個主人的代表。即若吾所謂“文學的文學”，如詩詞歌曲等，似乎可以獨自成立為一專門了；但問其動機，也不過在乎自己消遣消遣，只能安慰個人的，至於哲學可就不然：它是在乎改造社會，可以安慰人類的。**哲學既為整個着想，文學既由自己出發**，則其得失，也就判然。但如史哲等學，比之字文等學，既為更進一步的，如要研究牠，也就較為困難了。從來的人，尤其是現在的青年們，多避難而趨易，喜文學而怕史哲，結果什麼新文人新詩家，在一般中學與大學裡面，真是盈耳滿目，姑不問其“是否名稱其實”；就使個個都是大家，而其對於人世究竟也有什麼稗補呢？所以吾希望以後的人，要不畏難一點，去文學而就史哲，至少也要做那史學化和哲學化的文學：就是以史哲為骨子，以文學為面皮的。再不謂然；也要以史哲與文學同等注重。最好是於文學之外，再兼一個實學：如字、文、史、哲四學，原皆屬於廣誼文學之範圍內，可去看大學內的文學院以此廣誼的文學，比之一切科學，如理醫農工等科。自然只有科學才算得是實學；若退一步再以狹誼的文學即純文學，比之史哲二學，那這史哲二學，也不失為實學了。我們於此要知道的，**就是比較有價值者多比較不容易，比較容易者多比較無價值**。前如史哲，後如文學。至於廣誼文學，與一切科學，其價值，當別論。其餘詳前，恕不重說。

等級	次序	價值
一	文字學	哲學
二	文學	史學
三	史學	文學
四	哲學	文字學

在本書中關於近人之一部分參考書

供參看者	本書部位
何仲英編《中國文字學大綱》	（文字學）字體等
陳鐘凡述《中國韻文通論》	（文學）文學的文學
章炳麟著《文學論略》單行本附演講	（文學）變遷
梁啟超著《清代學術概論》	（文學）小學的文學後半段
李石岑著《人生哲學》卷上	（哲學）附錄“朱熹”、“王守仁”二節原文。
梁啟超著《中國學術思想變遷史》	（哲學）附錄“諸宗略紀”“中國佛學之特色及其偉人”二節原文。
蔡尚思著《孔子哲學之真面目》	（哲學）儒家孔子
蔡尚思著《三大思想之比觀》	（哲學）思想代表，諸子結論等。

上列諸書，雖有很好的，但也有不大好的。我只因一時在滬，所

要參看的書，圖書館裏不能供給，所以書中有一部分的材料，不得不暫選擇諸書所引的。諸書既能暫時供給我一點現成材料，我自應深表謝意於此。

再者：雖材料方面，尚多未如願；而見解方面，則極敢自信，學者多注意其見解，少認真其材料可也。

此外，補充讀物有：

清《四庫全書總目提要》

皮錫瑞《經學歷史》參看周予同《經今古文學》（皮氏尚有《經學通論》一書）

章炳麟《國故論衡》

柳詒徵《中國文化史講義》

上總

胡樸安《文字學ABC》

上字

陳維崧《四六金鍼》

魯訊[1]《中國小說史略》

胡適《中國白話文學史》

章學誠《文史通義》

梁啟超《中國歷史研究法》

顧頡剛《古史辨》

陶希聖《中國社會之史的分析》

上史

梁啟超《中國佛學史》或先看蔣維喬《中國佛教史》

上哲

[1] “魯訊”應爲“魯迅”。——編者註

念五自序

我有一大堆早就要說，而至今還未說出的話，其中不但有關於本書——《中國學術大綱》——與本人；並且有關於中國的學術界。假使我不乘這個機會把他發表出來，恐怕以後如有機會發表，也不知須在何時始能實現了。又因我的癖性，不論看那一本書，都要先看其自序，如能得到一篇或幾處說到著作者的身世，那我更覺喜出意表了。閱吾書者，既已知道本書，也許會同我一樣地還要更進而探問我是個什麼人吧。再如我每閱畢了一本書，常苦無有餘興以助之，想一般學者，也多與我同感想吧。為了這幾個原故，吾遂認為應再作一篇自傳式的自序附於吾書之末，也許這篇自序反比本書貴重些。

上半篇

我少時做人雖很古板，不喜胡鬧；但總不知讀書的好處。一直到了十歲左右，還是天天手執剪刀裁鳥裁花，或執筆畫人畫物，更進一步就拿起針子去繡花繡人，或取泥來塑佛塑器；除此以外，最喜歡的就是在山上牧羊，在田間養鴨，在家中飼兔，在林下籠鳥。後來因為先母郭太夫人，力言不識字的害處，且罵詈，且譏笑，我直到這個時候，才懂得怕羞，大發憤去閉門讀書。從前在縣立高小考試，無一次及格；不久靠點感情（先父與校長甚熟），得免試而直入在永春的省立第十二中學。初到我師諸同學，不久諸同學師我。在中學雖然只有四年半(半年補習班),但幸賴永春鄭翹松校長藏書頗富,可以借閱;又得同邑（德化）郭鵬飛教員的慇勤指導，常常合錢寄來上海買書，書未到，日望其速到；既到了讀未完，又日望其速完；既完了又再買，買了又常歉其不多，多了遂不得不趕讀。於是日忘食，夜廢寢，身體遂日益衰，終至於病，幾死者數。然吾始終相信，以為多一分用功，多一分心得；**與其毫無學問而生，見笑於人，不如有點思想而死，無愧於心**。至是對於“學”之一字，才得說做粗立基礎。記得當時有位不過三年，自始至終教我的林大烈教員，常對着一般同學說：“如蔡某人的只讀三數年，便抵得普通人的讀到十數年。”最好笑的，就是以一年後的吾,去看那一年前的吾所做的文章,結果連那篇文的大意,也看不出來。就這一點，已可見吾的變得很快了。就是那時的我，比起現今的我，實在也差不很多；不過當時只知學文作文，而今却進而有思想上的心得。這是因為內地的人,不知有他,只知學文,文章通直,便算學問。不但集部是單研究其文章的；就是諸子與經史，也皆只取其文章，而不知尚有更重要的他物在裏面。正為了這個原故，所以凡是內地的一般老先生（皆未受過新學的洗禮），都不懂得什麼是“國學”,往往誤認國文就是國學,如懂得做一篇“言中無物”(無意思的)的小文章,就說是精通國學了。而一般後生小子,因跟着“人云亦云”,並且“夜郎自大”的說：“英、算、理、化我們實遠不及外地之人；至於國學，那就外地之人遠不如我們了。”這一般人，直到外地去考大學的時候，題目到手，大口開開，才自反悔道：“那知英算等，還可以寫出一點；至於所謂‘國學常識’也者，簡直是個鴨蛋圈。”這是屬於文章的學問方面。至於思想的信奉，不待說就可以知其終日孔聖人、孔夫子除孔以外，都是壞的。我在這個時候，也曾做了孔聖徒的大夢，自孔子以至韓文公朱文公那一般人，都是我所心心念念不會忘記的，因做了一本書名叫“忠恕”，係仿《中庸》的體裁，雖大半與孔道不相違背，却已另有其一種極公平的言論。

後來由中學畢業，直晉北京，於是有位永春同鄉在天津南開大學讀書的林祖培君，他看見了吾從前所做的《古文稿》，就先極力褒獎我幾句話；最後才帶着說：文章只是枝葉，思想才是根本。我於是給他點醒了；加以看了當時一般對於國學很有研究的人，如梁任公、胡適之等的著作言論，我也受他們的應響不少。故我自是而後，便漸漸地改頭換腦，於是對於早已研究過其文章的先秦諸子，再拿出來重新溫習一下，後來見了那一般所謂名人的著作，單就孔子哲學來說，雖大體很好；但尚不能算得完全，並且未得其真面目。如“名”與“命”等觀念，在儒家為最重視；而在一般近人名著中竟有一言未提及之者。尚有許多誤解，現在暫不舉例。但又自恐人微言輕，人家不以我為然。於是搜集比較可靠和離其時不遠的材料，而竟照次序一部分一部分編排起來，既有頭尾，又能聯絡一氣，遂成了一部《孔子之人生哲學》(後來把牠擴大，改名《孔子哲學之真面目》；此外尚作有《老墨哲學之人生觀》一書)。到這個時候，我對於孔子與諸子的關係，已經是個站在中間的中人了。不但孔子與諸子，就是其他一切，吾也以平等眼光對待之。吾初到北京，純係跑到各大圖書館，與自已買書來自已研究。此外於“高興”與“需要”時，再就北京各有名大學中，如其對於某種學程特別好，而又和吾所學有關係的，吾便自由去聽講了，但大半總是“失望”而歸，究竟沒有什麼心得。吾在實際上，雖也算在各大學裏上過課，聽過演講；不過既是“擇善而從”，不專一校，結果就沒有希望得到什麼證書了！故若照學制來說，我既只有一張中學文憑，而且其時又不帶上，恐怕一直學到老，也還是應入大學的預科。但照實的說：我對於大學，總不高興，以為在中學以下是純粹的普通性質，在研究院或大學院是純粹的專門性質；惟有其中之大學一級，說牠是專門呢，可又仍須修習很多的課程；說牠是普通呢，可又名為專門以上的學校；吾因叫牠做普通又不普通（如中小學），專門又不專門（如研究院）的學校；尤其是最近的大學，學校當局常常為了學分的總數，與課程的衝突，對於學生要修的偏偏不要給他修，對於學生不要修的偏偏要給他修，本來就因課程太普通，而無法專精一門了；加以自己實不高興，只為了學分而勉強去聽聽一下，既然無趣味，那會有心得？這種不自由的研究，簡直是最不合我的癖性的；況我在純粹普通性質的中學時代，已經不能為所限制了嗎？因為我自己覺得既無極好的天才，去習盡各種的學問；何如比較注重一門，以期結果尚有一點心得呢？不然，如問你長些什麼，難道你竟可以說：這也長，那也長，幾乎無所不長嗎？等了作事的時候，什麼都極普通，恐怕就有一無所長之苦感或後悔了！所以吾在中學時代，一半是為了自己的癖性；其餘一半，則是不能獨脫內地的空氣。所以結果比較注重國學一門，國學一經注重，其餘就未免浙漸放輕了。注重一門，當然有吾的好處，就是結果有點心得；但其為弊，也正不少。因為這麼一來，便致我對於理化一類，幾乎一無所知；就是直到此刻，對各種外國文字，也不能極精一種。甚至連本來所學得的，現在也多忘記了。如有機會，我對於這個缺憾，極欲從速想法去補救。因為我的習性，不宜同時多學各類，所以我總不想去進大學；但既不進大學，就只有兩條路可走：一為還是自己繼續研究下去，其一則為躐等而入研究院。我本來想：除中小學二者，係被動的（非出自本意）入學，現在已成過去；此後我想決不再進有名無實的學校了。因為我的標準，是只**在乎真有學問與無學問，而不在乎得有文憑與無文憑**（資格）。如有學問，就是連前清的秀才，以及現代小學畢業也沒有，也可以擔任最高學府的導師，而受一般學界的歡迎；反之，如無真的學問，就是得了幾榜的野雞博士，還會給人家瞧不起。所以我們應該以學問為重，而不應該以資格為重，而現在一般人之進學校，却多與我的態度相反，有一部分人是在乎得證書，而不在乎求學問，只要證書能到手，至於學問那是不用提及的。我老早就自己打算好了；但是後來因再想到研究院，一面可以稍求資格（？），一面仍是自由研究。但此時對於清華新設的研究院招考，已經來不及了，稍候一下，聽說孔大也添辦國學研究科，我於是便給朋友們招去試試了。試了遂得該校長陳煥章同意，學校雖辦得不好；但吾在表面上，由中學（實則未得文憑的許多大學）入研究院的志願，總算達到了。不過我是很少到學校裏去的，到好幾個月才去看看那位陳先生，而同他講講孔子思想吧了。陳先生見了吾著《孔哲真面目》一書（此乃《孔子哲學之真面目》之簡稱，以下均此。），以為在文字方面，不要引今人之語，尤其是白話文；在思想方面，須認孔子為大宗教家，如肯照此改正，那就可以傳後了。如其不然，恐怕亦同一般時髦士人之作品，只能在一時給人家看看吧了。然吾總覺得陳先生的做人，很像其師康有為之武斷（然康氏之疑古處，尚多精當。）與當時之我，已大不合。他後來勸我做一種關於《春秋》的書，吾竟雖為他做了一本《春秋研究》；然一點意旨也不秉承他，他見及，當然又再來了一個不滿意，也許他竟會說出“孺子真不可教”的話來。但他總未嘗敢稍不理我，並且像頗重視我的樣子。若說起我不能表同情於他的地方，那是非常之多；顧其中尤以他告訴我那個“先信後學”的要訣，最未便聆教。吾曾在《京中師友商榷錄》裏私評他道：

陳先生每教人以“先信後學”為最要之訣；然尚思反以為：**不如先學後信**。先學後信者，不論對於何種學說，皆可通用，若終有所信，所信亦必真也（是者）。至於先信後學一說，蓋無非欲以信孔之士，而力勸人之從其信孔也。如一誤用於他，則反為己敵矣。此如墨徒信墨，道徒信老，既信老墨，甯不非孔？陳先生其亦有見及此點否？

又從而痛論道：

吾嘗以為：“**思想盡量發表，世人持平選擇**。”故對於研究學問，亦主張公開。**公開研究，方有進益之可言**。不然，假如有人極信孔子，以為無一非處；信墨子者亦謂墨說盡是，信老子者亦為老說盡是，佛徒對佛，耶徒對耶，莫不皆然；果由各接近者所談而觀，是奚異於謂世上所有學說，無一可非者乎？既不敢少加批評矣，尚有學術進步之可言哉？不亦終古如斯乎？是皆過信之失也！

吾既入孔大研究科；同時又帶吾的《孔哲真面目》一書交給北京大學的研究所國學門去審查，結果合格，是吾的由壞的私的研究院轉學到好的國學研究院的目的，又算達到了。其後該所（京師大學校國學研究館時代）導師如梅光羲、李翊灼、江瀚諸先生，都很愛我，極力誘掖。江先生雖也是很崇拜孔子的人，但總比陳先生妥當些。至於梅、李二先生，却多是研究佛學的，承二先生的好意，叫我去跟着研究佛學，可惜我此時以為：對於中國思想方面，還未完全弄清楚；如何抽得工夫，再去作佛學之研究呢？所以結果，只能於通信，或互相往來時，在口頭上問問談談吧了（多屈梅先生親來就我）。現在請節錄梅先生的二張信於此，藉以一見其情形：

蔡先生大鑒：京中聆教，幸甚！快甚！別後正深馳念；今奉大示，有同良覿，殊可樂也！尊意將於孔、老、釋、耶、回五教之書，皆加研究，宏願毅力，至為可欽。弟擬請兄於五教中，先研究佛教；而於佛教之各宗中，先研究唯識宗，蓋此宗是玄奘法師，留學印度十八年之久，所學得者故也。……（十七年三月抄）

……今日又奉到大示，敬悉一切，並承惠賜大著序文一篇，過承獎譽，感甚慚甚！**大著文氣極似韓文公**，足見兄於文學造詣極深，至堪欽佩也。兄對於佛學發心研究，弟亦具有同心，以後我儕即為同參同志，如此有緣相逢，其為愉快，曷其有極！將來無論何時，如承下問，弟苟有所知，自當貢其愚見，以備參考可也。……（同上）

……大著《孔子人生觀及其哲學》一書，集古今眾說之大成，發前人所未發，至理名言，實堪欽佩。……弟……以“**集眾說之大成**”六字以為題詞。……（五月初）

關於前節裏所說有意研究五家之書，除孔、老吾已有較深的探討外；即若耶、回，亦似容易研究；惟有佛學，真可令人視為畏途。吾今只是個有志而未逮之人吧了。俟有機會，自當副望。關於中節裏所說文氣極似韓文公，記得從前——十七年五月十四十五十九等日——北平《世界日報·附刊》徵求古文，吾曾把在“古文熱”的中學時代所作的《古文稿》中選出數篇應徵，結果篇篇都見發表，而該刊主筆張恨水君，也曾評吾《留別二康序》一文道：“吾知此君研究韓文有年矣。”但到底有沒有像韓文，在這當局的我，實尚不自知道；如說吾與韓文有關係，這自是屬實的。因吾少時既專研所謂古文，而其中尤酷好韓文；他如《史記》、《莊子》，吾也恨[1]愛牠。因此在中學時代的鄭校長（詳前），也曾評吾的《陳玄傳》道：“可以列入史漢中”。（？）這類評語，都是獎得太過，使我羞得要死。關於後節裏所說《孔哲真面目》一書的怎樣好，其實該書只是專門整理，尚談不上有什麼發明。據上三節，已可看出梅先生對我的好到極點了！至《孔哲真面目》一書，吾現在可以插述數語的，就是在本年——十九——夏初，太虛法師在廈門大學講演佛學，因在該校圖書館中閱及吾書，而竟給他的弟子虞德

[1] 此處據上下文意，當做“很”。——編者註

元君一書，略說：

蔡尚思君所著《孔子哲學之真面目》一書，對於孔子哲學方面，其“真面目”三字，可謂確當；至其對於佛學，則尚屬門外漢。（此其大意，原文已失。）

因這個時候，吾尚在大夏大學教授“儒家哲學”，而虞君亦選修吾講授的“道德哲學”，故太虛法師特托其轉贈吾一本《演講錄》，吾於是便有下面的一段話：

吾對於佛學，雖無研究；但却有一點小意見，吾以為今人之研究佛學者，如章太炎、梁漱溟等，曾認佛氏為厭世，是以小乘代表佛學者；若今太虛法師，則以改造社會為佛氏之目的，至於厭世只是佛之手段，此似乎是以大乘代表佛學者；佛學中之有大乘小乘，以余瞎按：或頗類於儒經《禮運》中之有大同小康二說。太虛以大乘代表佛學，亦猶康派以大同代表孔子，是否有當，在我誠不敢知。拙著《孔子哲學之真面目》一書，既以孔子哲學為名，吾的自信，自亦以孔子一部為限；至於其中一二句涉及佛學之處，自問實屬門外漢，可盡行取消。

不久太虛法師來滬，吾與晤談，他對我說：

君係為講孔子而講孔子，而非為人世著想者。

吾却認這句話——為講孔子而講孔子，講孔子即吾之目的——反可以見出吾治學的態度。而大夏大學同事孫德謙先生，也曾親對吾說：

大著編排得很有次序，一般人都說是怎樣的好；但在我看來，對於自己的意見，未免太少吧！

吾因答道：吾是用純粹的客觀態度去整理牠的。他因又回答我道：

著書不論要怎樣客觀，但至少也要帶許多自己的色彩，以表示其特別的精神，使人家知道此書乃吾所作者。

但我認他這話，實在有點不妥當，如果要真的照這個態度去研究牠，勢將如梁任公先生所說：

……自漢以來，號稱行孔教二千餘年於茲矣，……各自以為孔教，而排斥他人以為非孔教……寖假而孔子變為董江都、何邵公矣，寖假而孔子變為馬季長、鄭康成矣，寖假而孔子變為韓退之、歐陽永叔矣，寖假而孔子變為程伊川、朱晦庵矣，寖假而孔子變為陸象山、王陽明矣，寖假而孔子變為顧亭林、戴東原矣。……（《新民叢報》）

……以清儒論：顏元幾於墨矣，而必自謂出孔子；戴震全屬西洋思想，而必自謂出孔子；康有為之大同，空前創獲，而必自謂出孔子。……（《清代學術概論》）

如果成了這個局面，豈不是更糟糕嗎？在我的主旨，曾在北平時致諸師友一書中言及之：

……蓋近來之研究孔子哲學之人最多，而又各異其說，尚思之治孔學，**以得其真面目為目的者也。在其心中，絕不先存意見以進退之**，故先採中外所言之是者，以證其為真；而出古今所說之非者，以見其為妄；再於古今中外，他人所說之外，補以已所心得，而確有見之言，以為定案，使其真相重見於今。……（《師友商榷錄》通信代序》）

當我初到北京，自已研究的時候，曾得兩位最有益於我的師友（亦師亦友，故曰師友），這就是大名鼎鼎而已相繼逝世的王國維、梁啟超二先生了。王先生的誘掖我，是在文章或經史方面；至於梁先生呢，却多在思想上。王先生來書評我在中學時代所作的《古文稿》道：

尚思仁兄足下：前日枉顧，便知足下志趣不凡。昨日接手書，並讀文稿，如陳玄傳等，具有思致筆力，亦能達其所欲言。甚為欣喜！年少力富……他日學問日益，文字日富。……（下略）

這是他在十四年九月間由清華研究院寄給我的一張且褒且勉的

信。他又曾教我去溫舊書的次序道：

至讀經一事，弟意可先讀《毛詩註疏》，參攷《說文》段註，及《經義述聞》，再及《禮疏》，或《書疏》。否則，精讀《史記》、《漢書》亦佳。……

但如經史及文章方面，我雖尚欲研究；不過已漸覺得不歡喜。而當時最歡喜的，却是作思想上的探討。於是便因研究孔子，再及老墨諸子；復由孔、老、墨諸子，再去略看佛、耶、回各教的大意。既略知孔、老、墨、佛耶回諸大思想家的宗旨，復加以我個人的考慮，結果便覺得他們雖然有好的；但其壞的，也正不少呢。於是遂更進一步，而作一本“自家思想”，亦直名為“尚思思想”——即《倫理革命》的前身或胎兒——這在我是隨便寫出的；不料竟給梁任公先生看見，他便來書極力獎勵道：

蔡君鑒：大稿暇讀，具見**精思覃究，可以成一家言**……

我於無意中，得這幾句話，除大喜過望外，還覺得梁先生比教我一生還強哩。我於是膽子便大起來，想把該書的內容，再為充實一下，因先做了一篇“世人別號解”，裏面說的大多是關於一種注重世界人類共同公平的主張，而對於儒家的個人各異的五倫，把牠改為**世界人類共同的十親，十親便是父母、兄姊、夫婦、弟妹、子女**。但此時只有最後目的，而無經過辦法。然在李證剛先生一看到，便很老實地告訴我說：“請將其辭，再改為渾融些，為的是避免引起大家的詬爭。”他看了這文以後，不知於何日即以“**成一個新的孔子**”一句話來丁甯勉勵我，並且說：“**如言孔子之言，行孔子之行，既有孔子在前，就用不着你了**。”（李先生並不少非孔子。）但我聽了這話之後，不但未把原文改成渾融，且更想就原文擴大篇幅。當十七年北京大學改組為京師大學校，江叔海先生任文科學長，嗣又兼代校長，曾欲使我講授“孔子哲學”。然吾第一因自去北京，從未回過家；第二又因政局突變，學校亦大受其應響。故於夏尾，回去福建德化原籍，約三個月餘，始來南京；不料因閩南匪亂，竟到得太遲，以致不及應學校之聘約，於是遂在南京窮困一年，而吾因乘這個有閒工夫的機會，大編著起吾的書(？)來了。關於整理舊學方面的，有《三大思想之比觀》,《周易哲學》等；關於自家思想方面的，如《倫理革命》——原名《大人倫觀》，亦名《徹底革命》——一書，便是完成於是時的。

談到這裏，吾非把吾從來的境遇，約略插述於此不可。吾家原是一個名富而實貧，或古富而今貧的大家庭（此所謂富，只是小貧），然在從前太平的時代，尚可安然過度，所以吾父石海先生，才肯給吾去永春入中學。本來就吾家的產業來說，實在是不能再給我去升學了；加以一般井底蛙似的邑中父老，又妄以我為賢；而吾父也自以為在德化的社會上，立得住足了。只因吾屢上書於吾父，以為：“既不能再求學，不如一死了之。”又再面請他道：“**吾願節食縮衣，忍飢耐寒**，未悉大人尚肯俯允我否？”於是遂半推半就，不允亦允地獨自一人作初次之出外，到北京去。家中本來就沒有什麼錢了，加以不幸得很：在廢歷十四年的除夕，吾父就被所謂本地軍不用理由的綁入深山去酷刑，歷時四個月，才以將近二千元之欵子去贖出。而當此期中，吾在北京只借到三十餘元來維持生活，差不多一月只用十元，這真是吾出門的第一次大苦了。家產既像被水洗到光光；就是家中能匯一點錢，朋友肯借我一點，究竟也是很有限的。但吾雖自知袋中存錢不多，或已“空空如也”；只因書籍給我看見，至少如不講[1]置一二部，吾總是不能寢食的。所以每年雖只花二百餘元，但買書起碼是百元，以至佔其半數。幸得自己雖無錢買書，但京中却很多大圖書館，就是琉璃廠一

❶ “講”當做“購”。——編者註

帶也可去翻翻，聊以過癮。吾因為無錢，只得買有光紙小字本的書，而又常常到半夜以後，還不想睡覺，於是眼就近視了；就是其他如胸腦等部，也多病痛不堪了。吾雖明知運動的好處，但誰也無法使吾去實行。因為吾的癖性，對於比較高興的書，總是一到手，就要把他一氣看完的。連寢食與要辦的事，有時也不免忘記（？）。因此便有人同吾開玩笑，說吾有點像個書痴子。但吾自已想：如沒有帶了一點痴或嗜，那就恐怕終於無所心得了。吾對於讀書的嗜好，是同人家相反的：像那小說一類，最是一般青年學子所不忍或離其身邊的；而吾卻從少就喜歡讀一般古今賢士哲人的傳記，尤注意其嘉言懿行，而關於一般人生思想的書籍，也是吾所最喜歡讀的。若談到小說，那就不論是舊的或是新的，照實的說，總是看得很少的。至於嫖賭烟酒，自吾生到今，也是尚未少與接近的。吾就是因為如此，所以一般人說吾的生活，是再乾燥無味沒有的，甚至駡吾是個傻東西（但有的却反而半帶譏笑叫我做蔡聖人）。但在吾看來，總不以為然：論傻也許我不如他們，論樂也許他們不如我，談到寂寞單調嗎，在吾斗室中，有古今中外的名人一大堆，難道這般浪蕩子或交際家，也有像吾這樣多的朋友嗎？故吾曾與友人書云：“據我親歷：**讀書如有心得，固足自慰；著書忽得妙解，自慰更大**；讀書著書，僕誠樂之！以正當之娛樂，為美滿之安慰，勝於嫖賭烟酒遠矣。”（致翁君書）吾既外輕，自要內重，故如我雖也同人家一樣的跑路吃飯，甚至做任何的事；**但同時却兼有內部工作，這內部工作就是指用腦**。且我常認雖至一草一木之微，也有研究之價值，**故不論對於什麼，吾都要加以思索。又吾每看見世間一般可憐的事情，常常在不自覺中，會同他表同情**，頗像古人所謂：“人憂亦憂，人喜亦喜”的樣子。但我在未出來社會做事以前，因為家務世事，都用不着我去辦理，雖然也經過了好幾次的在外絕糧，但尚認人生在世，是還過得去的。所以大做理想，以為將來到社會上去，起碼總無衣食之虞；不料初到了南京，便感覺到謀餬口的困難。計自出外以來，每至窮困時，總是量存為用的：例如身中存多少錢，要維持到多少天，一食數角或幾分，甚至於由一日三餐而縮至二頓或一頓，而吾總是安然過去，人家無從知道我的。說起來，真是再可憐沒有！但吾自生至今，終尚未有一次餓死，此刻猶可在此寫文章，還算徼幸得很；最使我難過的，就是每據報上，或親見：一般因失業（其中有吾的有資格有學問有人格的師友）與失戀的人，往往因為絕望而出於自殺；加以各地連年戰爭，殺人如麻，此等慘狀，不但目不忍睹，連耳也不忍聞。我因此便天天自要想出一個好法子，以便根本解決這個世界的人類，結果遂想到，便寫出；甚至中夜起坐，連夜不眠，因在十七年十一月左右做成了一部《倫理革命》（亦名徹底革命），略駁孔、老、墨、佛、耶、回諸大思想家的宗旨（？）；尤其是對於孔子，更大加評擊（？）。此外在近人方面如康有為之大同，張兢生之美的社會，劉仁航之坤化主義等，亦皆分別去批評牠，其主旨名為“大人倫觀”，其施行辦法，**是由“公人”而“同利”，以至“平權”；其最後目的，就是達到“地球一家無地非家；人類十親，無人非親”。欲為人生最大問題如欲性、產業、權位等的總解決；而使古來一切有名主義如仁愛、和平、世界、大同、無政府、脫臭皮囊**（即佛教的厭世）**等皆歸屬**（言皆不出其範圍外）。蓋**吾認此世間千般萬般，一切問題，皆在人類或人的本身上，所以如要使這個世界徹底和平或太平，那就唯有從“公人”**（凡人皆公，公由混來。）**一個辦法入手。如人一公，那就什麼糾紛也沒有了。如其不然，改來革去，終屬於“末”，相差無幾。但要知道：這個解決人世的最後辦法，乃一切理想中的理想**，固然不能武斷的說他不能實現；但其期如非在乎世界人類快完之際（？）；起碼也要幾千百年。其在此刻，不妨當作笑談，大家預先知道而已。乃自該書被友人看見起，至於近來正式出版止，便得一般人對我大評而特評了：**愛我者說是自古以來所未有的大道真理，或認我是個新孔子、新釋迦**（及“人世導師”、“哲學博士”等）；**而恨我者，却竟目為破天荒的邪說異端**惟較少數。但吾總覺得：愛我者，未免太愛；而恨我的，也未免太恨了；恐怕都非確當之言（？）。我所希望於大家的，就是**不論認吾說為好與壞，都要說出其所以好與所以壞的理由來**；如其不然，那就：說好的未必是好，說壞的未必是壞，簡直可以認為感情作用，或意見之爭了。吾著那書，當時竊自比於中國的前哲，如司馬遷說：

蓋西伯拘而演《周易》，仲尼厄而作《春秋》，屈原放逐，乃賦《離騷》；左丘失明，厥有《國語》；孫子髕腳，兵法修列；不韋遷蜀，世傳《呂覽》；韓非囚秦，《說難》、《孤憤》；《詩三百篇》，大氐賢聖發憤之所為作也；此人皆意有所鬱結，不得通其道，故述往事，思來者。（《漢書·司馬遷傳》）

因為如沒有當時的痛苦，實在無法完成吾所久懷未發之思想。這也就是孟子所謂“生於憂患”。不觀好些膏粱子弟嗎？便多反如所謂“死於安樂”了！如照這樣看來，我自今而後，還是多多痛苦好。（但又不能，詳在下篇。）吾又敢竊比於印度的大教主，如佛經上說：

太子出遊，看諸耕人，赤體辛勤，被日炙背，塵土坌身，喘呷汗流，牛縻犁端，時時捶掣，犁隔研領，鞅繩勒咽，血出下流，傷破皮肉，犁揚土撥之下，皆有蟲出，人犁過後，諸鳥雀競飛，吞啄取食，太子見已，生大憂愁，思念諸眾生等，有如是事。

吾如無親見一般喪親（上自父母，中歷兄姊夫婦弟妹，下至子女）者，失業者，爭權奪利者，殺人劫物者，……恐怕吾的“大人倫觀”（《倫理革命》）就永無產生的希望了。吾曾自想：在吾一身恐怕沒有什麼出息，其在思想上有點特色的，或者就在這一部書吧。所以當時以為有了這書，也就好像世俗人的既有兒子，死就瞑目了。吾在《倫理革命》一書中曾有“重新估價唯一標準之新觀念真道德大事業”一文說道：

自古及今，白黑不辨，是非顛倒，陳陳相因，人苦世亂，已達極點。……尼采曰：“現今時代，乃一重新估定價值時代。”重新估定，此舉是已。……

又曾答那般斥吾為叛教反古的人道：

……若以叛教之罪名相加，則吾承受之可也；不亦可也。**惟理是視，何所謂叛？盲從其說，豈足言忠？**是人之忠未必忠，而吾之叛未必叛也。且吾以為：與其犯人類公敵之嫌疑，毋寧犯叛教之罪惡，以關係一教事小，而關係人類事大故也。且夫不有婆羅門之極不平等也，何以有釋迦牟尼之佛教哉？不有舊天主教之不近人情也，何以有路德之新基督教哉？《史記》謂：孔子問禮於老子，然孔子竟反非老；《淮南子》謂：墨子受孔子之術，然墨子終反非孔；如不非老，則無儒學；如不反孔，則無墨教；吾今之於孔教，亦若是而已。……

但吾其時雖不滿意孔子，却也最感謝孔子，如吾之“大人倫觀”說，也是就孔子的“小人倫觀”說加以增刪而擴大的，吾終自述前此思想變遷之經過道：

最後所當鄭重聲明者：在第一時期，吾未出家門時（福建），為一極端崇拜孔子之人，曾草有《忠恕》（仿《中庸》體）一稿。……在第二時期，吾北上後（北京），遂變極端崇拜之心，而持不即不離，不贊成不反對之態度，《孔子哲學之真面目》一稿，即吾研究孔子之結果，而可為此時期之代表作品，祇有說明，絕不批評，然猶善感多於惡感（？）；嗣後則惡感漸進，而善感漸退。在第三時期，吾南旋後，（來南京時）於是遂與吳虞諸先生，取一致態度，而為一極端排斥孔子之人（？）。破壞既達極點（？），而吾久懷未發之自家思想，於是遂不能不建設成立。本稿（《倫理革命》）之專以批評他人學說，以成立自家思想為事；與前書（《孔哲真面目》）之專以消滅自己意見，而研究他人學說為事；雖似相離，實則相須。**蓋吾對於孔子，攻其所當攻**（今），**愛其所可愛**（昔）……

但關於《倫理革命》一書，吾師孑民先生也曾給我一封信，現在把牠節錄於此：

尚思兄鑒：大著《倫理革命》，弟……日內再加翻閱，覺得此等主張，在弟等雖不至駭怪；而……當局將有以為此等極左之主張，未便與血氣未定之青年道之者。……特此聲明，並祝

日綏！

弟元培敬啟　廿六日

吾的覆信，現在也節錄於此，**當作前此思想之結束**：

宗師左右：……關於下作《倫理革命》一書，其中大意係生在前受吳稚暉（《一個新信仰之宇宙觀及其人生觀》）、吳虞（《吳虞文錄》）、康有為（《大同書》）、譚嗣同（《仁學》）諸人之應響，雖明知其能引起世人之誤會；然當時以為既曾作此理想談，實亦無妨將其發表出來。果也書一出版，即有友人，略為批評，約有兩說：一說以為真理，一說以為邪說。而生近來亦漸有悔意，以為在我**不論任何激烈黨與頑固派，皆未嘗與之關係或接近**，今為避免誤會起見，願將該書聲明作廢。

又生自該書出版後，思想已與前不同，**因以前專重最後之理想**，現在較重眼前之事實。……生自今而後，如生活稍安定，除純粹整理國故外，尚擬多用力於歐洲各國文字；至如《倫理革命》一書中所談

者……在生方面，當作在某一時期曾有此種觀念可矣。

生少時宗儒家而斥諸子，繼則平視儒家與諸子，終則抑儒家而揚諸子（?），或並否認一切（?）。而今則又注重研究實學，而不喜再空談一切矣。如《倫理革命》一書，……書中到處聲明：謂所理想者，如有實現之期，亦將近天地末日；如以今日而行此空談，真破天荒之悖謬矣！蓋生嘗以為："吾身不能出此現實世之外，故論行為，無妨隨時從俗(?)；**吾腦能往古來今，四方上下，故論思想，無妨趨新出奇**。如不隨時從俗，將不見容於人，是以行為，不得不舊；（?）**既不滿意於現在，自必理想於將來，是以思想，不得不新**。吾之行為，此時之行為也；**吾之思想，後世之思想也**。"故生在思想方面，雖在前後，曾有不同；至於行為方面，則至今仍受儒家之應響。每觀現代一部分青年人，或**染有嫖賭、烟酒之嗜好，或妄作殺人放火之舉動，真如孔子所云："是吾憂也！"**

……操筆亂草，容有錯誤……專此奉復，並祝

道安！

弟子尚思謹稟

孑民先生又親告訴我說：在吾人觀之，並不要緊；怕給青年們看見，或較不便而已。但看過各書的青年們，實亦很能了解吾的意思，已經有很多人來同我談商了！統計起來，大都是說："大作在理論方面，真是無隙可攻；那個新奇思想，已經告大成功；在一般理想中，不愧王中之王。不過吾們在他方面也覺得：是很不合於現在的事實。甚願本先生的精思，再找出一種較適宜於目前過渡時代的辦法來，以與這最後的理想相對，這種大功大德，就真無量無邊了。"（節某君書）吾往往向一般類似說出這話的人解答道："以此刻論，若孫先生的"三民

主義”，不論何人，皆難與為比，現在為**‘國民革命’時代**，實最適用“三民主義”，吾們應該極力去實行牠。（吾前在北平編有“三民要旨”一書）至於吾的“大人倫觀”，則在最後的“人世革命”時代，去今遙遙無期，止於可知而不可行。”一般學者常以那話來問我，而我也常以這話去答他；結果呢，雙方都認為滿意，而告一庭談判終結了！

最近因受種種刺戟，已不喜歡談此問題（古今中外，所有一切，多是相對，不必多言。），**甚至其他，也無心談過去之我，大概如此，特詳述之，用作紀念。**

下半篇

吾在上面，既將我自八九歲入私塾起，至於十七年——二十三足歲——把自己的思想發表出來止，十幾年來的情狀，約略的說一說，現在可以進一步說到本書——《中國學術大綱》——來了；而社會和吾個人的近狀，也可以乘此機會夾述了一點。

關於本書，想大家所要問我的是：（1）吾平日對於整理他人的書，不是抱絕對的客觀態度嗎？為什麼現在本書裏，竟有許多自己的見解，而很喜歡批評人家呢？（2）吾平日是主張分門別類，去作精細的研究的；為什麼現在自己反要做出一部非常籠統的《中國學術大綱》來呢？關於這二點，讓我分別解答在下面：

關於第一點，吾從前曾說：

夫書之著，大氐有二：在古名之為“述”為“作”，於今謂之為整理（或曰說明）為發明（或曰創作）。若自有見解，儘可自為專書，此固無妨專以批評他人之言論而成立己說為能事；若欲為古人傳達意旨，表明態度，則自當以說明為主。——梁任公先生謂“批評愈少愈妙”，蓋有見之言也。何則？述學之重大責任，**惟在乎使前人之學說重見於今，今世之人賴以明其真相**……（《孔哲真面目序論》）

吾本來的述學，真是純粹的說明；而後來呢？只因那本《孔哲真面目》被責於孫德謙同事，他說我太無主觀——但吾那書，雖無主觀；卻用了一種極有次序的方法去編述牠——不但吾書被嫌於人；而吾後來又因見及某位所謂學問家的許多著作，而讀者多說他是個抄書大家（但他雖是個抄書大家，而各大書局裏却很多他的著作。）吾為了這個原故，所以在本書里便加入了許多的新見解了。但是那知結果，又有些人反而說我對於國學的分類，太有主觀？甚至書局方面，也頗欲叫我把經的分類那一段話，加以廢棄或改正，前者是說："中國學術，究竟是不是這樣分法？尚屬問題。”吾却以為：

如吾現在就其大要，而分國學為字法學（文字學與文法學）或文字學，文藝學（文學美術）或文學，史地學或史學，哲理學（哲學科學）或哲學等，就使尚未盡對；但至少總比那幾千年來的分國學為經史子集四庫，對得很多（詳見本書）；就是比之近代大學問家的梁任公先生之分類，也强一點。梁氏在《清代學術概論·第二自序》裏說："久抱著《中國學術史》之志，……其一先秦學術，其二兩漢六朝經學，及魏晉玄學，其三隋唐佛學，其四宋明理學，其五則清學也。”這裏面只有經學、玄學、佛學、理學等，而不兼顧及文學史學等；難道文學、史學，就不是“中國學術”中的幾個重要分子麼（或看法異）？其名雖為廣大悉備的“中國學術史”，其實只是“中國哲學思想史”那一部分；然而今人何以半個敢說他不對也沒有？（其書有一部分已在商務印書館出版）這真使我百思莫解了！

後者據說：他的理由是怕我將來給人家攻擊。我竟却很乾脆的回答他：

如要使我把經的分類一節廢棄，那吾簡直就要並把吾全書丟去了。吾最怕的是：人家不要攻擊我；如要攻擊我，那我就再歡喜不過了。如什麼事情都要秉承人家的意旨，**那麼世間有了人家就夠了，何必再來一個我呢**？吾正要借這本書去同一般學者商榷，以便將來的完成，那能因此而使我前途失望呢？

批評吾書的，這是一部分的人。還有一部分的人，却很表同情於我，如我在未動筆之前，曾先徵求過蔡孑民先生的同意，等做好了，再把大綱目給他一看，他又認為“有新見解”（介紹）。就是那位很信奉孔學的林文慶先生，我最近在廈大對他談及，不料他也極表同意於我。此外凡頭腦清楚一點者，都以吾的見解為然。不過當我的初稿給我一位老先生看時，他就叫我把初稿的目錄中三章有題無文的目錄刪去，我說：“給他保留也不要緊，如梁啟超的《中國學術思想變遷史》那一本書，不也是有很多題已擬而文未做的嗎？”他竟便含笑而又很老實的對吾說：“梁啟超是梁啟超，他就是全書只有目錄而無文章，人家也是很歡迎的，可惜吾們不如梁啟超呢！”我因聽此一言，便生出無限感想來了！以為在現在的世界，只要出名，如名一出，就可騙人（壞一點的靠名為惡作毒，好一點的靠名吃飯賺錢）。但是我們要知道：一般名人，**其為名人雖是一樣；至其所以成為名人，那就各有不同了**：除了一部分真有學問的人以外；其餘多是靠勢，或靠利，或靠他人介紹，或靠自己活動……得來的。例如做大官，報紙上天天載着，其名便非常之出；有錢人，天天在報紙上亂吹，也可出名；以及有人替他介紹，和自己會大活動……等等。就是學問真好的人，也要靠點勢利，與介紹，或活動，才能大出其名（？）。但這尚不如一般學問不好，而有大勢，大利，有人力為介紹，與自己會大活動的人的名之出。遠如老子不如孔子出名，近如王靜安不如梁任公出名（？），這便是與勢做官和活動有點關係的一個例子。再如有一部分的教員，比一部分校長的學問好；但是校長的名聲却比教員出。在學校的學者，有的學問比一部分辦教育行政的長官好；但如談到名聲，那就遠出其下了。我們且不必再去論一般僥倖出名的；就是那般真有學問的人，起先雖是實至名歸；及其後來，也往往因出來活動，名聲一出，求之者眾，以致學問，日益荒蕪。所以在前，固然是"實至名歸"的；在後却反而為"名出實喪"了。吾因此甚願一般書局，都不要專問其名，而不顧及其實。況名又不是生下就帶來的嗎？如不先經無名，何從至於有名？所以對那般無名小卒的著作，還是要同名人的名著，同他注意一下；而不要如現在的書局，對名人之書，不用審查，即可出版；非名人之書，不肯審查，即予退回（此系一般友人告訴我者）。吾更敢進而告訴一般學子道："**凡著作在乎真好非真好，不在乎出名未出名**，未出名者，也有很好的；已出名者，也有不好的。所以我們不必先問那一本書是那裏出版，和什麼人著的；只要把那本書先讀一下，再去估定他。"吾從前有一段話，現在可把牠引來於此：

比來有見及此，故對於古今中外所有議論："眾好之，必察焉；眾惡之，必察焉。"（所謂名人至論，均未便即輕從。）人雖以之為"非"；然吾以為雖"非"之中，即有"是"者，亦未可知。人雖以之為"是"，然吾以為雖"是"之中，即有"非"者，亦難斷否。（《孔哲真面目序論》）

就使其為真智真愚，而古人亦說："智者千慮，必有一失；愚者千慮，必有一得。"這就是吾與眾不同的唯一看書法。至於一般世俗人呢？可就適得其反了：凡是名人作的，就是好的；凡是非名人作的，就是不好的。**這簡直是要名而不要好**。吾以為：這種勢利化的眼光，總是很有毛病的：例如近年逝世的梁任公先生，他的學問非常好，而其名聲也非常大；但他在他所自認為生平第一大著作——代表他的——的《先秦政治思想史》，其對於為先秦四大學派中代表法家的韓非子，竟反而說他是個反對術治勢治的（詳見本書“中國哲學”韓非子；彼尚有他失，見“子學之分類”）。這真是笑話！好像比初學的人，還不懂得看書的樣子。吾今不過舉此一說，以見其他之說；舉此一人，以見其他之人吧了。其實這種例子，真是舉不勝舉呢。在這位名稱其實的梁先生的代表著作裏，尚且這樣弄錯；至於他書別人，更可不用說及了。如必要像一般俗人的因久仰其人而盡信其書；那麼像梁先生的誤述韓非子的主義，難道我們也要恭恭敬敬的完全接受他嗎？而數千年來的一般儒家信徒的信奉經傳，實在也是犯了這個毛病的。這是書方面。至於世俗人的看人，也是非常勢利化的：比方在一個學校裏，據一位同事，和幾位同學來說：如以校長或主任而兼教員之人，就使有很不好的，而在一般學生也比較怕他，或竟默無一言；至於其他不兼要職的教員，不但飯桶的要滾蛋，就是很好的教員，學生有時也要同他搗亂（？）。這簡直是勢治主義或拜勢主義，而不是能治主義或拜能主義了。極力主張勢治的韓非，也有與此同樣的論調：“仲尼天下聖人也，……海內說其仁，美其義，而為服役者七十人；……魯哀公下主也，南面君國，境內之民，莫敢不臣；……故仲尼反為臣，而哀公顧為君。……故以義則仲尼不服於哀公，乘勢則哀公臣仲尼。”《五蠹》在我卻以為：**不要管他所任的職高不高，而專看他教的辦的好不好**；如不好，就是主要人物也可去；如好，就是在普通地位的也要留。定要如此，才算得是。

看人看書，吾雖已說了一大堆的話；但是那個好不好的標準，似乎也有一說之必要。比方對那般唯物論者，你如給他一本唯心論的書，就使很好，他也一定評為不好；反之，如給他一本唯物論的書，就使不好，他也一定評為很好。他如看一般美人，那種剛美者，自然合於有剛美眼光者，而不合於有柔美眼光者；……像這一類，**只是意見的合不合，而不能即認做價值上的好不好**。但這也許有好不好之可言，不過是個比較的好不好吧了。吾對此以為：**最好就是我們能用旁觀者，或中人的眼光去觀察或批評他，庶免像那般局中人之欲自知其過而不可得**。

上面因此及彼，說到滔滔不竭，現在要回頭去接上文了。我剛才不是說過嗎："如什麼事情，都要秉承人家的意旨。那麼世間有了人家就夠了；何必再來一個我呢？"但同時却要知道：我並不是喜新好奇，或妄言瞎說，其所與人家不同的見解，至少也有相當的理由。關於吾在本書的見解，業已另詳在前序及書中，恕吾現在不再重說。(吾平日是**主張要說的話，和要做的書，至少要和普通有點不同**；如其不然，那就用不著我們來再說了。因為有一大堆古人，或現在的他人在着，大家儘可去請教他。但同時却教人道："**非真無理勿發言，違公背道勿下筆**。"(但是有新見解的書，總大多數是給大家討厭的，因為那一般人的老巢，都給人家弄破了；尤其是在思想上有所主張者，政府甚至會以法令去禁止牠。但據我想：**思想上的發明，實也和那物質上的發明，同一重要**；你如說思想上的發明（如學說主義等），有時會妨礙國家的治安；但却也有福利人世的：或利在當時而害及後世，或反於少數而合於眾人。正同物質上的發明一樣：如槍礮在官軍用之，可以平匪賊；但有時匪賊也可用以害人民。即如舟車之類，似乎可以算做有利而無弊者了；但是有時下沉出軌，也會傷害人，還不是利中帶弊麼？而在現在的世界，總是科學上的發明，儘可去大提倡；至於哲學上或政治上的發明，簡直不准出現。**退一步來說，就是同為著作，其中也有分別**：如屬於整理學術方面的，學者（？）和書局多是很歡迎的；至於創作思想方面的，那就怕牠像老虎了！就使要送他，也是不要的（？）。不知創作比整理，還難能而可貴呢。例如戴震的《孟子字義正疏》，是他在思想上有所建樹的，但在當時，却無人道及；至其關於小學考證的各書，那就多有傳受了。又如康有為的《大同書》，是他在思想上的創作，但却至今尚有一部分未曾發表過；至於其他關於整理古學的各書，那就早已風行了。**我們更退一步來說吧：就是同為整理方面的書籍，却也有個分別**：如康有為的《新學偽經考》，因力言《周禮》、《逸禮》、《左傳》及《詩毛傳》等，皆新朝劉歆所偽作，而非出於古，以致出版才一年，即遭清庭之燬。最近又聞顧君在某大書館出版一本小學校的歷史教科書（？），因其中力言無禹，而某要人見之，亦即令其停版。至於一般"人云亦云"，"老生常談"之書，那就不論上下，都皆歡迎了。這簡直是要使大家把一般古書轉抄一下就夠了；絕對不能稍有一點意見的表示。近世各國的政府，雖然不能即許學界思想及言論的絕對自由；但吾們總希望其不久可以漸漸實現。而一般書局因此，雖也不得不謹慎；但吾們却也希望其在可能的範圍內，多印一點有創作性或新見解的書籍。如其不然，**只有舊說，重重疊疊；至於新見，一無所有；恐怕世界文化，就要因此而日衰了**。關於此點，希望大家能注意及之：我最後有兩個請願：就是**著書要多著些有新見解或創作性的書，而少著些"陳陳相因""人云亦云"的書；書局要抱唯好主義，不要抱唯名主義**。

關於第一點，業已講畢；至於第二點呢？大家大概也是由於看見吾從前曾說：總而言之：純以己所優長之學問，或專用其所獨得之方法，以整理古來之書，解釋前人之意，此固研究之唯一妙法；然其致失，亦有不可勝言者：蓋用之於所宜處，則極是；用之於所反處，則殊失。吾見今人，往往爾爾，譬如或以己通於佛學，遂以佛學之眼光，解釋中國之學說；或以己通於西學，遂以西學之眼光，演講中國之學說；**於是乎一則强解中國學有如印度學，一則强解中國學有如歐西學；反是，則必如以西歐人或印度人為主考，而使中國學生赴試，則中國學生終能見取於西歐人或印度人者，吾見亦罕矣**。不如後說，則如前例；不如前例，則如後說。此固非其人有意如此，實不自覺中而然者也。惟吾以為：如能於中國學中之某一部分，有近於印度，而以素精印度學者研究；之以及於中國學中之某一部分有近於歐西，而以素精歐西學者整理之；吾知其必有合也。然亦未可太重用之，如太重用之，恐雖有上乎前此所云者，究亦如五十步與百步之差而已。因此，吾又想試言當今諸學者矣：如梁任公先生對於世界文化，似乎偏袒中國；對於中國思想，似乎傾向儒家；雖其偏袒中國，傾向儒家，然中國、儒家為所見知者，亦往往有之。要如所謂：不失其為中國人乎！胡適之先生通於西學，觀其所解墨學，確乎有所創獲；至於其他，則吾尚未敢評也。因此墨子亦為所好，他家或為所嫌。章太炎先生，所有言論，或解釋諸家，其中尤以老子為所滿意。實亦最能深喻老子之態度也。此亦彼精於佛學，而老子間有近於釋氏之故。又如梁漱溟先生，曾謂適之先生每用“理智”解釋孔子，其言或然；但彼自身，專以“直覺”發揮孔子，亦未盡合。**於此可見以己所好所長之心得，以講其所與相近之學說，則極其妙**——即吾所謂以精西歐學者治墨子，以精印度學者治老子然；**若以己所好所長之心得，以解其所與不相合之學說，恐無一而可**——此如墨子之實利，老子之虛無然：若以“虛無”批評墨子，能不謬乎？或以“實利”觀察老子，亦必非也。計斯二者，厥失惟均，吾人於此，可不少加留意乎？……如前所舉三數人，往往有獨精處……以彼其人之有獨精處，而專任獨精之專史（如胡適之所舉之例：（一）專治一個時代的……（二）專治一個學派的……（三）專講一人的學說的……（四）專講哲學史的一部分的歷

史。……）各獻出其所長，各避免其所失，其最優乎！其最優乎！（《孔哲真面目序論》）

如照上述看來，那麼就是區區的“先秦哲學史”，也非“分工合作”不成了。是的！吾是這樣主張的。記得從前在北平的時候，梅擷芸先生也曾同我討論整理學術的問題，他的主張，也是說：精於某部分之人，即使之專編那一部分之書。例如有的編中國佛學史，或宋明理學史，有的編先秦諸子哲學史，有的編漢清經學史……以至其他一切，均此類推。這麼一來，就不難合成一部中國學術史……了。至其理由，是因為：不論那一個人，其精力總是有限的；兼以一生不過幾十年，而這幾十年的中間，其大半功夫又要用以謀生活，何能弄出大著作來？梅先生這話，可算是有經驗之言。但吾既是個極力主張研究學術的分工合作者；為什麼現在偏要想做那很籠統的“中國學術大綱”呢？唉！關於此點，吾已經常常對人家聲明過了！就是因為大夏大學有個“國學系”，“國學系”中有門“國學大綱”，而這“國學大綱”便是叫我擔任的，既然擔任那種學程，就不得不去編著那種講義了。（尚有“由分而合”之一個必要，須看本書《字文史哲四學之比觀四學之本象》。）好得如吾自已無甚研究的，就去酌採別人家的書籍；如遇沒有什麼好書籍可以酌採時，那吾就給他暫缺（？），以俟將來的完成了。所以這書，簡直是吾在這一時的初稿或引言，來日只要有機會，在吾一生中，總是可以完成的。如其不然，那吾也就只好讓人家去續成，在吾只做一個頭一次的籌備員就算了。談到這裏，我心中不覺來了無限感想，而這個感想不只是關於本人本書的前途；恐怕與中國的學術，和國中的學者，也是很有關係的吧。我們知道世間一切問題，多和經濟那個問題是很有關係的，人生對於衣食等，雖然未至像那草木的多得一分土，就多一分榮茂；魚蝦的多得一點水，就多一點活潑(?);但吾試問:如連生活都不能了;還有心去研究學問嗎?所以**至少吾們也要有至低限度的生活費,才能去作學問上之高深研究**。近代如歐洲各國比較有見及此,政府或能給予學者相當的生活費(?),而社會人士也很看重學者。至於吾國,就不然了:政府對於學者,簡直是不管的;而一般世俗人,也很瞧不起這般學者。惟有一般做官之人,是給彼此歡迎,上下看重的。有勢有利,到處如意。於是一般學者,遂漸漸地向那政界跑去了。那般由教界入政界者,雖然有一部分是生來就很勢利,以做官為大悅的;但也有一部分,實是為貧所驅,不得已而為之者。大家知道做官是名出而利得的,所以一般學者,不堪困苦,結果一個一個都由這裏而跑過那邊了。有的是先學界而後轉入政界,有的是同時一足學界,而一足政界的。至於終身為純粹學者的,雖然做不來,却也不願做,有之也多屬於終身碰壁,而不得不暫時來治學,一俟機會到來,便飛也似的去此而就彼了。據吾所看,往往有在政界不得志,而暫來教界講學;或者是藉講學以揚名,如名一出,便去政界活動了。所以一部分的人的辦學,多不是為辦教育而來,而是暫在此養成勢力,或是為了飯碗的;而一部分著書者,其目的也多不是在乎貢獻於學術界,而是為宣傳一已的名聲,與維持其生活,以作將來活動之預備。這些人的辦學和著書,真是“醉翁之意不在酒”了。以這種的現象,**教育如何辦得有成績?學問如何研究得專精?**真莫怪我國現今的學術和教育,都遠不如歐西各國。至其間的一小部分自願終身為純粹學者的,除了有點錢的,生活比較安定以外;其餘簡直過的是活地獄,可以說是最為吃虧。例如專心研究學問的人,終日讀書或著書,還顧不去;那有工夫去活動或應酬呢?如果天天埋着首,過那學問的生活,那就認識的人不多了;就使有機會,或者也會忘記的。所以愈專心學問的人,愈沒有希望得到地位,其生活最為困苦。重學問者，尚且如此；至於所謂人格，那就更不用說了！現在最給人家討厭的，就要算這有人格的人了。因為有人格的人，往往要譏評世間，看不起一般勢利者，而那般有勢利的王公大人，見之自然非常討厭，甚至要處罰他；那肯給他位置呢？所以人格簡直和地位是反比例的：大多數是人格愈高，地位愈卑；地位愈高，人格愈卑。然而世人却往往反而看重勢利者，而瞧不起那般有人格與學問的人。吾除了憐憫一般有人格和純粹的學者以外；對於那般喜歡活動的人，我也希望他知道：**須有學問，方可活動；而活動又須做有人格的活動**。至那般認"吹牛拍馬"為"必修科"者，簡直是牛馬，而不能算做人。吾們剛才既痛論在上頭的一部分辦學者，名雖說是熱心教育，其實為的是賺錢，或養成潛勢力，這已經非常可鄙；而一般在下面的讀書入校者，又怎麼樣呢？大概也差不多：其名雖是為求真學問而來，其實却也大半是求資格或文憑的。**但這個資格權利，也只是一般有錢人所專享**；至於一般無錢而有天才，或好讀書者，對於這個資格權利，那是絕對沒有希望與享的。記得某大學有一位學生，才欠幾塊錢，請當局暫寬他幾天；而當局怎樣去答覆他呢？他竟厲聲說：既沒有錢，還要讀什麼大學？快點滾出去吧！這個口氣，**真可代表現在一般資本教育家**。**吾又看見現在一般研究學問的人，其目的大半是為了自己的**：例如在一個大學中，關於社會科學一類——尤其是政治學——總是很多人要學的；至於自然科學方面，那就幾乎無人過問了——總比較少一點——這就是因為前者，將來可以混到社會去活動，以便奪取政權（做官）；至於後者，就使研究到很精微，也不過在學校裏教教書，或工廠裏做做工吧了。——但現在也有很多研究自然科學而做大官的，也有研究政治而無官做的，有官無官，實不在乎研究什麼。上頭所說，係比較的。——中國人有了這個念頭，所以向來**比別國多的是官僚政客，比他國少的是科學發明**。再把文與武兩方面來比較一下：文人不論怎樣的好，總是專門站在下面，給人家利用的；至於武人，就使很飯桶，只要有勢力，就可蓋倒一切。我們試看古代像劉邦、朱元璋那般人，難道是很有學問的人麼？然而他們卻做了最大的官（皇帝）；而一般真有學問的文人盡管在下面奉承他。我們既知道：自古及今的元首，不論皇帝總統，都沒有一位是由純粹的學者出身的；再看北平廊房頭條一帶胡同的各大照相館門口掛的大像片，不也是有武人，與獻身政界的文人，而無半個純粹學者插足其間麼？就是報紙也是有官界要人的一舉一動的詳細記載，而無學者的消息；如其有之，也是以前者為主，以後者為附，結果萬不及一。就是一般歷史，也何嘗不是如此？**歷史是過去的報紙，報紙是現在的歷史，這更可見社會上的重武而輕文了**。因此便有人告訴我說："有書不如有槍好。"在這個時代，還要專門想讀書，真是一個大傻子。如照這一般人看來，似乎連書也不必讀了！

我現在要乘這個機會，談到自己身上來了：吾現在雖是個沒有學問的人；**但自問卻很好學，而且很能吃苦**；論好學則學到廢寢忘食，論吃苦則苦到在外絕糧。**而且二者，亦互有關係：在環境方面愈感痛苦，在學問方面愈有心得**。**我的一點心得，大半是由痛苦中得來的**。當正在困苦的時候，吾常會自恨自悔；**等到那個困苦的境遇過去，吾於是便反而自喜自幸起來了**。我因有此種小經驗，便得一個小結論，這就是說：

曾經痛苦之快樂，方為真快樂；未經失敗之成功，究非真成功。成功愈不容易，快樂愈覺深長。與其先樂而後苦，不如先敗而後成。

但吾近來對於向來不願幹的事情，卻一天多一天，而吾的生活，也就從此一天難過一天了。因為吾們既不是個富家翁，如不做事便要餓死，如做起事來又不大高興，雖不高興仍要去做，這已經是很苦了；而世間的一切事情，又不是很容易可以得來的，於是又要努力去謀那不高興做的事情，這真是再苦沒有了。還有一般人誤認我是個很有學問的人，於是如關於做文章出刊物方面，往往要來叫我做幾篇去參加；甚至很多以地位與名聲高於我數倍的人，而竟也要來叫我代做幾篇文章——實出自我，名屬於他——這是在上的一方面的。而在下的一方面呢？如一般學生要升學來叫我作介紹書，要畢業也來叫我介紹事，以及陪人坐談，覆人書信；……此外我尚要做吾自己的生意，**這生意就是看書做文**。而近來身體方面，又偏偏常會不舒服。唉！也不用再說別的，只如剛才所舉的幾個例子，吾已經覺得每天連那吃飯，大小便，睡覺等時間，都是出於萬不得已了！我因為忙不開，而又不肯離書案，於是便沒有功夫去謀事了；再進一步，甚至同我很要好，幾乎像個情人的書案，有時也不得不和她離開了。謀事既不去謀，讀書又不來讀（或做文），事書兩無成，如何是好呢？這二年來，吾是在上海各大學教書的，在未親身經過者，以為一方面既得生活費，而一方面又可以自己著書去教人，兼賣稿費，不是一舉而有數得嗎？但是你要知道：上海是個國中的名區，而一般學者多跑來這裏，於是好像本來只能給一個人吃的一碗飯，而竟去分給數人吃了！吃飯當然還算吃飯；但是已經吃得不飽了。因為上海的大學教授，幾乎完全是兼任——名雖專任，實仍兼任——的，而又皆以時計薪，大概每時總在二元半左右，多至三元四元，少至一元二元，如一時二元半，則一月才十元，就使兼到十時，也不過一百元；如擔任少的，更可不用說了。本來大學教授，鐘點是不能擔任太多的，因為有的要自己編講義，不比中小學的專用現成教科書；而且上海的各大學又不是同在一處，東西南北，甚至坐車要費三四個鐘頭（其間且有兼教京滬各大學者）；因此，如要教得好，鐘點便要少，鐘點少而生活就難以維持了；反之，如要維持生活，那就要在各校多兼一點，多兼可又教得不好，會給人家不滿意。由此看來，**如要學問的生活快樂，則同時在衣食的生活上就要痛苦了**；反之，**如要衣食生活的快樂，則同時在學問的生活上，就要痛苦了；謀衣食與為學問，真是同時不得兩兼的事情**（而學校給人家的薪水既很薄，而又要人家教得很好，這也是一件不易辦到的事情）。上海的一般大學教授，對於兩種的生活，我們只就此一點，已可想見其大概了。為了教書生活太苦，所以人人有機會，便由教界跳進政界去了。但吾却又想起來，**在政界雖可以多享點物質，但同時却不能兼顧學問；在學界雖可以多得點學問，但同時却不能兼享物質**。這雖是相對的，但由一般人去看，終覺後者不如前者；只有少數人，會反說出後者優於前者的話來。要之，人各有志，不必相強。不過在吾的意思，以為對於物質方面，如有了至低限度，也就很夠了；至於學問方面，却多多益善。**以至低的物質，求極精的學問**，這便是吾所理想的生活。一般朋友們，不懂得吾的態度，於是有的叫吾去呂宋賺金（若南洋只賺銀），有的叫吾去活動想做官，說吾實在太苦，苦而不知避，真是傻瓜。但吾却答應道：吾實很樂，而你們不知其樂，這才是真傻瓜呢。吾還有幾個親近的人，只想得勢求利，往往就是其實無位，也要瞞人家說有位；其實無錢，也要瞞人家說有錢；他們誤認無勢無錢，是最可羞恥的；而最光榮的，莫如勢利者。而我却反而以為：**無勢無利，就無惡毒，而很高潔，才真光榮**；而最可羞恥的，反是一般勢利者。如一定以勢利為重，那麼假使現在有一位無惡不作的賊人，本來是給人家看不起的，而一旦袋裏金銀之聲鏘鏘，或做起王公大人來，難道吾們就要馬上拜倒在他的面前麼？這真是再不要臉也沒有了（如古來一般人臣對於其主便是這樣）！吾平日所最慚愧的，是學問不如人；至於勢利，吾倒半點也不欣羨。但吾因用功太過，而又不喜歡運動，以致學日益進（?），體日益弱（?），百病叢集一身，自身的病還未癒，而又接到父親在家病篤之信，等吾趕回德化，已不及一見遺容——死於十月廿七日——加以在幾年前，房屋被焚，產業見破，結果已空如水洗，而一般內地軍，還仍舊的大派其餉，不能如期交欵，動輒擄人打吊，吾家的人，到這個時候，除病的病，死的死以外，其餘皆分散四方，喁喁待哺於我。財散人亡，禍不單行，這真是吾二十五年來所未有的大苦了。最近又因友人翁聯桂君之約，特到南京一行，吾自前年冬天在南京一直住到去年秋天，因到處做事不如意，所以雖然來上海教書，但一大堆的書籍，還仍舊留甯，暫寄翁君寓所。而這一大堆的書籍，並不比他人的可以隨便到手的；因為都是吾歷年節食縮衣去換來的，所以**簡直是吾的生命**。不料柳枝箱排在地板上，結果大半書籍都腐爛了，而腐爛的又多屬古本善本的木板大部書籍那一部分，我掀起箱，一翻看，不覺淚珠欲滴，翁夫人站在旁邊，便帶點滑稽口吻地對我說："因汝現在著的六七本新書出世，所以汝從前讀的這一大堆舊書便要去世了；正像人子長大起來，而父母就要死去了；吾更喜汝這個新蔡能繼現在那位大名鼎鼎的大蔡起來。"我聽了這話，不覺心中再來了一層苦！**吾以為最近才因生我的父親逝世，而奔喪德化去；而今又因成我的書籍腐爛，而來弔於南京**；吾既有此二大損失，加以做事又不如意，方死亡之不暇；尚有什麼新蔡、大蔡之可言呢？但我實也有點自己的希望，以為自今而後，如社會能多幫助我，使我生活安定一點，那麼像吾這樣有志氣，能勤苦的一個人，吾自信是可以按年成部，合部成書的。到那時的《中國學術大綱》或《中國學術史》正式出世，那才能算得一部大著作。至於此刻這書，只是初擬主要部分的小稿子。甚望一般學者，**不要隨便責備我，也不要隨便恭維我；我**

所希望的，是肯切實的指示我。因為我在一般後學中，總不像許多人的糊塗過日子，而結果能於萬苦中，而有一得之愚，也就算得有點不容易（?）了。所以大家不要隨便責備我。我前年在某大學教書，有一位和我同住的小職員，因看見我年紀比別人輕一點（?），便戲言我是個大孩子（?）。這話真是再好也沒有！吾此刻不論什麼，都是一個比較大的孩子吧了。所以大家不要隨便恭維我。**我以為如有人肯很和氣，而又很老實的指示我，那我就要預備去歡迎“吾師”了！**

總說

最後吾尚要把那比較重要的話，再來約略結束一下：吾平生有看不起，和被看不起的兩部分事情。後者如吾在高小時代，不用功讀書，以致每考落在榜上由底下算上來的第一名或第二名，而一般同學有的遂私相譏笑我，後來給我微微聽見，我自此便不能忍地，退而發憤去力學了。又在中學時代，也有一位同學預先大言說，他一定要勝我。我聽見，便暗地自警起來，結果榜上我反比他高得很遠。又我在名義上只有中學畢業而去考研究院，起先也曾給人家暗笑，但吾却益自勉，結果也給我考入了。……我不知此後，人家肯不肯再看不起我，而我會不會同前一樣的去發憤雪恥嗎？俗人最討厭的，是給人家看輕；**而吾却反而最感謝那般看輕我的人**。前者如吾是個很看不起金錢的人：沒有錢，我有時也可不用花，花也是很有限的；如有錢呢？也借給一般窮朋友，以至於空空而後已。所以吾無錢也是空，有錢也是空，恐怕到終身，也都是個空吧。記得從前在求學時代，我身中只剩了八隻角子，而一位同鄉向我借，我竟然同他兩個人均分起來了。又我初到北平，去逛西山的時候，因看見北京乞丐特別多，而且特別苦，因自西直門外起，至西山下止，沿途把所帶要做驢子費的一元多錢的銅板，結果目的地到達，而囊中物也就空如水洗了。因給一般同伴罵：說我真是個傻子！但吾總自覺得：半點傻也沒有，**以為我們同他們只有大乞丐與小乞丐之可分，究無是人與非人之可別**，大乞丐憐小乞丐，正是所謂“同病相憐”呢！（“大人倫觀”與此殊有關係。）我為了不忍他們，結果錢雖多花一點，足雖多跑幾步；**但吾的心中，却也覺得多安一點了**。但後來因出門較久，給一般朋友教壞了，所以如比起從前，也就可以說做忍心一點了。（？）我的看不起錢，在一方面看，自是很好的；但吾因此，也就常常給錢開玩笑，因我瞧不起牠，牠便到處同我搗亂起來了。……但是現在還得過去，不知將來更如何呢？

我認世間一切事情，都是相對的：例如做官當軍的，榮時大榮，辱時大辱；至於一般平民，雖沒有什麼榮，但也沒有什麼辱。甚至如皇帝，有時也等於乞丐；如皇帝一步也不敢出門，出門也很不放心，有時被刺被炸，就使自身得保，而其子孫也多給人家誅滅；若在乞丐，就不論街巷山邊，都可任意去亂跑，神不知，鬼不問，無人欲害其子孫，這是皇帝不如乞丐的一方面。至於乞丐不如皇帝的一部分，只是皇帝殺人自由，斂財自由；乞丐言論不自由，衣食不自由。他如求利與求名，也是相等的：大概求利者，有生前之物質，而無死後之名聲；求名者有死後之名聲，而無生前之物質。**如古今中外一般大思想家，大多數不容於當時，而像乞丐的樣子**。吾雖認一切都是相對的；但個性却也比較的傾向一方面，以為求利或者不如求名；而當時報紙上的官吏之名，又似乎不如留傳後世的著書立說之名。前者略如《論語》上說：“齊景公有馬千駟，死之日，民無得而稱焉；伯夷叔齊餓於首陽之下，民到於今稱之。”後者，則如司馬遷所說：“天下君王……眾矣，當時則榮，沒有已焉；孔子布衣……言六藝者，折衷於夫子，可謂至聖矣。”(曹丕更說得好：“年壽有時而盡，榮樂止乎其身，二者必至之期，未若文章之無窮。”）但吾這個觀念，也許是給儒家所應響的。又如讀書作文與嫖賭烟酒孰樂？俗人多以為後樂於前；**而吾却認後者為有後悔之樂，而不如前者之真有出息**。他如俗人，只苦無由下面生出來的肉子；而吾却羡慕那由上面生出來的書子；俗人喜歡肉體的延年益壽，而吾却欣羡那繼肉體而長存的不朽之名；俗人只知買田架屋，而吾却敬仰那著書立說；俗人只知外面的建設（如美衣玉食等），**而吾却喜欣內部的工作**（用腦）；俗人只知去看面貌的美不美，而吾却要去探其性情的善不善；俗人只知去看地位高不高，**而吾却要去問其人格上不上**；俗人只知廣交活人（勢利），而吾却要去拜訪死鬼（聖賢）；俗人只知留戀都市的熱鬧，而吾却喜歡山水的清靜；……因此，便有人說我是個正人君子，或道學家，或哲學家；而不是藝術家，或浪漫者。有的人，却稍變而說：我是個傻子，或老頭，而不是新青年（？）。但現在一般人，**往往以吾的不嫖賭烟酒為老頭子，而自以嫖賭烟酒為新人物**，無論如何，這個分別，總使我心不服。還有些人，且以我思想太新，行為太舊，為自相矛盾者。**其實如吾從前的“大人倫觀”，是屬於將來應有的理想；而吾的不嫖賭烟酒，却是在此現時應有的行為**，像這個行為或者也是吾給儒家應響太深，而一時改不去的。但這個猜想，實也不見得吧：**如那般天天孔聖孟賢，《詩》曰《書》云的老先生們，據吾所聞所見，往往陽奉禮教為名，陰行邪說之實，為什麼半點也不受其應響；反不如吾這個名為非孔**（？），**而實尚合孔的呢**？**於此可見世間的事，都不在乎口頭，而在乎實行了**。像這一般老先生（？），**才是自相矛盾呢！我的行為，大概一半是由於痛恨他們，不屑與伍**；一半是自己的性情不近，無法勉强。

我這個人的做事，總是出人意料不及的：不論對於什麼事，都是不做就算；如要做起來，那就非做個痛快不放下了。例如讀書方面，吾本來是不讀的；但一讀起來，就同人家的打牌一樣，可以一二夜不用睡一點眠了。再如思想方面，吾本來是絕對不發表的；但等到後來一發表，就要發表個很痛快，而使大家大駭起來了。又若文章方面，我從前是好深喜典，甚至說話也引典故，於字多奇，於句多偶（？），雖換過好幾次，猶覺不甚安；這實在未免失之太拘守；而今呢？無分古文白話，似乎矢溺金玉一齊來了，人家見之因又嫌其太隨便（從前捨奇思新理，取美文好詞；現在捨美文好詞，取奇思新理。）。他如說話，不說則默默似不能言者；如果要說起來，那就滔滔不竭，甚至於辯論時，常使對方自認輸而後止。而作文，也是不作，就老不動筆；如動起筆來，就不能自休了。而辦事也是不辦就算；如一去辦，至少就要達些目的，或負點責任了。……寫到這裏，吾自已也有點感想，就是不知將來尚能再做出一種比較出人意外的大事業來否？

雖吾有時看見這個人世的慘狀，簡直似乎要赴東海而死；但吾最後仍舊回起頭來，再去溫習吾少時所告人與自誦的一段話：

吾人既生於世，則凡世事，吾與有責焉。自當因其在世，而思有所貢獻，方不虛生；如欲棄世，則當速死，方不致妨礙他人，蠹食世間。不爾，**名為高尚，實則放棄；名為清白，實則貪鄙。**何者？**當為之事不為，當負之責不負；不當食之食而食之，不當衣之衣而衣之；衣食必取諸人，而不為世服務；如不為世服務，則勿取人之衣食，衣食吾知取之，而世事不顧，未知有說否？恐無是理也。**程頤嘗謂：“農夫祁寒暑雨，深耕易耨，播種五穀，吾得而食之；百工技裝，作為器物，吾得而用之；介胄之士，披堅執銳，以守土宇，吾得而安之？”（尚思按：兵係暫設，非常務之農工比也。）無功澤及人，而浪度歲月，晏然為天地間一蠹。……為此言者，其知道乎！韓信亦有言："乘人之車者載人之患，衣人之衣者懷人之憂，食人之食者死人之事。"（尚思按："人"字原指"人主"，今當作"世人"看。）此言雖小，可以喻大。故吾終始以為：**吾既賴人世以生，自當盡其能力，以圖有所裨益世人；如厭世而不甘死，則當自問：能免仰人以生否？如難免也，則是生養我者，我反厭之，烏有是理？**（《自家思想》）

但吾在這一段話中，尚須再來補充一下：**如那般"要吃飯不做事"的人，固然是吾們所最討厭的，但如一般名為愛人，實則禍世；名為大公、實則自私的舉動，其為害之烈，甚至還有過於那般"要吃飯不做事"的人呢。要而言之，吾的意思，就是凡人既生於世上，就要去做一種有人格的活動，與益世的事業。**反之，**如事業而非屬於益世，活動而無有人格，那吾就要跟着孔二先生嘆道："是吾憂也！"**

我這篇自序，約二萬餘言，在普通人看起來，自是夠長的了；但就吾自己看，實在還不算得很痛快；不過雖然很不痛快，却已經可以看出吾前此治學做人的大概了。以後如有機會，吾自當再把吾的情形，再作《第二自序》、《第三自序》，以至無窮盡的自序，去報告給世人。吾更希望將來在各次的自序裏，不論那一方面，都會比這《廿五週歲的自序》裏好；而且每一次，都會勝過在前的一次。最後吾還要告訴一般學者道：**吾是個在學界中最慚愧的人，如今蒙枉讀，真是對不起得很！如果不見棄，就請多多賜教吧！**

中華民國十九年十一月十一日（或屬十日，蓋在十一與十日之間）廿五週歲——陰曆已算廿六歲——紀念擬作；因奔父喪，延至十二月中始返滬補述。

附錄

國學系一個名稱之商榷

蔡尚思

（十九，四，三十，《大夏周報》第八十一期）

國學之定義及其分類（從略）

大學國學系之名稱與實際　華北各大學，早有“國學研究院”之設；現在國學的勢力，已經漸漸地跑到華中來了！所以京滬一帶的大學，也多成立一個“國學系。”但在實際上，這個“國學系”，並不是新近才成立的，他就是本來的“中國文學系”；惟最近把“中國文學系”五字，改為“國學系”三字而已。於此可見其實止於“中國文學”，其名則大至國學——**中國學術，國學既以中國文學與中國哲學、中國史學、中國文字學為四大部分；而今之大學中，却另設有“史地系”，而以“中國史學”附焉；尚有“哲學系”，而以“中國哲學”屬之；由此看來，非、國學系——史地系哲學系——之中，反有國學**（如中國史學、中國哲學等）；**而國學系**——實只中國文學系——**之中，反缺國學**（中國史學中國哲學）。所以“國學系”三個字，實還不如恢復故有名稱——中國文學系——比較的不會和混。如其不然；**硬要以“區**

區”的“中國文學”為“廣大悉備”的“國學”，那我就不能無發出疑問：如“中國文學”固屬“中國學術”中之一類；難道其餘之“中國哲學”，“中國史學”，……就不是“中國學術”中的幾個重要分子麼？像這般只研究“中國文學”的人，不承認“中國哲學”“中國史學”為“國學”，則諸研究“中國哲學”或“史學”的人，也可以同樣的不承認“中國文學”為“國學”。**如果“中國學術”真的只有“文學”這一點東西，那這中國還算得有文化之先進國麼？簡直可以說做沒有文化；就使有，也是不足觀的。**所以侮辱“國學”者，莫如這一般人。這種謬錯，是很容易看出來的。

假使各大學不願意把“國學系”一個名稱換掉，那麼像一般教“國學大綱”——《中國學術大綱》——的人，至少也要將中國哲學，中國史學，中國文學，中國文字學四者，同等待遇，都要相當敘述（介紹）一下，才算名稱其實，而不大愧於心。如再不然，**那就直叫做“國文”好了！何必用那“國學”的字樣呢？由於誤解名詞，與名詞的誤用，**竟至如今。一般會做幾首詩或幾篇文的，世俗人也稱為“精通國學”。**其實國學的範圍，既非常廣大，而人又各有短長**（如哲學、文學、史學、文字學等，**一定不能皆長而無一短**），**“精通國學”，談何**容易？（**如研究中國文學的，只可以說做對於中國文學有研究；絕對不能即認為精通國學**；他若研究中國哲學與史學及文字學者，均此類推。）**如長此下去，則“國學”不但沒有光大的希望；而且愈弄愈糟，恐怕將來的人，連“國學”一個名稱，都不得其解。**未悉一般真真正正的國學大家（？），對之有什麼感想沒有？

殭尸的出祟——異哉所謂學校讀經問題

周予同

（十五，五，《一般》第一卷，第二號）

（前略）如果我們像現在時髦大學考試國學常識似的說："經是什麼？有些什麼？"恐怕大家或者不加思索地說：經是孔子的東西；牠一共有十三部，所謂十三經；因而將《孟子》、《爾雅》等書一一列舉出來。但是這個答案假使我是主試者，我一定要給他一個零分。為什麼呢？因為（一）經的定義，（二）經的領域，和（三）經和孔子的關係，**在經學史上是一個爭辯未決的問題**，決不是那麼簡單的話所能答覆的。所以提倡讀經的人，假使對於上面三個問題自已先沒有弄清楚，而僅僅說初小要讀《孟子》，高小要讀《論語》，中學要讀《左傳》；那麼，**他不僅不配作一個真正的思想反動者，並且不配來談經，來提倡讀經；因為他所以經呵經呵這樣無聊地喊，完全是自己被這古衣冠的殭尸嚇倒，因而把這個殭尸當作神靈樣的去嚇別人**。

我們要曉得，經學上的爭辯論難與其派別的複雜，和其他文學或哲學等是一樣的。雖然自孔子到現在已經有二千四百七十七年（紀元前五五一——一九二六），自西漢經學產生到現在已經有二千一百三十二年（高祖元年當紀元前二〇六——一九二六），**但經學本身依然是紛亂的，是不能"定於一"的**。僅就上面幾個問題——（一）經的意義；（二）經的領域；（三）經和孔子的關係——說，就我所知的，已經有四派完全不同的學說。我們為明瞭起見，可以名為：（一）經古文學派，（二）經今文學派，（三）騈文學派，（四）新古史學派。

這四派裏面，他的學說比較地沒有什麼價值或權威的，是第三派的駢文學派。這派起源於清代阮元的文言說，到近人劉師培才成為比較有系統的主張。他以為“經”書為什麼稱為經呢？這因為六經中的文章多是奇偶相生，聲韻相協，藻繪成章，好像治絲的經緯一樣，所以稱為“經”。**依他的主張，孔子的六經所以名為經，是因為六經的文章大抵是廣義的駢文體；所以其他群書，只要是“文言”的**（即所謂廣義的駢文體），也可以稱為經，如《老子》稱為《道德經》，《離騷》稱為《離騷經》等，這派發生的動機是反對桐城派的古文；因為桐城派的文學家援引《左傳》、《檀弓》等以自重，說自己這派的文學淵源於六經；所以當時的駢文學者為抵禦敵方（古文家）起見，也援引《易經》中的《文言》，說自己這派的文學也淵源於六經；而且比較他們所援引的早些而且更有權威。這派不知道經學與文學有各自獨立的領域，而**甘心的文學作經學的附庸，實在不甚高明**。現在錄劉師培一段話，以見一斑。

許氏《說文》“經”字下云：“織也從系，經聲。”蓋經字之義，取像治絲。從經為經，衡絲為緯；引伸之，則為組織之義。……六經為上古之書；故經書之義，奇偶相生，聲韻相協，以便記誦；而藻繪成章，有參伍錯綜之觀。古人見經文之多文言也，於是假治絲之義而錫以六經之名。**即群書之文言者，亦稱之為經**，以與鄙詞示異。後世以降，以六經為舊典也，乃訓經為法；又以六經為盡人所共習也，乃訓經為常；此皆經後起之義也。

如《易》有《文言》而六爻之中亦多韻語，故爻字取義於互互。《尚書》亦多偶語韻文。《詩》備入樂之用，故聲成文謂之音；而《孟子》亦曰：“不以文害辭。”《孟子》引孔子之言曰：“《春秋》，其文則史”；而《孔記·禮器》亦曰：“禮有本有文”。是六經之中無一非成文之書。（均見劉著《經學教科書》第一冊。)

劉氏的話固然有許多誤謬的地方，最明顯的，如“《春秋》其文則史”，“禮有本有文”的兩個“文”字，決不能作“文言”的“文”來解釋；但我們現在不是來編經學講義，實在無需詳密的批評。總之，對也罷，不對也罷；**不過假使採取這一派的學說來談經的定義及領域，那麼，不僅只《孟子》、《論語》可算是經，就是一切“文言”體的群書，如哲學的《道德經》和文學的《離騷經》也應當稱為經**。大聲提倡讀經的聖人們、賢人們，你們的意見怎麼樣？**恐怕又以為這不免涉及異端，或斥為雕蟲小技有妨大道了**。

經學學派中，比較頑舊點的，是經古文學派；但就是依這派的主張，也恐怕不是現在這班提倡讀經的聖賢們所能忍受。**因為這派以為經是書籍的通稱，不是孔子的六經所能專有**。在孔子以前，固然已有所謂經書；在孔子以後的群書，也不妨稱為經。總之經就是線，就是訂書的線，就是所謂“韋編三絕”的“韋編”；所以**只要是線裝的，全可以稱為經。經是一切線裝書的總稱，不能佔為五經、六經、七經、九經、十一經、十三經等經書的專名詞**。依他的主張推廣地說，不僅現在書坊流行的“大狗跳，小狗叫”的小學國語教科書可稱為經；就是他們表面上疾首痛惡而自己偷偷地在被窩裏看着的《金瓶梅》，假使不是日本洋裝式的翻板，也可以稱為經。**在腐舊的經學裏，居然有這樣大胆的主張；這在不學無術而又喜歡談經的聖賢們，恐怕又要舌橋不下了！**

這派的起源較早，但對於上述學說的集成實始於近人章炳麟。章氏在《國故論衡·文學總略》篇，有一段解釋“經”、“傳”、“論”的起源，說這三者的區別完全出於書籍裝訂與版本長短的不同。現節錄於下：

案經者，編絲綴屬之稱，異於百名以下用版者，亦猶浮屠書稱脩多羅。脩多羅者，直譯為線，譯義為經。蓋彼以貝葉成書，故用線連貫也；此以竹簡成本，亦編絲綴屬也。傳者專之假借。《論語》“傳不習乎”，《魯》作“專不習乎”。《說文》訓專為六寸簿。簿即手版，古謂之忽。書思對命，以備忽忘，故引伸為書籍記事之稱。書籍，名籍亦名為專。專之得名，以其體短，有異於經。鄭康成《論語序》云：“《春秋》二尺四寸，《孝經》一尺二寸，《論語》八寸。”此則專之簡策當復短於《論語》所謂六寸者也。論者，古但作侖。比竹成冊，各就次第，是之謂侖。籥亦比竹為之，故龠字從侖。引伸，則樂音有秩亦曰侖，“於論鼓鐘”是也。言說有序亦曰侖，“坐而論道”是也。《論語》為師弟問答乃亦略記舊聞，散為各條，編次成帙，斯曰“侖語”。是故，繩線聯貫謂之經，簿書記事謂之專，比竹成冊謂之侖，各從其質以為之名。

章氏根據上說，所以在《國故論衡·原經篇》中，說經是一切群書的通稱。他舉了許多證據，以為（一）兵書可以稱經，如《國語·吳語》說“挾經秉枹”。（二）法律可以稱經，如王充《論衡·謝短篇》說“五經題篇，皆以事義別之；至禮與律，獨經也。”（三）教令可以稱經，如《管子》書有《經言》、《區言》。（四）歷史可以稱經，如《漢書·律歷志》所援引的記載庖犧以來帝王代禪的“世經”。（五）地志可以稱經，如《隋書·經籍志》所著錄的摯虞的“畿服經”。（六）諸子可以稱經：如《墨子》有經上、經下兩篇；《韓非子》的《內外儲說》先次凡目，亦稱為經；《老子》到漢代鄰氏次為經傳；賈誼書有《容經》。（七）其他六經以外的群書，也時常稱經，如《荀子》所援引“人心之危，道心之微”二語，出於古代已經遺佚的《道經》。總之，**依章氏的主張，一切的書籍都是經，這真使提倡讀經的聖賢們為**

難了。章氏在今日，已居然作擁護舊禮教者的傀儡；但他的這種學說，恐怕又不是他們所能接受的。因為他們所崇仰或利用的，只是半瘋假癡的章太炎，而不是洪憲以前的繼承浙東學派與擁護經古文學的章太炎呢！

與經古文學派相反的，是經今文學派。這派雖然以為六經是孔子的作品，但他們對於經的定義異常狹窄，而主張復異常堅決，恐怕也仍舊使現在提倡讀經的聖賢們為難。這派以為經是孔子著作的專有名稱；孔子以前，不得有經；孔子以後的著作，也不得冒稱為經。他們以為經、傳、記、說四者的區別，不是如經古文學者所謂書籍板本長短的不同，而是著作者身分不同。他們以為孔子所作的叫做經，弟子所述的叫做傳，或叫做記，弟子後學輾轉口傳的叫做說；一如佛教佛所說的名經，禪師所說的名律論的不同。所以他們以為只有《詩》、《書》、《樂》、《易》、《春秋》是孔子所手作，可以稱為經；《樂》在《詩》與《禮》中，本無經文，所以實際上只有五經。這名辭是可以成立或存在的。南朝增偽《周禮》、《小戴記》二書，稱為七經；唐又去《春秋》本經，而增《公羊傳》、《穀梁傳》、偽《左氏傳》三書，稱為九經；宋又增《論語》，《孝經》，《孟子》、偽《爾雅》四書，稱為十三經：**這些所謂七經、九經、十三經，等等名詞，全是不通的，全是誤謬的。宋朱熹又將《小戴記》中的《大學》一篇，分析首章為經，餘章為傳；以一記文分經、傳，更是荒謬的舉動**。並且進一層說，就是五經，還有應該討論的問題。譬如《易經》，其中《卦辭》、《爻辭》、《象辭》、《彖辭》，是孔子的作品，可以稱為經。《繫辭》、《文言》是弟子所作，只可以稱為傳；所以《史記・自序篇》稱《繫辭》為《大易傳》。《說卦》，《序卦》、《雜卦》三篇，不僅不是孔子的著作，並且是漢時所偽造；所以連傳記說的名稱都不配。總之，依經今文家說，經的領域是異常狹窄的；所謂經，只有《詩》三〇五篇（他們不信古《毛詩》三百十一篇的話），《書》二十八篇（嚴格的今文家，連歐陽、大小夏侯後增的《泰誓》也不算），《儀禮》十六篇（本十七篇，除掉子夏所作的《喪服傳》），《易》的《卦辭》、《爻辭》、《象辭》，《彖辭》四種（他們不信連《繫辭》、《文言》、《說卦》、《序卦》、《雜卦》都計算在內而稱為十翼的古文說），及"斷爛朝報"似的《春秋經》的本文。這種學說，在清代中葉的漢學家已經這樣地主張，但立足於今文派而大胆的提出抗議的，是始於龔自珍《六經正名》及《六經正名答問》諸文。但龔氏有時還混雜古文家說，所以後來的今文家，如皮錫瑞的《經學歷史》，廖平的《知聖篇》，康有為的《新學偽經考》，提出更明確更有系統的主張。現節錄龔氏一段文如下：

"何謂傳？《書》之有大小夏侯、歐陽，傳也；《詩》之有齊、魯、韓、毛、傳也；《春秋》之有《公羊》、《穀梁》、《左氏》、鄒、夾氏、亦傳也。何謂記？大小戴氏所錄凡百三十有一篇是也。何謂群書？……《禮》之有《周官》、《司馬法》、群書之頗關《禮經》者也。……何居乎後世有七經、九經、十經、十二經、十三經、十四經之喋喋也？或以傳為經，《公羊》為一經，《穀梁》為一經，《左氏》為一經。審如是，是則韓亦一經，齊亦一經，魯亦一經，毛亦一經，可乎？歐陽一經，兩夏侯各一經，可乎？《易》三家，《禮》慶、戴；《春秋》又有鄒夾，漢世總古今文，為經當十有八何止十三？……或以記為經，大小戴二記畢稱經。夫大小戴二記，古時篇篇單行；然則《禮經》外當有百三十一經。或以群書為經，《周官》晚出，劉歆始立……後世稱為經，是為述劉歆非述孔子……又以《論語》、《孝經》為經，假使《論語》、《孝經》可名經，則向早名之，且曰序八經，不曰序六藝矣……於是乎又以子為經（指孟子），猶以為未快意，則以經之輿儓為經，《爾雅》是也。《爾雅》者，釋《詩》、《書》之書，所釋又《詩》《書》之膚末，乃使之與《詩》、《書》抗，是尸祝輿儓之鬼配食昊天上帝也。”

龔氏這段話，很能痛快的指斥十三經名詞之不能成立，很能系統的指出《周禮》,《小戴記》,《公羊傳》,《穀梁傳》,《左傳》,《論語》,《孝經》,《孟子》,《爾雅》，九書之不能稱經。但提倡讀經的聖賢們，這於你們又發生困難了。依你們的意見，不過叫沒有反抗力的小學生們讀讀《論語》、《孟子》，讀讀《大學》、《中庸》，或者讀讀《左傳》。但是，這只能算是讀傳記、群書、諸子，不能算是讀經；這和國文教員選讀《史記》、《莊子》是一樣的（那裏配稱讀經）。要讀經，就要讀斷爛朝報似的《春秋》，或佶屈聱牙的《尚書》等才行；但是，不客氣說，諒這些聖賢們也沒有這樣大反動的氣概與膽識！況且孔子不刪鄭衛之詩，這談戀愛說淫奔的《國風》，恐怕還要呈請司令部出示禁止呢！

上述三派，雖然對於經的定義與領域各有不同的見解；但是對於五經與孔子有密切的關係一點都是承認的。不料到了最近產生的新古史學派，他們根本的否認五經。與孔子有什麼關係。為擁護舊禮改而擡出孔子作招牌，是否得當，是否有效，都暫且退一百步不提；但是為昌明孔子之道而擡出五經作材料，那你就是被偽古史欺騙的大傻瓜！為什麼呢？沒有別的，就因為五經是五部不相干的雜湊的書，與孔子絲毫沒有關係；孔子與五經真所謂“風牛馬不相及”！自然，這在提倡讀經的聖賢們，或者會大咋其舌而斥為離經叛道；不過在平心靜氣以經書為客觀的研究材料的人們，不能不承認他是經學上一個新學派，不能不承認他是一個超漢宋學，超今古文學而受懷疑哲學的洗禮的新學派！這派發生只有四年的歷史，自然一時不能有很完備的學說；在現在，可以作這派代表的，也只有錢玄同先生，錢先生以為：（一）孔子沒有刪述或制作六經的事。（二）《樂經》本來無書，《詩》、《書》、《禮》、《易》、《春秋》本是各不相干的五部書。（三）把各不相干的五部書配成一部而名為六經的緣故，是因為附會《論語》“子所雅言，詩書執禮”及《孟子》“孔子作《春秋》”的話而成。（四）六經的配成，當在戰國之末。（五）自六經名詞成立以後，於是《荀子》、《商君書》、《禮記》、《春秋繁露》、《史記》、《漢書》、《白虎通》等書，一提及孔子，就並及六經，而且瞎扯了什麽“五常”“五行”的鬼話來比附。（六）因有所謂五經，於是將傳記群書諸子亂加，而成為七經、九經、十一經、十三經的名稱。他蒐集《論語》上談及《詩》、《書》、《禮》、《樂》、《易》、《春秋》的話而加以嚴密的考證，因而斷定（一）《詩》是一部最古的總集；（二）《書》是三代時候的“檔案類編”或“檔案彙存”，應該認為歷史；（三）《儀禮》是戰國時代胡亂鈔成的偽書；（四）《易》的原始的卦爻是生殖器崇拜時代的符號，後來被孔子以後的儒者所假借，以發揮他們自己的哲理；（五）《春秋》是五經中最不成東西的一部書，是所謂“斷爛朝報”或“流水賬簿”。自然，他決不是如上文所援引的那樣的簡單，那樣大胆的武斷；這不過是他研究以後的結論與斷案，他所搜集的材料與考據的方法是和漢學家一樣的豐富與縝密的。這種考證文字本也可以節引，但似乎太繁瑣，所以讀者如欲明瞭其中的曲折，請參考他的原著。（見顧頡剛《古史辨》第一冊頁六七至八二，或《努力讀書雜誌》第十期）

這真使我們提倡讀經的聖賢們更為難了！提倡讀經是為宣揚孔道，宣揚孔道是為擁護舊禮教；現在經書和孔子根本上就沒有關係，這真是這些聖賢們的致命傷了。（後略）

重要訂正補遺與聲明

自本書由脫稿而付印，到了這個時候，雖然只有半年多，但吾的見解，已經略有變更了。在本稿中除來得及者，補入不少外；——如中部《文學》中的《文學新論》,《史學》中的《最後之結論》,《哲學》中的《諸大家要評》、《思想之新方針》; 後面的《字文史哲之比觀》,《念五自序》,《附錄》，以及其他一小部分的增改等——其餘疏漏的地方，多因已經排出，欲加修正，實不勝其煩。就是補入者，也止於補入；至於原稿，不大滿意之處，還是仍舊不動牠。因前後意見略有不同，就怕書中新舊材料，或有不大一致了！但這一部分，已成過去，只好請閱者留意而已。現在請再隨吾一時記憶所及，而舉出數點於此，**當作校補及聲明：**

首部第二篇至低限度之代表書籍，我不滿意於梁單的地方，除書中已略說外；尚有他的專門和胡說反對：如胡單舉了一大堆的佛學和小說；而**梁單却反而將此二者一字也不提及**。又如胡單沒有一本史書，（除後來另行補上之九種記事本來一書外）而梁單亦反而舉了一大堆史書。不過後者是對的；而**前者實有未當**。他如漢賦及六朝駢文，也似乎不注意，但這尚無關重要。

又我那張代表書籍單，須再和後部“四學大家之分比”各表並看，在各分類表——如《詩表》，如《詞表》，如《賦表》，如《曲表》，如《小說表》，如《駢文表》，如《佛學表》，如《字聲表》，如《考據表》，如

《校勘（?）表》等——中之第一流者，似乎都是應該研究的；就是第二流者，也有同等價值的，實可為吾那張代表書籍單的補遺。此外如書末所註明的參考書，亦多可以參看。

又關於各學的分類：應以中部分述中的字文史哲各篇分類為是；至於首部第一篇第五章末所附之各表，隨便草擬，恐有未當。

本書定名為《中國學術大綱》，範圍既然廣得非常；其所言及者，自不得不以主要部分為代表：如（一）認文字學、文學、史學、哲學四者為中國學術中之最主要者；（二）以三字或六書正例代表文字學，以文學諸大作家代表文學，以紀傳編年紀事名著代表史學，以諸子佛學理學中之名家代表哲學。學者千萬不可有：（一）嫌本書只有字文史哲四學而無他學；（二）嫌本書中的字文史哲四篇，都不如別人家專書的詳細。**範圍較廣則內容較略，範圍較狹則內容較詳**，這是自然之理，不要妄起誤會！

在第二篇“文學”第二章“文學分類”中，吾將姚、曾、章、徐等說歸納為四種那一張表，既然隨便勉强填下，恐怕會給學者誤會，茲特聲明將其取消。又小說的性質，約有野史，寓言，神話等派；其形式亦有筆記，章回，彈奇彈詞傳奇等體。野史派的小說在寫實，是史學的純文學，可為史學之一助；寓言派的小說在理想，是哲學的純文學，可為哲學之一助。所以小說的性質，實雜有史哲等學，似史非史非史而史，似子非子非子而子，……或可各從其類，而分屬於各學之末。吾在篇中，以小說為感想文，——感情與理想的文——實則“感想”二字，尚未能包括此“小說”。“感想”二字，似宜取消，再此聲明。

“文學”第六章“文評”，**係吾“就古文而論古文”的前作**；第八章“文學新論”及後部第三篇“字文史哲四學之比觀”等，**才是吾最近的新意見**。此已在第八章首聲明過，**學者千萬不可把他混為一談**；如仍不免有所誤會，則吾願將文評中的“駢散樸美”下至“雅俗深淺”等節取消。（刪去雅俗節中所引的“纔”、“便”二例。）

“哲學”一篇，我本分為國產的先秦諸子、外來的隋唐佛學、混成的宋明理學三部分，**自問尚無不合**；惟近因李石岑先生告訴我說：“我的意見，已經變遷，要把已出版的《人生哲學》卷上取消。中國實在談不上什麼哲學；換言之：中國哲學就是道家，中國哲學史就是道家哲學史，道家已外，沒有哲學。先秦諸子，除道家外，在漢如董仲舒不能算做哲學王充亦是道家，魏晉六朝也是道家時代；就是唐代佛學，也是因道家較和他接近，而用道家眼光去解釋佛學的。宋明理學和朱熹王守仁等，也全是以道家為骨幹，儒佛沒有多大應響。至於中國的儒家，只是倫理學，我們不當他做哲學。”我對於李先生這個只承認“純正哲學”為哲學的意見，在大體上頗以為然（？）；**惟我此刻因為講的是《中國學術》，為便利歸納起見，對於哲學還是用那廣義的見解**；但亦以宗教理如儒政治如法等為限；並非採用最古代的哲學界說，甚至如物理天文一類之學，也皆列入於哲學中的。換言之：**本書所說的哲學，簡直就是思想**。學者如欲一知哲學界說因時代而不同的歷史，可參看樊編《哲學辭典》“哲學”項下的敘述。

章太炎先生近也告訴我道：“合周公、老子才成一個孔子，合道家、儒家才成了一個韓非，合陰陽家與儒家才成了一個董仲舒，合儒家道家佛家才成一般理學家。如謹嚴的說，就是後來的人，於各本宗外，都取了一點別的：如董仲舒就是取點陰陽家的，宋明儒就是取點道佛二家的。若宋明理學家，固非純粹儒家；但如謂為非儒家則不可。”按章先生這話是對的！吾也早有見及此：如講韓非時，說他和道儒墨皆有所同；儒家至荀卿而與法家接近，慎到與道法二家皆有關係，尹文更由道以至名，由名以至法，這一般人，尚且如此；他若雜家，但若《漢書·藝文志》，尚未盡然，雜家之中有非雜家，非雜家之中有雜家。更不用說。又如謂宋明理學為混成的，混成就是混儒道佛三家而成的；但於此點，尚須稍為聲名一下：其實前此思想混成者，並不止宋明理學家；而吾的以“混成”目之者，為其是“混中之混”，可為“混成的代表”吧了。不過這也無足怪！**其學愈博，其道愈雜，前人純於後人，後人雜於前人**，而古來一般世俗人往往以純儒為美，以雜學為鄙；其實未必然；有時反**多後優於前，雜優於純**。吾既有見及此點，故在書中的以先秦諸子為上，而以宋明理學為次者，並非由於純雜的一個問題，這是學者所應明察的。章先生又說：“老孔二家，後來傳說甚多；惟墨家只有一部《墨子》，《墨子》以外，別無第二書；後人每引孔子以後之言為孔子之言，引老子以後之言為老子之言；惟於墨子，就不然了。”吾因此也極主張：例如述孔子者，只能據《論語》，至多亦只可引及《易傳》，《易傳》已未必盡然；至如《禮記》裏什麼“大同說”等類，**簡直不能認為孔子之言，至多也只能說是儒家言而已**。(?)但連這“是否儒家言”的一個問題，已經有好多人極為懷疑了！章先生對於佛學也說：“本有二派，一為出世（厭世），一為在世。”於此已可見一般固執一說者的未盡然了！

除思想或哲學一篇外，他如文學的範圍，也是用最廣義的，故如字史哲三種文學，亦附入於其中；不過非主要部分吧了。

即文字學，也略及音韻，而不以六書為限（因今人如胡樸安先生，下至顧實先生著的《文字學》皆只述六書，而不及音韻學方面）；而史學的分類表，也將史論史註（?）列入，這都是用最廣義的。現在請再作一個最後的兩種分類表於此：

總名	簡稱	整個的（?）廣義的	主要的狹義的
中國學術	國學	字法學（文字學）（文法學）	文字學
		文藝學（文學）（美術）	文學
		史地學（史學）（地學）	史學
		哲理學（哲學）（科學）	哲學

按如梁任公的《清代學術概論自序》，及呂思勉的《白話本國史》中所言及的“中國學術”，其分類只以“哲學思想”為範圍，**簡直不能認為“中國學術”，至多只能認為“學術的學術”。因為“哲學思想”確是在“學術”中最為重要的；但如不承認字、文、史等學為學術，則萬萬不能說**。已另祥，茲不重引。又現在一般人對於“中國學術”的見解，多是同梁、呂二先生一樣的。吾實莫名其妙，故獨未敢附和。若章太炎先生却告訴我道：“中國與西洋情形不同：西洋學術確是以哲學思想為重的；若在中國則以史學為本，其餘大半皆出於史。惟如歌謠等，在太古已有之。故若中國學術，似可分為史與詩二部分。”這話對否？請問讀者！

<table>
<tr><th>整個名稱</th><th>主要名稱</th><th colspan="3">廣義的</th><th colspan="2">狹義的</th></tr>
<tr><td rowspan="4">中國文字</td><td rowspan="4">國字</td><td rowspan="3">主</td><td rowspan="3">三字</td><td>象形</td><td rowspan="4">六書</td><td rowspan="4">象形指事會意諧聲轉注假借</td></tr>
<tr><td>訓詁</td></tr>
<tr><td>音韻</td></tr>
<tr><td>附</td><td colspan="2">考據（?）校勘</td></tr>
</table>

按考證學，當併入史學中的史考。凡屬考古，固與文字很有關係；但與史學的關係，更覺密切些。

<table>
<tr><th>整個名稱</th><th>主要名稱</th><th>廣義的</th><th colspan="5">狹義的</th></tr>
<tr><td rowspan="8">中國文學</td><td rowspan="8">國文</td><td rowspan="4">小學的文學</td><td rowspan="8">文學的文學</td><td rowspan="4">聲韻文</td><td>上古詩</td><td>中古詩</td><td>近古詩</td></tr>
<tr><td>上古賦</td><td>中古賦</td><td>近古賦</td></tr>
<tr><td colspan="3">五代兩宋以來詞</td></tr>
<tr><td colspan="3">元以來曲</td></tr>
<tr><td rowspan="2">史學的文學</td><td rowspan="2">形式文</td><td colspan="3">六朝以來駢體文</td></tr>
<tr><td colspan="3">明清以來八股文</td></tr>
<tr><td>哲學的文學</td><td rowspan="2">感想文</td><td rowspan="2" colspan="3">唐宋元明清以來小說</td></tr>
<tr><td>文學的文學</td></tr>
</table>

上古詩如《詩經》，中古詩如魏晉六朝，近古詩如唐宋以來是。

上古賦如《楚詞》漢晉賦，中古賦如駢賦律賦，近古賦如宋人散文體賦。

詞即有限定的長短句體詩。

曲即白話的詞（？）。又由語言而文學（此指散文），由文學而歌唱（詩詞），由歌唱而舞跳（戲曲），語言只有一，文字則有二（兼語言）歌唱更有三（兼語言文字），戲曲竟有四（兼語言文字歌唱）。可知語言是文學之緣起，戲曲是文學之極點。

駢體文是駢句文。

八股文是駢段文。

小說萌芽於漢魏晉，自立於唐宋，大成於元明清。

按如以純文藝的眼光觀之，則如一般文集中的散文，多可分屬於史哲字各學中，不得謂為文學。即此駢體八股二者，在文學中亦較不如詩賦詞曲小說等。如進一步言之，則小說亦多可分屬於史哲等學中。

整個名稱	主要名稱	廣義的		狹義的	
中國史學	國史	所謂史部	紀傳編年紀事本末史評史論史注（？）史考	主	紀傳體編年體紀事體
		所謂集部	傳行狀墓誌墓表神道碑記……	副	史評史考

按史註以及文集注、子書注等，均宜與經傳注併入於文字學中的訓詁類。

<table>
<tr><th>整個名稱</th><th>主要名稱</th><th colspan="2">廣義的</th><th colspan="2">狹義的</th></tr>
<tr><td rowspan="4">中國哲學</td><td rowspan="4">國哲</td><td>諸子</td><td>純正哲學（道）人生哲學（儒）教育哲學（同）宗教哲學（墨）政治哲學（法）……</td><td rowspan="4">哲學的哲學</td><td>道家（准道家皆在內）</td></tr>
<tr><td colspan="2">佛學</td><td>《易經》中的一小部分</td></tr>
<tr><td colspan="2">理學</td><td>佛學中的一部分</td></tr>
<tr><td colspan="2">其他子集中之一部分</td><td>理學中的一部分</td></tr>
</table>

吾對於這哲學分類，也可略倣那文學分類而說：**不但儒家，就是墨、法等家，也尚可目為“哲學”**；但這僅止於“哲學”吧了；惟有道家，才算是“哲學的哲學”。這種“哲學的哲學”，正和那種“文學的文學”一樣，為其都是“純之又純”的。

此外關於《字文史哲四學之比觀》一部，吾現在也有一點意見。**以為四學在古代，多是普遍的混合的；到了最後，又多是單純的獨立的。不過直至這個時候，還是混合與單純二者的交接時代**；所以如把**眼光放大些，就適用廣義**（範圍擴大），**還是混合的普通的；如嚴格去觀察就適用狹義，而為單純的獨立的**。前者如經史子集，都可目為文學；（吾今獨謂文集是總學；但在章學誠已頗有見於此。）而史書中所包含者，猶不止文字學文學史學哲學等（或因此而謂史學不能成為一科學）；他如教育、政治、宗教，甚至“社會”“歷史”，一切的一切，都還要殿以“哲學”之名（故古來以哲學為一切學問之母。）由此看來，是文哲史等學，都是普遍的、混合的學問。後者如阮元等不以散文為文學，吾也以詩詞賦曲為“文學的文學”（即真文學）；與李君最近的只承認道家為中國哲學（吾目牠為“哲學的哲學”），看到這裏，是文史哲等學，都是單純的獨立的學問。好了！我現在再來不分狹廣而大概去總說一下：**史學是一切學問過去的結果，及一切學問的頭緒；哲學是一切學問未來的究竟，及一切學問的根本；文學是一切學問的表示與實用，文字學是一切學問的符號與本體。論體始於文字學，論用以文學為最廣；論過去或事實，應推史學；論未來或理想，應推哲學。如以時空比這四學：則文字學是上界，文學是下界；史學是前世，哲學是後世**。但吾這裏及平日所認文哲等學之為重要，大半還是暗指那廣義說而言的。若狹義的哲學即純正哲學（亦名“形而上學”，更可名為“玄學”），那就沒有什麼價值了；**而最有價值的，還是那人生哲學的一部分**。詩詞賦曲等的純文學，雖也大可安慰人生；但終覺不如散文的廣大與需要。

最後可以無妨附說的，就是胡懷琛先生著有《中國文學史略》一書，可惜吾直至此刻才看見，未得在本書中，略論及之。他的不滿意於一般中國文學史道：“舉凡字學、哲學、史學等，無不納之文學史中，名曰文學史；實不啻中國學術史也。取材富而分界不清，在前輩以文學概括中國一切學術，蓋其觀念如是，無怪其然。今人治學多用科學方法，方法不同，觀念自異，對於前人之作，輒覺其劃界分類之不精審。”《序》他在這段裏，明明以字學、史學、哲學、文學並舉；然其後段却只說：“就分類言：則史學、哲學與文學，真不易區分，故《史記》、《左傳》將謂之為文學乎？為史學乎？《孟子》、《莊子》為哲學乎？為文學乎？此界限不為劃清，則以後文學均無分界之標準；況經學之名目，猶有人橫亘胸中，而不能打銷，太炎賢者，亦所不免。（章先生講《國學概論》，分國學為三部：曰經學，曰哲學，曰文學。）存經缺史，不知何故也？鄙意以一切學術，當以智情意三字分顧：智者事也，即史也；情者感情也，文學屬於情；意者理也，即哲學也；**如此則經學之已無存在之餘地……謂經為一切學術之總源可**

也，以經與子集史並立不可也，以經與哲學文學對舉而缺史學，亦不可也。”胡君知“經學之已無存在之餘地”，“為一切學術之總源”，這是同我的意見很接近的；惜其只分學術為三類（不但中國學術，一切學術皆然），和陸懋德君《中國經書之分析》一文的見解不約而同：**都是不懂得三者之外，還有一門文字學的**。這點吾已在本書中（首部），略加批評了。**可見知、情、意三字的不能包括一切學術，一切學術並不止於此三者**。即“知、情、意”三字，也不見得適合，適合一點的有“真、美、善”三字。胡君又說：“夫哲學自哲學，史學自史學，文學自文學，原有甚清之界限，而謂其相混者何也？曰文學有形焉，有質焉……為之質者三：曰智、情、意。智者事也，即史也，意者哲理也，如以哲學史學為主，則只用文字，無須文學（惟情之文……偏於文學）；**然文學常以哲理及史事為其實質焉，蓋非此即空文也。是故哲學無文，不失其哲學之價值**；而以意為質之文學，去其哲理則文不足道矣。**史學無文，不失其史學之價值**；而以智為質之文學，去其史事則文不足觀矣。”《史略》吾也有見於此，故以**文學與文字為手段學，而以史學哲學為目的學**；又可換言：**文學是混學**（雜學），**哲學是純學**。惟有“文學的文學”（外形兼內情之詩詞賦曲等），比較的不在此例。吾今更可極徹底的說：史學在實事不在文，哲學在真理不在文；惟有文學，似應反而在文而不在事與理（是否可能，另一問題），**如仍在事與理，則此所謂“文學”者，也就不能成立了！直是史哲等學的混合集而已**。況若胡君不是也曾更進而說過麼：“後世作品有形是文學，而質非文學者，如清人詩云：‘夜半橫風吹不斷，青山飛過太湖來。’又詩云：‘誰云攝山高？我道不如客，我立最高峰，此山高一尺。’此乃惠施公孫龍輩之詭辯也。與其謂為文學，不如謂為哲學尤相近；然其形式，則明明詩也。《長恨歌》記事詩也；與其謂為文學，不如謂為史學尤相近；然其形式明明詩也。……至如《百家姓》,《三字經》等有詩之形式，而不能稱為詩者，無庸論矣。”序不止於今，古詩亦然；不止於詩，賦亦如之：如荀卿之賦，那是性情賦？實是哲理賦。又豈止於詩賦？而詞曲等，亦多是述事與言理者。於此可見，**就是詩賦等，也不屬之文學，而為史學、哲學了**。但在胡君却極不以為然而說：“若皆以為文者，載道之工具也，苟非載道，即不足稱文；與《虞書》所稱：詩言志，歌永言。《大序》所謂：在心為志，發言為詩。背道而馳矣。所謂志者，即情也，有感於喜怒哀樂而發者也，道者即理也。故言志者為文學，載道者為哲學，界限分明，不容和混。”（同上）其實這話也未必然：**按心在內，行在外，情為無形的，事為有形的，這只有程度之差，而沒有性質之異。若以史為外史事史，則如詩詞歌曲等，就不失為內史心史**（性情）**了。不論其為性情史與事實史，要其為史，則無不同。故就嚴格而論，實無所謂“文學”**。惟吾現今，不欲太過，仍為文學留一位置，故在“文學的文學”中，認有形式無內容者，與有內容無形式者，以及內情兼外形者，皆在“文學的文學”之範圍內。

總而言之，要而言之：我今對於一切學術，認為可以用兩方面去觀察，這兩方面就是形式和實質（亦即內容）：如以形式方面去觀察，則世間不論什麼學都是文學，文學以外並沒有別種學，如《莊子》一類子書，其文絕佳，可以謂為文學；如《史記》一類史書，其文也非常之好，也可以謂為文學；如《說文》一類小學書，既然成文，也就可以謂為文學；舉凡用文字記載，可以誦讀的，都不出此文學之範圍外。由此看來，我們可以說一切學問都是文學，一切學問只是文學，所**謂文學就是總學**。反之：如以實質方面去觀察，則世間並沒有所謂文學，因為吾們拿起筆來，總是有一個目的的：不是想記事，就是想論理；不是想論理，就是想解字。屬於解字者，是文字學而非文學；屬於論理者，是哲學而非文學；屬於記事者，是史學而非文學。若除此哲理、史事、文字等類之外，那簡直就不能下筆了。由此看來，我們便可知道：**所謂文學者，只是史哲等學之公用手段，而史哲等學實為文學之各種目的。如未便即說世間並沒有文學，那至多也只能說牠是手段學。但既叫做手段學，則其無所歸宿，不能獨自成立為一專門，也就夠可想見了。**吾以為：**與其照前說，認世間只有這文學一種學問；似乎不如照後說，認世間並沒有這文學一種學問來得正確些。因為在形式方面、手段方面，一無所分；若在實質方面、目的方面，則各有不同。**這在學者，只要平心靜氣來考究一下，就不致目我這話為怪論調了！

最後，吾略分學術為兩種：一是"**形式學術**"，亦名"**手段**（或工具）**學術**"，如**文字學**、**文學**等類；二是"**實質學術**"，亦名"**目的學術**"，如**史學**、**哲學**等類。

二十年三月抄補述於滬寓

學術革命

首部第二篇第一章“至低限度之代表書目”，其末所列《讀史方輿紀要》一書，現要改為丁福保等譯編之《佛學大辭典》。

吾今再擬一張凡中國人所必讀之書單，計有（一）哲學中的《易經》（重要在傳）、《**論語**》、《**禮記**》（單讀《中庸》、《大學》、《禮運》、《樂記》諸篇亦可）、《**孟子**》、《**荀子**》、《**老子**》、《**莊子**》、《**墨子**》（《備城門》以下不必讀）、《**韓非子**》、《**論衡**》、《**朱子全書**》（單讀《近思錄》及《汪懋浤朱子年譜》附之朱子《論學要語》亦可）、《**王文成公全書**》（單讀《傳習錄》亦可）、《東原集》（單讀《孟子字義疏證》一書足矣）；（二）史學中之《尚書》（唯讀今二十八篇）、《左傳》（或《語策》）、《史記》、《漢書》、《資治通鑑》，《宋、元、明史》記事本末（其書本無足取，藉以觀其事耳）、《文史通義》；（三）文學中之《**詩經**》、《**楚辭**》（唯讀屈宋所作）、《文選》（選讀）、《李太白集》（以詩為限）、《**杜工部集**》（同上）、《**韓昌黎集**》（以文為限）、《柳河東集》（同上）；（四）文字學中之《說文》、《文通》等書。至於佛學，似可暫緩。而詞曲小說等，不讀亦無甚要緊。

在未說到本問題之前，要先告訴大家的就是：關於“學術革命”的意思，吾已微微散說在“中國學術大綱”書中各處；現在只是提綱絜領而較顯明的總說一下。

講到中國的學術，最主要的自然要算文字學、文學、史學、哲學四種；而且我們中國的一切學術，也幾乎可歸納於此四種之中。（參看本書首部第一編第五章應改定中國學術為新四部的我見，及後部第三篇字文史哲四學之比觀等處。）在這四學中，又可分為形式與實質二類，**如文字、文學等，便是形式學術；如史學、哲學，便是實質學術。形式亦可換言手段或工具，實質亦可換言目的或精神。**（詳在本書後部第三篇《字文史哲四學之比觀》，及書末《重要訂正》等處）。

（一）形式革命或工具革命

（1）符號革命或文字革命

文字的本身，只是一種符號，談不上什麼價值；不過如能愈改革愈便利，其在學術上也就算得是一種大功勞。**而這愈變愈易，也就是"革命"；反之：如愈變愈難，那就是所謂"反革命"了**（文學也是如此）。中國的，文字講來是不很容易的，現在只就其中之較確實較顯明者來談一談：籀體是有"形"而容易認識的，但却不好寫；楷草是較容易寫的，但却無"形"，很難認識（詳《文字學》中），這是字型方面的改革，到了最近的注音符號，才像真有革命的氣概，但這只是字音方面比較洋化（日英等國文字化）一點；至於"形"方面，却完全脫去中國原來的色彩，且其本身又僅能為"固有文字"之輔助，而使人較容易去認識而已；尚未能即取而代之（？）。吾對於這文字革命方面以為最好是還能夠不失"形"與"義"兩者；但如因要便利而不能兼顧，吾們也不便多大見怪。再進一步言之：中國文字是具有"形"、"義"、"聲"三種的，其特色在此，其不容易研究也在乎此。若現在東西洋各國（如日英等）的文字，那就適得其反了：只有"音"而無"形"，易學而不好。一個好而不易，一個易而不好，天下的事情，原來多是相對的。**但就現代的趨勢以觀：則"易"者似較勝於"好"者；況**

符號原是工具，用不着“好”；只要“易”，就得了嗎？“易”就是“好”。所以我們最後要認定：

文字的唯一標準即是“簡便”或“容易”。

（2）手段革命或文學革命

（A）**以舊革舊——非復古舊即愈束縛**

我們知道中國的文學，歷代多有改革；不過改來革去，最後還未曾跳出那個舊圈套之外。舉其較顯明之例，如“文”方面，由秦漢的駢散不分，變為六朝的駢而不散；到了唐代遂有什麼“文起八代之衰”的大古文家如韓愈等，出而作那改革的運動。但這**只是復古——復秦漢之古——而不能算做革新**。自唐以來，大多是宗師韓愈的。至於“詩”方面，則愈變愈束縛，愈後愈困難：如由長短句無平仄的《詩經》而長篇的《楚辭》、漢賦，及五言古詩、樂府詩；再由五言古詩而限平仄限短長的唐七言五言近體詩，其後如五代之詞，雖也叫做長短句，但皆係按譜而填入的，其束縛更可不用說。由此看來，**中國的詩或韻文，愈弄愈糟**，幾乎可以說**是反解放反革命了**。

（B）**以新革舊——革“舊文學”之命**

人民國後，如蔡孑民、陳獨秀、胡適之、錢玄同、周作人等，競以新文學相提倡，以白話代文言，胡氏且曾標出新文學之要點，計有八條，兩方面：（1）**不用典**（尚思按此典只是指古典），（2）**不用陳套語**，（3）**不講對仗**，（4）**不避俗字俗語**，（5）**須講求文法；以上屬於形式方面**。（6）**不作無病之呻吟**，（7）**不摹做古人，須語語有個我在**，（8）**須言之有物；以上屬於精神方面**。看這幾個要點，已可知是對舊文學大起反動了。

（C）以新革新——革“新文學”之命

近見平陵君在《中央日報》發表《中國教育的罪言》一文，其中對於新舊文學，評得頗不錯！如說：

中國過去的讀書人，從黃髮孺子，入學從師，一世孜孜兀兀讀到頭童齒豁，要做一篇“起綱破乘題”這類的東西，還是做得狗屁不通，簡直是平常習見的事。而一般咬文嚼字的古董先生們，還要整日價在文字的本身上玩花樣，說這是象形，那是形聲，這是假借，那是會意，其結果弄到一個極簡單的符號，變成極複雜極神秘的六書，不特普遍的民眾，少有識字的希望；就是一心想讀書的人，也是五花八門摸不着路徑。兼之好古非今，又是中國人的特性，無論什麽，愈古氣的愈名貴。要是寫一篇文章，——尤其是壽序，哀詞，傳記等類的作品，如若不能故意地嵌進幾個典故，嵌進幾個古體字，就不能自誇其淹博。這是指過去的而言現在呢，現在聽說已經由一般新興的人物，把中國做文章的形式，革過一次命了，把古色古香的文言文，在歐美的澡堂子裏，洗過一次澡了，聽說是語體化了——歐化了。可是那些新興的文章，事實上我們並不覺得比古色古香的文言文讀起來容易些，寫起來便當些。我們但覺得往往一件極平凡的事實，平凡到如吃飯、睡覺、排泄一類的事實，不幸落到新文章家的筆底，他就會無條件地一句拉長到幾十個字，一篇拉到幾十千字，寫的人也許不覺得心酸手軟；可是讀的人着實有些頭痛眼花、莫名其妙了。中國文字的不容易認識，古文章的難於領會，新文章的無從瞭解，實在是中國教育極難普及的主要的原因。所以中國的教育，極容易變成不切實用的裝飾品，因為一個人要識得中國字，要懂得中國書本子裏的道理，是這樣的困難，不容易：所以在中國萬一真有明白一些常識的人就值得拿來做擺架子的頭銜，在群眾面前誇耀了。而在又一方面，國家正在竭力獎進這樣裝飾的學問，社會上正在竭力恭維這些裝飾品的學者。

若吾的要"革'新文學'之命"，還不止於平陵君所痛言者。吾以為舊文學頗像女子的纏足，新文學頗像由小足而放大者；最近加以"洋文"化，於是又像穿上高跟皮鞋了。**這種怪狀，古又不古，洋又不洋，結果弄成"非驢非馬"，以小足而穿高跟鞋，既極痛苦，而觀者又莫明其是從那裏來的女子。最近的新文學，其難做難看，也正像這個比喻。**吾認所謂"文學"一個名詞，**如就"形式"而言：一切學術，都只是文學。文學，便是"總學"。如就"實質"而論：則述事者是史學，講理者是哲學，釋字者是文字學；……世間本來就沒有所謂"文學"這個東西。**（詳在本書"文是手段"與"重要訂正"，及《中南雜誌》第一期《文學不能獨自成立》一文，請去參看）。可惜**胡適之先生尚未見及此點，所以把文學分做兩方面。**其實文學只有"形式"；若談到"精神"，那就多不是文學——超出文學的範圍外——了。**現在除胡說各點，吾尚表示相當的同意外；請再就一時想到的各要點，把它提出於下，當作"革'新文學'之命"的旗幟：**

不用無意義的洋典。（地名人名及較普通較顯明的名詞等不在內。）

不用不通行的俗典。（極偏僻不通行的俗典，其難懂正與古典同。）

不取無次序的倒句。（倒文係洋化，如日文、英文等，胡君主張"不摹仿古人"，**吾今並主張"不摹做洋文"，古奴洋奴，均極可鄙。**)（中國文雖有倒字，但無倒句，全系直敘；洋文才常倒敘。**故洋化的新文在"中國文"中為"不通"**；中國文在洋人觀之亦為不合。）

不用不可解的長句。（此以最近的新文學為甚。）

不用自臆造的新字。（你造一字，我造一字，看者至覺為難。**至於古字，亦宜禁用。**）

不取無所謂的浮詞。（凡非實質，無目的者。）

我們要知道古化是和新時代不合的；而洋化也和中國文不合。**不論“古化”與“洋化”，為的都是要使大家不易懂得，以自誇耀其淹博：作文只是他的手段，炫己才是他的目的，**像這一種的“古奴”與“洋奴”，想起來真是好笑。**我們如果真的要使這“文學”合潮流與國情，得到絕對的普及，那就非打倒“古奴的古化”與“洋奴的洋化”不可。（所謂舊文學，可名為**“古奴文”；**所謂新文學，可名為**“洋奴文”。）因為“古化”與“洋化”，只是一個一斤，一個十六兩，**如以“洋化”代“古化”，那就無異於“前門拒虎，後門進狼”**了。此外如“俗化”固然極佳；**但如極不通行的俗典，其使人難於懂得，也和古典洋典一樣。如果要作一篇文章或看一篇文章，就先要去研究或檢查洋辭典、古辭典、俗辭典**（如《方言》一類之書）……**豈不到處大感為難嗎**？**其真意義，究竟何在呢**？他如福建等處，說話與讀字，其音多不相同，遂致記得話者不記得字，記得字者不記得話，於此已可看出言文一致的白話文尤其是北京國語的好處（須先統一語言），與文言文的所以漸不適用於今後的一原因。

最後我還可再結一句話，就是**“文學”的標準，最要的在：**

外面有系統。

內容不矛盾（合事理）。

如換說一句老話，就是要：

“簡”“明”

此點可參看本書《中國文學》第八章第二節文的標準。

（二）實質革命或目的革命

（1）事實革命或史學革命

吾對此，用不著議論；直可將其較要之點，約略提出於下：

不貴遠古而賤近今。（托古者最無聊。）

不揚己方而誣對方。（儒家之《春秋》式的史論，最無道理。）

不王成者而寇敗者。（官修史書，最不可靠。）

不重上方而輕下方。（古代一般編年史紀事史，最無價值。）

不右武力而左文德。（同上按語。）

不詳勢利而略才能。（按語同上。）

（至低限度，兩者平述。）……

學者試閉目一想：我們中國古來的史書，其內容是不是和吾上頭所提出的各點一一相反呢？吾認如不懂得**這個新標準，一定無從產出整個的平等的史書（古來一切史書，由中立的後人觀之，幾乎盡是“偽朝史”，殊未可信以為真），而其惡應響，也無望斷絕**。其餘吾已詳說在本書《中國史學》第八章第二節“最後的結論”各段中，學者如欲知其究竟，同時須去翻閱。

最後我的結論是：

（A）**史家首要在徹底的史德，而史識次之**。

（B）**史書首要在整個的史實，而史評次之**。

（2）思想革命或哲學革命

關於此部分，吾所發出的意見較多，詳在本書中國哲學第七章“諸子結論”，第十一章“哲學思想之新方針”，及後部第三篇“中國文化與世界文化”等處。現在請再隨便總說一下：吾認哲學的革命，或思想的標準，最要之點，略如下說：

（A）大綱或第一步：

多談“形下”，少談“形上”。

多談“人生”，少談“心”“物”（？）（？）（？）。

專談“現世”（人世），勿談“他界”（出世）。

專談“順進”（向前），勿談“倒退”（向後）。

“事實”多由“理想”而來。

“目的”貴有“辦法”在先。（無“辦法”的“目的”，只是亂說空談。）

“樂觀”應先經過“悲觀”。（本悲觀之心，而以樂觀赴之；如由樂觀而悲觀，將見其無有一可。）

“主觀”須先經過“客觀”。（要由“客觀”來的“主觀”。）

物質下而先，精神上而後。（物質生活在“生”，精神生活在“成”。“精神生活”須建設在“物質生活”的上面。）

情感同而橫，理智異而縱（彼此推廣，暫名曰橫；下學上達，暫名曰縱。）（同情異智。）（有是非善惡之理，無親疏好惡之情）。

……

（B）細目或第二步：

應重世界而去家國。（應以個人為達到國家之手段，以國家為達到世界之手段；如以個人國家為目的，則害人自利，由是出矣。）（漸漸改變，以下同此。）

應重人類而去種族。（如白人對黑奴，即種族為害之一例。）

應重人格而去勢利。

應重公理而去強權。（公理須由強權者倡行；反是，弱者將轉益不利。）

應重慈善而去殘殺。

應重平等而去階級。

應重自由而去壓制。

應重愛情而去禮法。

應重義務而去權利。

應重積極而去消極。

應重明悟而去迷信。（明真理而不信虛神。）

應重混同而去別異。

應重公共而去自私。

應重文明而去野蠻。（人之文明野蠻，實不在乎強弱；甚至適成反比例：如弱者多文明，而強者多野蠻。今世所謂強國強族，簡直是強盜；所謂文明國，實即最野蠻者。如近來日英等列強，侵入中國境，殘殺中國人，便是一個明證。他如貧富、貴賤、親疏等階級，亦均此類推。故吾以為：是否文明，在其合背公理正義，而不在乎貧富貴賤強弱親疏。）

應重精神（或實際）而去形式。（須看下條。）

應重革命而去守舊。（古來所謂"革命"，其實多是"改名"。——"革"古多訓"改"，"命"古或訓"名"。又其革命只知"革面"，而不知"革心"；只知革他人之命，而不知革自己之命；是其弊也。若吾則反而認：革命應認真而非止於改名；應革心而非止於革面；應革自身之命，而非止於革他人之命。循是以行，則世界不太平亦自太平矣。）（身體雖日老，精神貴日新。）

……

（C）對各關係方面或分別言之：

對科學方面：應改害人為利人，應改勝人為勝天。（即改以人爭服人而為以人爭服天，天指自然界。）（力避人禍，共禦天災。）

對法律方面；應減制下重制上（或改欺愚為制黠），應改罰果為罰因。（如盜賊是果，其所以使之出於為盜賊者是因。真賊在己，請勿外討。）

對軍事方面：應改殺人為自刑（自知有罪，用以自刑），應改攻地為攻心，或改戰場為情場（交情之場），改鬥力為鬥智。（比賽智識）。

對倫理方面：應改萬末為一本（皆親而無疏，同胞非異物），應改私理為公道（或改私行為公德）。

對宗教方面：應改空托為實證，應改求神為求己。（求神不如求人，求人不如求己。）（神在心中，不在天上。）（神生於人，非人生於神。）（求己出力，最為神聖）。

對心理方面：應改凶惡為善良（仁恕），應改外逐為內在（即去以物役心，而為以心役物。）

對經濟方面：應改私利為公益，應少消費多生產（多消費即罪惡）。

對教育方面：應去勢利重德智，應改利己為愛人。

對政治方面：應改治人為正己，（或應去勢治力服而重德化善感），應去治標重治本。（須看上面法律條。）

……

（D）重要標準：

此在上述，已極明瞭，因欲總結，更出一言：

道理與思想的是非：凡公平與共同者，都是"是"的、"好"的；凡私差與偏異者，都是"非"的、"壞"的，固可大虧自己，不能少虧他人；或可不利於異物（？）（？），不能不利於同類。

職業與行為的高下：凡有益於世，有利於人者，就使屈辱，亦是光榮；凡有損於世，有害於人者，就使尊貴，亦是下賤。（所謂強國武人，只是強盜猛獸。）無有在外的好行，亦當有在內的好心；不能積極的益世，亦當消極的不害人。

現在的人世與過去的思想，幾盡與吾上說一一相反；而世亂人苦，亦已達於極點。所以此種革命，誠為今後要圖（與趨勢）。雖明知其去事實極遠，然吾人理想總要如此。世世繼續努力下去，最後自可希望其實現。（關於這哲理或思想的革命部分，可參看拙作《倫理革命》一書，可更名為《**徹底革命**》。）

……

（三）總論

（1）各有界限

目的是目的，即史哲是史哲；**不可誤以目的為手段**，即不可誤以史哲為字文。

手段是手段：即字文是字文；**不可誤以手段為目的**，即不可誤以字文為史哲。

誤以“手段”為“目的”者：如一般古文學家，**為文章而文章，自漢至於六朝，其弊已達極點：所謂文集，幾乎各篇多是浮詞，言之無物**。（參看本書“字文史哲四學之比觀”中之“四學之次序”一段，及“中國文學”中之“文是手段”一節。）

誤以“目的”為“手段”者：如漢末之道教，下至一部分耶回教徒，**多是名為倡教傳道，而實則在乎爭天下謀衣食，與實行其侵略主義**。他如孔丘，**以修史為名，以定禮為實**；歐陽修**名為作史，實則作文**（？）（均詳在本書《中國史學》篇中）；古來一般史家多**以史書為手段，以去同一般帝王吹拍為目的**（《漢書》以下最糟）；其在帝王，**也專想利用史書來作宣傳的工具。這便是誤以史哲等類“目的之學”為“手段之學”的幾個好例。即此以觀，其害已明，一般學者，亟應認清。**

（2）各有目標

說到各學的目標，**大概文字學在簡易，文學在淺明，史學在真確，哲學在精微**。要之：

實質或目的——哲理史事——學術方面，是要向上的：如日益精

確、日益高深（遠大）……是。

形式或手段——文字文章——學術方面，是要向下的：如日趨容易，日趨便利……是。

（3）互相關係：

（A）文字學。（從略）

（B）**文學的本身在表現；其主人是屬於史學的事實，與屬於哲學的思想。**

（C）**史學的本身在事實；其參謀是屬於哲學的見識，其傳達是屬於文學的文章。**

（D）**哲學的本身在道理或思想；其稽查是屬於史學的事實，其傳達是屬於文學的文章。**

（註）惟文學中之事與理，只是普通事理；若史哲學中之事與理，方為專門（高深）事理。

吾因上述，更進而希望：**有字文的史哲，有史哲的字文**。不然：**無史哲的字文，將恐"言之無物"；無字文的史哲，將恐"辭不達意"**。所以如有一篇佳文，一部好書，必兼此四者：即以文字的符號，文學的表現，（傳達）史學的事實，哲學的思想。至少亦必有其二：即文與事（史），或文與理（哲）。

（4）優劣標準：

上：**有實質的形式，有形式的實質**。即有史（事）哲（理）的字文，有字文的史哲（即文質俱佳者）。

次：**多實質少形式**，即**多事理少字文**（即質佳文劣者）。

又次：**多形式少實質**，即多字文少事理（即文佳質劣者）。

最下：**實質與形式皆無**，即史哲與字文皆不足道者（即文質當劣者）。換言之，明言之：

上：**以愈淺易的字文，述愈精確的史哲**（事理，下同），**這叫做“進化”，也就是革命**。

次：**以愈艱深的字文，述愈精確的史哲**，次之。

又次：以愈淺易的字文，術愈粗僞的史哲，又其次之。

最下：**以愈艱深的字文，述愈粗僞的史哲，這叫做“反進化”，也就是“反革命”**。

上面各有“目標”一段，可為這裏註脚。此外可參看本書“字文史哲四學之比觀”一篇。

二十年六月一日。蔡尚思匆草於上海中南雜誌社總編輯室。——唯有寒士，知寒士苦！特代撰員，轉商資方，多扒欵項，充作稿費，因不如願，即日辭職。

因書局遲遲排印（本書在十九年十二月，已開始排印），故得隨時附入之。（一則以恨，一則以幸。）後面幾部，盡是此例；即在書中（除起《文字學》以前），亦頗不少，恐人誤會，再此註明。

重要正誤表

部（篇）	頁	行	誤	正
首（一）	31	13	紀事本末	紀事本末
			晉唐佛學	……
			宋明理學	……
同上	31	13	韓非	韓非
			……	隋唐佛學
			……	宋明理學
同上	32	3	（3）	（3）廣韻
同上	32	9~10	宋詞……	宋詞元曲……
同上	同上	10	詩詞歌賦	詩詞賦曲
同上	同上	15	同上	同上
首	38	6	關於此者暫緩舉出代表書籍	此行於校對時已改為《廣韻》
同上	41	5	中西回曆朔閏表	二十史朔閏表附西曆回曆
中（字）	49	3~4	不過來補其所不足罷了。因為各地方的人	罷了。（王筠亦以形、事、意、聲為經，造字之本；轉注、段借❶為緯，用字之法。）因為
同上	51	23	上下是也。”現在再為他說明一下，	是也。”（此外並請參看有清王貫山的解釋。）現在
同上	53	3~4	這便是“取譬相成”	相成。”（段玉裁對此有詳解，請參看。）
中（文）	110	11	第二段六代駢體、明清八股	第二段形式文（A）六代駢體（B）明清八股
同上	111	20	第三段唐宋元明清小說	第三段感想文唐宋元明清小說
同上	122	23~24	“還覺得不錯”句下脫去下文	此外如陳傅良此論《左》、《莊》、原、遷，凌約信此論《左》、《莊》、遷、因，盧舜治比論莊、屈、《戰》、《史》，皆與二說略近，可參看
中（史）	144	10	鼂氏	鼂補之

❶ “段借”當為“假借”。——編者註

續 表

部（篇）	頁	行	誤	正
同上	162	4~5	（《辭源》於“科學”下云：“哲學明其所以然，科學明其所當然，史學明其所已然。”按此解有誤，應改為：哲學明其所當然，科學明其所當然，科學明其所以然。）	（《辭源》於“科學”下云：“科學究其所當然，而哲學明其所以然，史學述其所已然者也。”按此解非是，應改為：科學究其所以然，而哲學明其所當然。）
中（哲）	172	22	“史學之起源”	“史學之變遷”
同上	175	13	六派	三派
同上	188	1	“自然化的人生觀”段後脫去下注：	（此段須參看拙著《三大思想之比觀》第一表《天與人、老子》）
同上	224	22	“較傾向強之一方面”句下脫去下注	老子羨原人而韓非則法後王
同上	230	16	澈底的法治與極端的君權	主法治兼術治、勢治
同上	236	1	諸子結論	諸大家要評
後	285	9~10	蘇軾 黃庭堅 陸游	蘇軾
同上	285	9~10	杜牧、元好問	杜牧、黃庭堅、陸游、元好問

《念五自序》第316頁第15行於“江叔海先生雖也是很崇拜孔子的人，但總比陳先生妥當得多”兩句下，排漏下列一小段，共百二十八字：“他直至去年十一月，猶由太原來書重勉我道：

尚思學弟足下：別後深以為念！忽得手畢，欣慰無似。吾賢天姿高妙；又重以好學深思，異日成就，誠未可量；但須持以毅力，俾不致中廢，斯所企望者耳。兄頃在山西大學講授論孟大義，下月即返北平矣。勤通音問，至盼至盼！（下略）

他年那樣高，尚要出外講學；吾年這樣輕，那敢妄思中廢？”

小誤未正，閱者留意。

中國學術大綱原書目錄*

* 作者要求“本書所有題目，如目錄與書中不同，應據目錄以正書中”，這其實是個不能完成的任務。蓋全書有錄無書者良多，根本無法操作。鑒此，特將原書目錄做成附錄，供讀者比較參考。——編者註

❶ 本目錄中所有括弧中的內容，或者是小字，或者是夾註，以下不再說明，讀者留意。——編者註

第二篇　中國文學

第一章　文學與應用

第二章　文學之定義及其分類（駁章炳麟、張冥飛、朱謙之等說）

第三章　文學之起源及其變遷（附評謝无量說）

第四章　手段的自由的文學——多屬無聲、無形、無情

第一節　史學的文學——記事文

第二節　哲學的文學——論理文

第三節　小學的文學——釋字文

第五章　目的的限定的文學——多屬聲韻、形式、感想

第一節　文學的文學——敍情文

第一段　聲韻文——如詩、賦、詞、曲等

第二段　形式文——如駢體、八股等

第三段　感想文——如小說（?）等

第六章　文評（舊作）

第一節　文之各種相對問題——如駢散、樸美、雅俗、深淺等（駁康有爲、章炳麟等說）

第二節　古文之代表——莊子、馬、史、韓文

第七章　詩評——古、近白話等體

第八章　文學新論

第一節　文是手段（“文學不能獨自成立”並詳“四學比觀”“重要訂正”各處）

第二節　文之標準

第三篇　中國史學

第一章　史學與廣大

第二章　史學之起源及其變遷

第三章　史學之定義及其分類（評《四庫全書》《史通》及梁啓超、曹聚仁等说）

第四章　紀傳體（附《史》《漢優劣略說》）

第五章　編年體（附論史家所負之責最大，略說胡適疑《春秋》之未盡合）

第六章　紀事本末體

第七章　三體之比觀

第八章　史學評論

第一節　古今史評家

第二節　最後之結論

第一段　史之體裁與內容

（附註）圈係首要，點係次要；無圈點者，則較普通。（本書範圍既廣，個人見解頗多。）除有暇者，應全閱；外希諸忙，人先睹圈。點（雙圈比單圈尤要）在“目錄”邊，加圈點者，古今書籍，尚無此例。故特附註，俾便明知；並願作家，多採用之。

（本書所有題目，如目錄與書中不同，應據目錄以正書中。）

尚思附註

編後記

《中國學術大綱》是蔡尚思先生25歲時出版的一本關於中國國學的著作。國學的內涵有多種解釋，劉歆《七略》基本囊括了從遠古至西漢的學術成果，隨著學術發展，西晉《中興書目》將七部簡化為甲、乙、丙、丁四部，隋代更加明確為經、史、子、集四部，這種分類法沿續至清代編纂《四庫全書》。但蔡尚思先生認為經、史、子、集的分類法存在諸多矛盾，尤其是經中有集、經中有史、經中有子、經中有小學，從而提出新的四部分類法："（一）字法學，即文字學與文法學，（二）文藝學，即文學與美術，（三）史地學，即史學與地理，（四）哲理學，即哲學與科學。"在如此分類基礎上，本書從四方面展開中國學術的討論，且仔細比較四學的關係，提出研究的次序與研究價值之間的不一致。同時，他將中國文化與西方文化、印度文化進行對比，提出東方文化應當建立在西洋文化之上，其國學自豪心可見一斑。可以說，在國學日益興盛的當代，此書可給研究者一種另類的思路。

蔡尚思先生1905年出生於福建德化縣，從小入私塾，後入小學、中學，20歲時，滿腔抱負的他只身來到北京，以自己所作之文向王國維、梁啟超求教，後求教於陳垣、蔡元培。得到諸位師長的教誨後，他更加勤勉，於1934~1935年間住在南京國學圖書館專心讀書，時任館長的柳詒徵先生待他極為優厚，開放全館任其選擇，蔡尚思通讀集部諸書，摘錄其要，學識得以厚積。1935年，他到上海，陸續在大夏大學、復旦大學、東吳大學、無錫國學專修學校、滬江大學等任教，1952年回到復旦大學任歷史系主任，后任副校长。至2008年去世，他生前一直在中國通史、中國古典文學、中國學術史諸方面堅持不懈，著作不斷，其中尤為著名的是《中國思想研究法》《中國傳統思想總批判》《孔子思想體系》《墨子思想要論》等。在本書的《念五自序》中，他說道："著書要多著些有新見解或創作性的書，而著些'陳陳相因''人云亦云'的書，書局要抱唯好主義，不要抱唯名主義。"在這種信念之下，他的學問總有與人不同之處。

本書所用底本為1935年啟智書局印行的第二版。以真實保留原書內容為宗旨，對原書文字基本不作改變，只改變原豎排版式為橫排，對原文存在明顯錯誤的文字，以"編者註"的方式進行說明，原文仍作保留。需要說明的是，第一，原書的目錄與正文相差極大，有目無文或者有文無目的現象頗多，故而整理時將原書目錄置於文後，以給作者完整的原書版本。第二，民國時代的語言正處於古今變化之中，有相當多的繁簡混用現象，如"牠"與"它"同時使用，本次整理並未改動，所以本書存在部分簡體文字。第三，一些民國時期特殊的表達習慣，如"那裏"部分應指"哪裏"，諸如此類，一概保留。第四，因原書為豎排文字，常用"右""左"表示文字方位，因版式調動，改為"上""下"，不再作註。第五，原書著重點有點號、雙圈、單圈與頓號四種，正文無頓號，僅有其餘三種，在整理排版時，點號仍作保留，單圈用字體加粗表示，雙圈則加粗之外下加著重點，以示區別。限於整理者的水平，書稿不免有遺漏與不妥之處，請讀者予以批評指正。

羅　慧

2012年9月

《民國文存》第一輯書目

紅樓夢附集十二種	徐復初
萬國博覽會遊記	屠坤華
國學必讀（上）	錢基博
國學必讀（下）	錢基博
中國寓言與神話	胡懷琛
文選學	駱鴻凱
中國書史	查猛濟、陳彬龢
林紓筆記及選評兩種	林紓
程伊川年譜	姚名達
左宗棠家書	胡嘯天
積微居文錄	楊樹達
中國文字與書法	陳彬龢
中國六大文豪	謝無量
中國學術大綱	蔡尚思
中國僧伽之詩生活	張長弓
中國近三百年哲學史	蔣維喬
段硯齋雜文	沈兼士
清代學者整理舊學之總成績	梁啟超
墨子綜釋	支偉成
讀淮南子	盧錫烃

國外考察記兩種	傅芸子、程硯秋
古文筆法百篇	胡懷琛
中國文學史	劉大白
紅樓夢研究兩種	李辰冬、壽鵬飛
閒話上海	馬健行
老學蛻語	范禕
中國文學史	林傳甲
墨子閒詁箋	張純一
中國國文法	吳瀛
錢基博著作三種	錢基博
老莊研究兩種	陳柱、顧實
清初五大師集（卷一）·黃梨洲集	許嘯天
清初五大師集（卷二）·顧亭林集	許嘯天
清初五大師集（卷三）·王船山集	許嘯天
清初五大師集（卷四）·朱舜水集	許嘯天
清初五大師集（卷五）·顏習齋集	許嘯天
文學論	夏目漱石、張我軍
經學史論	本田成之、江俠庵
經史子集要略	羅止園
古代詩詞研究三種	胡樸安、賀楊靈、徐珂
古代文學研究三種	張西堂、羅常培、呂思勉
巴拿馬太平洋萬國博覽會要覽	李宣龔
國史通略	張震南
先秦經濟思想史二種	甘乃光、熊夢
三國晉初史略	王鍾麒
清史講義（上）	汪榮寶、許國英
清史講義（下）	汪榮寶、許國英

清史要略	陳懷
中國近百年史要	陳懷
中國近百年史（上）	孟世傑
中國近百年史（下）	孟世傑
中國近世史	魏野疇
中國歷代黨爭史	王桐齡
古書源流（上）	李繼煌
古書源流（下）	李繼煌
史學叢書	呂思勉
中華幣制史（上）	張家驤
中華幣制史（下）	張家驤
中國貨幣史研究二種	徐滄水、章宗元
歷代屯田考（上）	張君約
歷代屯田考（下）	張君約
東方研究史	莫東寅
近世歐洲史	何炳松
西洋教育思想史（上）	蔣徑三
西洋教育思想史（下）	蔣徑三
西洋教育史大綱	姜琦